Annali Genovesi Di Caffaro E De'suoi Continuatori

Caffarus, Iacopo d' Oris

ISTITUTO STORICO ITALIANO

FONTI PER LA STORIA D'ITALIA

Annali Genovesi di Caffaro

e de'suoi continuatori

DAL MXCIX AL MCCXCIII

A CURA

DI

LUIGI TOMMASO BELGRANO

ROMA

NELLA SEDE DELL'ISTITUTO

PALAZZO DEI LINCEI, GIÀ CORSINI,

ALLA LUNGARA

1890

ISTITUTO STORICO

ITALIANO

FONTI

PER LA

STORIA D'ITALIA

PUBBLICATE

DALL'ISTITUTO STORICO

ITALIANO

SCRITTORI . SECOLI XII e XIII

ROMA

NELLA SEDE DELL'ISTITUTO

PALAZZO DEI LINCEI, GIÀ CORSINI,

ALLA LUNGARA

1890

ANNALI GENOVESI

DI CAFFARO

E

DE' SUOI CONTINUATORI

DAL MXCIX AL MCCXCIII

NUOVA EDIZIONE

A CURA

DI

LUIGI TOMMASO BELGRANO

———

VOL. PRIMO

CON TREDICI TAVOLE

ILLUSTRATIVE

———

GENOVA

TIPOGRAFIA DEL R. ISTITUTO SORDO-MUTI

———

1890

PREFAZIONE

I.

Le Edizioni.

Una edizione degli Annali Genovesi di Caffaro e de' suoi continuatori non venne impressa mai, e, che sappiasi, nè pure tentata (salvo il breve saggio datone da Raffaello Della Torre, colla stampa del libro d'Almeria e di Tortosa nelle *Controversiae Finarienses*) avanti che il Muratori li pubblicasse l'anno 1725, nel tomo VI degli *Scriptores Rerum Italicarum* [1]. Ma all'insigne editore non fu propizia la fortuna; imperocchè, ricusatogli dalla sospettosa politica dei governanti di Genova l'ingresso nell'Archivio della Repubblica [2], e negatogli fin anco uno dei loro codici per semplice uso di confronto [3], egli dovette di

---

[1] CAFFARI ‖ EIUSQUE ‖ CONTINUATORUM ‖ *Annales Genuenses* ‖ *ab anno · MC · ad annum usque · MCCXCIII ·* ‖ *e manuscriptis codicibus* ‖ *nunc primum in lucem prodeunt* ‖ . Occupano le colonne 247-610.

[2] Cfr. *Giornale Ligustico*, a. 1828, pp. 406; *Nuovo Giornale Ligustico*, a. 1837, pp. 105.

[3] Cfr. VISCHI, *La Società Palatina di Milano*, in *Archivio Storico Lombardo*, a. 1880, pp. 494 seg.

necessità apprestare l'opera sua con materiali scarsis-
simi e troppo inferiori al bisogno. Limitavansi questi,
infatti, alla c o p i a di un esemplare posseduto da
Gian Luca Durazzo, riputato a torto il m i g l i o r e,
fornitagli dalla liberale amicizia dell'abate Giuseppe
Malaspina[1], e ad un altro apografo comunicatogli del
pari dal Malaspina, ma deficiente di tutto il racconto
dal 1209 in appresso; del quale apografo nondimeno
il Muratori si giovò per ristabilire in qualche punto
la lezione del testo, e più spesso per notarne a pie' di
pagina le varianti[2]. *Neque enim mihi licuit antiquos
codices heic adhibere*, avvertiva il dotto uomo, essendosi
vanamente adoperati in favore di lui alcuni eruditi
genovesi; ed aggiungeva parole di acerbo rimprovero,
che l'autorevole intromissione de' soci Palatini giunse
a fargli sopprimere: *improvida sollicitudine et politico
inani metu*[3]. Non pertanto il dolore dell'ostinato
rifiuto gli rimase nell'animo, e le occasioni gliene rin-
novavano la puntura: « Voi altri signori, scriveva
al suo corrispondente genovese Domenico Muzio, il
15 maggio del 1731, siete troppo pieni di misteri,
e bisogna farvi servigio al vostro dispetto;... l'igno-
ranza somministra timori e gelosie, per non lasciare
ch'altri serva alla gloria della loro Repubblica »[4].
Se non che il Muratori, pur non dissimulando i di-
fetti del codice Malaspina, era ben lontano dal poterli

---

[1] Cfr. lettera del Malaspina a Gius. Ant. Sassi, 16 luglio 1725, in *Giorn.
Lig.*, a. 1887, pp. 142 seg. .
[2] Cfr. MURATORI, *Praef.*, pp. 244 seg.
[3] Cfr. VISCHI, op. cit., pp. 495.
[4] Cfr. *Giorn. Lig.*, a. 1882, pp. 277.

conoscere tutti, specie le omissioni, che particolarmente vi si ravvisavano da Ogerio Pane in poi, e
cresceano via via che proseguiva il racconto, compli-
candosi con trasposizioni ed interpolazioni di grave
momento. Perciò, rigettata sugli amanuensi la colpa
di alcune mende, non dubitava egli di rassicurar gli
studiosi concludendo: *quae tamen ita dicta velim, non
ut cuiquam suspicio ingeratur, heic aliquid desiderari,
quod ad Historiae nunc edendae integritatem per-
tineat*[1].

Piuttosto può recar maraviglia che il Muzio confer-
masse il Muratori in questo falso giudizio; perchè,
dopo avergli annunziato che il volume di Caffaro
era « stato accettato (in Genova) con gusto grande
dei letterati e di quei nobili », soggiungeva: « Avendolo io collationato con l'antichissimo originale autentico, che si ritrova nell'Archivio secreto di questa
Repubblica, . . . ho ritrovato essere mancante ossia mu-
tilato in quasi tutti gli annali del 1200, non però in
cose di molta importanza, ma in certe
minutezze; ed essendone stato interrogato, ho ri-
sposto camminare bene... secondo la sostanza »[2].
Ma altri non furono così indulgenti; e negando persino
che i vizî dipendessero dai codici, non si ristettero dal
rovesciarne sul Muratori stesso tutta la colpa: lo accu-
sarono di parzialità verso l'Impero, smanioso di far
rivivere su Genova gli antichi diritti di alta sovranità,
e bandirono che egli avea « di suo capriccio » tolto

[1] Cfr. MURATORI, *Praef.*, pp. 245.
[2] Cfr. *Giorn. Lig.*, a. 1882, pp. 274.

dagli **A n n a l i** quanto vi era di men favorevole a quel disegno, o di più glorioso per la Repubblica e meglio confacente al proposito di sostenerne l' indipendenza [1].

Di qualche beneficio, a petto della Muratoriana, sarebbe di certo riescita l'edizione, cui nel primo

---

[1] Cfr. un foglietto annesso al codice cartaceo che fu già di Cesare Saluzzo, ed ora si conserva nella Biblioteca Reale di Torino, segnato col num. 13665. Sono l'uno e l'altro di mano di Nicolò Perazzo, autore di una importante raccolta di documenti e notizie delle chiese del Genovesato, compilata circa il 1770 ed attualmente serbata nell'Archivio torinese di Stato.

Il cod. contiene, oltre gli **A n n a l i** di Caffaro e de' continuatori (pp. 1-472), vari estratti di cronache pisane ecc. (pp. 475-82), l'indice alfabetico delle persone e dei luoghi, e da ultimo le *Varianti più notabili del Caffaro stampato col presente Caffaro manuscritto*; le quali però si arrestano alla metà circa dello stesso cod., cioè a quelle della pagina 233.

Nel foglietto poi, così dice il Perazzo del **C a f f a r o** Muratoriano: « Avendolo io confrontato col mio manuscritto, ricavato fedelmente da altro manuscritto di carattere più antico della stampa, l'ho trovato mancante quasi d'un quinto; e perciò, oltre d'aver fatti i varianti dell'uno all'altro segnati nel fine, ho anche rigato nel detto mio con due righe tutto quello che manca nel stampato, acciò ogn'uno veda di quanto poca fede sia stato detto Muratori nel farlo stampare; avvertendo anche, che le parole quali si leggono nel mio con una sola rigata, sono parole o sentenziose o notabili; onde di questo ne avviso il lettore, acciò sappia leggerlo. Nè serve il scusarlo col dire che tale sarà stato quello che le averà communicato l'abbate Malaspina, dal quale dice egli averlo avuto; poichè chiaramente si osserva che nel detto stampato manca tutto quello che è a favore de' Genovesi contro l'Imperatore, tutto quello che è di più glorioso per li stessi Genovesi, tutto quello che è a favore della Santa Chiesa contro lo stesso Imperatore, tutto quello che possa essere di poca reputazione ne' fatti delli antichi imperatori o de' Milanesi, tutte le lettere, bolle, decreti e sentenze per extensum riportate da detti scrittori; e di più, per farsi da tutti conoscere, esso Muratori, per adulatore dell'Imperio, nel frontispizio della prima carta di detto **C a f f a r o**, stampato in Milano, ha fatto effigiare un Imperatore sedente nel trono, con corona in capo, et a piedi del medemo, in atto di genuflessione, una Dea rappresentante la Liguria, o sia la città di Genova, che riceve dal stesso Imperatore la corona, quasi che volesse indicare soggezione verso l'Imperio di un Principato ch'era libero prima che vi fossero i Romani, da' quali desume il suo essere l'Imperio medemo... ».

decennio del volgente secolo divisava por mano il
P. Zacchia [1]; o quella che Stefano Lagomarsino incominciò nel 1828, ma presto sospese per manco di
associati [2]. Il materiale apprestato dallo Zacchia,
venuto alle mani dello stesso Lagomarsino, è oggi
diviso fra l'Archivio di Stato e la Biblioteca Reale di
Torino. L'Archivio possede il volume nel quale lo
Zacchia trascrisse gli A n n a l i fino a tutto il libro V,
secondo la partizione del Muratori (cioè fino all'anno
1223 inclusivamente), e pose di rincontro al testo una
versione, che è rimasta interrotta alle prime parole del-
l'anno 1222. Il titolo del frontispizio, di cui fu tagliato
il foglio a metà, dice così: *Annali Genovesi di Caffaro
de Caschifelone e de' suoi continuatori, dall' anno 1100
fino al 1294, intiera edizione latina, nuovamente tradotta
in italiano, accresciuta ed illustrata con note* . . . ; ed
a tergo porta questa chiara allusione alla recente caduta della Repubblica Ligure:

Spoliatis arma supersunt.

LUCANO.

Ma la versione non è altro che una cattiva parafrasi;
le note sono spesso prive di opportunità, di critica,

---

[1] Il P. Gian Francesco Zacchia da Vezzano, dei minori riformati di S. Francesco, fu teologo della Repubblica di Genova, e morì nel 1810. Cfr. SFORZA,
Saggio di una Bibliografia storica della Lunigiana, I, 149 seg.

[2] Stefano Lagomarsino, segretario generale della Polizia in Genova, nel
tempo della Repubblica democratica, poi chiamato ad altri uffici durante l'Impero Napoleonico, fu, dopo l'unione della Liguria al Regno Sardo, a p p l i c a t o
agli Archivi di Corte in Torino, collo speciale incarico di ordinare le carte genovesi restituite dalla Francia. Morì in Genova, il 19 settembre 1831. Cfr. *Nuovo
Giornale Lignstico*, a. 1831, pp. 385 segg.

di misura, e talora non giovano che di sfogo ai risentimenti politici dell'autore. Il quale, nella P r e f a z i o n e, rilevata a sua volta, la somma deficienza del testo Muratoriano « confrontato col codice esistente nell' Archivio di Genova », così spiega il proprio concetto: « Affinchè ... possino i lettori ricavarne l'intero frutto d'una solida erudizione e verità, è necessario far comparire di nuovo alla luce la C r o n a c a di Caffaro e de' suoi continuatori scrupolosamente collazionata coll' anzidetto codice latino, la quale sia per maggior pregio corredata da que' documenti che vi sono enunciati o vi hanno relazione, e che quasi tutti inediti finora sono stati avvolti in dense tenebre, ed in quell'Archivio gelosamente custoditi. Or se, giusta le regole di buona critica, i racconti di sì gravi autori meritano ... una fede irrefragabile e somma, a qual grado ella ascenderà mai al solo riflesso che i racconti medesimi si riconosceranno appoggiati ad autentici documenti? Questi formeranno un separato copioso volume, portante in fronte il titolo : *Codice Diplomatico degli Annali di Caffaro e de' suoi continuatori* ». Infine « il lettore non troverà inutili le T a v o l e de' consoli del Comune e de' placiti, siccome pure quelle de' clavigeri, de' podestà forastieri e dei capitani del Comune e popolo di Genova, che si fanno precedere per ordine alfabetico col loro nome, cognome ed anno in cui governarono ».

Il *Codice Diplomatico*, autografo pur esso dello Zacchia, passato dal Lagomarsino in proprietà di Vincenzo e poi di Federigo Alizeri, fu da questi ceduto alla Biblioteca Palatina. Porta il titolo di *Codicillus monimentorum Caffari eiusque continuatorum Historiam illustrantium;* consta di quattordici c a r t o l a r i, attualmente legati insieme; e contiene un grandissimo numero di diplomi, desunti la maggior parte dai libri *Iurium* e dalle pergamene originali, che al tempo del compilatore si custodivano ancora nelle c a n t e r e dell'Archivio segreto in Genova.

Ma la morte troncò a mezzo il disegno dello Zacchia; seppure il trasporto delle carte genovesi a Parigi, di cui dovrò toccare in seguito, non ne avea già reso impossibile il compimento. Lo ripigliò poscia con qualche diversità il Lagomarsino; sostituendo cioè al Caffaro dello Zacchia un codice di cui egli stesso aveva interamente eseguita la trascrizione, ma conservando a fronte del testo l'anzidetta versione, qua e colà accomodata nella forma, inserendo a' pie' di pagina il maggior numero delle note del traduttore, e riportando una parte almeno dei documenti compresi nel *Codicillus* [1]. Anche il Ms. del Lagomarsino venne in possesso degli Alizeri, e fu acquistato dalla Palatina, dove è classificato insieme al *Codicillus* sotto il numero 13926 [2].

---

[1] CAFFARO ‖ E SUOI CONTINUATORI ‖ *Annali di Genova* ‖ dall'anno *1100* all'*anno 1294.* ‖ *Testo latino* ‖ con ‖ *traduzione italiana* ‖ *note e documenti.* ‖ Genova ‖ dai tipi di Luca Carniglia ‖ 1828. ‖ In-4.°, a due colonne, di pp. viii, 1-232; giungendo il racconto a tutto il 1165.

[2] Il *Codicillus* è di pp. 657, numerate ad inchiostro di mano del Lagomarsino. Il volume degli A n n a l i ha pp. 613, numerate a lapis dallo stesso Lagomarsino; ed in capo al r e c t o del foglio di guardia contiene la seguente avvertenza autografa, ma inesatta, del r. bibliotecario Domenico Promis: « Questi due volumi, che comprendono un' eccellente copia fatta sull' originale del C a f f a r o, ed una quantità di documenti relativi, furono preparati dal signor Lagomarsino, segretario nei R.¹ Archivi di Corte sul 1820, per una pubblicazione che cominciò a Genova per il Carniglia nel 1828, ma che per la morte

Frattanto il pensiero di una edizione degli Annali avea pure trovato favore nella Deputazione sovra gli studî di storia patria, appena istituita dal re Carlo Alberto: il sommario delle deliberazioni prese nella seduta del 26 dicembre 1834, rammenta appunto l'incarico dato a Pietro Datta « di preparare gli Annali del Caffaro per la stampa » [1]; ed una lettera dello stesso Datta a Luigi Cibrario dichiara che la preparazione si dovea fare « seguendo le tracce dei tre fascicoli già pubblicati dal Lagomarsino, il di cui manoscritto trovasi in parte nei R. Archivi di Corte » [2]. Ma di tal progetto, il quale non ebbe mai un principio di esecuzione, null'altro si legge; e la consuetudine di cui rendono testimonianza i *Monumenta historiae patriae*, mi affida che dall'obbligo fatto al Datta di seguire quelle tracce doveva essere esclusa la versione.

Della quale nondimeno starei per dire che si provasse vivo desiderio, se anche Gian Pietro Vieusseux, annunciando poco stante, di voler egli pure comprendere gli Annali nell'*Archivio Storico Italiano*, prometteva di mandar compagna al latino una traduzione di Federigo Alizeri, cui per fermo non sarebbe mancato il lenocinio di quelle studiate eleganze nelle quali il

---

dell'autore rimase interrotta ». In più luoghi del cod. occorrono infatti i nomi degli operai fra i quali era distribuito il lavoro tipografico, e le firme dei revisori delle stampe, prevosto Amedeo Giovanelli per l'autorità ecclesiastica e senatore Nicolò Gratarola per la civile.

[1] Archivio della R. Deputazione, in Torino. *Registro dei verbali*, a. 1833-1872; verbale n. VI. Cfr. MANNO, *L'opera cinquantenaria della R. Deputaz. di st. patr. di Torino*, pp. 22.

[2] Arch. cit. Lettera del 31 dicembre 1834.

futuro storico dell'arti liguri era maestro[1].   Aggiungeva inoltre il Vieusseux che al testo farebbe seguito
un corpo di documenti; e da ciò torna facile immaginare come l'edizione fiorentina, quanto è delle parti
essenziali, avrebbe riprodotto il materiale raccolto dallo
Zacchia e dal Lagomarsino nei due volumi della Palatina torinese.

I primi studî volti all'apprestamento di una edizione
critica degli A n n a l i, si devono pertanto recare a
merito di Luciano Scarabelli, il quale brevemente
li ha ricordati in una *Lettera* ad Agostino Olivieri,
del 3 novembre 1854[2].   Laddove dichiara di avere
non solamente « istituito un lungo e minuto esame
dei codici del Caffaro, che sono più conosciuti in Genova », ma di essersi procacciate notizie di quello
« creduto o r i g i n a l e, che è a Parigi nella Biblioteca
Nazionale », e conclude : « S' io mai sia tanto for-
tunato da potere mettere alle stampe queste primis-
sime I s t o r i e, tutte le differenze de' codici che abbiamo, e le varianti de' testi, e le ragioni delle parti
genuine e de' glossemi darò, sì che si possa confidare
che se mai alcun filo resti d'intermesso, nulla manchi
di certo, nè nulla. si contenga di errato ».   Invero
le risposte date dal signor Bremule ad alcuni quesiti

---

[1] Cfr. CANALE, *Nuova Istoria della Repubblica di Genova*, I, 13; ID., *Degli Annali Genovesi di Caffaro e dei suoi continuatori*, Genova, 1886, pp. 7. Il vo- lume di Caffaro, nell'*Archivio*, dovea pubblicarsi dopo il tomo VI della prima serie, occupato dalle cronache pisane.

[2] Pubblicata dallo stesso Olivieri, in *Carte e cronache manoscritte per la Storia genovese esistenti nella Biblioteca della R. Università Ligure*, Genova, 1855, pp. 235 segg.

mandatigli dallo Scarabelli, rispetto al mentovato o r i -
g i n a l e, sono molto vaghe e superficiali[1]; ma è noto
che, se il Municipio di Genova avesse accolte le pro-
poste dell' erudito piacentino, egli stesso intendeva di
esaminare e studiar bene da sè in Parigi quel codice[2].

Alla civica Amministrazione arrise invece il disegno
di un benemerito concittadino, il ch. avv. Michele Giuseppe Canale, che già aveva annunciato di voler dare
gli A n n a l i, collazionati sul codice parigino, in appendice alla *Nuova Istoria della Repubblica di Genova*[3].
Perciò il Comune, nel 1858-59, con bella e savia
liberalità, assumendo sopra di sè tutto il carico materiale della edizione, stabiliva che l' opera di Caffaro e
de' suoi continuatori si dovesse pubblicare in volumi a
parte, di un bel formato in-4.°, con eleganza di tipi,
dal riputato stabilimento di Tommaso Ferrando[4]. Ma
le notizie della stampa e delle vicende cui andò sog-
getta, si vogliono cercare altrove[5]; qui importa solamente ricordare che l' edizione cominciata nel 1862,
e ad intervalli condotta innanzi fino al 1869, com-
prende le narrazioni di tutti i predecessori di Iacopo
D' Oria, al cui proemio si fermò; e che, per essersi poscia disperso il più de' fogli, appena sette

---

[1] L' autografo del Bremule, in otto pagine, è rilegato alla fine del codice
Universitario, già Cambiaso, di cui parlo in nota a pp. lxi.

[2] Cfr. CANALE, *Degli Annali* ecc., pp. 6.

[3] Cfr. *Nuova Istoria* ecc., I, 13; *Degli Annali* ecc., pp. 7.

[4] È però inesatta l' affermazione dell'*Arch. Stor. Ital.*, nuova serie, vol. X,
par. II, pp. 95, che il Governo Francese imprestasse a Genova il codice della
Nazionale di Parigi.

[5] Cfr. *Giorn. Lig.*, a. 1887, pp. 140 segg.

esemplari, de' cinquecento ordinati al tipografo, se ne possono oggi raccogliere senza lacune [1].

Intanto Francesco Ansaldo pubblicava, negli *Atti della Società Ligure di storia patria* [2], due saggi inediti del codice Nazionale, cioè l'opuscolo di Caffaro *De liberatione civitatum Orientis* e l'anonima *Regni Hierosolymitani Brevis Historia;* e Giorgio Enrico Pertz, nei *Monumenta Germaniae Historica,* dava principio al tomo XVIII degli *Scriptores* con una nuova e compiuta stampa degli A n n a l i G e n o v e s i e degli altri libri che formano cogli A n n a l i un solo corpo [3].

L' illustre tedesco ha però voluto rivendicare a sè anche la priorità del divisamento, facendolo rimontare all' anno 1839, in cui per la prima volta consultò in Parigi il codice a u t e n t i c o; sebbene dichiari di non avervi posta mano che varî anni più tardi, cioè dopo studiato a Londra nel '53, nel '55 e nel '57 un altro pregevolissimo codice, posseduto dal Museo Britannico, donde gli venne un grande aiuto per integrar le parti deficienti nel ms. della Nazionale e per raccogliere buona messe di varianti. Indi aggiunge: *Annis demum 1858 et 1859, codice Parisiensi iterum evoluto*

[1] Archivio Civico di Genova. *Pubblicazione degli Annali di Caffaro.*
[2] Vol. I, fasc. 2.°, Genova, 1859, pp. 1-75.
[3] Il frontispizio reca la data: *Hannoverae* || *ex Bibliopolio aulico Hahniano* || •MDCCCLXII• || Ma alla fine del vol., pp. 880, si legge: *Hannoverae • die • X • aprilis anni • MDCCCLXIII•* || *Typis Culemanni.* || Degli A n n a l i di Caffaro si fece pure una tiratura a parte, meno utile però di quella del volume intero, perchè sprovveduta di indici, con questo titolo: CAFARI || ET CONTINUATORUM || *Annales Ianuenses* || *edidit* || GEORGIUS HEINRICUS PERTZ || *Serenissimo Borussiae Regi a consil. regim. int. Bibliothecae regiae praefectus.* || *Hannoverae.* || *ex Bibliopolio aulico Hahniano* || •MDCCCLXII•

b

*et in usus nostros diligentissime converso, Berolini feli-
citer perfeci*[1]. Del resto già a questo tempo il Pertz
aveva anche dissertato ripetutamente, nella R. Accademia berlinese delle sciènze, intorno al valore de' codici esaminati, ai criterî dell' edizione, ed al merito
intrinseco di quell' accolta di scritti[2], che egli pro-
clama splendidissimo monumento non solo della gloria
de' Genovesi, ma lume sicuro per cui si rischiara
la storia d' Italia, di Germania e del mondo: *Lucu-
lentissima ianuensis gloriae monumenta, ... non Italiae
solum, sed et Germaniae nostrae atque Orbis terrarum
per saecula · XII · et · XIII · historiam multis modis illus-
trant*[3]. Ancora: quell' importante passo d' Iacopo
D' Oria, che rammenta la navigazione dei fratelli Vi-
valdi, e che il Pertz, sebbene a torto, reputava esistesse
unicamente nel codice londinese, forniva al dotto
editore l' argomento di una memoria che fu stampata
pel giubileo della r. Accademia di Monaco[4].

Collaborarono all' edizione Pertziana Federico Winckelmann, autore delle note che, non per pratica
costante, ma di tratto in tratto rinviano ai documenti
in relazione col racconto; e Guglielmo Arndt, cui
si deve il *Glossarium* dell' intero volume XVIII.

---

[1] Cfr. PERTZ, *Praef.*, pp. 1.

[2] Cfr. *Monastberichte der Kön. Preuss. Akademie der Wissenschaften zu
Berlin*, 1856, pp. 289, 434, e 1858, pp. 603, 672. Le dissertazioni sono qui
solamente accennate; ma la materia di esse, oltre allo avere fornita la
sostanza della Prefazione, venne rifusa dallo stesso Pertz in una *Confe-
renza* pubblicata nel *Göttingische Gelehrte Anzeigen*, 1864, I, pp. 201-269, Got-
tinga, 1865.

[3] Cfr. PERTZ, *Praef.*, pp. 11.

[4] Cfr. PERTZ, *Der älteste Versuch zur Entdeckung des Seeweges nach Ostin-
dien im jahre 1293*, Berlino, 1859. In-4.°, di pp. 12.

Filippo Iaffè ricavò i facsimili di alcune varietà di caratteri fra le molte del codice Nazionale; ed alle riproduzioni della parte artistica provvide la casa Winckelmann di Berlino.

Alla stampa sono poi comuni i pregi e le mende, che s'incontrano nei testi de' cronisti d'Italia, cui diedero così larga ed onorevole ospitalità i *Monumenta Germaniae.* I pregi risiedono principalmente nell'ampiezza dell'apparato critico; le mende sono di natura tale, che non possono sempre evitarsi da chi non abbia familiari, quasi per uso giornaliero, la topografia, la nomenclatura, le costumanze locali.

Nè va taciuto che l'Arndt ci diede pure una versione tedesca abbreviata degli Annali fino al 1248, e che Giorgio Grandaur vi aggiunse poscia quella delle parti successive [1]. Infine della *Liberatio Orientis* e della prima decade degli annali di Caffaro si ha anche alle stampe una traduzione italiana, della quale è autore l'avvocato Enrico Bensa [2].

L'opuscolo *De liberatione Orientis* ebbe altresì una terza ristampa, dovuta al compianto conte Paolo Riant, dell'Istituto di Francia, che gli die' posto nel tomo V degli *Historiens·Occidentaux des croisades*, e lo completò inserendovi la estesa narrazione dell'impresa di Cesarea, già descritta da Caffaro sul cominciar degli Annali. Distribuì egli inoltre tutto il racconto in XXVII capitoli, premettendo a ciascuno di essi

---

[1] Cfr. *Iahrbücher von Genua*, in *Die Geschichtschreiber der deutschen Vorzeit in deutscher Bearbeitung* etc., Berlino, 1866 e 1881, dispense 47 e 65.

[2] Cfr. *La Cronaca della crociata e la prima decade degli Annali di Caffaro*, Genova, 1881. In-4.° piccolo, di pp. 59.

l'argomento; ed annotò via via il testo, con quella profondità e sicurezza di cognizioni per le quali fu meritamente in grande stima presso l'universale.

Ma il Riant morì[1] senza poter ridurre a compimento la mole di quel volume, che fu ora affidato alle solerti cure del suo collega ed amico, il conte Luigi de Mas-Latrie; nè di lui ci rimane la prefazione., nonostanti i riferimenti che vi si fanno in più di una nota. Egli non ebbe il tempo di dettarla; ed a me, che ne lo interrogava, poco avanti il morire scriveva: « La preface du t. V.ᵉ est encore dans ma cervelle à l'état embryonnaire ». Nondimeno, così della *Liberatio*, come degli altri scritti formanti parte del tomo V degli *Historiens*, esiste una tiratura separata[2], della quale piacque allo stesso Riant di mandarmi un esemplare in servigio della presente edizione.

Della cui proposta, presentata dalla Società Ligure all'Istituto Storico Italiano, e da questo con sollecita benevolenza accolta, io non mi fermerò a discorrere, perchè già ne fu data sufficiente notizia[3]. I codici poi che hanno servito alla stampa, e che io verrò successivamente descrivendo, sono i seguenti:

1. Il codice a u t e n t i c o della Nazionale di Pa-

---

[1] Il 17 dicembre 1888, nel suo castello della Vorpillière.

[2] CAFARI GENUENSIS || *De liberatione civitatum Orientis* || [Historiens Occidentaux des croisades, tome V, pp. 41-73.] || *Parisiis* || e *Reipublicae Typographeo*. || MDCCCLXXXV. || In fol., di pp. 33.

[3] Cfr. *Bullettino dell'Istituto Storico Italiano*, num. 1, pp. 28, 75; num. 2, pp. 5 segg.; num. 3, pp. 11, 30 seg.; num. 7, pp. 11 seg., 21.

La comunicazione del materiale cortesemente indicato dal ch. Canale, non ebbe seguito.

rigi, del quale produco il testo, e che indicherò sempre colla lettera *N*.

2. Il codice che fu recentemente ritrovato presso l'Archivio del Ministero degli affari esteri di Francia, e che io adoprerò per confrontarlo col precedente, allo scopo precipuo di notarne le varianti. Questo codice sarà designato colla lettera *E*.

3. Il codice del Museo Britannico, del cui riscontro mi gioverò per dare le parti degli Annali ora mancanti in *N* nè mai trascritte in *E*, e per cavarne le poche varianti della *Liberatio Orientis* e della *Brevis Historia Regni Hierosolymitani*, del pari omesse nella trascrizione di *E*. Il lettore lo vedrà costantemente segnato colla lettera *B*.

Del confronto dei due codici parigini, della loro descrizione esterna, e delle cure attinenti alle paleografiche ed artistiche riproduzioni che li concernono, la Giunta esecutiva dell'Istituto, su lo scorcio del 1887, affidò l'incarico al dott. Cesare De Lollis, libero docente di Storia comparata delle letterature neolatine nella r. Università di Roma; ed io sono lieto di dichiarare pubblicamente che questo giovine erudito, oltre all'adempiere la dilicata missione con la rara perizia che tutti gli conoscono, mosso da uno squisito sentimento d'amicizia verso di me, contribuì con indagini d'ogni maniera a rendere meno difficile la impresa che io mi sono assunta.

II.

Il codice della Nazionale di Parigi.

Del codice *N* non trovo ragguagli bibliografici, prima
di ciò che ne stamparono a breve distanza il Pertz
ed il Banchero; quegli rendendo conto dei manoscritti
veduti nella capitale della Francia [1], questi pubbli-
cando litografata, in proporzioni maggiori dell'originale, la miniatura che mirasi appunto nel principio di
esso codice, e rappresenta Caffaro in atto di dettare
a Macobrio [2].

Il ms. è membranaceo, di mm. 240 × 235, legato
all'uso italiano, in pelle scura, senza stemmi, cifre od
altro segno valevole come che sia a fornire indizio
della sua provenienza. Il dorso è diviso in sette scom-
parti messi ad oro, nel secondo dei quali, un rettangolo
di cuoio rosso porta impressa l'epigrafe ANNALES GE-
NVENSES, la quale si legge pure in capo alla prima
pagina; ed inferiormente ha un cartellino, che reca a
stampa il numero d'ordine attuale del volume, cioè
il 10136 [3]. All'incontro il foglio cartaceo, che ne

---

[1] Cfr. PERTZ, *Archiv der Gesellschaft für ältere deutsche Geschichtskunde*,
VIII, 1843, pp. 309.

[2] Cfr. BANCHERO, *Genova e le due riviere*, I, tav. XXX: « CAFFARO, *ritratto
cavato da una miniatura...*, settembre 1844 ».

[3] Exposit. Armoire XII, 139. Che la legatura del codice sia italiana, me
lo confermano il signor Omont, conservatore dei mss. nella Biblioteca Nazionale,

costituisce la guardia anteriore, serba manoscritta nel
r e c t o la memoria della precedente sua classificazione,
Suppl.' L. 773, la quale scorgesi del pari notata nel
margine superiore della pagina anzidetta; e nel v e r s o
mostra le impronte di due bolli in rosso, lasciatevi, dal
contatto di un' altra carta ora mancante [1].   Il più antico di questi bolli, colle lettere R F in nesso, circon-
date dalla leggenda BIBLIOTHÈQUE NATIONALE, è quello
che venne adoperato dalla proclamazione della prima
Repubblica francese fino al sorgere dell' impero di
Napoleone, o poco oltre, e comparisce nuovamente a
t e r g o dell' ultimo foglio scritto, riproducendosi anche
per decalco nel r e c t o del successivo.

Al presente il codice è formato da ventiquattro fascicoli, de' quali ventun q u a t e r n i o n i, un s e i e r n o
(car. 17-28), un d u e r n o (car. 29-32) ed un t e r n o
(car. 137-142); e così in totale ascende a 190 carte.

---

ed il mio carissimo collega prof. Francesco Novati; il quale, trovandosi nel
decorso aprile in Parigi, ha cortesemente aderito alla mia preghiera di esaminare il codice per rilevarne alcune indicazioni desiderate.   Entrambi fondano
il loro giudizio, oltrecchè sui caratteri propri della legatura, anche sopra le
lettere del titolo, foggiate in guisa diversa da quella che costumavasi in
Francia (la E specialmente), e sopra la forma *Genuenses* scambio di *Ianuenses*.

[1] Il codice è registrato col primitivo numero 773 nel catalogo del *Supplement
Latin*, cominciato verso il 1820; e ricevètte l'attuale classificazione dopo il 1860,
allorchè tutti i mss. de' S u p p l e m e n t i furono aggregati con progressiva numerazione ai F o n d i rispettivi.   Cfr. DELISLE, *Inventaire des mss. conservés à
la Biblioth. Imp. sous les nn. 8823-11503 du Fonds Latin*, nella *Bibl. de l'École
des chartes*, XXIII, 1862, pp. 280 e 498.

Nell'angolo in basso del foglio posteriore di guardia si vede segnato un
altro numero, cioè il 15500.   Ma il signor Couderc, della stessa Biblioteca Nazionale, interrogato su questo proposito, osserva che « le n.° ne répond à
aucun de nos catalogues avant les remaniements, qui ont été faits de 1860
à 1875; aucun de nos Fonds n'avait de coté aussi élevée ».

Niun dubbio però che in antico avesse anche un vigesimoquinto fascicolo, destinato a contenere il seguito della narrazione di Iacopo D'Oria, la quale ora s'interrompe all'anno 1287, e quella dichiarazione finale del notaro Guglielmo de Caponibus, che non manca in veruno de' buoni codici e forma come il suggello di tutto questo volume di storia.

Nella maggior parte dei fogli la scrittura è divisa in due colonne; negli altri corre per tutta l'ampiezza della pagina, circoscritta solo dai margini. Il carattere chiaramente rivela parecchie mani dei secoli XII e XIII, le quali in complesso superano la trentina, e rendono testimonianza apertissima che l'opera degli annalisti trovava posto nel codice subito o non molto dopo che da essi veniva dettata. Ma aggiunge il Pertz: *Scriptura diversorum librorum, ut auctoribus et aetate diversa, authentica est, qualem rei publicae Ianuensis magistratus ipsis duodecimo et tertio decimo saeculis fieri iusserunt et adprobaverunt, sed minime autographa auctorum; dum haud rara textus menda et vitia, scribas ea que membranae tradiderunt saepe non intellexisse, comprobant* [1].

Spesso fra la cronaca di un anno e quella del seguente, intercede uno spazio non breve; e talvolta, massime alla fine di qualche libro, il vano è di colonne od anche di pagine intere. Donde è evidente la duplice intenzione di separare l'opera dei varî autori, e di lasciar loro aperta la via per qualche aggiunta. Al quale proposito sembra a me che si possa con tutta

---

[1] Cfr. PERTZ, *Praef.*, pp. 2.

sicurezza citare in esempio la *Notitia Episcoporum Ia-*
nuensium, registrata nel verso del foglio 16, dopo il
libro di Almeria e di Tortosa, nè mai da questo di-
sgiunta avanti che io le assegnassi titolo e luogo
proprio nella presente edizione.   Così ancora una
postilla che leggesi in calce della carta 102 verso,
laddove si chiude la narrazione dell'anno 1248, ci
ammonisce che i seguenti fogli 103 e 104 erano
destinati al racconto della crociata di Luigi IX contro l'Egitto: *Hoc anno Lodouicus rex Francorum*
tran[s]frectauit et yemauit in Cypro [1].   Poi continua, d'altra mano: *Hic debet poni de exercitu regis*
Francorum, quando part[i]uit, et quot ligna et milites
habuit, et quo iuit, et alia accidentia illo anno.   Se
non che questa storia, per la quale è credibile che si
attendessero informazioni esatte da testimoni di veduta, non fu più scritta; e negli Annali rimane
perciò una lacuna, che la somma importanza di quella
impresa ed il concorso larghissimo arrecatole da' Genovesi meritavano bene di vedere colmata.   Altri e
frequenti esempi di somiglianti lacune notò pure il
Pertz, nel libro degli Annali immediatamente successivi al 1264 [2].

Nè mancano nel codice, per quanto il concede la
rozza età, gli adornamenti dell'arte: storie miniate, e
lettere a colori (una sola è ad oro), illeggiadrite alcuna
volta da invenzioni d'animali e di fregi.   Si aggiungano
meglio di ottanta schizzi a penna, con figure e simboli,

---

[1] È errata la lezione del Pertz: *et peruenit in Egypto.*
[2] Cfr. *Götting. Gelehr. Anzeig.,* 1864, I, 254.

castelli, navi e somiglianti rappresentazioni, condotte forse da una sola mano, e nella quasi totalità allineate lungo i margini de' fogli nei quali sono trascritti i due più antichi annalisti: illustrazione e commento non dispregevole delle cose da essi narrate.

Le miniature che per l'ampiezza della composizione assumono precipua importanza, si vedono incorniciate nelle pagine; e sono, oltre il già menzionato ritratto di Caffaro dettante a Macobrio, quelle che si riferiscono alle gesta dei podestà Manigoldo da Brescia (1190-91), Giacomo Mainero (1195) e Drudo Marcellino (1196), raccontate da Ottobono Scriba. Notabile nella più antica l'impiego del giallo che tiene le veci dell'oro, a differenza delle altre dove questo risplende nei fondi e nelle cornici. Le minori, allogate in margine, accompagnano del pari la narrazione di Ottobono; anzi ritraggono nella maggior parte i casi della guerra che il podestà Lazzaro Gherardini combattè contro i ribelli della riviera di ponente, e che Bartolomeo Scriba raccontò sotto l'anno 1227.

Le iniziali alluminate sono il Q di *Quoniam* e il T di *Tempore*, con cui rispettivamente incominciano il proemio degli annali e gli annali stessi di Caffaro; il Q di *Quoniam*, con cui si apre la prefazione d'Iacopo D'Oria alla *Liberatio Orientis*, ed il C di *Cum* da cui principia la narrazione di questo libro; il C di *Cum*, nel proemio di Oberto Cancelliere, dove pure formano un grazioso gruppo le lettere di *ciuitatem*, in rosso ed in azzurro; il C di *Congruum*, da cui toglie principio il libro di Ottobono Scriba; la I di *Istoriographus* ed il C di *Currente*, donde cominciano il proemio e l'anno 1270 nel racconto

di Oberto Stancone e de' suoi compagni; finalmente il
Q di *Quoniam*, in capo al libro particolare del D'Oria.
Negli annali di Ogerio Pane, di Marchisio e di Bartolomeo Scriba, ed in quelli che seguono dal 1249 al 1269,
sono invece rimasti bianchi gli spazî destinati a sì fatti
ornamenti; ne è facile scoprirne la cagione.   Del resto
l'assieme di questi lavori offre un saggio abbastanza
copioso e vario dell'arte del minio in Genova; e
riesce tanto più pregevole, in quanto non vi ha
altro volume contemporaneo, il quale possa con pari
sicurtà credersi istoriato nella capitale della Liguria.

Le postille, che si incontrano nel codice, appartengono nel maggior numero allo scorcio del secolo XIII,
e vogliono classificarsi in due specie, secondo che
hanno diretta relazione col testo o intendono a spiegare e commentare il testo medesimo. La diversità dei
luoghi scelti ordinariamente per la loro apposizione,
vale già di per sè a distinguerne l'indole; imperocchè
le prime, addizione o integramento di racconto, sono
scritte quasi sempre, a mo' di glosse, negli interlinei;
le altre stanno confinate nei margini. Dove, di carattere sincrono al testo, s'incontrano pure, ma assai di
rado, delle semplici avvertenze, le quali hanno per
iscopo o di annullare qualche ripetizione, o di ristabilire l'ordine del racconto alterato da trasposizioni
per colpa dei copisti.

Chi sia l'autore delle postille storiche, non è
detto; ma già il Pertz ne avea sospettato l'annalista Iacopo D'Oria [1], uomo di grande autorità e

---

[1] Cfr. PERTZ, *Praef.*, pp. 11.

di molta dottrina, custode del patrio Archivio, e perciò bene addentro nella conoscenza dei negozî e dei diplomi dello Stato [1]. Ma ora il sospetto si cambia in certezza, per la riconosciuta identità calligrafica delle postille e di alcune genealogie, che il D'Oria tracciò di sua mano ne' margini di varî fogli del volume *Septimus Iurium* da lui composto [2]. Dippiù, riscontrandosi la stessa mano nelle leggende che accompagnano gli schizzi de' quali ho detto poc'anzi, risulta che queste pure sono da attribuire alla penna del D'Oria.

Che il codice, come documento autentico e definitivo di storia domestica, fosse già custodito con vigile ed amorosa cura nell'Archivio del Comune, e bene ordinato nelle sue membra, sarebbe ovvio a pensare, considerando le sollecitudini diligenti che presiedettero alla sua trascrizione e la ricercata moltiplicità de' suoi ornamenti, quando anche certe espressioni non lo rendessero di per sè manifesto [3]. Ma non sempre quella provvida vigilanza durò; e con ragione opina l'Ansaldo, che il prezioso volume andasse disperso nel corso del secolo XIV, o al più tardi nei principî del XV, allorchè gli odî di parte signoreggiavano gli animi de' cittadini, e più non aveavi chi seguitasse a scrivere gli annali della patria [4].

[1] Cfr. *Atti Soc. Lig.*, I, 15, dove è il documento nel quale il D'Oria chiama sè stesso *custos pro comuni tam priuillegiorum quam etiam registrorum et aliarum scripturarum comunis.*

[2] Cfr. per notizie di questo volume, ora esistente nell'Archivio degli esteri a Parigi, DESIMONI, *Regesti delle lettere pontificie* ecc., pp. 34 e 135.

[3] Cfr., per es., il proemio agli annali di Caffaro, e i decreti del 1294 posti in calce alla *Brevis Historia* ed agli annali del D'Oria.

[4] Cfr. *Atti Soc. Lig.*, I, 16.

Nè a quel tempo i fogli del codice doveano essere
per anco muniti di progressiva numerazione; se guar-
diamo alla grave confusione, che certo si fece poi nel
rilegarne i quaderni, ed alla quale non si apportò mai
più rimedio. Difatti alcuni richiami che vi si leggono, e sono appunto di mano del Quattrocento, non
si esprimono altrimenti che per via di segnature:
Vade ante ubi est B, ubi est C, ecc.[1] Ma al di-
fetto fu anche provveduto nel volgere di quel medesimo secolo; giacchè altri richiami, di carattere non
molto posteriore agli accennati richiami, rammentano
le pagine: *Vade ante ad chartam 66, uade retro ad
chartam 25,* ecc.[2].

Le tracce di questa prima paginazione, in numeri
arabici, appariscono ancora, in alto e a destra, sul
r e c t o delle carte 102, 103, 149, 175 e seguenti,
al disotto della seconda, che la forma delle cifre, parimente arabiche, fa giudicare non anteriore al secolo
xvii, e che non è neppur l'ultima, perchè modernamente
ve ne fu aggiunta una terza. Ma è notabile il fatto,
che la computazione più antica avanza di otto unità
la successiva; per guisa che la carta 102 di questa
risponde alla 110 della precedente, la 149 alla 157,
la 175 alla 183, la 176 alla 184, e così di seguito.
La quale differenza però si spiega agevolmente colla
mancanza di quel fascicolo venticinquesimo onde ho
toccato poco avanti, e della cui esistenza fino allo

---

[1] Cfr. le pp. 153 e 261 di questo volume. Ma altri esempi si troveranno
del pari nei tomi successivi.

[2] Id., pp. 149, 157. Le citazioni, come questa, di semplici pagine, rinviano sempre al presente volume.

scorcio del secolo xv almeno non ci consente di dubitare il codice *B*, che è l'unico suo derivato [1]. Nè
le paginazioni del secolo xv e del xvii procedettero
oltre l'ultimo de' fogli scritti; giacchè i numeri delle
rimanenti quattro carte bianche appartengono ad una
mano diversa.

Varie offese patì inoltre il codice dall'azione del
tempo, come lo dimostrano l'inchiostro sbiadito in
alcuni punti e qualche roditura prodotta dai tarli. Ma
danni infinitamente maggiori gli provennero dall'incuria
umana; e le larghe chiazze d'umido, che già si
presentano poco oltre il suo mezzo, attestano come il
bel volume fosse lasciato lungamente esposto alle infil-
trazioni dell'acqua, che in molti luoghi ne ha persino
obliterati i caratteri. Vi sono pagine così aderenti,
notava il Pertz, che a vicenda si comunicarono l'im-
pressione dello scritto, rendendolo affatto illeggibile; e
ve ne hanno altre, delle quali egli potè decifrare qualche
brano, facendone riflettere le lettere nello specchio
come in una negativa fotografica [2]. Nè andò scevra
d'inconvenienti l'opera della già menzionata rilegatura, che il Pertz riferisce al secolo xvii, e che l'Ansaldo giustamente ritarda fino al xviii [3]. Perchè una
raffilatura indiscreta fece non solo scomparire le
segnature di alcuni quaderni, ma portò via quasi dappertutto la vecchia paginazione, e tagliò a metà nel
più delle carte anche la susseguente; nè il ferro villano
perdonò alle miniature dei fogli 107 - 110 ed ai fregi

---

[1] Cfr. pp. lvi segg.
[2] Cfr. *Götting. Gelehr. Anzeig.*, 1864, I, 264.
[3] Cfr. PERTZ, *Praef.*, pp. 1 e 9; *Atti Soc. Lig.*, I, 13.

del 33 e del 46, o risparmiò sempre gli schizzi e le postille de' margini.

Il disordine dei fascicoli, al quale ho dianzi accennato, risulta ad evidenza dall'esame del sottoposto prospetto, nel quale alla serie cronologica degli annalisti fa riscontro l'indicazione del luogo da essi rispettivamente occupato nel codice.

I. Annali di Caffaro dal 1099 al 1163, compresi il libro della conquista di Almeria e di Tortosa, e la Notizia dei vescovi, carte 1-16.

II. L'altro libro di Caffaro della liberazione d'Oriente, e la Storia del regno di Gerusalemme, car. 17-27, scrittura a due colonne. La carta 28 è bianca.

III. Annali di Oberto Cancelliere, dal 1164 al 1173, car. 16 v.° e car. 65-87 v.° a due colonne. La carta 88 è bianca.

VI. Annali di Ottobono Scriba, dal 1174 al 1196, car. 105-115 v.°

V. Annali di Ogerio Pane, dal 1197 al 1219, car. 116-130 v.°, a due colonne.

VI. Annali di Marchisio Scriba, dal 1220 al 1223, car. 130 v.°-137 v.°, a due colonne.

VII. Annali di Bartolomeo Scriba, dal 1224 al 1240, car. 137 v.°-158, a due colonne, eccettuata la carta 157; del 1241, car. 29-32 v.°, a due colonne; e dal 1242 al 1248, car. 89-102 v.°, pure a due colonne. Le carte 103-104 sono bianche.

VIII. Annali dal 1249 al 1264, car. 159-177 v.°, a due colonne.

IX. Annali di Lanfranco Pignolo, Guglielmo di Multedo, Marino Usodimare ed Enrico di Gavi, dal 1264 al 1265, car. 177 v.° - 180 v.°.

X. Annali di Marino de' Marini, Guglielmo di Multedo, Marino Usodimare e Giovanni Sozzobuono, dal 1265 al 1266, car. 180 v.° - 182 v.°.

XI. Annali di Nicolò Guercio, Guglielmo di Multedo, Enrico Drogo e Buonvassallo Usodimare, dal 1267 al 1269, car. 182 v.° - 186 v.°, a due colonne. Le carte 187 - 190 sono bianche.

XII. Annali di Oberto Stancone, Iacopo D'Oria, Marchisio di Cassina e Bartolino di Bonifazio, dal 1270 al 1279, car. 33-46 v.°, a due colonne.

XIII. Annali di Iacopo D'Oria, dal 1280 al 1287, car. 46 v.° - 64 v.° [1] Ai quali doveano seguire quelli dal 1288 al 1298, e la dichiarazione finale del notaio de Caponibus, in un q u a t e r n i o n e, la cui perdita, come avvertii, originò il divario numerico tra la prima e la seconda paginazione del codice.

Ho detto che il codice *N*, tra la fine del secolo XIV ed i primi anni del XV, si smarrì dall' Archivio di Genova, fondandomi specialmente sopra l'osservazione che la *Liberatio Orientis* e la *Brevis Historia*, le quali stanno in questo volume e da esso derivarono

---

[1] Lo Scarabelli, il quale nella sua *Lettera* all' Olivieri fece troppo a fidanza colla descrizione frettolosa e contradittoria del Bremule, stimando sì fatto disordine sincrono al codice, vi si fonda per sostenere che questo fu tutto opera di pochi copisti del secolo XIII. Ed invero il Bremule non riconosce in esso che tre varietà di caratteri del detto secolo, così ripartite: 1. dal 1099 al 1248; 2. dal 1249 al 1269; 3. dal 1270 al 1287, comprese la *Liberatio Orientis* e la *Brevis Historia*.

soltanto nell'esemplare del Museo Britannico, rimasero affatto ignote a Giorgio Stella ed a tutti gli storici genovesi venuti dopo di questo cronista [1]. Eppure lo Stella, il quale incominciò a scrivere i suoi Annali nel 1396 [2], e nei primi anni dopo il Quattrocento ridusse in compendio quelli di Caffaro e de' continuatori [3], non solamente si mostra bene informato degli altri libri de' suoi predecessori; ma nel capitolo *De triumphis et potentia Genuensis populi*, in cui riassume i successi delle crociate, dà specialmente prova di una certa originalità di ricerche, estese anche a fonti oggi perdute [4].

Opina eziandio l'Ansaldo che il codice passasse di Genova in Francia ne' principî del Cinquecento, allorchè la Repubblica era amministrata da' governatori di quei re [5]; ma si può rispondere che in tal caso lo Stella non lo avrebbe ignorato. Oltrecchè la legatura di cui è rivestito, ed i bolli impressi nell'interno del libro, si accordano per ammonirci come questo non varcasse le Alpi avanti la fine del secolo scorso. Epperò sia lecito il chiedere se il nostro manoscritto non potrebbe per avventura identificarsi con quello di una *Cronica Ianuensis, corio uestitus*, il quale trovasi registrato nell'inventario della biblioteca di Tommaso Fregoso, signor di Sarzana, data in custodia a

---

[1] Cfr. *Atti Soc. Lig.*, I, 10.

[2] Cfr. GEORGII STELLAE, *Annales Genuenses*, in MURATORI, *S. R. I.*, XVII, 952.

[3] Cfr. pp. lv.

[4] STELLA, col. 970 segg.

[5] Cfr. *Atti* cit., I, 16. Il dominio francese in Genova cominciò nel 1499 e finì nel 1512; ripigliò nel '15 e cessò nel '22.

c

Bartolomeo Guasco il 20 novembre 1425[1]. Con questo titolo di *cronica* vengono appunto da Iacopo D'Oria[2] e dal notaio de Caponibus designati gli Annali; e così pure li chiama lo Stella[3], che ebbe ampia cognizione del codice *E*; nè parmi si debba pensare al *Chronicon Ianuense* del Varagine, perchè, trattandosi di opere di un solo autore, lo stesso inventario usa aggiungerne il nome.

Alcune modificazioni introdotte nella originaria dicitura del documento citato[4] dimostrano come una parte dei libri passasse quindi a Nicolò Fregoso, nipote che fu di Tommaso, certamente per la morte di lui accaduta verso il 1450[5], e segnano appunto in questa

[1] L'inventario è inserto alla fine di un bel codice di Tito Livio e d'altri storici della Nazionale di Parigi, scritto ne' principî del sec. XIV (*Lat.*, n. 5690), e comincia così: *Inuentarium eorum librorum qui inuenti sunt in pul[c]herrimo studiolo magnifici domini domini Thome de Campo Fregoso, Sarzane tunc domini, qui custodie recommissi sunt Bartholomei Guaschi die · xx · nouembris · m · cccc · xxv ·* Cfr. *Catalogus codicum mss. Bibl. Reg. Paris.*, IV, 148; DELISLE, *Le Cabinet des mss. de la Bibl. Nat.*, II, 346 seg. Il codice appartenne a Francesco Petrarca, poscia ai Fregoso, ne' quali, come si vede da certe annotazioni, durò almeno fino al sec. XVI.

Che il Guasco qui rammentato sia il noto umanista, già allora o poco dopo lettore di grammatica in Genova, inclino a crederlo, quantunque varie famiglie di tal cognome vivessero in Noli ed in Genova stessa. Un *Bartholomeus de Goascho ciuis Ianue* figura fra i testimonî di uno strumento ricevuto da Giuliano Cannella, addì 30 agosto 1415 (cfr. *Atti di G. Cannella*, a. 1414-15, nell' Arch. genovese di Stato, sez. notarile). Forse il Guasco stava in casa del Fregoso, quale precettore dei nipoti di lui; come vi fu più tardi Giovanni Toscanella. Cfr. SABBADINI, *Gio. Toscanella*, in *Giorn. Ligustico*, 1890, pp. 119 segg.

[2] Cfr. pp. 142, nota 1.

[3] Cfr. GEORGII STELLAE, *Annal.*, col. 953, 970 seg.

[4] Nota il Delisle, loc. cit., che a *Thome* fu sostituito *Nicolai*, e che le parole *Sarzane tunc domini* vennero cancellate.

[5] Cfr. LITTA, *Fam. Fregoso*, tav. II.

parte la *Cronica Ianuensis* [1].   Ma non è improbabile
che il volume, per causa di prestito [2], o per qualsivoglia ragione, venisse più tardi in potere dell'altro
nipote, Spinetta il giovine, il quale ebbe in Milano
l'ufficio di consigliere del duca Francesco Sforza, e
morendo legò a Cicco Simonetta la tutela del figlio
Antoniotto, quel desso che salì in fama letteraria col
nome di Fileremo, e dimorò in grande dimestichezza
alla corte di Lodovico il Moro finchè questi non per-
dette lo Stato [3].   Ora, posti così gli avvenimenti, rie-
scirebbe pur facile immaginare che Tristano Calco, il
quale, per invito del Moro, cominciò nel 1496 a comporre la *Historia Patria*, e fece della *Liberatio Orientis*
la fonte capitale delle sue notizie là dove espone l'origine della prima crociata [4], avesse agio di consultare
presso Antoniotto il codice già posseduto dal padre suo;
ed inoltre si capirebbe come lo stesso volume rimanesse
ostinatamente celato ai cronisti di Genova.   Forse
anche il codice fu poi, in qualche pubblica calamità,

---

[1] *Plures meo tempore in dicto studiolo inuenti non sunt;* ed i titoli de' libri
mancanti, per distinguerli dagli esistenti, furono cassati. Cfr. DELISLE, loc. cit.

[2] Come dati a prestito l'inventario cita infatti un Virgilio, un Cicerone,
un Terenzio ed un *Titus Liuius uulgaris.*

[3] Cfr. LITTA, tav. IV.

[4] TRISTANI CALCHI, *Historiae Patriae,* lib. VII, apud GRAEVIUM, *Thes. anti-
quit. et histor. Italiae,* tom. II, par. I, 205 segg.   *Per quae tempora nobilis expe-
ditio in Syriam.... obita est. De qua, quamquam apud cunctos fere rerum scriptores
mentio habeatur, tamen quia et nostra praetermissa uideo, et, quantum ex Ligurum
annalibus colligitur, primam originem ignorant, ab re non erit eam quoque a nobis
tractari,* etc. Dove sono però da correggere alcuni errori di lezione, come il
nome di *Ingo Flaonus,* fra i crociati genovesi della prima spedizione, cambiato
in *Haonus;* l'*episcopus Podiensis* mutato in *Leodiensis,* nel racconto del batte-
simo dei due fratelli che tradirono Antiochia a Boemondo; e *Prunus* invece
di *Primus,* fratello di Guglielmo Embriaco.

privato violentemente dell'ultimo quaderno e della copertina, che poteva essere di materia preziosa, od almanco averne fregi; e restò per lungo tempo negletto presso i discendenti dello stesso Fileremo, tutti modestamente e quasi oscuramente vissuti, a petto della torbida celebrità che accompagna i loro antenati. Tuttavia non bisogna dissimulare una considerazione, per cui si renderebbe meno sicuro il nostro supposto: all'età del Calco esisteva di già il codice *B*, e le espressioni dello storico milanese sono così generiche, da negarci ogni lume atto a far conoscere quale dei due manoscritti contenenti la *Liberatio* egli avesse proprio alle mani. Nè questo è luogo da perderci dell'altro in vaghe congetture.

Caffari ❧ Historia ❧ Januen̄

In nōie Sanctissime ⁊ ĩndiuidue Trinitatis.
Hec ē Collectio ãntiqr̄ gestrū diuiū
Januen̄ a cīue Januese Nōie Caffaro ;
uerissime compositeum̄

uliēoꝗ sua utilita-
te uł aliēm pr̄stro ⁊
pē nuoꝗ anṗtesto-
lik Celare ū́q̄ nē
neticiū hęc uolue
riꞇ hęc scr̄iptū a me
moria Caffari trē-
tri legerꞇ ⁊ lectoue
riꞇꞃoꝝcognoscat.

¶ Cōsideraⁿꝝ qui a tpē ꝓdc̄i ꝓolliā uśꝗ nō
ptē odiā· atuū Janueī ꞇ Creuerins ꞃogat et
habuⁿt ꞇ alios Cōsideatꝝ sui pdictᵐ nanꞇ
fuerc̄ uidicꞇ usꝗ nouiꞇ carcē ⁊ alōmedūieꞇ
nota care ⁊ rpēy tu fuerint Cōsl̄ tuū y
noꞇunꝗ gnābe aleroadā ⁊ epuc̄a noꞇ ꝗ ap

III.

Il codice dell' Archivio degli Esteri di Parigi.

Il ms. che attualmente si conserva nell' Archivio del Ministero degli affari esteri in Parigi (Fonds Génoîs, n. 2), è un duplicato del codice *N*, destinato ad uso pubblico, e meritevole di fede quanto l'esemplare da cui fu desunto. Di che l'Ansaldo ha ben veduta la ragione, laddove ricorda essere « stata sapienza degli avi nostri redigere delle cose importanti alla Repubblica doppio originale da conservarsi in luoghi diversi, come sappiamo aver fatto del *Liber Iurium*, quasi presaghi della dispersione che ne sarebbe ripetutamente avvenuta »[1]. È probabile anzi che, come di questo Libro, così anche degli Annali il Comune di Genova ordinasse in un tempo medesimo il duplicato, voglio dire dopo il gravissimo incendio che divampò nella città a

---

[1] Cfr. *Atti Soc. Lig.*, I, 16. Così dall' *Iurium vetustior*, come fu detto per necessaria distinzione, nacquero allora l' *Iurium primus*, copia letterale del precedente, e l' *Iurium duplicatus* in cui le scritture vennero più razionalmente ordinate. Nel 1301 poi, i singoli diplomi di questa raccolta furono collazionati ed autenticati, per ordine del podestà Damiano di Osnago, dal notaio Rollandino di Riccardo.

cagione delle civili discordie, l'anno 1296; ma indarno
si cercherebbe notizia delle persone cui venne com-
messo il lavoro ed affidato l'incarico di vigilarne l'esecuzione. Nondimeno è da fare buon viso all'opinione
espressa dall'Ansaldo, il quale stima che questo carico
togliesse per sè Iacopo D'Oria, negli ultimi anni
della sua vita [1]; la quale forse non gli bastò a
compierlo interamente, da che nel duplicato degli
Annali furono omessi i due libri delle cose di Terrasanta, e gravi anomalie si riscontrano nel racconto degli
anni 1285 in '90, come noterò appresso.

Che entrambi i codici degli Annali siano poi stati
sottratti in uno stesso tempo all'Archivio genovese, è
egualmente opinione dell'Ansaldo [2], alla quale però
non sembrami di poter consentire. Imperocchè, non
solamente la diversità de' luoghi eletti per la custodia di
que' volumi la rende inverosimile; ma nè pure si può
mettere in dubbio che il codice *E* fosse ancor veduto,
nelle prime decadi del Cinquecento, da Agostino Giustiniani, il quale negli *Annali di Genova* lo ebbe,
pei secoli XII e XIII a guida costante. È risaputo
che il dotto vescovo di Nebbio fu de' pochi privilegiati, cui non venne negato di attingere alle pubbliche carte; e l'opera sua ben mostra quanto egli
ne usasse con savia larghezza. Ma non si pensi già
al manoscritto del Museo Britannico, perchè allora
il diligente annalista avrebbe conosciute la *Liberatio
Orientis* e la *Brevis Historia;* nè, tanto meno, si

---

[1] Cfr. *Atti Soc. Lig.*, I, 16.
[2] Cfr. *Atti* cit., pp. cit.

alleghi il compendio di Giorgio Stella, perchè l'esposizione del Giustiniani, confrontata con quel breviario,
si chiarisce di molto più ampia, e spesso anche si
risolve nella fedele riproduzione del testo integrale di
Caffaro e de' suoi successori. Oltre di che, se nel
riferire a capo degli anni la serie de' magistrati (spesso
taciuti nell'abbreviazione dello Stella) occorrono differenze tra i codici *E* e *NB*, rispetto alla disposizione
od alla grafia dei nomi, si può star certi che il Giustiniani nell'uno e nell'altro caso non si discosta mai
dal d u p l i c a t o, di cui parimente rispecchia ogni
altro vizio di sostanza e di forma [1].

Certamente il codice *E* si smarrì anch'esso, nel
corso del secolo XVI; nè fu piccola fortuna che sul

---

[1] Ecco raccolti gli esempi, che già s'incontrano nel presente volume:

A. 1100.	*NB* galee, xxvi	*E* galee, xxvii	Giust.	ventisette galere
» 1135.	» Ido Gontardus	» Ingo Gontardus . . .	»	Ingo Gontardo
» 1138.	» Ansaldus Mallonus . .	» Anthonius Malonus .	»	Antonio Mallone
» »	» Ansaldus Crispinus . .	» Anthonius Crispinus .	»	Antonio Crispino
» 1151.	» Botericus.	» Botencus	»	Botenco
» 1155.	» Iohann. Malusaucellus	» Obertus Malusaucellus	»	Oberto Malocello
» 1157.	» Fredentio Gontardus .	» Fredericus Gontardus	»	Federigo Gontardo (*)
» 1169.	» Ansaldus Golia	» Ansaldus Scalia	»	Ansaldo Scaglia
» 1172.	» Rolandus Guaracus .	» Rubaldus Guarachus .	»	Rubaldo Guaraco (**)

(*) Che la lezione giusta sia *Fredentio* è confermato da documento. (Cfr. *Iurium*, I, 204; *Atti Soc. Lig.*, I, 292.

(**) La lezione di *NB* è dimostrata esatta da un lodo del gennaio 1173, nel quale i *consules cau-sarum Rollandus Guaraccus* e compagni confermano al monastero di S. Siro di Genova il godimento di certi diritti d'acqua nel territorio di Pegli. Archivio di Stato in Genova. *Abbazia di S. Siro*, mazzo 1.

Altre lezioni errate in *E* sono quelle di *Antonius de Auria*, scambio di *Ansaldus*, in principio della *Ystoria captionis Almarie* etc. (pp. 79), di *Ansaldus Garius*, scambio di *Anselmus*, nel prologo di Oberto Cancelliere (pp. 156); ma non le ripete il Giustiniani, perchè non riferì i passi nei quali esse cadono.

Infine tutti i codici errano ad un modo nello scrivere il nome del console Guidotto Zurlo (pp. 60), rispetto al quale cfr. *Atti* cit., I, 304, 348, 370.

Per l'o r d i n e dei nomi poi, citerò ad esempio la serie degli O t t o N o b i l i sotto gli anni 1232-33-34-35, ecc.

declinare di questo venisse alle mani di Giulio Pasqua [1],
il quale, trovatolo mancante di un intero foglio, con
amorevole diligenza lo risarcì del danno, valendosi
appunto del breviario testè ricordato. Del che ebbe
cura di ammonirci egli stesso, scrivendo in carminio
sul margine esterno della carta 135: *Hic deficiebat folium unum n.° 136, in cuius suplementum ego Iulius
Pasqua Alexandri f[ilius] aposui narrationem inferius
descriptam, quam ex quodam codice huius Historiae
manu Georgii Stellae conscriptam et compilatam ad li-
teram sumpsi et hic inferius manu propria scripsi, 1589.*
Questo supplemento, difatti, leggesi trascritto con
inchiostro nero nel margine inferiore della stessa
carta 135. Però non tutto dovea mancare ancora al
tempo del Giustiniani, da che questi, pervenuto col
suo racconto agli anni 1264 e '65, non tralascia di
riferire alcuni fatti, l'esposizione de' quali cadeva appunto nella carta su mentovata: dico il primato delle
quattro nobili case, l'elezione degli otto consiglieri
scelti in numero eguale fra i partigiani di esse, la
spedizione di Simon Guercio contro i Veneziani e
l'ambasceria di Lanfranco di Carmandino al signore
di Tiro. Ma altri ne ignora invece, che sono veramente di capitale importanza; fra i quali basti ricordare la congiura di Guglielmo Guercio contro Michele
Paleologo e l'esilio dei Genovesi da Costantinopoli

---

[1] Giulio Pasqua lasciò ms. un *Trattato delle famiglie patrizie di Genova*, e
le *Memorie et sepolcri che sono nelle chiese di Genova et suburbii raccolte l'anno
1610*. Nella *Aggiuntione alla Genealogia della famiglia Scorza*, di Pietro Vin-
centi (Napoli, 1611, pp. 80 segg.), si leggono: *Antiqua monumenta Comitum
Lavaniae habita a Iulio Pasqua, vetustate exesa.*

ad Eraclea, col seguito delle legazioni allora mandate inutilmente dalla patria per domandarne la revoca[1].

Lo stesso Pasqua aveva altresì provveduto il volume di una decorosa legatura, come rilevasi dalle brevi parole con cui Bernardo Poch lo descrisse verso la metà del secolo passato: « Caffaro ms. legato in tavole coperte di cuoio con arma, e iscrizione IVLIVS PASQVA »[2].

Dalle mani del Pasqua il codice passò quindi a Federico Federici; il quale addì 1.° febbraio del 1645, dettando negli atti di Francesco Castellini il proprio testamento, lo legò, come parte delle sue preziose collezioni, alla Repubblica. Lui morto pertanto, verso l'11 marzo del 1647, il Senato, con decreto del 18 stesso mese, ordinò il trasporto di quelle raccolte nel Palazzo della Signoria, ed il loro collocamento nell'Archivio segreto[3]. L'inventario di esse, che il medesimo Federici aveva esteso di propria mano fino dal 1646, descrive « il volume del Caffaro in cartina, originale, ligato in tavole coperte di coio indorato, autenticato dal q. Guglielmo de Caponibus notaro, in carte 194 »[4].

Nè dall'Archivio il codice uscì più, avanti il principio del nostro secolo, fatta eccezione di pochi

[1] De' fatti noti al Giustiniani occorre la memoria nel principio e nella fine del foglio, scritto a doppia colonna: dunque essi stavano registrati nella col. 1.ª del recto e nella corrispondente col. 4.ª del verso.

[2] Cfr. POCH, *Miscellanee storiche*, mss. della Civico-Beriana, vol. VI, reg. IX, pp. 11.

[3] Pel testamento del Federici, cfr. *Atti Soc. Lig.*, II, par. 1, pp. 253 segg., e *Giornale Ligustico*, a. 1886, pp. 222 segg.

[4] Cfr. *Atti* cit., I, 12. L'inventario autografo sta nel mazzo IX *Politicorum* dell'Archivio genovese di Stato, num. 20; e leggesi in copia sincrona nelle *Scritture della Famiglia Fransona*, alla Civico-Beriana, cod. D bis, 3, 5, 21.

casi, nei quali per pubblico decreto venne comunicato a qualche patrizio di grande autorità, desideroso di istituirne il confronto [1]. Ma quando la Liguria fu aggregata all'Impero Napoleonico, non tardò punto ad avvertirsi per Genova il pericolo di vederla spogliata della più eletta parte de' suoi documenti storici. Da prima l'arcitesoriere Lebrun, venuto ad ordinare la amministrazione dei tre dipartimenti, nei quali andò spartito il territorio della spenta Repubblica, decretava, il 13 Termidoro dell'anno XIII (1.° agosto 1805), che gli atti del cessato Governo « qui concernent l'administration général et les intérêts politiques de la ci-devant Republique Ligurienne, seront remis aux Archives de l'Empire » [2]. Poi giungeva Silvestro De Sacy, incaricato dall'Istituto di Francia e dal Governo imperiale di visitare non solo l'Archivio della Signoria, ma anche quelli di varî pubblici stabilimenti. La speranza di trovare una larga messe di codici orientali, da cui il dotto francese era specialmente animato, non ebbe invero esito felice; ma la relazione, che egli presentò all'Istituto, nell'ottobre del 1806, rileva bene l'importanza dei documenti esaminati nell'Archivio segreto, sia per sè stessi e sia pel

---

[1] Ne ho la prova in un decreto senatorio del 2 gennaio 1743, che permette di comunicare fuori dell'Archivio, per tre mesi, a Francesco Maria Brignole di Gian Carlo « il C a f f a r o e S t e l l a, all'effetto di poterli confrontare con li suoi che tiene ». Cfr. *Fogliazzo dell'Archivio*, a. 1640-1785, in Arch. di Stato cit. Eguale permesso fu certamente conceduto più tardi, per le note collazioni de' codici Cambiaso e Franzoni, e per la trascrizione dell'esemplare Durazziano, de' quali ho fatto cenno a pag. lxi.

[2] Cfr. il decreto originale nell'Arch. di Stato. *Elenchi delle carte trasportate a Parigi e ritorno loro*, mazzo XVI, num. gen. 326.

fatto che « les savans n'avoient jamais ¹ été admis à
fouiller dans ce dépôt, et que Muratori lui-même ...
n'avait pas eu communication du beau manuscrit ori-
ginal des Annales de Gênes de Caffari con-
servé dans ces archives » ². Indi prosegue: « Deux
armoires m'avoient été designées par quelques ren-
siegnemens particulièrs, comme l'endroit sur lequel je
devois diriger principalement mon attention. J'ai exa-
miné avec le plus grand soin tous les voulumes ...
renfermés dans ces armoires, et j'en ai fait un état
sommaire. C'est là que se trouvent le manuscrit des
Annales de Caffari, les privilèges accordés à
Christophe Colomb par les rois d'Espagne ... les col-
lections précieuses de Federico Federici ... et autres,
le ... *Liber Iurium* » etc. ³

Le risoluzioni dell'imperatore si fecero attendere
per oltre un anno; ma finalmente Napoleone dichiarava
la volontà sua al ministro degli esteri, con lettera data
da Saint-Cloud il 27 marzo del 1808. « Monsieur
de Champagny (scriveva egli), faites faire un travail
particulier sur les archives de Venise, de Sardaigne et
de Gênes. Ces archives doivent être trans-
portées à Paris » ⁴; e con ciò il precedente decreto
del Lebrun riceveva la sua piena approvazione. Di-
ciamo anzi che l'imperatore lo stimava già eseguito;

---

¹ Questo ja m a i s è troppo assoluto.

² Cfr. DE SACY, *Rapport sur les recherches faites dans les archives du Gouvernement et autres dépôts publics à Gênes*; nell' *Historie et Mémoires de l'Institut
Royal de France, Classe d'Hist. et de Littér. ancienne*, tome III, Paris, 1818,
pp. 86.

³ Ibid., pp. 91.

⁴ Cfr. *Correspondance de Napoléon I.ᵉʳ*, XVI, 526, num. 13692.

e ci spiegheremo lo zelo adoperato in appresso dàlle pubbliche autorità per sollecitarne l'adempimento [1].

[1] Merita di essere prodotto a questo proposito il seguente carteggio

Paris, 25 juillet 1808.

Le Ministre de l'Intérieur, comte de l'Empire, a monsieur le Préfet du Département de Gênes.

Monsieur le Préfet, S. Ex. monsieur le Ministre des relations extérieures me mande que Sa Majesté lui a ordonné un travail important sur la partie des archives de l'ancien État de Gênes relative aux affaires étrangères. L'Empereur supposait cette partie des archives déjà réunie aux archives du Ministère qu'elles intéressent.

Vous jugerez par là, Monsieur le Préfet, de la célérité qui doit être apportée dans le choix de ces papiers et dans leur envoi à Paris. Veuillez, je vous prie, m'indiquer les moyens d'exécution les plus prompts et les plus convenables; je m'empresserai d'adopter vos propositions en ce qui dépendra de moi.

J'attends vôtre réponse dans le plus bref délai.

Recevez *etc*.

CRETET (*).

Gênes, 8 août 1808.

Le Préfet du Département de Gênes à monsieur le Ministre de l'Intérieur.

Je me suis fait rendre compte de la situation des archives pour la prompte execution des ordres contenus dans vôtre lettre du 25 juillet, et d'après lesquels toute la partie relative aux affaires étrangères de l'ancien Gouvernement Gênois et Ligurien devrait être transférée à Paris dans le Ministère des relations extérieures.

Ce travail peut être executé, avec même promptitude et activité, pour la partie des archives qui a été conservée en ordre; mais il exigera plus de tems pour recueillir tout ce qui appartient à cet objet pendant les derniers années de ce Gouvernement, et surtout au moment de sa reunion, ou ces archives furent entièrement abandonnées.

On ne peut calculer que approximativement la dépense à faire pour la partie qui peut se transporter sur le champ: on peut supposer qu'elle necessitera trente ou quarante caisses, dont le prix de chacune peût être evalué à 16 fr., et qu'il faudra y employer un homme ayant la connoissance des archives, avec deux commis, pendant deux mois au moins. Ces archives sont sans repertoire (**), et je crois necessaire d'indiquer sommairement la nature et l'objet

(*) Dall'originale, in Arch. di Stato, *Carte della Prefettura Francese*, mazzo 104.

(**) Senza inventario generale sì; senza cataloghi speciali no.

La spedizione delle carte ebbe luogo il 10 settembre dello stesso 1808 , coll' indirizzo al Ministero

des liasses volumineuses que contiendra chaque caisse : ainsi cette première dépense serait donc composée comme il suit :

Un chef pour deux mois de traitement	L. 300
Deux commis pour idem.	» 320
Emballage de 40 caisses à 16 fr.	» 640
Pour frais de bureau	» 40

Total L. 1300.

Je ne comprends point dans cette dépense les frais de transport. Je suivrai en cela les ordres que vous me donnerez, en livrant les caisses au commissionaire qui pourrait m'être designé.

Quant à la seconde partie des archives, il est impossible de rien proposer à cause de leur état : on ne pourrait que continuer aux employés le traitement indiqué, jusqu'à l'entière expedition de cette partie des archives.

Je n'entre pas dans des plus grands détails, parceque votre lettre ne me parait qu'indiquer un simple envoi.

Si V. E. pourrait desirer quelque chose de plus, elle ne doit pas douter de mon dévouement et de mon empressement à remplir ses intentions.

J'ai l'honneur de vous saluer.

LA TOURRETTE (*).

Paris, 25 août 1808.

Le Ministre de l'Intérieur etc.

Monsieur le Préfet, je m'empresse de vous trasmettre copie de la lettre que S. Ex. monsieur le Ministre des relations extérieures vient de m'adresser, d'après les renseignements que vous m'avez fournis et que je lui avais communiqués, sur l'état actuel des archives de l'ancien Gouvernement Ligurien, relatives à ses relations politiques. S. Ex. désire que la partie de ces archives, qui est actuellement en ordre, soit sur le champ transportée à Paris ; et je vous prie de veiller à ce que ses intentions soient remplies.

Recevez etc.

CRETET (**)

Gênes, 10 septembre 1808.

Le Préfet de Gênes a S. Ex. le Comte de l'Empire, Ministre de l'Intérieur.

Je me suis empressé d'éxécuter les ordres de V. E. contenus dans sa lettre

(*) Arch. cit. Correspondance, reg. 138, num. part. della lettera: 600.
(**) Dall' originale, loc cit.

degli esteri '; e si compose di venticinque casse, nelle prime tre delle quali, come insegna una nota allora compilata, si contenevano i « monuments d'histoire, littérature et politique », frase troppo generica, ma opportunamente commentata da questa postilla marginale : « Les trois caisses contiennent les objets

du 25 août dernier, et j'expedie aujourd'hui, par la voi de mm. Charbonnel frères commissionaires à Gênes, vingt-cinq caisses remplies dans les archives de l'ancien Gouvernement Ligurien de tout ce qui peut intéresser le Ministère des relations extérieures. Ce transport est fait sur un traité passé avec les dits frères Charbonnel, dont j'ai l'honneur de vous adresser une double expedition, contenant chacune le n.° des caisses, les matières qu'elle renferment et leur poids.

J'ai fait mettre dans l'encaissement et emballage tous les soins possibles, et j'ai même constitué l'entrepreneur responsable de tout évenement ; je serai bien flatté, si je pouvois apprendre que tout est arrivé intacte. Je désirerois bien aussi que l' entrepreneur, aussitôt après la remise des caisses et leur reconnaissance, fut payé à Paris, conformement au traité.

J'observerai que le nombre des caisses auroit pû être beaucoup plus considérable, si j'avois expedié les parties des archives, dont l'une concerne toutes les affaires de l'île de Corse ; la seconde les confins ou limites du Territoire Ligurien dans toutes ses diverses progressions, en remontant jusqu'au 10.° siècle près ; et la troisième enfin, dont les cahiers intitulés *Litterarum* contiennent une correspondance sur toute sorte de matières. Mais les trois parties auraient plus que doublé le nombre des caisses. Elles sont aussi en ordre que possible.

Veuillez, je.vous prie, me faire connaitre les intentions du Ministère des relations extérieures à ce sujet.

LA TOURRETTE (*).

¹ Il contratto stipulato dal Prefetto coi fratelli Charbonnel, a dì 7 dello stesso settembre, dichiarava che il trasporto seguirebbe per la via di terra, e che tutte le casse « seront deposées dans les cours du Ministère des relations extérieures aux dix octobre prochain ». Cfr., in Arch. di Stato, *Elenchi delle carte trasportate a Parigi, e ritorno loro,* mazzo cit.; ed anche CANALE, *Del riordinamento degli Archivi di Genova,* Genova, 1857, pp. 23.

(*) Arch. cit. *Corresp.*, reg. cit., n. 617.

sur lesquels·monsieur De Sacy avait demandé des renseignements de la part de l'Institut » [1].

Erano adunque in queste casse, tra più altre carte, i
nove volumi componenti un esemplare della intera serie
del *Liber Iurium* [2], il Codice Diplomatico di
Colombo ed il Caffaro; i quali, contrariamente a
ciò che ancora pochi anni addietro affermava Armando
Baschet, non furono punto compresi nella restituzione
imposta alla Francia dal trattato di Vienna del 1814 [3].
Da allora in poi si credettero anzi smarriti, finchè nel
giugno del 1880 Henry Harrisse, l'indagatore infatica-
bile delle memorie Colombiane, ebbe la bella fortuna
di rinvenire il Fonds Génois nel Palazzo del Quai
d'Orsay, e la cortesia di mandarne sollecita notizia
in Genova all' amico suo avv. Cornelio Desimoni [4]. Il
quale, recatosi tre anni dopo a studiare quel Fondo,
potè identificare non meno di trenta codici (quanti cioè

---

[1] Cfr. *Elenchi* cit.

[2] I tre codd. *Iurium* che si custodiscono in Genova, all' Arch. di Stato e
alla Bibl. Universitaria, sono le due copie del *vetustior* (cfr. pp. xxxvii) e la
copia del *secundus*.

[3] Cfr. BASCHET, *Histoire du Dépot des Archives des affaires étrangères*, Paris,
1875, pp. 461.

[4] Due furono le spedizioni di documenti genovesi a Parigi, effettuate durante l'Impero Napoleonico; cioè quella del 1808 e l'altra assai più numerosa
del 1812. Le carte di questa seconda spedizione, che erano state allogate nel
grande Archivio dell'Impero (dove formavano la serie distinta colla lettera X)
vennero restituite nel 1816 a Vittorio Emanuele I re di Sardegna, subentrato
nei diritti della Repubblica genovese; ma, quanto ai documenti del primo
invio, l'archivista Federico Raimondo, chiesto d'informazioni, osservava che
di essi « non esiste nell'Archivio (di Genova) inventario o nota alcuna,
giacchè in allora furono licenziati gli antichi archivisti e vi fu piazzato
un nuovo impiegato ». Cfr. *Elenchi* cit. e la lettera del La Tourrette,
pp. xliv.

gliene furono dati a vedere) descritti nei vecchi cataloghi dell'Archivio segreto dell'antica Repubblica.

Il codice *E* misura 310 × 250 mm.; e, scambio della coperta di cui lo avea munito il Pasqua, è difeso da una rilegatura di marocchino verde, della quale manifesta l'età recente lo stemma della Repubblica francese del '48, impresso nei due specchi. Sul dorso è la leggenda: « Gênes || 1101 à 1293 || ANNALI DEL CAFFARO || Archives des affaires étrangères || 2 || . La pergamena, di cui è formato il volume, è molto solida e polita; ed il numero de' suoi fogli è tuttora di 193, come al tempo del Pasqua; perchè se l'inventario del Federici ne conta uno di più, ciò vuol dire soltanto che questi ha riprodotta materialmente la cifra scritta nell'ultimo di essi, senza darsi punto carico della mancanza del foglio 136.

La dichiarazione finale del notaio Guglielmo de Caponibus, accennata pure nel menzionato inventario, si legge nel r e c t o del detto ultimo foglio; nel v e r s o del quale è registrata per mano de' suoi possessori, in tre successive annotazioni, la storia del libro, dal tempo all'incirca in cui venne sottratto all'Archivio sino all'acquisto fattone dal Federici.

[1.°] *Emi hoc volumen ego Iohannes Cybo Simonis filius, anno presenti · mdlxviii · a quodam sacerdote, precio aureorum nummorum quatuor, iunio mense* [1].

---

[1] È il ben noto storico Giovanni Cibo-Recco, il quale, tacendo il nome del venditore, lascia sospettare che questi non possedesse il codice legittimamente.

[2.ª] *Quod quidem mihi Iulio de Nigro Pasqua, Alexandri filio, anno presenti · mdlxxiij · a Stephano Cybo de Reccho, Ioannis supradicti fratre, titulo venditionis, precio aureorum nummorum* [1], *traditum fuit maij mense.*

[3.ª] *Et tandem mihi Friderico de Fridericis, Phi[lippi] i[uris] c[onsulti] filio, venditionis titulo, mediante precio aureorum nummorum auri in auro viginti quinque, traditum fuit hoc anno · 1613 · xx.ª aprilis.*

Oggi però dell'antica numerazione, probabilmente in cifre romane, non si ha più traccia, essendo scomparsa per la profonda smarginatura cui il codice venne sottoposto dal moderno legatore [2]; ma le ne fu sostituita una, in cifre arabiche d'azzurro a stampatella [3], estendendola anche alla maggior parte dei fogli cartacei, di recente aggiunti per guardia, o esistenti già da secoli al principio ed alla fine del libro; con che il numero complessivo delle carte salì a 201.

Quelli fra i detti fogli, che rimontano per lo meno al tempo del Pasqua, furono in parte adoperati, per iscrivervi notizie concernenti il volume, brani storici e somiglianti memorie. Così nel foglio 3.º vedesi riferito, di carattere del secolo XVII, con qualche variante puramente ortografica, quello squarcio che già lo stesso

---

[1] Manca la somma.

[2] Quanto fossero spaziosi i margini prima dell'odierna rilegatura, può argomentarsi dal foglio 135, la cui parte inferiore venne ripiegata più di 2 centim., per non tagliare le ultime linee del supplemento ivi trascritto dal Pasqua.

[3] È la numerazione fatta imprimere dal Ministero degli esteri su tutti i codici del proprio Archivio.

d

Pasqua avea riportato in margine al foglio 135, ora 141. Così nel recto del foglio 5.°, di carattere del secolo XVIII, è notata la Tavola cronologica degli annalisti, col numero delle carte occupate dalle rispettive loro narrazioni. Ancora: nel corpo stesso del codice, si trova inserto un foglio cartaceo, segnato 127 di moderna numerazione, il quale contiene un pro-memoria di Flaminio Dal Borgo intorno a ricerche attinenti ai prigionieri pisani della Meloria [1].

---

[1] Forse il pro-memoria era diretto a quel Giuseppe Maria Durazzo, per la cui efficace protezione il Poch venne liberamente ammesso nel 1752 a studiare nell'Archivio della Repubblica; e forse questi ebbe pure l'incarico di eseguire le indagini, che il Dal Borgo certamente desiderava in servigio delle sue *Dissertazioni sovra l'istoria pisana*. Eccone il testo:

« Nella famosa battaglia successa alla Meloria fra le due armate genovese e pisana, nell'anno 1284, dice il Giustiniani istorico genovese, libro 3, p. 108: Il stendardo pisano col sigillo del Podestà fu riposto in la chiesa di S. Matteo, fu cattivato il prenominato Podestà, il conte Lotto, diciasette dottori, con quasi tutta la nobiltà di Pisa, in tanto che fu detto da Toscani, s'alcuno voleva veder Pisa, che andassi a Genova.

« Si desidera dal cav. Flaminio Dal Borgo pisano, che, con le debite permissioni, da qualche soggetto perito negli studi d'antichità, sia fatta esatta diligenza nell'Archivio pubblico della Serenissima Repubblica di Genova, o in qualunque altro archivio, dove si conservano le memorie di questi fatti seguiti, per ritrovare la nota o sia registro di nomi dei prigionieri nobili pisani; e singolarmente per riconoscere se veramente fosse vero che fra' prigionieri vi sia nominato il conte Lotto, figlio del conte Ugolino, come si dice dal detto Giustiniani: la qual cosa pare che si contradica con le Istorie Pisane, le quali raccontano che lo stesso conte Ugolino, che comandava la metà dell'armata pisana, quando vidde impegnata l'altra metà comandata dal Morosini potestà di Pisa, si ritirò dal combattimento con i suoi aderenti parziali, e lasciò circondare e sconfiggere il Morosini con la sua armata; onde ritornatosene in Pisa con i suoi seguaci, si fece padrone e tiranno della Repubblica pisana indebolita dalla ricevuta sconfitta.

« Ritrovandosi adunque i suddetti registri coi nomi dei prigionieri, come pure

Il codice è scritto costantemente a due colonne, di
un solo carattere, non elegante ma chiarissimo; non
ha miniature storiche, nè sempre si abbellisce di fregi.
Da principio, infatti, le lettere iniziali di ciascun anno,
e spesso anche quelle dei capoversi, hanno varietà di
disegni ed ornamento d'azzurro o di minio; ma questa
ricchezza va grado a grado sminuendo, e dopo la metà
del volume non apparisce più che a larghi intervalli.
Specialmente adorno è però il r e c t o del primo foglio,
dove son vaghi di colori e d'oro il Q ed il T iniziali del
proemio e della narrazione Caffariana[1]; e notevoli il C,
la N, il Q e la I, con che principiano i proemî di
Ogerio Pane, Marchisio Scriba, Marino de' Marini,
Oberto Stancone e compagni, nonchè l' A iniziale di
Anno sotto il 1224.

La pompa dei colori, la regolarità calligrafica, la
marginatura spaziosa, lasciano però abbastanza comprendere che anche questo esemplare degli A n n a l i
si volle eseguito con una decisa pretensione di lusso.
All'incontro manca nel volume ogni principio di sim-
metria, per guisa che, nel più dei casi, nè pure un

qualche pubblica memoria dei fatti seguiti dopo la detta battaglia, rapporto alla
pace seguita poi ed alla restituzione dei suddetti prigionieri, se ne desidera
di tutto una copia riconosciuta in valida ed autentica forma.   Ed il cav. Flaminio, oltre a soddisfare per la spesa di quanto occorrerà, sarà infinitamente
obbligato a chi gli farà il favore di procurargli queste istoriche notizie, che
ricerca per suo studio ed erudizione ».

[1] Cfr. la Tav. 1.   Dove è anche da osservare la intitolazione premessa al
proemio, la quale non esiste nel Cod. *N*, e dice: *In nomine sanctissime et indi-
uidue Trinitatis. Hoc est collectorium antiquorum gestuum ciuium Ianuensium a
ciue ianuense nomine Caffaro uerissime compositum.*   Le lettere sbiadite o mancanti vedonsi ricalcate dal Federici, della cui mano è pure la linea sovrapposta:
Caffari Historia Ianuen̄.

intervallo è lasciato a segnare il passaggio dall' uno all' altro annalista, nè questo passaggio viene in qualsivoglia altra maniera avvertito [1]. Innumerevoli sono poi le varianti di semplice forma, introdotte nel ms. dal suo copista; il quale conservò nondimeno quasi tutti gli errori che deturpano così frequentemente il cod. N^2, e bene spesso viziò anche la lezione di questo dove era buona. Al quale uopo, basterà citare la parola *centum* insinuata nel libro d'Almeria al posto di *ceteros;* donde venne il coro d'ammirazione degli storici genovesi, che anche al presente seguitano a celebrare Guglielmo Pelle perchè da solo trucidasse meglio di cento Saraceni [3].

Del resto in tutto il corso degli A n n a l i, dal principio fino al 1284 e poi ancora dal 1291 alla conclusione del volume, nè un passo nè una frase incontransi in *E*, senza trovarli egualmente in *N* (o in *B* per la parte mancante in *N*), e che possano perciò infirmare la diretta discendenza di quello da questo [4]. Se non che,

---

[1] Cfr. per es., i fogli 26 r.° e 51 v.°, dove cade il passaggio da Caffaro ad Oberto Cancelliere e da questi ad Ottobono Scriba.

[2] Fra questi errori va segnalato il trapasso che si fa in Caffaro, nella computazione dei consolati annui, dal xxv (1146) al xxvii (1147). Certamente il numero xxvi fu saltato per un semplice *lapsus calami* dell' amanuense; mai nè il copista di *E*, nè lo scrittore di *B*, nè altro codice mai corresse lo sbaglio; il quale ho lasciato sussistere anch' io nella stampa, come lo lasciarono il Muratori, l' edizione del 1828, ed il Pertz.

[3] Cfr. p. 82.

[4] Chi notasse sotto il 1166, la differenza tra la *galea Willielmi G.* di *N* e la *galea Guillermi Galete* di *E*, dovrebbe anche osservare che il casato di Guglielmo è distesamente riferito in *N* poche righe più sotto (cfr. pp. 192, lin. 24 e 28). E chi avvertisse sotto il 1262 la diversa maniera di registrare la memoria del podestà, cioè: *potestas ciuitatis Ianue fuit dominus Iordanus*

dal 1285 al 1290, con esempio unico in tutta l'opera,
il racconto si biforca in due redazioni, l'una delle
quali, molto più particolareggiata dell'altra, si di-
stende anche in frequenti riferimenti alle cose generali d'Italia.   Ora mentre sembra che *N*, eccettuato
quanto ha tratto all'anno 1289, accogliesse soltanto
la redazione maggiore, *E* non registra invece che la
minore, e, per giunta, con tale trasposizione di capitoli e conseguente alterazione nell'ordine de' fatti, da
indurre forte il sospetto che a questo punto lo scrittore del codice rimanesse abbandonato a sè stesso.
Bisogna dunque ripensare a quanto io avvertiva po-
c'anzi, cioè che, ridotta quasi al suo termine la trascrizione del d u p l i c a t o, venisse meno la vigilanza
del D'Oria; e che l'amanuense, trovatosi libero di
scegliere fra l'esemplare completo che aveva in *N*
e le imbreviature originali dell'annalista, eleggesse
la via più spedita, pur non riuscendo a percorrerla
senza inconvenienti gravissimi.   Ma sopra di ciò non
abbisognano qui altre parole: il trattarne di proposito
cadrà opportuno, quando esaminerò l'opera particolare
del D'Oria.

Da *N* il copista derivò pure in *E* le correzioni, i
supplementi di una o più parole nel testo, e le glosse
interlineari (quelle, s'intende, non posteriori al secolo XIII); le quali poi, negli apografi originati da
questo medesimo codice, non rare volte vennero dallo

---

predictus, e *potestas ciuitatis Ianue fuit predictus dominus Iordanus de Raha-
luengo*, dovrebbe pur considerare che al copista di *E*, per essere più completo,
bastò di ripetere le indicazioni già fornite da *N* in principio dell'anno antecedente.

arbitrio degli amanuensi incorporate nel testo [1]. Ma, di regola, rimasero escluse quelle dei margini, alle quali, forse per consiglio del D'Oria, lo stesso amanuense sostituì quasi sempre de' piccoli sommarî, destinati a mettere in rilievo i punti più salienti della narrazione, e limitati d'ordinario alla semplice ripetizione di una o poche frasi del testo. Altri sommarî di eguale natura aggiunsero poi varie mani d'età posteriori, fino al secolo XVII, che è un dire sino al Federici. Se non che della prima mano vi hanno pure qua e là, negli stessi margini di *E*, alcune postille storiche di vera importanza: quella, per esempio, che illustra le oscure espressioni di Caffaro *in primo exercitu Tortuose ·M·XCIII·* colla dichiarazione *que est in Cathalonia* [2]; la quale ci distoglie dal pensare, come molti fanno, ad una impresa nella Siria, quasi prodromo delle crociate, e ci ammonisce che l'annalista volle ricordare invece le navi genovesi andate in soccorso del re di Navarra e del conte di Barcellona contro gli Arabi della Spagna [3]. Meglio ancora importa la nota, che rammenta la spedizione ordinata da papa Vittore III contro gli Ziriti dell'Africa settentrionale, e dice: *de predictis*, cioè della celebre vittoria riportata sopra le schiere di Tamîn il 6 agosto del 1088, *inuenitur plenius in Ianua, in ecclesia sancti Sixti* [4]. Qui,

---

[1] Dico originati da *E* e non da *N*, come vogliono il Pertz (*Praef.*, pp. 11) e lo Scarabelli (*Lett.* cit., pp. 234), per la solita ragione dello avere essi ignorato il ms. degli Esteri.

[2] Cfr. pp. 13.

[3] Cfr. AMARI, *Dipl. arabi d. Arch. Fior.*, pp. xx; DOZY, *Recherches sur l'hist. et la littér. de l'Espagne Musulmane*, ed. 1881, pp. 140, e append., pp. xxv, lv.

[4] Cfr. pp. 13 seg., nota 4.

se io comprendo bene, il postillatore, oltrecchè al
bottino offerto dai Genovesi a questa chiesa, allude a
un monumento scritto, il quale doveva ricordare quel
loro trionfo; ed all'opinione mia giova di conforto una
postilla, che leggo nelle *Chiese di Genova* del Giscardi,
laddove all'illustrazione del tempio ed al cenno della
vittoria or ora citati una mano sincrona all'autore
soggiunse: *ad portam* [*ecclesiae*] *est inscriptio arabica
antiquissima* [1].

---

[1] Cfr. GISCARDI, *Origine e successi delle chiese di Genova* ecc., cod. autografo, sec. XVIII, della Biblioteca della Missione Urbana, car. 425. Forse
l'iscrizione di S. Sisto andò smarrita nella demolizione del vecchio tempio,
causata dall'apertura della via Carlo Alberto, nel secolo presente; e forse
questa epigrafe e i due frammenti cufici di S. Maria di Castello, de' quali non si
conosce la storia (cfr. *Atti Soc. Lig.*, V, 632), sono di una medesima provenienza.

IV.

Il codice del Museo Britannico.

Confessa il Pertz, come ho già detto, di aver cavato, all'uopo della sua edizione, un beneficio inestimabile da questo codice, tanto più prezioso in quanto è l'unico che ci rappresenti per intero il contenuto dell'autentico *N*. Appartiene alla seconda metà del secolo XV [1]; e l'età sua ci fornisce la certezza della integrale conservazione del proprio esemplare fino a quel tempo.

Il codice fedelmente descritto dallo stesso Pertz, misura 300×220 mm., e consta di 262 fogli di pergamena bianca, morbida e molto fine: la scrittura è di un bellissimo rotondo, sì da rivaleggiare colle più nitide stampe che le sono coeve. Ma la sua storia, quanto è de' secoli anteriori al nostro, rimane affatto ignota. Posseduto dal valente archeologo napoletano Francesco Daniele, fu da questi, nell'anno 1807, donato a Luigi Serra, duca di Cassano, che aveva in Napoli una elettissima biblioteca [2], la quale andò venduta e dispersa dopo la morte del suo proprietario.

---

[1] Cfr. *Götting. Gelehr. Anzeig.*, 1864, I, 203.

[2] Cfr. GIUSTINIANI [Lorenzo], *Saggio storico-critico sulla Tipografia del Regno di Napoli*, Napoli, 1817, pp. 13.

Acquistato da Samuele Butler, vescovo di Litchfield [1], venne munito di una elegante rilegatura in marocchino verde, con suvvi impressi de' fregi d'oro e la mitra circondata dalla leggenda E BIBLIOTHECA BVTLERIANA; finalmente, venduta anche questa, passò *iure emptionis* (come dice la scritta aggiunta sul tergo della coperta) al British Musaeum, dove al presente è classificato colla notazione Additional Ms. 12031.

Precedono al testo degli Annali, e così ai fogli che in origine composero il volume, quattro altre carte di moderna aggiunta, spettanti a due diversi tempi; chè la prima e la seconda, di candida e finissima pergamena inglese, vi furono per certo inserite dal legatore del Butler; e le rimanenti, in pergamena italiana alquanto giallognola e men dilicata, appartengono senza dubbio all'età nella quale il volume stava per uscire dalle mani del più antico fra' possessori da noi conosciuti. Il nome del legatore si legge difatti così impresso nella prima carta: Bound by C. Smith; e nella successiva son manoscritte alcune frasi inglesi, dirette in sostanza a rilevare il grande valore e la bellezza del codice. Nella stessa carta poi venne incollata anche la lettera, con la quale il Daniele accompagnava il dono, ed è la seguente:

« Riverendissimo Duca, signore Duca, amico e padrone singolarissimo.

« Le continue sciagure dell'infelice mia famiglia, e quest'ultima sopratutto, mi hanno sequestrato dal

---

[1] Dal 3 luglio 1836 al 4 dicembre 1839, data della sua morte.

commercio [1], trattenendomi solo con le mie malinconie [2].
Non è però ch' io abbia obbliato i miei doveri con
gli amici interioris admissionis; e voglio che
Voi ne abbiate una pruova nel bel codice, che viene a
far compagnia agli altri bellissimi della vostra dimestica
biblioteca.   Graditelo, vi priego, e con esso il cuore di
chi lo invia.   E vi bacio per infinite volte le mani » [3].

La terza carta poi reca a stampa, in caratteri maiu-
scoli, il titolo: ANNALES GENVENSES CAFARI EIVSQVE
CONTINVATORVM; e nella quarta, del pari impressa, è la
leggenda: *Annales Genuenses Cafari cum continua-
tione primus edidit Muratorius inter Scriptores
Rerum Italicarum To · VI · pag · 243 · ibidemque
queritur clarissimus editor, quod praeter codicem illum unum sibi a marchione Malaspina communicatum,
alterumque mutilum, nullum alium sibi contigit videre,
quo emaculatior in lucem prodire posset quantivis praetii
Historia.   Codicem vero hunc, tum membranarum ni-
tore, tum characteris elegantia auro contra non carum,
viro amplissimo Aloisio Serrae Cassanensium Duci,
Regi a sanctioribus consiliis sacrisque venationibus*

---

[1] *Sic.* Certo volea dire dal commercio degli uomini.

[2] Affermano i biografi, così sulle generali, che il Daniele ebbe a patire
delle calamità domestiche; e nondimeno riesce difficile il conciliare pienamente
coi fatti queste sue espressioni.   Sospetto ai rivoluzionari di Napoli del 1799,
egli era stato privato delle cariche e degli onori che gli avea conferiti il
precedente Governo Borbonico; ma già nel marzo del 1807, il re Giuseppe
Bonaparte lo avea richiamato ai pubblici uffizî, nominandolo segretario perpetuo dell'Accademia Ercolanense e direttore della Stamperia reale.   Forse egli
allude alle condizioni della sua salute, che venia declinando dal 1802, e che
lo trasse alla tomba nel '12, in età di settantadue anni.   Cfr. CASTALDI, *Vita
di F. Daniele*, Napoli, 1812; CIAMPITTI, *De F. Danielii studiis* etc., ivi, 1818.

[3] Manca la firma.

praefecto, Franciscus Daniel dono dedit observantiae amicitiaeque parvum monumentum futurum. Neapoli, mense Decembri anno · CIƆ IƆCCCVII [1].

[1] Delle molte particolarità riguardanti la descrizione del cod. *B*, non rammentate nella Prefazione del Pertz, mi professo obbligato alla squisita cortesia del conte Ugo Balzani, che si compiacque di consultare per me l'importante volume. Il quale è stato anche citato recentemente dal co. Alessandro Palma di Cesnola, nel *Catalogo dei manoscritti italiani* (sic) *esistenti nel Museo Britannico di Londra*, Torino, 1890, pp. 25, num. 355; ma non senza errore, dicendovisi che contiene soltanto gli anni 1101 a 1163.

V.

Avvertenze particolari alla presente ristampa

Se il codice *N* generò soltanto l'esemplare del Museo Britannico, non poche sono invece le figliazioni dirette o indirette del suo d u p l i c a t o. Da prima Giorgio Stella, su l'esordire del secolo xv, ne levò quel compendio che io ho di già accennato [1]; poi, in diversi

---

[1] Cartaceo, sec. xv, con un foglio di guardia in pergamena, Lat. n. 5899, della Naz. di Parigi. Nel v e r s o della membrana si legge: *Liber Georgii Stellae qm. Facini de Ianua*; e nel r e c t o del primo foglio cartaceo: $\overline{XPS}$. *Antiqua cronica ciuitatis Ianue ualde magni uoluminis est, quia plurima parua ibi sunt posita, de quibus nulla fit cura. sunt enim posita nomina iudicum et militum potestatum Ianue ac alia parua. ideo ab ea cronica extraxit hunc librum Georgius Stella notarius, ea scribens que magis sunt digna memoria, dimittens etiam in proprio sermone dicte cronice ueteris textum libri presentis.* Il foglio 2.° è bianco; ed il 3.° comincia così: *Hec est cronica communis Ianue quam cepit recitare Cafarus egregius ianuensis ciuis; cuiusque cronice librum ultimum uir nobilis Iacobus Aurie, Ianue ciuis honorabilis, recitauit; expletum quidem anno Domini ·mcclxxxxiii·* Dopo di che segue la p r e f a z i o n e già riferita dall'Ansaldo, in *Atti Soc. Lig.*, I, 17: *Hunc uero librum scripsi ego Georgius Stella notarius* etc.

Il compendio riproduce gli errori e le varianti del suo esemplare *E*; e riesce così una evidente dimostrazione contro del Pertz, il quale lo stimava derivato da *N* (*Praef.*, pp. 10).

Al compendio succedono gli A n n a l i propri dello Stella fino al 1420, colla continuazione di suo fratello Giovanni fino al 1435.

Se il cod. è quello stesso di cui si giovò il Pasqua per supplire alla mancanza del foglio 136 di *E*, si può credere che fosse tuttavia in Genova nel 1589. Certo è però che nel secolo XVII lo possedeva il Triquet Du Fresne, tempi, se ne cavarono degli apografi più o meno completi, nessuno de' quali è però anteriore al secolo XVI [1]. Ma, come già disse il Pertz, ragionando di *NB,* che *inter omnes Cafari codices hi ... soli editioni operis adhibendi sunt* [2], così a un dipresso ripeto anch'io, pur aggiungendo al sussidio di questi due quello di *E,* del quale non si può dubitare che lo stesso Pertz avrebbe largamente usato, se gli fosse mai pervenuta notizia della sua esistenza.

Riproducendo, come ho già avvertito, il testo del codice a u t e n t i c o, io mi limiterò a correggerne gli

---

dal quale fu poi venduto alla Biblioteca del Re unitamente ad un ms. Caffariano incompiuto del sec. XVI (Lat. n. 6170). Cfr. *Catalogus librorum Bibl. Raph. Tricheti* etc., Parigi, 1662, carte non numerate in fine; *Catalogus codd. mss. Bibl. R. Paris,* IV, 171, 209.

[1] La compilazione di un elenco di questi apografi non sarebbe difficile, ma uscirebbe dai limiti che mi sono imposti. Migliori fra tutti si reputano il cod. Universitario, già dei patrizi Cambiaso e poi di Andrea Gambini, il cod. Franzoni ora Ansaldo, e il Durazziano.

Il cod. Universitario, cartaceo di pp. 710, segnato B. VII. 7, è anche il più antico; e fu confrontato nel 1772-74 col cod. *E* dal notaro Aurelio Piaggio, che emendò gran parte degli errori nei quali il copista era caduto. Ma non è esatto quanto scrisse l'Olivieri (*Carte e cron.,* pp. 2), che già il Pasqua « avea dato opera alla correzione » di esso, trovandosi « di mano sua supplita una pagina che mancava », cioè il ridetto foglio 136. La verità è che anche questo supplemento, il quale nel cod. Univ. cade a pp. 458, vedesi trascritto di mano del Piaggio, e che il nome del Pasqua figura soltanto nell'avvertenza ben nota *Hic deficiebat folium unum* etc.: circostanza meritevole di essere rilevata, perchè basta di per sè a chiarirci come l'età del ms. precorra al 1589.

Il cod. Ansaldo appartiene al sec. XVII, e fu pure corretto dal Piaggio (cfr. *Atti Soc. Lig.,* I, 11).

Il cod. Durazziano, di cui fu eseguita la trascrizione con lusso di miniature nel 1782, e ch'io trovo sempre rammentato come esistente nella sceltissima biblioteca del march. Marcello Durazzo, è scomparso da molti anni, nè si conosce dove sia andato a finire. Così ho da notizie cortesemente favoritemi da questo degno gentiluomo.

[2] Cfr. PERTZ, *Praef.,* pp. 6.

errori evidenti, i quali ad ogni modo saranno riportati
in calce; ed allegando con minuziosa fedeltà le varianti del suo d u p l i c a t o, porgerò agli studiosi il
criterio più efficace e decisivo per riconoscere appunto
la figliazione di tutte le copie da questo unico tipo.
Del quale mi rimarrò invece dal recare i semplici
sommarî marginali, oltre a quelli che s'incontrano nei
primi dieci fogli[1], che io ho notati soltanto a guisa
di saggio, perchè si mostri ben chiaro come il riferirne dell'altro sarebbe opera fastidiosa e vana. Ma,
contrariamente all'avviso del Pertz, riferirò tutte le
postille storiche di N, perchè non veggo con quanta
sicurezza possa stabilirsi dove incominci la loro utilità
e dove finisca; e del fallace giudizio, che si corre-
rebbe pericolo di istituirne, appunto mi porge l'esempio
quella che leggesi a car. 72 v e r s o, e che il dottis-
simo tedesco reputò di omettere senza nulla detrarre
al corredo delle storiche cognizioni. Ora in questa
postilla, la quale c'informa che Oberto Recalcato era
dei Guarachi, è proprio l'unico documento donde noi
abbiamo contezza della derivazione di quel cospicuo casato e del suo rannodarsi agli antichi visconti genovesi.

Nè dei caratteri, che si osservano nel medesimo
codice N, il Pertz segnalò sempre i cambiamenti, nè di
tutti diede i facsimili, ma solamente di quindici, i quali
adunò in due tavole litografiche[2]. Or io darò invece quante sono quelle diversità calligrafiche, in tavole

[1] Cfr. pp. 1-22.
[2] Cfr. le tav. IV e V dell'ediz. Pertziana, dove la indicazione dell'anno
1264, premessa al facsimile del foglio 66, va corretta in 1164.

separate da inserire a' luoghi rispettivi; eleggendo, di regola, il periodo da cui la mutazione ha principio, ovvero il passo immediatamente successivo, qualora, per guasti o per altre cagioni, tornasse meno opportuno quel primo. E tutte darò altresì le figure e le storie a colori, le iniziali miniate ed i tocchi in penna: ogni cosa troverà il posto che occupa nel codice, e gli schizzi, che il loro autore per necessità confinava nei margini, saranno intercalati nel testo [1].

Rifacendomi un tratto alle varianti, osservo che esse sono per lo più lessicali o grafiche [2], nè escono dal novero di que' fatti che il Monaci riconobbe « più o meno proprî e caratteristici della grafia letteraria dell'alta Italia » [3]. Rilevansi i dialettalismi non solamente nelle più ovvie scrizioni di *cunscilium*, *cunsul*, *cunsulatus*, *re pubrica*, *spardis*, *Lumbardia*, ecc., ma nella primitiva forma del cognome *Spinola* [4], e nel *Guillermus* di *E*, dove questo

[1] Neppure tutte le storie a colori diede il Pertz (tav. I-III), nè riprodusse alcuna delle lettere iniziali; riferì soli venti degli ottantuno schizzi (tavole III e IV), e degli altri fece via via la descrizione. Il De Lollis mi guarentisce poi l'esattezza delle leggende, che accompagnano questi schizzi, come *Muracio macellorum* e *Turris Murronis* (cfr. pp. 37 e 240), corrette dal Pertz in *Mutacio* e *Mutronis*; avverte inoltre, che nella rappresentazione degli incendi le fiamme sono profilate di minio (cfr. pp. 18, 31, 39), e che negli schizzi di Minorca e di Noli le onde marine sono tinte di azzurro (cfr. pp. 33, 41).

[2] Per questa partizione mi riferisco a quanto ne ha scritto il prof. Monaci nella Prefazione alle *Gesta di Federico I*, pp. xxviii segg., e nella *Nota sulla classificazione dei manoscritti della Divina Commedia*, in *Rendiconti d. R. Accad. Lincei*, IV, 1888, 2.° sem., pp. 233.

[3] Cfr. MONACI, *Prefaz.* cit., pp. xxix.

[4] Cfr. il proemio agli Annali, pp. 3, e tutto il racconto di Caffaro. La forma *Spinula* incomincia da Oberto Cancelliere; ma *Spinola* è ancora scolpito in una lapide del 1188 (cfr. *Atti Soc. Lig.*, XII, par. 1, pag. 33) e riproduce meglio

nome, così scritto costantemente in luogo del *Willielmus* di *N* [1], rispecchia il vernacolo G h i g g e r m o. Nè tacerò la scrizione, da prima promiscua, del vocabolo *compagnia* e *compagna*, poi fissata in quest'ultima forma e rimasta non pure negli annalisti ma nei documenti, e certo anche nella parlata, per designare, giusta l'originario significato, l'unione giurata dei cittadini costituenti il Comune.

Così mantenni l'*i* doppio nelle parole in cui suona scempio, il *c* scambio di *t*, il *ch* in vece di *h*, l'*y* per *i*, e somiglianti, nonchè la *e* semplice, quante volte la trovai usata in luogo dei dittonghi *ae* ed *oe*, ancorchè lo scriba, alternando le due maniere, si chiarisca alieno dall'obbedire ad una determinata regola di grammatica. Nè emendai gli i d i o t i s m i, ben rammentando col Pertz che qualunque traccia di rozza lingua occorra nei nostri testi, merita di essere conservata quale sintomo del nuovo idioma d'Italia [2].

Ma seguii anche altri avvedimenti, pretermessi affatto nell'edizione Pertziana; perocchè rispettai l'impiego della vocale *u*, posta sempre o quasi sempre a rendere il suono di *v* (il numero delle eccezioni è assolutamente insignificante), e ripristinai le cifre

---

l'etimo del casato, secondo la tradizione genovese, che deriva il patronimico *Spinnoa* dalla liberalità con cui il primo ad esserne distinto solea spillare (dial. *spinoellà*) le botti della propria canova, per far onore col buon vino agli amici.

[1] Così io ho sviluppati sempre la *W* puntata ed il sincopato *Welmus* di questo cod., a differenza del Pertz, che scrisse alla tedesca *Wilhelmus*. Difatti *Guillielmus* e *Willielmus* sono le grafie più consuete di tal nome negli atti genovesi, quando esso vi s'incontra distesamente; ed alcuni esempi ce ne offre pure il medesimo cod. *N*. La *Brevis Historia*, non infrequentemente, ha *Willermus*.

[2] Cfr. PERTZ, *Praef.*, pp. 2.

romane, cui il Pertz avea dappertutto sostituiti i numeri arabici. Arbitrio certamente non piccolo, e direi
sbaglio cronologico; se non mi trattenesse il ricordo
di Oberto Cancelliere, che in alcuni passi usò veramente que' numeri [1], con esempio tuttavia molto raro
prima del secolo XIII.

Ho già notato che nella stampa dei *Monumenta Germaniae* non possono sospettarsi errori grossolani. Non-
dimanco, studiandomi di togliere le divergenze anche minime, che si riscontrano fra essa ed il testo, giovandomi di
tutto l'aiuto che mi veniva da un codice non prima esa-
minato fuorchè per brevissimo tratto dal Riant [2], e
rilevando passo passo ogni peculiarità esteriore dei
manoscritti, credo aver mostrato abbastanza l'intendimento mio (e so bene che non vi sarò sempre riescito col
fatto) di conservare inalterata la loro bella fisionomia
agli *Annales*. I quali ho pure intitolati *Ianuenses*,
scambio di *Genuenses*, per conformarmi all'uso comune di que' secoli, che il classico nome di *Genua*
mutarono nell'*Ianua*, creando la leggenda della fon-
dazione di questa città per opera di Giano, accolta da
tutti i cronisti e consacrata nella patria cattedrale da
iscrizioni e simulacri.

Nè di altro qui mi abbisogna informare il lettore, se
non che le note al testo sono contenute entro i limiti
prestabiliti dall'Istituto Storico all'edizione de' *Fonti* [3];
che dei singoli annalisti discorrerò partitamente in

[1] Cfr. pp. 235, 239, 251, 254.
[2] Cioè pel racconto della presa di Cesarea. Cfr. pp. xix.
[3] Cfr. *Bullettino dell' Istit.*, num. 4, pp. 7 segg.

e

questo e nei tomi successivi, a misura che si darà posto ai loro libri; che il catalogo degli scrittori abbreviatamente citati, l' indice dei nomi e delle cose, ed il glossario si raccoglieranno da me nell' ultimo volume [1].

Genova, 29 maggio 1890.

L. T. BELGRANO.

[1] Avvertasi che nel frequente richiamo di documenti, fatto in nota, io non ho inteso di citarne tutte le edizioni; ma soltanto le raccolte più importanti e più ovvie, o le stampe che, per qualche ragione speciale, meritano di essere preferibilmente consultate.

ANNALISTI

COMPRESI IN QUESTO VOLUME.

CAFFARO.

La famiglia di Caffaro è tra quelle che riconoscono
per ceppo Ido visconte di Genova, ossia vicario del
conte preposto dagli imperatori a governar la m a r c a
della Liguria, intorno alla metà del secolo x. Da questo
ceppo spiccaronsi allora i tre rami di Oberto di Carmandino, Migesio delle Isole ed Oberto di Manesseno, così appellati da' rispettivi possedimenti nella
valle della Polcevera [1]; e circa cento anni più tardi,
i pronipoti di Ido erano talmente cresciuti di numero
e d'autorità, che potevano sottrarsi alla dipendenza
del conte, per compiere a loro precipuo vantaggio
la politica evoluzione da cui sorse il patrio Comune.
Il consolato fu quasi lor privilegio e dei loro consorti, ed il vescovato divenne lor patrimonio; da
che i visconti (eccettuate brevi interruzioni) si succe-
dettero per oltre un secolo su la cattedra iliustrata
da S. Siro, ed i consanguinei di que' vescovi ebbero
larghissima parte nel godimento delle terre e delle
decime della Chiesa genovese.

---

[1] Cfr. BELGRANO, *Tavole Genealogiche, a corredo della Illustrazione del Registro Arcivescovile di Genova*, negli *Atti Soc. Lig.*, appendice al vol. II, par. I,
num. XIX.

Appunto sul primo albeggiare del Comune, l'anno
1080 od 81, nacque Caffaro da Rustico signore di Caschifellone, or Castrofino, che è un ameno poggio della
Polcevera secca, nella pieve di S. Cipriano[1]. Imperocchè
non si può aggiustar fede allo scrittore del codice *B,* il
quale, in una nota apposta agli Annali, scambiò il
nome di Rustico in Ruggero, forse interpretando la semplice iniziale con cui gli avvenne di trovar rammentato,
per documenti a noi ignoti, il padre dell'annalista [2].

Parimente lo stesso scrittore afferma Caffaro signore in parte di Savignone, e dei maggiori della Porta. Ma la prima di queste
espressioni, non si può accettare se non come un
semplice riferimento a quei diritti che i visconti genovesi, stretti in consorzio, usarono per lungo tempo
riscuotere, sotto il nome di pedaggio, nei paesi
conquistati da Genova al di là degli Apennini, e così
appunto a Gavi, a Voltaggio, a Savignone [3]; colla

---

[1] Qualche documento, invece di *Caschifellonus,* scrive *Castrifellonus,* che
meglio si avvicina al nome volgare; ma del castello, edificato sicuramente
dal padre o da altri fra gli antenati dell'annalista, non è più traccia su quel-
l'altura; nè la sua cappella di S. Michele serba indizi di vetustà, eccetto una
pietra sepolcrale che forse rimonta al secolo XI. Cfr. *Atti Soc. Lig.,* XII,
par. I, pp. 11.

Il nome di Caffaro, col suo femminile Caffara, variamente scritto con
una *f* con due e con *ph,* non è senza riscontri in Genova ed altrove. *Caffarus* è testimonio in un documento pisano del 1162 (cfr. MÜLLER, *Doc. sulle
relaz. delle città Toscane coll' Oriente cristiano* ecc., n. viii); ed in Genova stessa,
dal nome materno tolse a chiamarsi la famiglia di Marchionne di Caffara, una
appunto fra le consolari ed illustri del 1100.

[2] Cfr. PERTZ, *Praef.,* pp. 2, nota 5. Dicesi che la madre fosse Giulia
Della Volta; ma se ne hanno soltanto delle testimonianze relativamente recenti. Cfr. GIUSTINIANI [Michele], *Scrittori Liguri,* pp. 254.

[3] Cfr. *Iur.,* I, 492; *Atti Soc. Lig.,* I, 281 seg.

seconda Caffaro vien rassegnato nel novero di quei ragguardevoli cittadini, i quali aveano le proprie case nel rione (compagna) della Porta, in vicinanza della chiesa di S. Pietro poscia detta de' Banchi. Al che mi paiono dar conforto le parole dell'annalista medesimo, laddove sotto il 1130 registra che furono consoli de' placiti nella terza compagna, *scilicet de Porta, Caffarus et Marinus de Porta;* ed il vedere come nella divisione dei consolati di giustizia verso la città e verso il borgo, si rammentino sempre fra quelli del borgo, di cui precisamente era parte la citata compagna, Oberto di Caschifellone fratello di Caffaro, Guglielmo ed Ottone figli del cronista, e Giordano della Porta consanguineo di Marino [1].

Forse anche tra la progenie dei Caschifellone e quella dei della Porta esisteano recenti parentadi, dei quali sembra darci indizio il frequente ricorrere di alcune omonimie in entrambe: per es., Guiscardo fratello e Marino nipote di Caffaro; Guiscardo e Marino fratelli della Porta [1]. E poichè questi sono una derivazione sicura del ramo viscontile di Manesseno, così possiam credere che allo stesso ramo si annodassero i Caschifellone, non ostante la povertà dei documenti che ci toglie di acquistarne la desiderata certezza. Tuttavia a confortarci in questo pensiero soccorrono altre e più gravi considerazioni: difatti il *Registro Arcivescovile,* nello enumerare i vassalli della Chiesa di Genova, l'anno 1143, scrive tutti di seguito *Marabotus*

---

[1] Cfr. *Annales*, a. 1135, 1137, 1158; *Tav. Geneal.*, nn. xxxiv-xxxvii; *Götting. Gelehr. Anzeig.*, 1864, I, 210.

[2] Cfr. *Tav. Geneal.* ecc., loc. cit.

*et Iordanus de Porta et frater eius Ionathas, filii
Baldi Tigne* [1], *filii Alinerii de Porta, Capharus et
Viscardus et Iohannes nepos eorum* [2]. Altrove i della
Porta ed i Marabotti, cioè i figli di Marabotto or
nominato, si dicono partecipi nella decìma di Cera-
nesi [3]; ed una iscrizione del 1209 rammenta Guglielmo Caffaro (certamente nipote dell' annalista)
fra i massari di quella plebarìa [4]. Infine una de-
posizione testimoniale, che fa parte della inchiesta
aperta nel 1236 allo scopo di riconoscere i discendenti degli antichi visconti, dichiara, senza punto spe-
cificare i Caschifellone ed i Marabotti, che *sunt uice-
comites . . . illi de sancto Petro de Porta* [5].

Si può pensare che Caffaro fosse il maggiornato
de' figli di Rustico, qualora ci atteniamo all'ordine in cui
essi vengono ricordati nei documenti: *Caffarus, Obertus
et Guiscardus* [6]. Ma di Oberto si perdono le tracce,
dopo il consolato de' placiti da lui sostenuto nel 1135;
seppure non è egli stesso quell' Oberto, che i Genovesi
nel 1139 spedirono al re Corrado II in Norimberga
per ottenere il privilegio della moneta, e che quel re
chiamava *fidelis noster* [7].   Ma di certo era morto

---

[1] Apparteneva egli pure ai della Porta.   Cfr. *Tav. Geneal.*, n. xxxv.

[2] Cfr. *Atti Soc. Lig.*, II, par. II, pp. 25.

[3] Ibid., pp. 22.

[4] Cfr. *Atti* cit., XIII, par. I, pp. 71, num. 69.

[5] Archivio di Stato in Genova. *Libro del Pedaggetto*, membr. sec. XIV,
car. 32 r.° Cfr. *Atti* cit., I, 282.

[6] Cfr. *Atti* cit., I, 239, II, par. II, pp. 249.

[7] Cfr. pp. 29. Il Pertz, *Praef.*, pp. 3, identifica invece il legato genovese
con Oberto Cancelliere, senza darne però alcuna prova; nè l'identificazione
sembrami probabile, perchè questi non comparisce mai investito di alcun pubblico uffizio prima del 1141.

nel 1143, perchè il suo nome manca tra quelli dei vassalli dell'arcivescovo, nella nota de' quali vedemmo essergli sostituito il figlio Giovanni.

La prima menzione di Caffaro ci occorre in un atto del 20 luglio 1100, essendo egli intervenuto con certo Rustico (probabilmente suo padre) ad uno strumento, in virtù del quale il prete Richizo, Gisolfo diacono ed altri chierici rinunziavano ogni loro diritto sovra la chiesa dei santi Salvatore e Teodoro di Fassolo. Succede immediatamente alla rinuncia la notizia della consacrazione di essa chiesa, fatta *per · · · dominum Ayraldum, Dei gratia episcopum Ianuensem, una cum reuerendo domino Mauritio cardinali, domini Pasqualis pape legato et episcopo Portuense*[1]; ed è noto che il vescovo di Porto s'imbarcò di poi su l'armata, la quale nel primo giorno d'agosto salpò da Genova al soccorso dei crociati di Palestina[2]. Navigavano su quella flotta i guerrieri genovesi, gli animi de' quali aveano forse infiammati le esortazioni del cardinale legato; ed era del loro novero Caffaro, appena ventenne. Perciò egli dovette trovarsi presente al convegno di Laodicea, nel quale Balduino di Edessa accettò la corona di Gerusalemme; e, mentre l'armata svernava in quel porto, partecipare alle scorrerie con le quali i Genovesi danneggiarono parecchie terre e castella dei Saraceni. Poscia, sopraggiunta la primavera, passàva colla stessa flotta a Giaffa; nella settimana santa visitava Gerusalemme; il giorno di Pasqua assisteva al miracolo del lume nella cappella del

[1] Cfr. *Atti Soc. Lig.*, II, par. 1, pp. 207.
[2] Cfr. pp. 5, 111 seg.

S. Sepolcro [1]; indi compiva le abluzioni nel Giordano, secondo la costumanza di ogni buon pellegrino; finalmente conveniva, sotto il comando di Guglielmo Embriaco, alle imprese di Arsuf e di Cesarea; e nell'ottobre del 1101 restituivasi alla patria coll'esercito carico di bottino e di gloria.

L'aspetto della Siria, scrive lo Spotorno, lo spettacolo delle milizie e delle flotte che l'Europa spingea contro l'Asia, i fatti egregi che ne seguivano, « porgeano ai savi possente invito a lasciarne memoria, e la religione parea consecrare l'onorato lavoro » [2]. Tale appunto Caffaro; il quale (son sue parole) *Ianuensium consulum nomina et eorum facta, et que in Ianuensi ciuitate singulis annis acciderunt, · · · cum in etate · XX · annorum erat, scribere et notificare incepit* [3]. E così nacquero gli A n n a l i, degni invero di grande meditazione, osserva il Rosa, perchè scritti con forza e dignità romana, e perchè, primi in Occidente ad essere dettati da un laico, « aprono la serie delle storie delle libertà comunali, di quelle che prepararono le libertà degli Stati attuali » [4].

Nè di Caffaro sappiamo altro con certezza per lo spazio di molti anni, così parca di notizie personali è l'opera sua; abbenchè meriti non poco peso l'opinione del Pertz, il quale stima che egli tornasse in

---

[1] Cfr. pp. 9. Sul miracolo del lume, che Caffaro descrive con poca diversità da Eccardo d'Aura e da Fulcherio di Chartres, cfr. *Götting. gelehr. Anzeig.*, 1864, I, 212, e la *Lettre du clerc Nicétas*, negli *Archives de l'Orient Latin*, I, 375 segg.

[2] Cfr. SPOTORNO, *Storia Letteraria della Liguria*, I, 114.

[3] Cfr. pp. 59.

[4] Cfr. ROSA, *Storia generale delle storie*, pp. 222.

Siria, e colà avesse parte, se non a tutte, a varie almeno delle gesta nelle quali i suoi concittadini continuarono a segnalarsi fino al 1110[1]. Certo l'annalista mostra di avere una discreta cognizione di quella costa marittima; e di sè medesimo afferma, che *ab Antiochia usque ad Iopem sepe et sepe per terram militauit et per mare nauigauit*[2].

Nei principî del 1111, o poco avanti, gli morì il padre; perocchè, nel febbraio di quest'anno, i consoli di Genova aggiudicavano alla chiesa di S. Siro, fuori le mura, la decima di tutto quanto i figli di Rustico di Caschifellone aveano ereditato dal loro genitore[3]. La quale sentenza derivava il proprio fondamento dalla donazione, che nel 1052 il vescovo Oberto avea fatta alla suddetta chiesa, di tutte le decime della cui prestazione erano obbligati alla curia i discendenti dai tre figli di Ido visconte[4].

Nel 1121 Caffaro fu spedito a Roma, unitamente al concittadino Berisone[5], per guadagnare alla patria il mobile favore di quella corte nella grave lite riguardante la consecrazione dei vescovi di Corsica: ardua missione, nella quale egli rivelò uno spirito eminentemente pratico, patteggiando senza ambagi coi f e d e l i di papa Callisto II il prezzo di una risoluzione conforme agli interessi politici di Genova. Ed a Roma tornò ancora nel '23, per difendere la stessa causa

---

[1] Cfr. *Götting. Gelehr. Anzeig.*, 1864, I, 213.

[2] Cfr. pp. 116.

[3] Cfr. *Atti Soc. Lig.*, I, 239.

[4] Cfr. *Atti* cit., II, par. II, 441.

[5] Forse Berisone di Pinasca, un figlio del quale notavasi nel 1143 fra i vassalli dell'arcivescovo Siro? Cfr. *Atti*, vol. e par. cit., pp. 25.

davanti al concilio di Laterano; dove il papa uscì in
quella sentenza, che trascinò a violente recrimina-
zioni l'arcivescovo di Pisa e dovette riescir di scandalo a
quanti amavano la giustizia e odiavano l'iniquità.   Della
prima legazione abbiamo un curioso documento nel
rapporto presentato dallo stesso Caffaro al consiglio
della Credenza; la seconda è narrata da lui in una delle
più efficaci pagine degli Annali [1].

Ma l'anno che intercede fra le due legazioni addusse
a Caffaro onoranze anche maggiori, e sopra tutto più
schiette, essendo egli per la prima volta, nel 1122, stato
eletto al supremo ufficio di console del Comune e dei
placiti, chè le cure politiche non vennero disgiunte
dall'amministrazione della giustizia avanti il 1130 [2].
Ora al consolato, di quell'anno arrideano liete le sorti;
perocchè notabili successi coronavano la guerra pisana,
e savie riforme miglioravano l'ordinamento della cosa
pubblica mercè l'istituzione dei clavigeri, degli scri-
vani e del cancelliere [3].   Nondimeno la persona di
Caffaro emerse molto più, quando egli, console per
la seconda volta, uscì nel 1125 al comando di sette
galere per dar la caccia ai nemici, ed espugnata
Piombino, ne portò prigioni a Genova gli abitanti [4].

---

[1] Cfr. pp. 18 segg.

[2] Cfr. pp. 25. Il Pertz, in *Götting. Gelehr. Anzeig.* cit., fondandosi manifestamente su l'ordine con cui vengono riferiti negli Annali i nomi dei consoli, dice che Caffaro nel 1122 fu il secondo console, nel '24 fu il quarto, e così
via.   Ma il Blumenthal (*Zur verfassung und verwaltungs-geschichte von Genua*,
cap. II) osserva benissimo che non trovasi mai traccia della prevalenza di un
console sull'altro.

[3] Cfr. pp. 17 segg.

[4] Cfr. pp. 22 segg.

Era console di bel nuovo nel 1127, allorchè passò a Barcellona, in compagnia d'Ansaldo Crispino, per concludere un vantaggioso trattato, il quale, ponendo termine alle gravi differenze tra Genova e Raimondo Berengario III, regolava i diritti da pagarsi dalle navi genovesi nell'approdare ai dominî di quel conte [1]. Gravi differenze, ho detto; nè scompagnate da fatti violenti, come lo attesta la cattura di Lanfranco Avvocato e di più altri nobili genovesi, tra i quali Bonifazio figlio dello stesso Caffaro, inviati dalla patria in Catalogna qualche tempo innanzi dell'annalista [2].

Nel 1130, come ho già accennato, egli fu console dei placiti per la c o m p a g n a della Porta; ma dal '31 incomincia nella vita di lui un'altra lacuna, e si protrae per un intero decennio, in capo al quale (1141) il cronista ripiglia la dignità di console del Comune e riceve per esso la donazione del castello Aimero [3]. Ora, se di fronte al silenzio che grava così a lungo sopra il suo nome è lecito far congetture, io sarei d'avviso che Caffaro trascorresse lontano dalla patria una parte almeno di quel decennio, rivedesse la Siria, ed ivi appunto si trovasse nel 1140, allorchè Rainaldo le Mazoir occupò a tradimento il castello di Margat, posseduto infino allora dai Saraceni. Difatti questo episodio, non riferito da verun altro annalista, abbenchè sia importantissimo nella storia dell'Oriente Latino

---

[1] Il trattato porta la data del 28 novembre 1127. Cfr. CAPMANY, *Memorias historicas sobre la marina, comercio . . . . de Barcelona*, IV, 3.

[2] Cfr. DIAGO, *Historia de los... condes de Barcelona*, ivi, 1603, pp. 181.

[3] Cfr. pp. 30.

è descritto da Caffaro nella *Liberatio Orientis* con tale
evidenza e precisione di particolari topografici, da lasciar pensare che egli conoscesse bene quel luogo ed a lui
più che ad ogni altro scrittore fosse noto lo stesso Rainaldo, che egli solo chiama pure col titolo di signore
di Vananea e di Maraclea. [1].

Ma al consolato di giustizia tornò nel 1144; poscia nel '46 risalì a quel dello Stato, ed ebbe campo
di spiegare il proprio genio diplomatico e guerriero,
comandando l'armata che, dopo una tregua di parecchi
anni, riaperse le ostilità contro i Saraceni di Spagna.
Conquistò l'isola di Minorca, ed investì la ricca città
d'Almeria; negoziò in Cordova i patti dell'alleanza
con Alfonso VII di Castiglia, e spianò così la via alle
maggiori imprese che nei due anni seguenti furono cagione di tanta gloria al nome di Genova [2].

È anche probabile che egli aiutasse colla propria
esperienza gli apprestamenti di queste imprese, facen-
do parte del consiglio o senato; giacchè questa qualità sembra spiegar meglio l'intervento di lui, come
rappresentante il Comune, alla vendita che nell'aprile
del 1147 i figli di Cona da Vezzano gli fecero di
ogni loro possesso nell'isola di Sestri [3]. Del 1149
figura poi tra' partecipi nella società che fornì al Comune
stesso il danaro per saldar le spese della guerra mo-
resca, e n'ebbe a sfruttare le pubbliche entrate a termine
di riscatto [4]: primo esempio di quella che poi fu

[1] Cfr. pp. 115 seg.
[2] Cfr. pp. 33 segg., e pp. 80, nota 2.
[3] Cfr *Iur.*, I, 129; BELGRANO, *Tav. Gen.*, n. XVIII.
[4] Cfr. *Iur.*, I, 141.

detta una c o m p e r a. E nell' anno medesimo il voto
degli elettori lo riportò per la quinta ed ultima volta al
consolato maggiore, dandogli compagno quel Guglielmo Pelle, di cui appunto l'annalista rammenta il
singolar valore mostrato nella presa d'Almeria [1].

Però del consiglio e dell'opera di lui, già vecchio
oltre i settanta anni, si valse ancora in tempi di gravissimo travaglio la patria; eleggendolo, nel 1154 e nel
'58, degli ambasciatori a Federigo Barbarossa in Ron-
caglia ed al Bosco. Poche parole scrisse egli della
prima di queste legazioni, nella quale ebbe compagno
l'arcidiacono, e forse parente suo, Ugone della Volta;
ma bastano per farci comprendere l'animo de' governanti genovesi, non alieni dal seguire nei proprî inizî
il corso ascendente della politica imperiale in Italia [2].
Ottone da Frisinga ci informa poi di un curioso particolare, narrando che i legati presentarono a Federigo un saggio del bottino toccato a Genova nell'ultima guerra di Spagna, leoni, struzzi, pappagalli ed altre
rarità [3]. All'incontro, meno parco si mostra il nostro
annalista nel ragionare della seconda ambasceria, che
risultò quasi interamente composta di uomini consolari:
gli oratori ottennero dal Barbarossa il riconoscimento
legale di quella particolare condizione, nella quale si
trovavano i Genovesi di fronte all'Impero, così netta-
mente descritta da Caffaro stesso [4], e Federigo dovette

[1] Cfr. pp. 82.
[2] Cfr. pp. 38 seg.
[3] Cfr. *Gesta Friderici*, lib. II, cap. 13, in PERTZ, *SS.*, XX, 398; dove è
da correggere il nome di *Ulyxibona* in quello di *Tortuosa*.
[4] Cfr. pp. 50 segg.

appagarsi di mandare a Genova il cancelliere Rainaldo
e 'l conte Guido di Biandrate, affinchè ricevessero
per lui il giuramento di fedeltà, prestato in nome di
tutto il popolo, da quaranta cittadini adunati nel palazzo dell' arcivescovo [1].

Queste due legazioni, se eccettuiamo gli Annali,
ci rappresentano gli ultimi atti della vita pubblica
di Caffaro; ma più documenti rimangono della pri-
vata.   Sappiamo da essi, che per cagione dell' investitura conceduta dalla Chiesa di Genova alla discendenza di Rustico di Caschifellone, egli partecipava
nelle decime delle pievi di S. Pier d'Arena, di Bavari
e di Bargagli, e nel dominio utile dei molini del Noce
e del Cerro in Polcevera [2]; oltrecchè avea beni proprî
nel poggio di Pontedecimo, riconosciutigli da un
arbitrato del 1158 [3].   Aggiungansi varie terre con
casa, in vicinanza di Genova, comprate da Simone
D'Oria nel 1160 a rogito di Giovanni Scriba [4];
le cui imbreviature fanno pur menzione di Caffaro come testimonio di più contratti [5], e due volte
associano al nome di lui il predicato feudale de Caschifellono [6].

Entrato nell'ottantesimo anno di età, e continuando
tuttavia a comporre gli Annali, non senza mostrarne

---

[1] Cfr. pp. 51 segg.

[2] Cfr. Atti Soc. Lig., II, par. II, pp. 13, 19, 20, 28, 137, 138.

[3] Ivi, pp. 297.

[4] Cfr. Chartarum, II, 709.

[5] Ivi, col. 416, 450, 610, 750.

[6] Atto inedito del marzo 1156, nelle Pandette Richeriane dell'Arch. di Stato
in Genova, fogliazzo I, vol. I, pp. 106 scg.; ed altro del 28 aprile 1163, in
Chartar. cit., 854.

compiacimento, richiamava egli con poche espressioni al pensiero la somma delle cose narrate, quasi per trarne auspicio e conforto a perseverare finchè Iddio gli serbasse la vita [1]. Ed invero seguitò ancora un trennio il nobile ministerio, nè si ristette dopo il 1163, se non pel disgusto cagionatogli dalle discordie che principiavano a turbar la Repubblica [2]; ma serbò la mente serena fino agli estremi giorni, cui pervenne nel 1166, già varcato l'anno ottantesimosesto. Più tardi Oberto Cancelliere gli componea l'elogio con queste parole, così semplici e così giuste: *Vir fuit uita moribusque honeste compositus, satisue abunde claro nomine plenus* [3].

ANNALES. Le notizie degli avvenimenti, i quali Caffaro descrive sia negli A n n a l i e sia nelle opere minori, procedono dalla conoscenza diretta che ne ebbe egli stesso, o dalla testimonianza che a lui ne resero uomini di grande autorità e di fede sicura [4], o infine dalla ispezione dei documenti d'officio, che potè facilmente avere alle mani. *Cafarus qui interfuit et uidit, Cafarus sicut audiuit, ut in registro*

---

[1] Cfr. pp. 59. E di nuovo a pp. 64: *Quod uero noui consules... fecerint, Caffarus, si uixerit, ... Deo concedente, scribere non tardabit.*

[2] Cfr. pp. 156.

[3] Cfr. pp. 155. Caffaro lasciò vari figliuoli; ma non si conoscono con certezza che Ottone, forse il maggiorato, il quale fece del nome paterno il suo gentilizio, Guglielmo Pezullo, da cui derivò la famiglia così cognominata, Aidela, moglie di Oberto Guaraco, ed Aimelina. Ottone e Guglielmo sedettero fra i consoli, questi nel 1137 e 1142, quegli nel 1158 e 1166. Cfr. BELGRANO, *Tav. Gen.*, n. xxxvii.

[4] Cfr. pp. 3.

f

habetur, *ut continetur in registro*, e somiglianti frasi incontransi difatti nella sua narrazione, quante volte all'autore sembrò opportuno di allegare le vive fonti di essa. Nè torna vano, aggiunge il Pertz, questo suggellarla che egli fece col proprio intervento; anzi conferisce al racconto un grado di credibilità maggiore di quella, che d'ordinario suole concedersi a buon numero degli scrittori medievali, e vie più aumenta la nostra riconoscenza verso del narratore [1].

Il quale dei casi della patria non espone propriamente quanto gli è noto; ma in particolar guisa ciò che meglio si acconci al precipuo intendimento suo, quello di segnalar le azioni meritevoli di lode o più proprie a servire d'ammaestramento e d'incitamento alle generazioni venture. Donde un certo squilibrio fra le varie parti del suo libro. Così, salvi i nomi de' consoli ed una semplice notizia d'ordine interno (il trasporto dei macelli in Soziglia ed al Molo), gli A n n a l i si tacciono un quinquennio intero dopo la guerra di Spagna, a cagion della quale, stremate le risorse finanziarie e l'energia della Repubblica, questa parve caduta come in letargo [2]. Ma tosto che la vita rifluisce in quel corpo, l'annalista ripiglia anche esso le fila del racconto; e notate parecchie delle egregie cose operate da' consoli nel 1155, conclude: *Predicta namque, et alia multa que non scribuntur, ad honorem fecerunt... ideoque laudem et gloriam a cuncto populo Ianuensi receperunt* [3]. Però, la brevità

---

[1] Cfr. *Götting. Gelehr. Anzeig.*, 1864, I, pp. 219.
[2] Cfr. pp. 37.
[3] Cfr. pp. 45.

discreta, che egli qui ed altrove impone a sè stesso, forma un vivo contrasto col nostro desiderio di tutto apprendere da lui; ma l'uomo pubblico la vince su lo storico, e l'alta posizione gli comanda un riserbo, cui non viene meno giammai. Per esempio, quanta parte di storia arcana avranno contenuto quelle memorie, cui lo stesso Caffaro accenna ripetutamente di volo [1], e che, secondo egli ci insegna, i consoli uscenti di carica, nelle più difficili emergenze, erano usi di rimettere ai loro successori!

Da principio il libro di Caffaro non si divide rigorosamente per anni, ma raggruppa, come in altrettanti capitoli, il racconto di un triennio o di un quadriennio, che fu sino al 1121 il termine stabilito alla simultanea durata delle c o m p a g n e, ed, eccetto che per l'ultima, anche de' c o n s o l a t i, i quali ne erano l'emanazione. Per ciò gli A n n a l i, nel più stretto significato della parola, non cominciano che dal 1122, cioè dal primo de' consolati il cui periodo venne limitato ad un anno [2]. Se non che l' a n n o c o n s o l a r e non rispondeva al civile, chè questo i Genovesi contavano *a nativitate Domini;* mentre i consoli assumeano l'ufficio *in die purificationis beate Marie,* cioè il 2 febbraio, e ne uscivano col ritorno delle calende di questo mese [3]. Caffaro ed i suoi continuatori seguono nel loro racconto l' a n n o c o n s o l a r e, che poi fu anche quello dei podestà; ed è necessario che gli studiosi

[1] Cfr. pp. 39, 73, 74.
[2] Cfr. pp. 17.
[3] Per la computazione dell'anno civile e del consolare, cfr. *Atti Soc. Lig.,* I, 226 segg.; BLUMENTHAL, op. cit., cap. II.

abbiano presente questa circostanza, senza della quale in più luoghi parrebbe errata la cronologia degli Annali.

Ma se il cronista, fin presso al tramonto della vita, mantenne fede al disegno balenatogli al pensiero nei giovanili entusiasmi della crociata, non è da credere però che la compilazione del suo volume procedesse ognora di conserva coi fatti. Più volte anzi egli si rifece al racconto, per introdurvi qua e colà, secondo lo svolgersi degli avvenimenti e le cognizioni via via acquistate, de' particolari destinati a renderlo più completo, sebbene relativamente lontani dall'anno sotto del quale si vedono tutti raccolti [1]. Così sotto il 1100, laddove l'inciso che segue all'accenno della incoronazione di Balduino I re di Gerusalemme, non può essere stato scritto avanti il marzo del 1118: *et deinceps regnum per annos. XVII. uiriliter rexit et habuit* [2]. Così al 1106-07 si riferiscono giustamente il viaggio di Boemondo I d'Antiochia in Francia ed in Italia, il suo matrimonio colla figlia del re Filippo, e la nascita di Boemondo II; ma la successione di questi nella paterna signoria non vi si potè notare prima del 1110 o '11; nè avanti il 1131 può risalire la memoria di Costanza, cui lo stesso Boemondo *post mortem suam Antiochiam dimisit* [3]. Parimente la menzione della pace tra Genova e Pisa è anticipata di un decennio giusto sul fatto [4].

---

[1] Cfr. PERTZ, *Praef.*, pp. 2; *Götting. Gelehr. Anzeig.*, 1864, I, pp. 220.

[2] Cfr. pp. 7.

[3] Cfr. pp. 14; DU CANGE, *Familles d' Outremèr*, ed. Rey, pp. 178 seg., 184.

[4] Cfr. pp. 20, 26.

Al contrario, di certi avvenimenti, passati in silenzio sotto l'anno al quale appartengono, vien data notizia più tardi, o perchè il tempo accrescendo il loro interesse mostrò l'utilità di renderne conto, o perchè le mutate condizioni sciolsero il cronista dal riserbo imposto all'uomo di Stato. Di questa guisa appunto va inteso quel raccogliere, che egli fa sotto il 1123, le notizie appartenenti alle due legazioni di Roma; perchè il mercato delle coscienze, concluso nel '21, non era cosa da potersi gittare in pasto alla curiosità dei più, nè Caffaro vi pensò mai; e perchè solamente dopo la seconda ambasceria la bolla *Quot mutationes*, recata per fermo da lui stesso alla patria, parea aver colpita per sempre l'autorità della Chiesa pisana sovra la Corsica [1]. Così dicasi delle convenzioni stipulate da Genova coi marchesi di Loreto nel 1152, la cui memoria s'indugia al '54, cioè quando la violazione di que' patti rende necessario l'intervento armato del Comune, e provoca a sdegno il cronista sino a fargli smarrire l'abituale serenità dell'animo, coll'ammonimento ai concittadini: *mos est marchionum magis uelle rapere quam iuste uiuere* [2].

Frattanto, nel 1152, pervenuto all'età di settantadue anni, egli presentava l'opera sua ai consoli ed al Consiglio, i quali ordinavano allo scrivano pubblico Guglielmo di Colomba, *ut librum a Cafaro compositum et notatum scriberet et in comuni cartulario poneret, ut deinceps cuncto tempore futuris hominibus Ianuensis*

---

[1] Cfr. pp. 19.

[2] Cfr. pp. 40.

[*ciuitatis*] *uictorie cognoscantur* [1]. Parole che si direb-
bero fedelmente tradotte dal decreto, emanato per
certo a quest'uopo dai consoli.

Se non che di Guglielmo di Colomba, il quale
sappiamo appunto dall'annalista come fosse eletto alla
scrivania del Comune fin dal 1140 [2], e che le espressioni
testè riferite (*ut ... in comuni cartulario poneret*), ci
inducono a ritenere eziandio come il custode del pubblico Archivio, si perdono le tracce l'anno stesso in
cui gli venne affidata la trascrizione degli Annali [3]:
Non è adunque improbabile, che un altro scriba eleg-
gessero i magistrati per l'adempimento di sì fatta
commissione; e che quest'altro fosse il notaio Macobrio, figurato nella miniatura di già citata in atto
di scrivere mentre Caffaro gli sta dettando [4]. Chè forse
l'annalista, materialmente non iscrisse mai l'opera
sua, o ne scrisse appena il principio, se vogliamo stare
al significato letterale delle parole *scribere incepit*, con
le quali vedemmo annunciato da lui stesso il proprio
divisamento. Ma egli poco dopo dichiara pure che
hec scribere fecit; il proemio compilato nella circostanza della pubblica presentazione degli Annali,
rileva a sua volta che *Cafarus ... sicut subtus legitur
per semet ipsum dictauit;* ed Oberto suo immediato
continuatore lo conferma: *Caffarus ... sicuti uidit et
per alios uerissime cognouit, ita scribere fecit* [5].

---

[1] Cfr. pp. 3.
[2] Cfr. pp. 30.
[3] La più recente notizia di lui è nell'*Iur.* I, 165.
[4] Cfr. Tav. III.
[5] Cfr. pp. 3, 9, 153.

Ad ogni modo una grande mutazione si avverte nel volume, dal tempo che precorre la sua presentazione a quello che gli viene appresso. Pel primo periodo, eccettuati due dei maggiori fatti cui sappiamo con certezza che fu presente l'annalista, cioè la spedizione in Terrasanta del 1100-1101 ed il concilio di Laterano, la narrazione si limita ad un arido sommario e non di rado anche alla semplice notazione dei consoli. Nel secondo invece assume uno svolgimento più ordinato ed esteso, lo stile di solito è più elevato, e 'l racconto si conforta pure di qualche riflessione. Certamente l'indole stessa dei fatti, i quali coincidono con questo cambiamento, può averlo in parte determinato; ma per qualche cosa dee pure avervi influito l'uomo, alla cui penna Caffaro ebbe a confidare l'espressione dei proprî pensieri. Così io, discostandomi dall'opinione del Pertz, intendo il ministero di Macobrio [1], cui fu giusto guiderdone l'onore concedutogli dai contemporanei di essere effigiato insieme all'annalista; ed illustra il mio avviso la costumanza cui allude Roberto Monaco, laddove, a scusare la povertà del proprio stile, esce in queste parole: *Ego uero,*

---

[1] Stima il Pertz che Caffaro già nel 1152 presentasse ai consoli *librum suum Macobrio scribae dictatum* (cfr. *Praef.*, pp. 2). Ma si osservi che tra Caffaro e Macobrio dovea correre una notabile disparità d'anni: la miniatura ci rappresenta molto vecchio il primo, e nel pieno vigore dell'età il secondo.

Macobrio, semplice metatesi di Macrobio, è testimonio a due strumenti di Giovanni Scriba, del 16 dic. 1156 e 3 aprile '57; anzi il primo di essi dicesi rogato *ante turrim ubi morabatur Macrobius notarius*. Morì improvvisamente nel febbraio del 1170. Cfr. *Chartar.* II, 456, 483; *Atti Soc. Lig.*, II, par. II, pp. 386.

quia notarium non habui alium nisi me, et dictaui et scripsi [1].

Caffaro, del resto, come nel 1152 avea letta la prima parte degli A n n a l i ai consoli, così dovette continuare a leggerne i capitoli successivi, per acquistare al racconto il suffragio della pubblica approvazione; chè non istimo siano una mera finzione gli u d i t o r i, ai quali più d'una volta si trova da lui indirizzato il discorso [2]. Ma forse egli non fu del pari sollecito nel rimettere alle mani dei consoli l'originale del suo dettato; e certamente, lui vivo, la trascrizione del codice a u t e n t i c o non andò oltre il 1154. Ce ne porgono sicurtà le espressioni *bone memorie* e *felicis memorie*, onde vediamo già accompagnato negli anni 1155-56 il nome del cronista [3].

Il quale è, come Giulio Cesare, da porre fra i pochi uomini privilegiati, cui fu dato in sorte di operare ègregiamente e di narrare quanto operarono; se non che all'annalista genovese, meno assai che all'autore dei Commentarî, potrebbe muoversi il rimprovero di non avere osservata sempre l'imparzialità. La narrazione di Caffaro è sobria, lo stile quasi sdegnoso degli ornamenti, e tuttavia men barbaro che in altri scrittori del secolo suo [4]: « vi appare, ripiglia il Rosa, il carattere serio, dignitoso, energico, fiero de' liberi Genovesi; vi si sente dentro lo spirito romano, quel

[1] ROBERTI MONACHI, *Historia Hyerosolymitana*, in *Hist. Occid. des crois.*, III, 721.
[2] Cfr. pp. 67 e 74.
[3] Cfr. pp. 41, 46; *Götting. gelehr. Anzeig.*, 1864, I, pp. 221.
[4] Cfr. SPOTORNO, *Stor. Letter. d. Liguria*, I, 122.

senso pratico delle cose e degli uomini. È la prima
storia libera di un Comune che non adora nè il pa-
pato nè l'impero, ma, pure riconoscendoli in teoria,
non vuol transigere per le sue libertà » [1]. La religione, che ha nell'animo dell'annalista un profondo e
nobile culto, gli fa ravvisar volentieri nello svolgersi degli umani casi l'intervento della Divinità; ed
egli sa opportunamente giovarsi anche di questo per
risvegliare i tiepidi spiriti de' concittadini, che lasciarono cadere in sonnolenza la Repubblica [2]. La quale
egli stesso candidamente confessa di non dimenticare
giammai nelle preghiere quotidiane al Signore [3]: *pro
consulibus uero presentibus et futuris Caffarus... in
unoquoque die trinam facit orationem, ut populum Ianuensem in pace et concordia regere, et in bonis operibus augmentare Deus eis semper concedat* [4].

Ma quella di Caffaro è religione schietta; nè mai
avviene di lui ciò che dei più fra' suoi contemporanei, ne' quali i miti sentimenti della pietà restano
di frequente sopraffatti dal clamoroso prorompere del
fanatismo. Dico meglio: la tolleranza religiosa di
questo annalista del secolo XII ritrae dell'uomo moderno,
senza che l'abbia tocca il baco dello scetticismo. Anche
in mezzo ai fervori della crociata, fra le ebbrezze
della vittoria, egli non vitupera i nemici della sua
fede, nè esulta nel sangue de' vinti; e se nella propria sincerità non dissimula le stragi che accompa-

---

[1] Cfr. Rosa, *Stor. gen. delle storie*, pp. 224.
[2] Cfr. pp. 40.
[3] Cfr. pp. 38.
[4] Cfr. pp. 48.

gnarono l' espugnazione di Cesarèa, più si compiace
però dell' assenso prestato da' suoi concittadini alla
concessione dell' a m a n *(fiducia)*, pel quale ebbe termine il massacro de' Saraceni. Così non cela la copia
grande del bottino pervenuto nei crociati da questa
medesima impresa; ma le austere pagine di lui rifug-
gono dalle descrizioni raffinatamente crudeli, che possono leggersi, ad esempio, in Fulcherio di Chartres [1].

YSTORIA CAPTIONIS ALMARIE ET TVRTVOSE. Alla brevità degli accenni con cui, negli A n n a l i, si era sbrigato
della guerra ispano-moresca, provvide Caffaro sten-
dendo di quei gloriosi fatti un apposito commentario;
il quale apparisce dettato subito dopo gli avvenimenti, sia per la copia e l' ordine delle notizie e
sia per l'esattezza dei particolari [2]. Gli A n n a l i stessi
richiamansi a questo libro; ed anzi, il richiamo loro, se
fosse proprio sincrono nella più assoluta accezione della
parola, ci condurrebbe a riconoscere in Caffaro uno
degli attori di quei grandi fatti, non potendosi in
altra maniera interpretar le espressioni *sicut scriptum
est in libris et in istoriis Ianuensium a sapientibus
factis, qui uiderunt et interfuerunt* [3]. Ma io sopra di
ciò non mi sento sicuro abbastanza, sospettando in
quell' inciso una interpolazione dell' amanuense; ed il
silenzio della sua persona che l'annalista mantiene in ogni

---

[1] Cfr. FULCHERII CARNOTENSIS, *Historia Herosolym.*, lib. II, c. 9, in *Hist.,
Occid. des crois.*, III, 389 seg.

[2] Circa i riscontri colle fonti spagnuole ed arabe, cfr. BELGRANO,
Frammento di poemetto sincrono su la conquista d'Almeria, negli *Atti Soc. Lig.*,
XIX, 395 segg.

[3] Cfr. pp. 35.

altra parte del commentario, sempre più mi rende
restio ad ammettere che siasi egli trovato realmente
al conquisto delle due città iberiche. Caffaro infatti
non poteva occupare un posto secondario nell'impresa;
e perciò la sua presenza rimane implicitamente esclusa
dall'affermare che egli fa come il supremo indirizzo
della spedizione fosse tutto raccolto in quattro consoli
del Comune, coadiuvati da altri due di giustizia [1].

Del rimanente non è questa l'unica interpolazione
del commentario: altri ha già avvertito come tale
l'intero periodo *Quoniam que gesta fuerunt,* che forma
il passaggio del racconto dalla impresa d'Almeria a
quella di Tortosa; il quale, con esempio unico in tutto
il volume, associa al nome dell'autore il suo predicato
feudale *de Caschifellone,* donde non pochi fantastica-
rono poi un Caffaro diverso dal cronista [2]. Esaminando
bene il contesto del citato passaggio, risulterà infatti ad
occhi veggenti che esso non è di Caffaro; il quale,
ricordato con l'usata sobrietà il ritorno a Genova dei
consoli Oberto Torre e Ansaldo D'Oria con due galere e col bottino della città espugnata, dovette imme-
diamente proseguire la narrazione colla notizia del resto
della flotta ritiratasi a svernare nel porto di Barcellona.
Nè il collegamento delle due parti riescì così felice,
da non tradire il vizio della sua origine; la quale
sempre più si conferma illegittima per quel *namque,*
che è rimasto dopo *Ianuenses,* come continuazione di
un racconto non interrotto [3].

[1] Cfr. pp. 79 segg.
[2] Cfr. *Atti Soc. Lig.,* I, 313.
[3] Cfr. pp. 85.

Avvertii già da principio che il commentario, a differenza di ogni altra parte degli Annali, vanta una edizione molto più antica della Muratoriana; avendolo Raffaello Della Torre stampato nella seconda sezione delle *Controversaie Finarienses* con questo titolo: *Narratio Caffari de receptis Almeria et Tortuosa Hispaniarum civitatibus e manibus Saracinorum Genuensium* [1].

Notitia Episcoporvm Ianvensivm. Questo scritto, del quale non tutti consentono a Caffaro la paternità, almeno nella sua presente redazione [2], sta registrato in fine del commentario, senza spazio intermedio o altro segno che da esso lo distingua. Evidentemente lo scriba del codice *N* profittò del vano rimasto nel verso della 16.ª carta, per occuparlo con quel breve racconto, il cui tenore cade così fuori di posto. Forse, discorrendo esso di que' vescovi la cui successione risponde al periodo di tempo abbracciato dagli Annali, avrebbe potuto trovar luogo men disdicevole alla fine di questi, i quali appunto si chiudono con un particolare della medesima indole, cioè l'elezione dell'arcivescovo Ugone Della Volta.

De Liberatione civitatvm Orientis. Questo opuscolo e la breve storia del regno latino di Gerusalemme, che sono fra di sè strettamente connessi ed anche si completano a vicenda, contengonsi in

---

[1] Genova, per G. M. Farroni, 1642, pp. 9 segg.

[2] Grassi, *Serie dei vescovi ed arcivescovi di Genova*, parte i, Genova, 1872, pp. 34.

N nel seierno composto de' fogli 17-28. Li trovò
Iacopo d' Oria fra le carte del proprio avo paterno
Oberto (capitano del popolo con Oberto Spinola dal
1270 al '90); e nel 1294, per decreto del Comune
ed elezione dello stesso annalista, furono trascritti
ed inseriti nel codice, fra le precedenti opere di Caffaro e quella del suo immediato continuatore [1].

La *Liberatio Orientis*, della quale il Pertz diede
una ben circostanziata analisi [2], ha per iscopo principale quello di mettere in evidenza l' assidua e grande
partecipazione che ebbero i Genovesi, colle loro armate e coi loro ingegni guerreschi, alla prima crociata,
ed i cospicui privilegi coi quali vennero dai principi latini della Siria giustamente rimeritati. Ma
quanto alle origini della crociata stessa, la narrazione
di Caffaro si rivela affatto indipendente da quella di
qualsivoglia altro cronista. La parte soprannaturale
vi è rappresentata dalla visione di Bartolomeo al Puy;
l' iniziativa materiale è tutta attribuita al duca Goffredo, il quale, pochi anni avanti, si era imbarcato
a Genova, coi nobili suoi compagni su la nave
P o m e l l a per compiere il pellegrinaggio di Terrasanta, e presso alle porte di Gerusalemme, atroce-
mente offeso dagli infedeli, avea fatto proponimento
di lavar l' onta nel sangue [3].

Il racconto però si arresta di un tratto al 1109
colla conquista di Tripoli, mentre i soccorsi e le imprese di Genova continuano ancora, ed alcune di esse

[1] Cfr. pp. 149.
[2] *Götting. Gelerh. Anzeig.*, 1864, I, pp. 122 segg.
[3] Cfr. pp. 99 segg.

vedonsi pure accennate negli Annali e nella Breve
Storia; di guisa che a me nasce il dubbio le
carte della Liberazione, così come furono trovate,
non ci rappresentino nella sua integrità l'opera del-
l'annalista.   Certo è del resto, che Caffaro dettò
questo libro in un periodo di tempo molto posteriore
a quello in cui diede principio agli Annali, come
torna facile argomentare non solo pel rinvio che si fa
ripetutamente dalla Liberazione ad essi Annali e
non mai da questi a quella, ma per l'introdottovi
episodio della presa di Margat, la quale s'indugia,
come già dissi, al 1140 [1].   Il Pertz opinava anzi per
la sua posteriorità all'anno 1152 [2]; ed io credo che,
seguendo attentamente lo stesso cronista, si possa fare
un passo di più, giungendo a scoprire l'occasione
dello scritto ed a precisarne la data.   Infatti, narrando
egli altrove le querele presentate verso la fine del
1155, o anche ne' principî del '56, dal legato di Genova al papa Adriano IV in Benevento [3], contro il
re di Gerusalemme, il conte di Tripoli ed il principe
di Antiochia, violatori degli antichi privilegi, lascia
chiaramente comprendere che i suoi concittadini per
meglio assicurarsi il pontificic favore, aveano pure,

[1] Cfr. pp. 115 seg.
[2] Il papa dimorò in Benevento dal 21 novembre 1155 fino al luglio del '56.
Cfr. IAFFÈ, *Regesta Pontificum*, nn. 6900-6942.   Ma si rammenti che l'anno
consolare, sotto del quale è descritta la legazione, finiva col 1.º di febbraio.
[3] Cfr. PERTZ, *Praef.*, pp. 3.   Così egli corregge l'opinione anteriormente
espressa nelle sue Dissertazioni all'Accademia di Berlino, in cui giudicava che la *Liberatio* fosse sincrona alla prima crociata, e riteneva semplicemente
come una giunta l'episodio di Margat. Cfr. *Götting. Gelehr. Anzeig.*, 1864, I,
pp. 224.

col mezzo dello stesso legato, fatto consegnare ad Adriano uno scritto, nel quale si porgea notizia di quei privilegi e si toccava anche dei gloriosi avvenimenti che ne erano stati l'origine. E di vero Manfredo, nella sua orazione al papa, accennato che ebbe dei mentovati diplomi e de' principi che li aveano conceduti, seguitava così: *Hoc ideo fecerunt, quoniam Ianuenses multis et magnis eorum machinis et expensis, multaque sanguinis effusione, ciuitates et loca Orientis obsidendo et preliando ceperunt, sicuti per presentia scripta uobis notificatur*[1]. Ora quali potevano essere questi s c r i t t i sui quali l'oratore invocava l'attenzione del papa, acciò avesse piena contezza delle ragioni dei Genovesi chiedenti l'appoggio della Sede apostolica? Non certamente le lettere, che accreditavano il loro legato; perchè queste, secondo le usanze diplomatiche, avranno più presto toccati che svolti gli argomenti dei quali Manfredo aveva istruzione d'intertenere il pontefice; ma una narrazione minuta e precisa, cui l'ambasciatore potea riferirsi come a suggello della propria esposizione orale. Dunque il libro, del quale Caffaro, per questa solenne circostanza, dovette essere chiesto dal suo Comune; libro veramente ispirato alla difesa dell'onore e alla tutela degli interessi della patria; libro che sarebbe riescito sommamente opportuno, per la grande autorità dell'uomo pubblico che lo dettava, per la testimonianza personale di cui egli poteva confortare non poche delle cose narrate, e che non manca di allegare giusta il suo costume: *Cafarus, qui hoc narrat, interfuit et*

---

[1] Cfr. pp. 43.

vidit [1]. Si noti bene che la missione di Manfredo, avea pure un altro scopo, quello di reclamare eziandio al pontefice contro i mali procedimenti del visconte Bertrando Trencavello e degli uomini di Béziers e di Agde nella Provenza; ma per questi il legato non consegna al papa veruno scritto particolare; la frase *sicuti per presentia scripta* chiude la prima parte della sua orazione, che è unicamente relativa agli affari del Levante.

Con questo però non voglio già spingermi fino a sostenere che la *Liberatio Orientis*, quale ci fu tramandata, sia proprio il testo identico del memoriale rimesso al pontefice; ma certo lo ha da essere nella massima parte. Del rimanente è ovvio il pensare che l'autore, adattando il suo scritto a formar corpo colla maggiore delle sue opere, avrà, per cansare le ripetizioni, accorciato il racconto de' fatti già da lui esposti con notevole diffusione negli A n n a l i. Così appunto intenderemo perchè il commentario si passi con un brevissimo cenno della presa di Gerusalemme, e delle trattative con Balduino I in Laodicea, e perchè rispetto alla conquista di Cesarea, si tenga pago di soggiungere qualche nuovo particolare; e così pure ci spiegheremo i riferimenti che, a proposito dei due primi fatti, vi si trovano esplicitamente introdotti: *sicuti in libro Cafari*, o *sicuti in preterita scriptura Cafari, scriptum est* [2].

---

[1] Cfr pp. 121.

[2] Cfr. pp. 114, 117, 121. La stessa frase si usa pure nella citata pag. 114 per la presa d'Antiochia; essendo evidente l'errore del copista, il quale scrisse *in preterita scriptura* a vece di *presenti*. L'Ansaldo, fondandosi a torto sopra uno di questi richiami (pp. 114), è d'avviso che Caffaro scrivesse

Allo aver questi composta la *Liberatio* in età relativamente lontana dagli avvenimenti, salvo quanto è detto dell'episodio di Margat, e coll'aiuto della sola memoria, *per memoriam Cafari* [1], oltre a quello derivato da' pubblici documenti, sono poi da attribuire le inesattezze e gli errori dai quali Caffaro non riuscì sempre a difendersi. Così parlando della lettera, che Goffredo Buglione ed il legato apostolico Daimberto mandarono in Europa dopo la vittoria d'Ascalona, certo nel settembre del 1099, egli anticipa all'arcivescovo pisano il titolo di patriarca di Gerusalemme, da questi assunto soltanto il 25 dicembre del medesimo anno [2]; e così sbaglia più volte nel computare, secondo la propria stima [3], le distanze da stazione a stazione lungo il percorso da Antiochia a Giaffa e ad Ascalona. Così avviene pure che ritardi fino al luglio del 1101 la presa di Arsuf e quella di Cesarea [4], contraddicendo agli Annali che riferiscono invece al 24 di luglio l'entrata in navigazione della flotta genovese pel ritorno alla patria [5]. Finalmente la *Liberatio* anticipa al 1101

« separatamente » anche dell'assedio di Gerusalemme « e che sia andato del tutto perduto quel lavoro ». Ma già il Riant ha chiarita l'erroneità di così fatta opinione. Cfr. *Atti* ecc., I, 68, nota 18; *Hist. Occid. des crois.*, V, 28, nota *a*.

[1] Cfr. pp. 114.

[2] Cfr. pp. 111; RIANT, *Inventaire des lettres histor. des croisades*, pp. 203 seg. Credo poi un semplice errore di copia la differenza che si riscontra nel numero delle navi spedite nel 1100 da Genova unitamente a ventisei galere, in soccorso della Terrasanta; sei negli *Annales* e quattro nella *Liberatio*. Ma in quale dei due luoghi sia lo sbaglio, non è possibile il dire.

[3] Cfr. pp. 116.

[4] Cfr. pp. 117.

[5] Cfr. pp. 9, 11, nota 1, e pp. 13.

g

l'espugnazione di Tortosa [1], già riferita dagli Annali al 1102; nè questi possono sospettarsi d'errore più presto di quella, perchè a confermare l'esatta indicazione del millesimo giova il riscontro del primo anno della compagna, incominciata giusto nel febbraio del 1102 [2]. Altri errori ed altre contraddizioni rileverò ancora nelle note allo stesso opuscolo.

BREVIS HISTORIA REGNI IHEROSOLYMITANI. È opera di uno scrittore anonimo, ma certamente genovese; e dal suo cominciamento all'anno 1162, come osserva il Pertz, si rannoda alla *Liberatio,* cui fa pure qualche richiamo designandola come *prima hystoria* [3]. L'Ansaldo pose già innanzi il nome di Oberto D'Oria, nè, pare a me, senza probabilità [4]; ma potrebbe darsi che Caffaro stesso ne dettasse i primi sette capitoli, rispondenti per l'appunto al ciclo de' suoi Annali, sol che si escluda l'accenno alla rimozione dell'epigrafe nella tribuna del S. Sepolcro, che vi sarebbe interpolato [5]; giacchè questo fatto va riferito agli ultimi anni del regno di Amalrico I, quando il cronista non era più tra' viventi [6]. Iacopo D'Oria non distingue anzi la *Brevis Historia* dalle opere certe di Caffaro; ed impropriamente chiama pure il seguito di essa col nome di *Cronica Caphari* [7]. Il qual seguito rivela in più luoghi la conoscenza che l'autore,

---

[1] Cfr. pp. 118; donde l'errore ripetuto nella *Brevis Historia*, pp. 128.

[2] Cfr. pp. 14.

[3] Cfr. pp. 127, 128.

[4] Cfr. *Atti* cit., I, 8.

[5] Cfr. pp. 129, lin. 9-10; *Götting. Gelehr. Anzeig.*, 1864, I, pp. 230.

[6] Cfr. pp. 135.

[7] Cfr. pp. 141, nota 1.

vissuto sicuramente nella prima metà del secolo XIII [1], aveva di Guglielmo di Tiro e del suo continuatore immediato; anzi corre frequentissimo su le orme loro, sia nello esporre i fatti e sia nel toccarne le cause.

L' opuscolo di Oberto, o di chiunque altri siasi, giunge poco oltre alla caduta di Gerusalemme, cioè fino al 1188, ma non senza una lunga interpolazione di Iacopo D' Oria, il quale al racconto della disfatta di Tiberiade fe' succedere la storia delle tre reliquie della croce, ricavata dai libri della cattedrale di San Lorenzo [2]. Da ultimo lo stesso Iacopo aggiunse un capitolo, nel quale, *sicut a peritis didicit* [3], riassume le notizie riguardanti la successione dei pretendenti al regno di Gerusalemme, dalla morte di Guido di Lusignano fino a Carlo lo Zoppo.

---

[1] Cfr. *Götting. gelehr. Anzeig.*, 1864, I, 230.

[2] Cfr. pp. 140 segg. La medesima storia riferiscono anche il Varagine (*Chron. Ian.*, col. 42-44) e Giorgio Stella (col. 971); questi in forma più concisa, e quegli coll'aggiunta di varî particolari, specie di indole soprannaturale; ma è evidente che attinsero tutti alla stessa fonte del D'Oria. Anzi lo Stella apertamente la cita in due luoghi (col. 968, 870 seg.), e massime laddove, notato il silenzio di Caffaro sul trasporto a Genova delle ceneri del Battista e del Sacro Catino, aggiunge che di queste e d'altre preziose reliquie si discorre in *antiquas paginas loci Ianuensium maioris ecclesie, ubi supellex et sacra conduntur, qui dicitur sacristia*. Però questi documenti oggidì non si trovano più; ed io ne ho cercato invano nell'Archivio del Capitolo di S. Lorenzo. Forse esistevano ancora su lo scorcio del sec. XVII, se intese veramente di alludere a tali carte il can. Marana; il quale, riferendo a sua volta la storia della v e r a c r o c e, afferma di averla cavata da « note manoscritte ». Cfr. *Notularium Capitulare*, in Arch. cit., I, a. 1195 e 1203.

[3] Cfr. pp. 147.

OBERTO CANCELLIERE.

Le discordie cittadine, che, più della grave età, avean reso Caffaro alieno dal seguitare gli Annali oltre il 1163, distolsero pure il Comune dallo eleggere, subito dopo la morte di lui, un continuatore dell'opera sua. Ma nel 1169, allorchè per la riconciliazione avvenuta, non senza un certo apparato drammatico, fra gli Avvocati ed i Castello, quelle sanguinose lotte parvero cessate, i consoli maggiori commisero l'officio di cronista al cancelliere Oberto, ordinandogli di ripigliare la narrazione dal punto dove Caffaro l'aveva interrotta [1]. È ovvio il credere che Ottone, figlio del primo annalista, sedendo allora nel consolato, avesse parte principale così nella deliberazione del continuar gli Annali come nella scelta di Oberto. Del quale io trovo la più antica memoria in una carta del 1135, dove comparisce unitamente al proprio fratello Bonifazio e col suo primitivo cognome di Nasello [2]; perocchè fu solamente dopo l'anno 1141, nel quale assunse l'officio di cancelliere del Comune [3], che egli

[1] Cfr. pp. 156.
[2] Cfr. *Atti Soc. Lig.*, II, par. II, 268.
[3] Cfr. pp. 30.

cambiò quel cognome col titolo della sua carica;
anzi il cambiamento avvenne a poco a poco, nè era
ancora ben fermo nel 1145, leggendosi in un lodo
consolare di quest'anno designato in due modi: *cancellarius predictorum consulum, uidelicet Obertus Nasellus*[1].

Che la famiglia di Oberto fosse viscontile come quella
di Caffaro, non ho documenti per affermarlo; ma è lecito il sospettarne, vedendolo, come il suo predeces-
sore, noverato tra i vassalli della Chiesa[2], i giudici
ed i pari della curia arcivescovile[3], testimonio non
infrequente agli atti di questa[4], e da essa investito
delle decime di Murta e di S. Biagio in Polcevera,
nonchè di un podere in Bisagno[5]. Godeva inoltre
la proprietà di varî immobili in Genova e nelle sue
vicinanze, a Camogli ed a Rapallo[6]; e partecipava
in accomandite di denaro[7], nelle quali anche avea
socio Iacopo, un de' suoi figli[8]. Un altro, di nome
Ugo, pare che trafficasse in Costantinopoli; giacchè
nell'assalto dato il 1162 dai Pisani al fondaco dei
Genovesi in quella capitale, rimase danneggiato per
un valore di 300 perperi[9]. Oberto è anche citato

[1] Cfr. *Atti Soc. Lig.*, II, par. II., pp. 117.
[2] Ibid., pp. 25.
[3] Ibid., pp. 300, 301, 379, 380, 381; *Chartarum*, II, 930.
[4] Ibid., pp. 116, 339, 404.
[5] Ibid., pp. 21, 22, 136; XVIII, 59.
[6] Cfr. *Chartarum*, II, 296, 311, 483, 559, 942.
[7] Ibid., 306, 469.
[8] Ibid., 981.
[9] Cfr. l'istruzione data nel dicembre 1174 dai consoli di Genova all'ambasciatore Grimaldo, in *Giorn. Lig.*, a 1874, pp. 159: *Mementote petere pro
cancellario nostro perperos . ccc . quos Ugo filius eius amisit apud Constantinopolim,
quando Ianuenses sturmum habuerunt cum Pisanis.*

g*

spesso come teste ne' rogiti di Giovanni Scriba [1]; nè
altro mi occorre dire di lui, uomo privato.

Ma dell' uomo pubblico ho meno scarse notizie. Nel
1145 egli è delegato insieme al console Ido Gontardo, per immettere i signori di Levaggi nel possesso
feudale di quel castello ond' essi aveano fatto dono a
Genova [2]; nel '46 rammentasi fra' cittadini, i quali
giurarono in nome pubblico la lega col conte di Barcellona per la conquista di Tortosa [3]; nel '47 si scrive
testimonio alla vendita dell' isola di Sestri [4]; e l'anno
appresso interviene, nella medesima qualità, alla cessione del castello di Parodi, fatta al Comune dal marchese Alberto Zueta e dalla moglie di lui Matilde di
Monferrato [5].

Ma già nel '47 Oberto, deposto temporaneamente
il ministero di cancelliere, aveva assunto il consolato
de' placiti, cui venne poscia chiamato sei altre volte a
brevi intervalli, nel '49, nel '51, nel '53, nel '57, nel '60
e nel '63. Nè gli mancò la suprema dignità del
consolato maggiore, cui salì nel '55, e pel quale ebbe
parte in affari politici e diplomatici di molta rilevanza:
il trattato di commercio con Mompellieri, le convenzioni coi marchesi di Savona pel castello di Noli, e
sopratutto i laboriosi negoziati coi rappresentanti del-
l' imperatore Emanuele Comneno [6]. Nel '57 giurò

---

[1] Cfr. *Chartarum*, II, 286, 297, 435, 464, 465, 475, 480, 484, 495, 522, 547, 588, 604, 689, 745, 913, 934, 949, 954, 963.
[2] Cfr. *Iur.*, I, 104.
[3] Ibid., 119.
[4] Ibid., 129; e pp. lxxviii.
[5] Ibid., 135.
[6] Ibid., 182, 183, 186, 188.

poi gli accordi stipulati da Guglielmo I re di Sicilia con Genova [1], ed assistette all' atto di fedeltà
prestato ai Genovesi dagli uomini di Novi [2]; nel '62
fu in Mompellieri presso il papa Alessandro III, per
averne, in nome della patria, aiuto e consiglio a
trattar la pace col conte Raimondo v di Saint-Gilles,
cui il Comune lo avea destinato, e certo anche per
discutere degli interessi della Chiesa e di Genova di
fronte all' Impero [3].

Narra Oberto medesimo di essere intervenuto nel
1168, col giudice Ottone da Milano, al congresso
in cui si raccolsero i consoli dei comuni lombardi *pro
concordia inter eos stabilienda:* ed è questo un pru-
dente accenno, il quale va diritto al convegno celebrato da que' magistrati in Lodi il 3 di maggio del
detto anno. Che se nella intitolazione dell' atto, il
quale ne fu il risultato, non s' incontra punto il nome
di Genova [4], il nostro annalista ci fornisce la ragion
del silenzio, laddove nota che i delegati genovesi rimasero dissenzienti da quelli delle altre città, cioè
non aderirono alla lega contro l' imperator Federico [5]. Nè è esatto il Pertz, il quale fa andare
invece Oberto a Milano, e riferisce che ivi *de subsidio*

---

[1] Cfr. *Atti Soc. Lig.*, I, 297.

[2] Cfr. *Iur.*, I, 203.

[3] Cfr. *Atti Soc. Lig.*, XIX, 102. La dimora di Alessandro III in Mompellieri è accertata per documenti dal 15 aprile al 15 luglio. Cfr. IAFFÈ,
Reg. Pontif., nn. 7190-7215.

[4] Cfr. MURATORI, *Antiq. Ital.*, IV, 263; VIGNATI, *Storia diplomatica della
Lega Lombarda*, pp. 177, e *Cod. Dipl. Laudense*, par. II, 47.

[5] Cfr. pp. 213.

pro Alexandria condenda pactus est[1]; mentre afferma lo stesso Cancelliere che di sì fatto sussidio i consoli della nuova città si convennero in Genova[2].

Ma dove l'ingegno e l'opera di Oberto si possono più estesamente apprezzare, egli è senza fallo negli incarichi da lui sostenuti durante il tempestoso periodo della guerra pisana. Fino dal 1165 fu deputato dai consoli alle difese di Portovenere[3]; quindi partecipò nelle trattative coll'arcicancelliere Cristiano di Magonza e coi Lucchesi, fidi alleati di Genova; concorse agli energici provvedimenti dati nel '71 per la prosecuzione delle ostilità e per la costruzione della torre di Viareggio, di cui negli Annali descrisse anche la postura[4]; e l'anno dopo sedette nel congresso di Lucca, il quale discusse, benchè vanamente, le condizioni della pace tra le parti belligeranti ed i loro confederati[5].

Abile nei maneggi diplomatici, come ci consente di argomentarlo il maggior numero delle missioni da lui compiute, Oberto conservò l'ufficio di cancelliere sino al termine della propria vita, deponendolo solamente in quegli anni ne' quali la dignità consolare gliene rendeva incompatibile l'esercizio[6]. Egli stesso più volte si ricorda negli Annali come investito di quella ca-

---

[1] Cfr. PERTZ, *Praef.*, pp. 3.

[2] Cfr. pp. 213.

[3] Cfr. pp. 186.

[4] Cfr. pp. 244 seg.

[5] Cfr. pp. 254.

[6] Cfr. le soscrizioni di Oberto, come cancelliere, nel *Lib. Iur.*, I, 95, 101, 127, 133, 182, 190. 214.

rica '; ed è veramente puerile l' osservazione dello
Spotorno, il quale, scambiando l' alto e nobile ministero col modesto impiego di uno scrivano, non osa
affermare che ivi si parli del cronista piuttosto che
di un suo omonimo, ed appena ammette come « possibile, che lo storico, venuto per alcuna disgrazia a
basso stato, fosse costretto a procacciarsi il pane ser-
vendo al pubblico in uffizio non vile » ².

L'ultima sicura notizia che abbiamo di lui vivente,
è del dicembre 1174 ³.

Oberto Cancelliere si presenta da sè, nel cominciar
del suo libro, come mescolato in tutti i negozî della
Repubblica ⁴; e mette così in evidenza la favorevole
condizione nella quale trovavasi, al pari del suo pre-
decessore, per divenire lo storico della patria. Pro-
postogli a modello dai consoli, e per la semplicità
dello stile e per la brevità dell' esposizione, il libro
di Caffaro ⁵, dimentica spesso il consiglio fino a
comparire verboso. Cerca non di rado nella prosa
gli armoniosi lenocinî del *cursus Leoninus*, che la
cancelleria papale avea poc' anzi rimesso in onore;

¹ Cfr. pp. 229, 242, 247, 258.
² Cfr. SPOTORNO, *Stor. Letter. d. Liguria*, I, 130.
³ Cfr. pp. ci, nota 9. Anche una carta del 1177 rammenta Oberto senza
far precedere dal *quondam* il suo nome. Cfr. *Atti Soc. Lig.*, XVIII, 58; ove
citasi *Terra curie quam tenent filii Cancellarii*. Ma è quella stessa terra in
Bisagno, che il padre loro avea in feudo dall'arcivescovo; e deve essere
passata ne' figli del Cancelliere soltanto dopo la sua morte. Cfr. *Atti* cit., II,
par. II, pp. 136.
⁴ Cfr. pp. 155.
⁵ Cfr. pp. 156.

ed ama di frammezzare alla prosa de' versi ritmici, non solo per rendere varia e meglio piacente l'opera sua, come avvisa lo Spotorno [1], ma anche per crescere efficacia al racconto, o per imprimere maggiormente nella memoria de' lettori la data e l'epilogo dei fatti principali da lui narrati.   Così altri cronisti de' secoli anteriori o suoi contemporanei : per esempio, Liutprando di Cremona e Fulcherio di Chartres.   Del resto Oberto avea coscienza del proprio valore letterario; e parendogli anzi che a darne intero saggio non potessero bastar gli A n n a l i, proponeasi di raccontare in altro volume, con istile più elevato ed anche entro confini meno angusti, le gesta della patria; abbenchè del disegno, forse impeditogli da morte, nulla rimanga all'infuori della testimonianza che egli ce ne ha lasciata [2].

Gli A n n a l i tolgono principio da un breve preambolo, in prosa ed in verso, il quale, appunto come voleano i consoli, si propone di collegare la narrazione del nuovo annalista a quella dell'antecedente e di confermarne la verità [3].   Succede quindi un proemio,

[1] Cfr. *Stor. Letter. d. Liguria*, I, 129.

[2] Cfr. pp. 156.

[3] Opina invece il Pertz, in *Götting. Gelehr. Anzeig.*, 1864, I, 222, che la prima parte di questo preambolo sia opera dello stesso Caffaro, il quale forse avrebbe così dato principio alla storia del 1164.   Ma, considerando attentamente, si vede che non trattasi punto di uno scritto lasciato incompiuto da quel primo annalista; e collegando la poesia all'ultimo periodo della prosa, se ne cava in sostanza questo pensiero: Se alcuno opponga come mai si possa dar fede a ciò che degli anni [passati] racconta il solo Caffaro, quegli consulti e vi metta a riscontro il libro che qui comincia, e che Oberto Cancelliere a grande studio compose per narrare le cose fatte da Genova, a profitto dei presenti e degli avvenire.

meno conciso, in cui Oberto espone la commissione ricevuta, e dopo di questo incomincia la storia; la quale, per quanto s'attiene ai primi sei anni (1164-1169), è probabile fosse compilata tutta di un tratto, nel corso del 1169 [1]. Ma se egli scrivesse o dettasse via via la narrazione, seguitando il costume di Caffaro, non è quistione che si possa risolutamente decidere; sebbene, come notaio ch'egli era, la penna avrebbe dovuto pesar meno fra le sue che non tra le mani di quel prode guerriero Nè manco si può dire con certezza, se Oberto, rinnovando l'esempio di Caffaro, leggesse gli Annali ai pubblici magistrati; nondimeno anche nello scritto di lui è qualche passo, il quale sembra fornircene positivo argomento [2].

La storia narrata da Oberto Cancelliere abbraccia un decennio giusto, arrivando così a tutto il 1173; e, come giudicava il Pertz, l'annalista adempì all'officio suo per guisa *ut rerum quas describit quasi vivam imaginem ante oculos statuat* [3]. Di che vuolsi allegare particolarmente in esempio quel circostanziato ragguaglio della disputa su la Sardegna, che agitossi nel 1166 in cospetto dell'imperator Federico, tanto da farci pensare fosse tra' presenti anche il nostro autore. I caratteri

---

[1] Potrebbe anche darsi che lo stesso Oberto invigilasse alla trascrizione di quanto alla morte di Caffaro non era stato registrato ancora nel codice *N*, cioè il racconto degli anni 1155 in '63, il libro d'Almeria e di Tortosa, e la Notizia de' vescovi, apportandovi pure qualche modificazione consentanea al proprio gusto, ed interpolando forse nel detto libro i passi che ho notati a pp. XC seg.

[2] Cfr. pp. 156: *cuncta per seriem adstantis auribus intimare.* Ed a pp. 258: *in fine preteriti consulatus breuiori sermone . . . uobis . . . exposuimus.*

[3] Cfr. PERTZ, *Praef.*, pp. 3.

del Barbarossa, di Rainaldo di Colonia, del regolo
Barisone e degli oratori genovesi e pisani, vi sono
vivacemente descritti, senza sforzo e senza artificio[1].
Del resto la diligenza della esposizione e l'esattezza
delle notizie, avvalorate spesso dalla citazione e talvolta anche dalla inserzione testuale dei pubblici documenti, sono pregi costanti nel racconto di Oberto.
Solo si ha da eccettuare l'ultimo anno, brevemente
abbozzato più che narrato; quantunque de' fatti non
iscarseggiasse il numero, nè fosse poco il rilievo.
Per maggior danno, sopraggiunse a questo punto un
copista inesperto della scrittura e quasi ignaro della
grammatica; il quale, coi frequenti e grossolani errori
introdotti nel testo, chiaramente mostra di non aver
compresa la m i n u t a che gli fu data a trascrivere.

[1] Cfr. *Götting. Gelehr. Anzeig.*, 1864, I, 223.

I.

CAFARI ANNALES

ANN. MXCIX - MCLXIII.

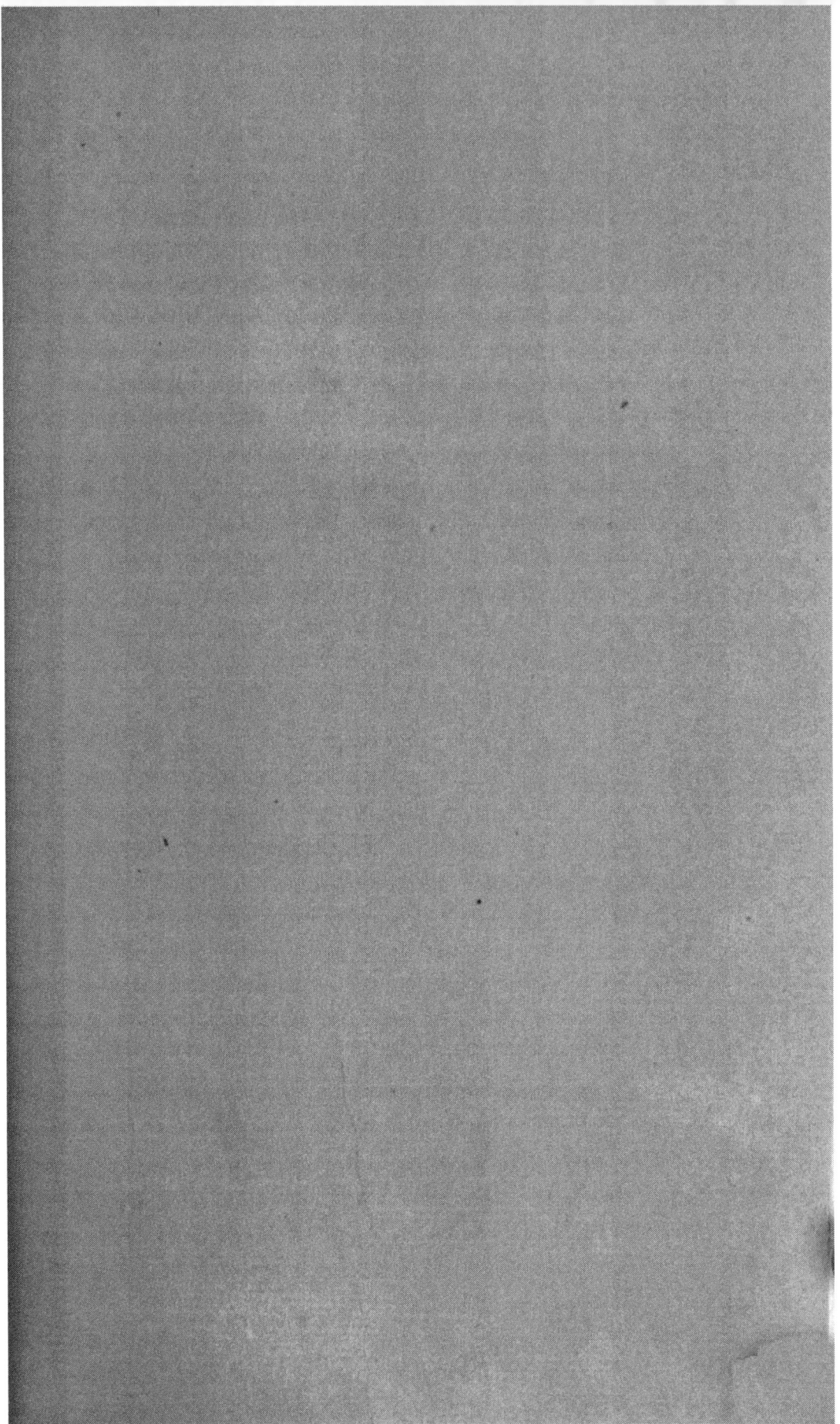

Annales ceccanenses

CAFARI ANNALES

ANN. MXCIX - MCLXIII.

QVICVMQVE sua utilitate uel aliena preteritorum
annorum a tempore stoli [a] Cesarie usque
nunc noticiam habere uoluerit, hoc scriptum a
memoria Cafari [b] inuentum legat, et lecto ueritatem cognoscat. Cafarus [c] namque, quoniam
a tempore predicti stoli [d] usque nunc
partem consulatuum Ianuensis ciuitatis
rexit et habuit, et alios consules qui infra predictum terminum
fuerunt uidit et agnouit, corde et animo meditando, nomina
eorum et tempora et uarietates consulatuum et compagniarum [e],
et uictorias, et mutationes monetarum in eodem consulatu factas,
sicut subtus legitur, per semet ipsum dictauit [f], et consulibus
qui tunc [g] temporis [1], Tanclerio et Rubaldo Besaza [h] et Ansaldo
Spinola, in [i] consilio pleno scriptum istud ostendit. consules [j]
uero, audito consilio consiliatorum, palam coram consiliatoribus,
W[illielmo] [k] de Columba publico scribano preceperunt, ut
librum a Cafaro [l] compositum et notatum scriberet et in
comuni cartulario poneret, ut deinceps cuncto tempore futuris

(a) stolli (b) Caffari (c) Caffarus (d) stolli (e) compagnarum (f) ditauit
(g) *N* tum (h) Besacia (i) et (j) consulibus, *err.* (k) Guillermo (l) Caffaro

(1) Manca forse: *erant.* Cod. *N*, postilla marginale: *M . C . L . V.*

5

10

15

hominibus Ianuensis [ciuitatis] uictorie cognoscantur [1]. quando
iuerunt . m̊ . c̊ . quando redierunt . millesimo . c̊ . i .

Ianua tuta quidem fuit illo consule pridem,
Urbs ea que mouit [a], quod sic ex ordine nouit;
Nomen ei Cafarus, presens quem signat imago;
Viuat in eternum cuius generosa propago [2].

5

(a) nouit

(1) Manca la parola *ciuitatis* in ambo
i codici, ma fu supplita anche nell'edizione del Pertz; ed a *uictorie* segue
pure in entrambi: *uictorias*. L'altro codice della Nazionale di Parigi, che è
di mano di Giorgio Stella (Lat. 5899),
ha invece: *Ianuensium gesta et uictorie
cognoscantur*.

(2) A sinistra di questi versi, scritti
nel Cod. *N* in lettere maiuscole con
qualche nesso, e con inchiostro azzurro, sta la miniatura riprodotta nella
Tavola III.

EMPORE enim stoli [a] Cesarie, paulo ante, in ciuitate Ianuensium compagna trium annorum et sex consulum incepta fuit.   nomina quorum sunt hec: Amicus Bruscus [b], Maurus de Platealonga, Guido de Rustico de Rizo [c], Paganus de Volta, Ansaldus de Brasile [d], Bonusmatus de Medolico [e], qui omnes fuerunt consules de comuni et de placitis de predictis tribus annis.   anno uno et dimidio transacto, galee · xxvi [f]. et naues · vi · in kalendis augusti a Ianuensi urbe recedentes, Iherosolimam perrexerunt, et ad portum Laudicie [g] cum exercitu uenerunt, ibique per hiemem totam steterunt; et orientales partes Iherosolimitano rege et Antioceno principe carentes inuenerunt; et predictas partes tamdiu in tutela [h] et guardia tenuerunt, donec regem in Iherosolimam et principem in Antiochiam, ordinatione legati Romane curie [i] et prece eorum, taliter posuerunt.   statim namque cum legato Romane curie consilium fecerunt, et nuntios ad Balduinum [j] in Ragas [k] [1], et ad Tanclerium in Tabariam, ut uenirent, miserunt.   et Tanclerius sine mora uenit, et in ordinatione legati et Ianuensium principatum Antiochie suscepit.   postea uero Balduinus cum militibus · cc · et peditibus · ccc · ad colloquium cum Ianuensibus ad portum Laudicie uenit, ibique a legato et a Ianuensibus monitus et precatus ut regnum Iherusolime [l] acciperet, ita promisit [m] et dixit:

(a) stolli   (b) Bruschus   (c) Riço   (d) Braxile   (e) Modolito, *err.*   (f) . xxvii .
(g) Lauditie   (h) tutella   (i) Romane curie legati   (j) Balduynum   (k) Rages
(l) Iherusalem   (m) promixit

(1) Cioè Edessa, altrimenti detta *Rohse*; dagli Arabi chiamata Rea ed Orfa.   Cfr. DU CANGE, *Les Familles d'Outremer*, ed. Rey, pp. 294 segg.

si auxilium uestrum in hac estate michi dare promiseritis, ad duas scili-
cet capiendas ciuitates Sarracenorum quas uoluero, ad capiendum regnum
ad presens ire promittam. Ianuenses statim quod rex petierat procul
dubio facere pro‖miserunt [1]. ilico Balduinus [a] regnum accipere
promisit, et dixit: *ego pro fiducia* [b] *Dei et uestra ad capiendum*   5
regnum iter incipiam. et post tres dies cum predictis militibus
et peditibus iter incepit. postquam uero ad districtum Baruti
appropinquasset, tribus milibus Turcorum [c] militum supra districtum stantibus obuiauit. Baldoinus [d] namque cum cognouisset
quod districtum transire non posset, armatus equum ascendit 10
et finxit se retro redire. Turcorum [e] autem multitudo statim
discrictum descendit, et in planiciem uenit. Baldoinus [f] enim, postquam Turcos [g] in campestri loco esse cognouit, faciem et arma
cum omnibus suis militibus contra inimicos Dei uiriliter uoluit.
Turcorum [h] autem milites, cum uiderunt B[aldoinum] tam fero- 15
citer uenire [i], uoluentes terga arma dimiserunt, et cum equis ad
districtum· fugere ceperunt. at quidem miles Dei Baldoinus [j],
sequendo eos et interficiendo, antequam ad districtum uenirent,
mortuos fere omnes in campestri loco [k] dimisit, arma et equos et
omnia que secum portabant habuit, et militibus suis et peditibus 20
partem, secundum morem bellatorum, dedit et distribuit [2], et ad

(a) Balduynus   (b) fidutia   (c) Turchorum   (d) Balduynus   (e) Turchorum
(f) Balduynus   (g) Turchos   (h) Turchorum   (i) tam uenire   (j) Balduynus
(k) in loco campestri

[1] *Le stesse cose narrano Fulcherio di Chartres* (lib. II, c. 8), Bartolfo (cap. 50), Lisiardo Turonense (cap. 10) ed Alberto d'Aix (lib. VII, cap. 54), ma come accadute in Giaffa nella Pasqua (21 aprile) del successivo anno 1101.

Le ultime righe del primo foglio del codice *N*, cioè dalle parole *Iherosolimam et principem* sino a *procul dubio facere promiserunt,* sono monche in quella parte che trovasi verso il margine interno di esso. Il D.ʳ De Lollis mi avverte che vi era applicata sopra una rattop-

patura di carta grossa, completamente opaca, col bollo: BIBLIOTHÈQUE NATIO-NALE, come quello accennato a p. xxiii della *Prefazione.* Avendo egli ottenuto il permesso di levar via quella carta, restituì nella loro integrità quattro linee; ma per le altre tornò inutile questa diligenza, essendo forata la pergamena.

[2] Questa vittoria, conseguita in riva al fiume Lico (Nahr-el-Kelb) presso Berito, oggi Beyrouth, ricordano anche altri storici; fra essi Alberto d'Aix, lib. VII, cap. 34.

Iherusalem cum predicto triumpho iuit, ibique a patriarcha Dam-
berto et ab omnibus Iherusalem habitantibus cum gaudio receptus
est; et in regali cathedra positus, regni coronam accepit [1],
et deinceps regnum per annos . XVII . uiriliter rexit et habuit.   Ianuenses uero, donec in ciuitate Laudicie per hiemem steterunt,
multa loca Sarracenorum et castra circa illas partes destruxerunt; et quadragesima ueniente, cum galeis et nauibus et toto
exercitu inde recesserunt, et iusta maritimas ciuitates, que tunc
temporis Sarracenorum erant, usque ad ciuitatem Caiphas [a] iuerunt, et multos Sarracenos de predictis ciuitatibus interfecerunt;
ibique in plagia Caifas [b] galeas pro ira maris extraxerunt.   et cum
ibi morabantur, exercitus Babilonie quadraginta [c] galearum, nocte
una, iuxta ciuitatem Caifas [d] cum magna tempestate maris usque ad
portum Acharontis uelociter perrexit.   Ianuenses tamen partem de
galeis statim in illa nocte posuerunt in mari, et sequendo eum, pro
tempestate ad [e] inuicem separati fuerunt; et summo mane, die
Dominico ramis palmarum [2], officia Dei cum deuotione celebrauerunt, et die Lune cum omnibus galeis uersus Iopen ire ceperunt.
cum autem Ioppen [f] appropinquassent, ecce rex Baldoinus [g], cum
duabus sagitteis et cum tubis et uexillis multis, longe a ciuitate per miliarium [h] Ianuensibus obuiam uenit, salutando et gratias
referendo de hoc quod ad seruitium Dei et regni Iherusalem uenire,
uti promiserant, non prolatauerant.   et sic Ianuenses cum rege ad
Ioppen uenientes [i], galeas omnes sine mora in terra posuerunt;
et die Mercurii sancti [3] cum rege Baldoino [j] ad Iherusalem
perrexerunt [k], ibique, Sabato [l] sancto ueniente [4], ad sepulchrum [m]
Domini iuerunt, et ieiunantes per diem et per noctem, lumen
Christi spectantes ut ueniret.   et die illa et nocte non uenit; et sic
in ecclesia sepulchri [n] sine lumine stantes, sepe et sepe omnes una

---

(a) Cayphas   (b) Cayphas   (c) . XL .   (d) Cayphas   (e) ab   (f) Iopen
(g) Balduynus   (h) milliarium   (i) ad Iopen cum rege uenientes   (j) Balduyno
(k) N perrexunt, err.   (l) Sabbato   (m) sepulcrum   (n) sepulcri

(1) Non in Gerusalemme, ma in   (2) Il 14 aprile 1101.
Betlemme avea Balduino ricevuta la   (3) Il 17 dello stesso mese.
corona sino dal Natale del 1100. Cfr.   (4) Il dì 20.
ALBERTO D'AIX, lib. VII, c. 43.

uoce clamabant: *kyrrie eleyson, kyrrie eleyson* [a]. et mane ueniente, in die resurrectionis Domini, patriarcha Daimbertus, una [b] cum Mauritio [c] Portuensi episcopo et Romane curie legato, sermonem supra populum taliter fecit et dixit: *fratres, audite, si placet. uideo uos mestos de hoc, quod Dominus non misit lumen de celo* 5 *solito more; unde dolendum non est, immo letandum, quia Deus* [d] *non facit miracula propter fideles, sed propter infideles* [1]. *et donec ciuitas ista sancta in potestate infidelium erat, bonum et equum fuit, ut Deus, miracula faciendo, incredulos ad fidem reduceret* [e]. *nunc ergo,* 10 *quoniam in potestate fidelium est, miracula non sunt necessaria. at quia inter uos multos fidei christiane inbecilles* [f] *et incredulos esse credimus, Deum precemur, ut pro incredulitate infidelium, sicuti so-litus fuit, lumen ostendat. quare ad templum Domini omnes cum* 15 *deuotione pergamus, ibique, si Dominus noster tardius exaudierit nos, tamdiu preces precibus iungamus, donec quod petimus impetremus. scitote, fratres, quoniam Deus tale donum seruo suo Salomoni, post-quam templum Domini compleuit, hoc modo promisit: « quicumque ad introitum templi aliquod spiritale donum mundo corde petierit* [g], 20 *Deus hoc sibi dare promisit »* [2]. sermone namque completo, pa-triarcha simul cum Romane curie legato et cum rege Baldoino [h], ceterisque Christianis sequentibus eos, discalciatis pedibus cum magna deuotione ad templum Domini perrexerunt, et ad introi-tum templi omnes multis precibus et orationibus Deum humi- 25 liter de‖precati fuerunt, ut lumen, quod tempore infidelium quon-dam in unoquoque anno ad sepulchrum [i] uenire solebat, nunc per misericordiam suam illud idem fidelibus suis hodie in die resur-rectionis sue ostenderet. oratione enim in templum facta, ad se-pulchrum Domini cum deuotione redierunt; et statim patriarcha 30 cum legato Romane curie in domusculam sepulchri [j] per tres

(a) Kyrie eleison, Kyrie *etc.*   (b) unaa, *err.*   (c) Mauricio   (d) Dominus
(e) reuocaret   (f) imbecilles   (g) mundo petierit   (h) Balduyno   (i) sepulcrum
(j) sepulcri

(1) Cfr. l' epistola 1 di S. Paolo ai Corinti, cap. xiv.   (2) Cfr. libro iii dei Re, cap. viii, v. 42 segg.

uices introiuit, et in tertia uice in una de lampadibus sepulchri [1]
lumen uenit [a] [2]. et sic omnes letati, *te Deum laudamus* omnes una
uoce cecinerunt, et missam dominicam audierunt; et post missam
ad refocillanda corpora omnes ad ospitium [b] perrexerunt. iterum
5 namque in circuitu ecclesie, de foris sepulcri, in una de lampadibus lumen coram multis uidentibus ardere incepit. cum uero
tanti miraculi uox per ciuitatem sonuit, omnes uelociter ad se-
pulchrum [c] cucurrerunt, ibique unusquisque sursum aspiciens lam-
pades [d], que de foris in circulo ecclesie erant, una post alteram
10 uicissim taliter accendebantur, ut fumus quidem [e] igneus per aquam
et oleum usque ad stopinum ascendebat, et tribus fauillis stopino
percusso ardere incipiebat. et sic in die resurrectionis, post no-
nam, palam coram omnibus, in lampadibus . xvi . lumen, ut dictum
est, taliter uenit. et Cafarus, qui hec scribere [f] fecit, interfuit et
15 uidit, et inde testimonium reddidit, et procul dubio ita uerum
esse [g] affirmat [3].

Ianuenses uero in ebdomada ferialium [4] ad flumen Iordanis
iuerunt, et postea cum rege ad Iopem [h] redierunt, ibique consilium
fecerunt; et ad Azotum inde perrexerunt, et eum, bellando per
20 dies tres, ceperunt [5]. et postea mense madii ad Cesariam perrexerunt, et statim galeas in terra extraxerunt, et iardinos omnes
usque ad muros ciuitatis destruxerunt, et castella et machina [i] facere ceperunt. interim uero Saraceni [j] duo de ciuitate exierunt,
et cum patriarcha et Romane curie legato taliter [k] locuti fuerunt:
25 *o domini, uos qui estis magistri et doctores christiane legis, quare*

(a) inuenit   (b) ospicium   (c) sepulcrum   (d) *N* lampade, *err.*   (e) accendebantur. fumus quidem *etc.*   (f) scribi   (g) esse uerum   (h) Iopenn, *err.*
(i) machinas   (j) Sarraceni   (k) ita

(1) Le parole *per tres uices* e le successive fino a *sepulchri* mancano nel
Cod. *E*, certo per inavvertenza del-
l' amanuense.

(2) In margine nel Cod. *N*: *Lumen
uenit in templum sepulcri Christi.*

(3) Nel Cod. *E*, postilla di mano di
Giulio Pasqua: *de visu testis.*

(4) Dal 15 al 21 aprile 1101.

(5) *Azot*, e più rettamente *Arsuth*
e *Arsur*, in antico *Antipatrida*, oggi
Arsuf, venne in potere de' Crociati addì
9 maggio, come dimostra l' Hagenmeyer commentando il cap. 21 dello
Hierosolymita di Eccardo d' Aura,
pp. 218.

precipitis uestratibus ut nos interficiant et terram nostram tollant,
cum in lege uestra scriptum sit ut aliquis non interficiat aliquem
formam Dei uestri habentem, uel rem suam tollat? et si uerum
est, quod in lege uestra scriptum sit hoc, et nos formam Dei uestri
habemus, ergo contra legem facitis. quibus, cum hec et multa alia 5
dixissent, patriarcha talem responsionem fecit: *uerum est quod in*
lege nostra scriptum est aliena non rapere et hominem non interfi-
cere, quod facere uel precipere nolumus. ciuitas namque ista ue-
stra non est, sed beati Petri fuit et esse debet, quem parentes uestri
ui a ciuitate ista deiecerunt. et si nos, qui uicarii beati Petri su- 10
mus, terram suam recuperare uolumus, igitur uestra rapere nolumus.
de interfectione autem sic respondimus (a): *interficiendus ille quidem*
per uindictam est, qui legi Dei contrarius est et legem suam de-
struere pugnat; si interfectus est, legi Dei contrarium non est; quia
Deus: « michi uindictam et ego retribuam; percutiam, et ego sa- 15
nabo, et non est qui de manu mea possit eruere » (1). *ideoque pe-*
timus, ut terram beati Petri nobis reddatis, et dimittemus uos inco-
lumes cum personis et rebus uestris recedere. quod si non feceritis (b),
Dominus percutiet uos suo gladio, et iuste interfecti eritis. quapropter
ite, et maioribus uestris quod audistis (c) *renuntiate.* et statim reces- 20
serunt, et miro domino bellatorum et archadio (2) domino merca-
torum, omnia, sicut audierant (d), per ordinem narrauerunt. archa-
dius quidem ciuitatem reddere concedere (e) uoluit. mir uero dixit:
ciuitatem non reddam, sed (f) *enses nostre cum ensibus Ianuensium pro-*
bentur; et, Macometo auxiliante, cum dedecore illorum a ciuitate re- 25
cedere faciemus. Sarracenorum autem superbia Christianis cognita,
statim patriarcha consulibus dixit: *facite parlamentum.* et fecerunt. et in parlamento patriarcha sermonem super populum fecit:
fratres, quoniam pro seruitio (g) *Dei et sanctissimi sepulchri ad has*
partes uenistis, bonum et equum est, ut preceptis ac mandatis Dei 30
et suorum fidelium fideliter obediatis. mandat enim Deus et precipit

(a) respondemus   (b) feceritis   (c) uidistis   (d) audiuerant   (e) ciuitatem
concedere   (f) set   (g) seruicio

(1) *Deuteronomio*, c. XXXII, vv. 30, 39.   (2) Cioè l'*emiro* e il *cadi*.

uobis per me[a] ut summo mane die Veneris[1], die passionis sue,
in qua pro redemptione uestra mortem suscepit temporalem, ut corpus et sanguinem Domini suscipiatis, et sine castellis et machinis,
cum scalis galearum tantum, muros ciuitatis ascendere incipiatis.
5 quod si feceritis, et uirtute Dei et non uestra ciuitatem habere pu-
taueritis, prophetizo[b] uobis quod Deus dabit ciuitatem, uiros et mulieres et peccuniam[c], et omnia que intus sunt, ante horam sextam in
potestate uestra. sermone completo, omnes una uoce clamauerunt: fiat, fiat. post hec uero W[illielmus][d] Caputmalli, consul
10 exercitus Ianuensium, surrexit et dixit: o ciues et bellatores Dei,
precepta Dei que per patriarcham modo audistis, complere ne pigri-
temini. quare precipimus uobis, sub debito[e] sacramenti, ut mane post
missam, confessione facta et corpore et sanguine Domini suscepto,
sine castellis et machinis, cum scalis galearum tantum, ad murum[f]
15 ciuitatis, me precedente sequendo, sine mora[g] tendatis. ego enim, Deo
concedente, murum ascendere prius incipiam, et cum me ascendentem[h]
uidebitis, illud idem facere non tardetis. mane autem facto, omnia
predicta precepta uiriliter facere inceperunt; omnibus namque
scalis ad murum positis, W[illielmus][i] Caputmallii consul, cum lo-
20 rica[j] et galea et ense tantum, multis eum sequentibus, per sca-
lam usque ad summitatem muri ascendendo, solus in muro
remansit. et scala fracta, omnes eum sequentes in terra cecide-
runt. ciuitas enim per medium murata erat, et Sarraceni omnes
ad medium murum fugiebant, et intus se recolligebant.   consul
25 uero, postquam de sequentibus eum neminem uidit, Deum de-
precari cepit ut melius consilium sibi ostenderet. ilico nempe[k]
sine mora turrem quandam ascendere cepit; et cum ascendisset,
Sarracenus quidam de turre descendens supra eum se proiecit,
et brachiis fortiter consulem stringit, et consul eum; et sic ad
30 inuicem uoluendo, Sarracenus dixit: dimitte me et bonum erit
tibi, quia cicius et securius turrim ascendere poteris. et statim eum

(a) et per me precipit uobis   (b) prophetiço   (c) uiros, mulieres et pecuniam
(d) Guillermus |(e) N debto, err.   (f) cum scalis galearum ad muros   (g) N more err.
h) ascendere   (i) Guillermus   (j) lancea, (k) nempque, err., in luogo di namque

(1) Il 31 di maggio, secondo l'Ha-   di Eccardo d'Aura, pp. 221.
genmeyer nelle note all'Hierosolymyta

dimisit, et uelociter sursum ascendit. cum autem in summitate
turris fuit, circuientibus ciuitatem signum[a] cum ense fecit, et alta
uoce dixit: *ascendite, ascendite, et ciuitatem uelociter capescite.* ilico
namque omnes unanimiter super murum ascenderunt, et Sarracenos ad murum medium fugientes sequendo eos interfecerunt 5
multos. alii uero Sarraceni, postquam infra [b] alium murum ciuitatis recollecti fuerunt, Macometum uocando in eorum auxilio,
ne ciuitatem introirent, ensibus et telis [c] Christianis resistere
ceperunt. Ianuenses autem in humeris dextris crucem portantes,
et per arborem unam palme pronam supra murum ciuitatis 10
ascendendo, et Christum in eorum aminiculo [d] uocando, enses
suos Sarracenorum ensibus ad presens iunxerunt. Sarraceni
namque ilico enses et alia arma dimiserunt, et ad muschetam
eorum fugere inceperunt. Ianuenses uero, antequam Sarraceni
ad muschetam uenissent, omnes bellatores per muros et per ciui- 15
tatem et per angulos mortuos dimiserunt, et ad muschetam omnes Christiani cum patriarcha absque mora uenerunt; et mille ex
mercatoribus diuitibus, qui sursum in turrem muschete ascenderant, contra patriarcham clamare ceperunt: *domine, domine,*
da nobis fidutiam [e] *ne moriamur, quia Christi Dei uestri formam* 20
habemus, et omnia que habemus uobis dabimus. patriarcha quidem
licentiam dandi fidutiam [f] Ianuensibus petiuit. Ianuenses autem
licentiam patriarce[g] dederunt. et data licentia, statim per ciuitatem iuerunt, capiendo uiros et mulieres et peccuniam magnam, et
omnia que intus erant in potestate habuerunt; et omnia huius 25
diei [h] incepta usque ad horam sextam, sicuti Daimbertus [i] patriarcha Ianuensibus nuntiauerat [j], Deo opitulante, peracta [k] fuerunt.
preterea, paucis diebus transactis, Mauricius, Portuensis episcopus
et Romane curie legatus, plures ecclesias in predicta ciuitate con-
secrauit, maiorem scilicet, ubi muscheta erat, in honorem beati 30
Petri, et ubi modo est episcopalis sedes, aliam in honorem [l] beati
Laurentii; in quibus ecclesiis et in ciuitate tota nomen Ihesu

---

(a) *N* signum ciuitatem   (b) intra   (c) tellis   (d) auxilio   (e) fiduciam
(f) fiduciam   (g) patriarche   (h) *N* dei, *err.*   (i) Dainbertus   (j) nonciauerat
(k) patrata   (l) *N* honore

Christi adoratur et colitur, et diabolicum nomen Machometi inde expulsum est et non adoratur [1].

Postea uero Ianuenses cum galeis et toto exercitu iuxta Sulinum in plagia sancti Parlerii [2] uenerunt, et campum fecerunt,
5 et de peccunia [a] campi decimam et quintum galearum primum extraxerunt. aliud uero, quod remansit, inter uiros octo milia diuiserunt, et unicuique per partem solidos . XL . VIII . [b] de pictauinis et libras . II . [c] piperis dederunt, preter honorem consulum et naucleriorum et meliorum uirorum, quod magnum fuit. at po-
10 stea in uigilia sancti Iacobi apostoli iter cum galeis ueniendi Ianuam inceperunt; et mense octubris cum triumpho et gloria redierunt . millesimo . c̄ . ī . [d] in primo exercitu Francorum uersus Antiochiam. m̊ . xc̄vii. in exercitu Affrice. m̊ . LXXXVIII. in primo exercitu Tortuose [3]. m̊ . XCIII. et quando ciuitas Iherusalem
15 capta fuit . m̊ . XCVIIII [4].

Proximis uero kalendis febroarii uenientibus, compagnia . IIII . [e]   c. 3 ▲
annorum et quatuor [f] consulum incepta fuit. primo anno istius consulatus moneta denariorum papiensium ueterum finem habuit, et alia incepta noue monete brunitorum fuit.
20 et fuerunt consules de comuni et de placitis per predictos . IIII . annos, nomina quorum: W[illiel-mus] Embriacus [g], Guido de Rustico de Rizo [h], Ido de Carmadino, Guido Spinola. et tempore quorum galee . XL . Ianuensium Iherosolimam

(a) pecunia   (b) . xxxxviii .   (c) duas   (d) . M . C . I .   (e) quatuor   (f) . IIII.er
(g) de placitis . III . annos, nomina quorum: Embriacus etc.   (h) Riço .

(1) In tutto il lungo tratto, che comincia: *Ianuenses uero, antequam Sarraceni ad muschetam uenissent* e finisce qui con *adoratur*, la scrittura troppo sbiadita della prima mano fu ricalcata più tardi con inchiostro nerissimo.

(2) Cioè alle falde del monte Pierio, oggi Waharam Zediki. *Sulinum*, e più rettamente *Sudinum*, altrimenti appellato, nel medio evo, *Portus sancti Simeonis*, all'imboccatura dell'Oronte verso tramontana; ant. *Seleucia*, ora Soueidièh.

(3) Cod. *E*, postilla marginale: *que est in Cathalonia*.

(4) Nel medesimo Codice, altra postilla in calce alla pagina: *Nota quod tempore Victoris . III . pape . MLXXXVII .*

perrexerunt, et Acharon et Gibellum minorem preliando ceperunt [1]; multeque alie uictorie Ianuensi urbi euenerunt. primo anno huius compagnie, anni Domini. M̊ . C̊ . iĩ. Tortosa [2] de Suria capta fuit. secundo anno . M̊ . C̊ . ĩĩ. tercio anno . M̊ . C̊ . iiii. quarto anno . M̊ . C̊ . v.   5

Expletis predictis . iiii . annis, incepta fuit alia compagnia similiter quatuor annorum et quatuor consulum [a], qui consulatum per istos quatuor [b] annos de comuni et de placitis tenuerunt. consules uero fuerunt isti: Mauro de Platealonga [c], Iterius, W[illielmus] [d] Malabitus, Oto [e] Fornarius. tempore quorum galee . lx . de   10
Ianua Iherosolimam perrexerunt, et Tripolim descenderunt [f] cum castellis et machinis multis, ciuitatem et Gibellum maiorem absque prelio habuerunt et ceperunt [3], et ecclesias consecrare et nomen Ihesu Christi laudare et inuocare fecerunt [g]. et primo anno predicte compagnie Boiamundus duxit uxorem suam de Francia   15
in Ianuam, et Puliam deportauit, ibique filium genuit nomine Boiamontem, qui post mortem patris Antiochiam tenuit, et filiam genuit, et post mortem suam Antiochiam ei dimisit [4]. primo anno predicte compagnie anni Domini . M̊ . C̊ . v̊i. secundo anno . M . C . vii. tertio anno . M . C . viii. quarto anno . M . C . viiii.   20

(a) . iii.er annorum et . iii.er consulum   (b) . iii.er   (c) Platelonga, err.   (d) Guillermus   (e) Otto   (f) N desceme, err.   (g) laudare fecerunt et inuocare

Ianuenses cum Pisanis ceperunt Almadiam in festo sancti Sixti; ob quam causam et uictoriam edifficauerunt ecclesiam in Ianua in honorem predicti sancti Sixti. item in . MLXXXVIII . ceperunt Affricam, unde fit hic mencio, cum de predictis inuenitur plenius in Ianua in ecclesia sancti Sixti. in secundo exercitu Ţurtuosę currebant . MCXLVIIII . que est in Cathalonia.

(1) Accon, o sia l' antica *Tolemaide*, che Caffaro confonde con *Accaron* dei Filistei, fu presa il 26 maggio 1104;

e Gibelletto o *Byblos*, oggidì Giebaïl, lo era stata probabilmente fino dal 28 aprile dello stesso anno. Cfr. HEYD, *Hist.*, I, 137-40.

(2) L' antica *Antiarado*, oggi Antartous, della quale i Crociati si resero padroni fra il 15 marzo e la Pasqua, cioè il 6 aprile, del 1102. Cfr. HEYD, I, 139.

(3) Tripoli si arrese il 13 luglio 1109, e Gibello o *Gabula*, ora Giebleh, il 23 dello stesso mese. Cfr. HEYD, I, 141.

(4) Sopra le parole *ei dimisit*, nel Cod. *N* si legge la glossa: *s[cilicet] filie.*

Expleta namque predicta compagnia, incepta fuit alia quatuor annorum et quatuor consulum, nomina quorum W[illielmus] Bufeira [a] maior, Guido de Rustico de Rizo [b], Gandulfus Rufus, et Gido [c] Spinola, qui [d] per istos . IIII.^{or} annos consulatum de comuni
5 et de placitis tenuerunt, tempore quorum [1] Baruti et Mamistra Ianuenses ceperunt, et fuerunt galee . XXII. et hoc fuit primo anno predicte compagnie, et erant anni Domini
10 . M . C . X . adhuc uero in prefata compagnia castra Lauanie, Pedenzuca [e] et cetera, domini eorum Ianuensibus resistebant: uicta, comuni Ianue in perpetuo tradita fuerunt. preterea
15 predicti consules ad honorem ciuitatis Ianue castrum Portus Veneris edificare fecerunt [2]; et hoc fuit extremo anno predicte compagnie, in quo anni Domini currebant . M . C . XIII.
20 primo anno prefate compagnie anni Domini . M . C . X . secundo . M . C . XI . tercio . M . C . XII . quarto . M . C . XIII.

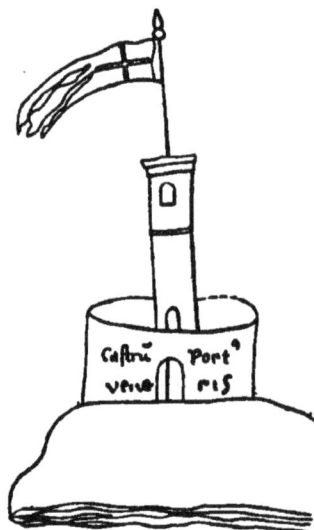

Postea alia compagna incepta fuit similiter . IIII.^{or} annorum et quatuor [f] consulum. nomina eorum: Oglerius Capra, Lanbertus Guezo, Lanfrancus Roza [g], Obertus Malus aucellus; quia [3] omnes
25 per istos quatuor annos consulatum de comuni et de placitis tenuerunt. primo anno istius compagnie anni [h] Domini . M . C . XIIII. secundo anno . M . C . XV . tercio anno . M . C . XVI . quarto anno . M . C . XVII . in secundo anno predicti consulatus denarii bruni

---

(a) Guillermus Buffeyra   (b) Riço   (c) Guido   (d) et   (e) Pedençuca   (f) . III.
(g) Roça   (h) anno

(1) *Quorum* è glossa sovrapposta nel Cod. *N* alle parole *tempore* e *Baruti*.
(2) Nel Cod. *E*, la stessa mano del

testo ha postillato: *In hoc anno hedificatum fuit castrum Portus Veneris.*
(3) Forse più correttamente: *qui*.

prioris noue monete mense octubris finem habuerunt, et alia moneta minorum brunitorum incepta fuit [1].

Prefata compagnia peracta, incepta fuit alia . IIII.or annorum; et fuerunt consules . IIII.or electi per duos annos, et alii qua tuor [a] 5 per alios duos. duobus uero primis annis consules fuerunt Odo de Garaldo, Iterius [b], Ido de Carmadino, Oto Fornarius. de aliis uero duobus annis sequentibus consules fuerunt Opizo [c] Muszo, Gandulfus Rufus, Lanfrancus Roza [d] et Guido Spinola. quia [2] omnes prenominati fuerunt consules 10 de comuni et de placitis. et in primo anno predicte compagnie, scilicet in consulatu Otonis de Garaldo, Iterii, Idonis [e] de Carmadino, Otonis Fornarii, sacrata fuit ecclesia beati Laurentii [3] a domino Gerasio [f] papa, mense octubris anni Domini . M . C . XVIII. secundo anno prefate compagnie et prenominatorum consulum in- 15 cepta fuit guerra Pisanorum [4]; et capti fuerunt Pisani in Gaulo, cum magna pecunia, a galeis . XVI. Ianuensium, mense madii . M . C . XVIII.

Et in primo anno supra scripti consulatus, scilicet Opizonis Mussi et sotiorum [g] eius, qui|| annus fuit primus de consulatu et tercius de compagna, Ianuenses cum magno exercitu ad Portum Pisa- 20 num tenderunt, scilicet cum galeis octuaginta [h], cum gatis . XXXV. et cum gulabis . XXVIII. et cum nauibus ma- gnis . IIII.or [i] portantibus machina [j] ac omnia instrumenta que ad bella sunt necessaria, necnon uiginti duo milia uirorum bellatorum, militum 25 ac peditum, inter quos bellatores quinque milia

c. 3 *

(a) . III.or   (b) Yterius   (c) Opiço   (d) Roça   (e) Odonis, err.   (f) Gelasio
(g) sociorum   (h) . LXXX .   -(i) quatuor   (j) machinas

(1) Su questa specie di monete della zecca di Pavia, cfr. *Atti Soc. Lig.*, vol. II, par. I, pp. 592 segg.
(2) Anche in questo luogo, meglio *qui*; come vedesi difatti usato dall' annalista più sotto, registrando i consoli del 1121.

(3) Cod. *E*, postilla: *Consecratio ecclesie sancti Laurentii*. Se ne fa ogni anno la solenne commemorazione il 10 d'ottobre. Cfr. BANCHERO, *Duomo*, pp. 235.
(4) Cod. *E*, postilla: *Incepta fuit guerra Pisanorum*.

cum loricis et galeis ferreis ut nix albis induti erant.　taliter ter-
ruerunt exercitum Pisanorum iuxta terram manentem, quod Pisani
eiusdem exercitus mense septembris, in festiuitate sancti [a] Cornelii
et Cipriani et exaltatione sancte Crucis, de lite Corsice pacem in
5　uoluntate Ianuensium iurauerunt [1], et partes galearum stoli [b]
ab aliis separantes Pisas [c] perrexerunt, et
Ianuenses in carcere captos inde [d] carcere
extraxerunt et Ianuam cum galeis eos deduxerunt, anni Domini · M · C · XX.　secundo uero
10　anno prefati consulatus Opizonis [e] Mussi et
sotiorum [f] eius, Ianuenses cum magno exer-
citu militum ac peditum Iugum transierunt, Flaconemque et Cla-
pinum ac Mundascum et Petram Becariam preliando ceperunt [2],
et castrum Vultabii cum introitu [g] eius
15　per libras quadringentas [h] emerunt ab
Alberto marchione de Gaui, anni Domini · M · C · XXI [3].　huius anni consulatus consulumque nomina, et qui de
comuni et de placitis consules fuere,
20　et quomodo per diuersa tempora placita
tenuerunt, et que prospera in unoquoque anno contigerunt, per
hoc scriptum ueritas cognoscatur.

　Primo anno unius consulatus fuerunt consules Primus de Castro,
Caffarus, Oto [i] de Mari, W[illielmus] [j] Iudex de Drubecco [k], et
25　consulatum de comuni et de placitis tenuerunt; et prospera
multa ipso anno, guerriando Pisanos [l], Ianuensibus acciderunt.　in
partibus namque Pisanorum, Ianuenses Pisanos multos preliando
ceperunt, et eos Ianua ultra mille captiuando eos in carcerem

---

(a) sanctorum　　(b) stolli　　(c) Pissas　　(d) ui de　　(e) Opiçonis　　(f) sociorum
(g) introytu　　(h) . cccc .　　(i) Otto　　(j) Guillermus　　(k) Drubeco　　(l) Pissanos

　(1) Cod. E, postilla: *Pisani iuraue-*
runt pacem de lite Corsice in uoluntate
Ianuensium. et etiam Ianuenses carce-
ratos extraxerunt de Pissis ipsi Ianuenses.

　(2) Cod. E, postilla: *Sicut Ianuenses*
ceperunt Flaconem et alias terras.

　(3) Cod. E, postilla: *De emptione*
castri de Vultabio pro libris . cccc.

posuerunt, et duas galeas cum aliis duabus[1] uiriliter debellando
uincerunt[a], et galeas et uiros uinctos uulnera-
tosque et peccuniam Ianuam detulerunt. in
quibus galeis Ianuensium fuerunt Gandulfus
de Mazo[b] et Rubaldus Naplonus et Bonus 5
uasallus Censús, W[illielmus][c] Rufus de Curia
et multi alii uiri prudentissimi[2]. clauarii
scribanique, cancellarius, pro utilitate rei publice, in hoc consulatu primitus ordinati fuerunt.
et ignis sancti Ambrosii in isto consulatu fuit,
anni Domini . M . C . XXII. 10

Secundo uero anno consulatuum unius anni, fuerunt consules[d]
Olgerius Capra, W[illielmus][e] de Mauro, Iterius, W[illielmus][f]
de Volta. et in isto anno Calixtús papa[g], Rome in Lateranensi
ecclesia sancti Iohannis, sinodum fecit, et Ianuenses et Pisanos ad 15
sinodum propter discordiam eorum uocauit[3]. ibique pluribus
diebus lite Corsice consecrationis a cardinalibus et ab episcopis et
archiepiscopis diu inter eos rationata[h] et non concordata; tandem
dominus papa, postquam uidit cardinales et episcopos discordare, litis huius consecrationis iudices, inde qui litem iuste 20
diffinirent, posuit duodecim[i] archiepiscopos et duodecim[j] episcopos, nomina quorum in priuilegio Ianuensium scripta sunt,
qui ab aliis separantes et in quandam partem palatii semoti
stantes et multum inter se de Corsicanis consecrationibus cer-
tando, et antiquum registum[k] Romane ecclesie legere fecerunt, 25

(a) uicerunt   (b) Maço   (c) Guillermus   (d) *manca* fuerunt consules   (e) Guillermus   (f) Guillermus   (g) papa . II .   (h) racionata   (i) duodenam, *err.*
(j) duodenam, *err.*   (k) registrum

(1) Cod. *E*, postilla: *Galee due ia-*
nuenses ceperunt duas Pisanorum.
(2) Cod. *E*, postilla: *Quomodo primo*
ordinati fuerunt clauarii et scribe.
(3) Per la storia di questa lite, cfr. la

bolla dello stesso papa Callisto II, colla
data di Laterano, 3 gennaio 1121, anno
2.°, in UGHELLI, IV, 853; CAFFARO,
1828, pp. 38; *Iur.*, I, 21; MIGNE,
CLXIII, 192.

et ibi inuenerunt quod Pisani archiepiscopatum Corsice iniuste tenebant. et sic omnibus XXIIII concordatis, coram [a] papa in basilica palatii, presentibus episcopis et abbatibus et archiepiscopis numero . CCC . uenerunt ; et ibi Gauterius Rauennensis [b] archiepi-

5 scopus sententiam, consilio ceterorum, taliter dixit: *domine, domine, nos non sumus ausi dare sententiam coram te, sed dabimus tibi consilium obtinens uim sententie. consilium meum et sotiorum [c] tale est: ut archiepiscopus Pisanus deinceps Corsicanas consecrationes dimittat, et ulterius de illis non se intromittat.* papa uero, audito

10 consilio, surrexit et dixit: *archiepiscopi, episcopi, abbates, cardinales, placet omnibus uobis hoc consilium?* qui surrexerunt et tribus uicibus dixerunt: *placet, placet, placet* [1]. et papa dixit: *et ego, ex parte Dei et beati Petri et mea, laudo et confirmo; et mane, pleno consilio, cum omnibus uobis iterum laudabo et confirmabo.* archie-

15 piscopus uero Pisanus, inter alios episcopos sedens, hoc audito, mitram et anulum ad pedes domini pape proiecit, et irato animo dixit: *ulterius archiepiscopus et episcopus tuus non ero.* papa ilico anulum et mitram cum pede longe proiecit, et dixit: *frater, male fecisti* [d], *et te inde penitere procul dubio faciam.* mane autem ue-

20 niente, papa in pleno con||cilio Corsicane consecrationis sententiam dare precepit; et Gregorius diaconus sancti Angeli, qui postea fuit papa Innocentius, sententiam dedit, sicut scripta est in priuilegiis Ianuensium [2]. sententia data, Pisani statim [e] a Romana curia sine licentia recesserunt. Ianuenses uero, cum licentia

25 Romane curie, cum triumpho et gloria Ianuam uenerunt. et parlamento pleno priuilegia et omnia que in sinodo gesta fuerant per ordinem a Caffaro narrata fuerunt, sicut uidit et audiuit in synodo; et ante sinodum [f] et post sinodum pro seruitio [g] ciuitatis sue

c. 4 A

(a) *N* corum, *err.* (b) Rauenensis (c) sociorum (d) fecistis, *err.* (e) statim Pisani (f) synodum (g) seruicio

(1) Cod. *E*, postilla: *Sicut dominus papa per sententiam precepit quod archiepiscopus non se intromitteret de consecrationibus Corsice, set eas dimitteret archiepiscopo Ianuensi.*

(2 La sentenza di papa Callisto II

leggesi nella bolla *Quot mutationes*, Laterano, 6 aprile 1123, anno 5.°: in UGHELLI, IV, 885; MANSI, XXI, 190; CAFFARO, 1828, pp. 45; BANCHERO, *Duomo*, pp. 243; *Iur.*, I, 23; MIGNE, CLXIII, 1285.

moratus fuit, et que gesta sunt, honeste et sapienter tractauit [1]. et guerram cum Pisanis postea tamdiu uiriliter fecerunt, donec pacem cum magno honore ciuitatis Ianue habuerunt, sicut scriptum est in consulatu illorum in quo pax facta fuit. M.C.XXIII.

[1] In qual modo. Caffaro e il suo collega Berisone guadagnassero gli animi del papa e dei più influenti personaggi nella corte Romana, ho accennato nella prefazione. Qui ne soggiungo il documento, già edito dal Pertz, in fine degli *Annales*, pp. 350, per cortese comunicazione a lui fattane dal Canale, e poi dal Pflugk-Harttung, nell' *Iter*, pp. 456. Io l' ho riveduto sulla pergamena originale, oggi esistente nell'Archivio genovese di Stato, (*Materie Politiche*, *Trattati*, mazzo 1).

Conuenit inter fideles domni pape Calixti et Ianuenses, Capharum et Berizonem, qui ex parte consulum et ciuitatis sue pro negocio Corsicano ad curiam Romanam uenerant, quod predicti ciues ianuenses sacramento firmauerunt in anima sua et consulum suorum, sese usque ad festiuitatem sancti Martini Romam reuersuros, paratos persoluere curie Romane mille quingentas marcas argenti, ad opus domni pape mille ducentas et curie trecentas, in auro et argento et monetis, ut tredecim solidi papiensis monete, seu ualens, soluantur pro marca. et quinquaginta uncias auri romanis clericis, qui cause huic assensum prebeant et auctoritatem. et consules seu legati eorum, qui tunc Romam uenient, sacramento firmabunt, quod, si pro causa hac a Pisanis guerra Romane increuerit ecclesie, bona fide Romanam iuuabunt ecclesiam, et per

se guerram facient; nec pacem, nec treguam seu guerram recredutam facient, sine data parabola domni pape Calixti uel catholici successoris eius. hec omnia seruabunt bona fide sine fraude et malo ingenio, siue impedimento maris uel in itunere captione. quibus transactis, conuencionem totam persoluent. et impresenti quingentas marcas argenti pro hac causa curie persoluerunt. P[etrus] uero prefectus, S[tephanus] Normannus, L[eo], filius P[etri] Leonis, C[encius] Fraga pane, pro se et fratre suo Leone, per missum suum Gentilem de Franco iurauerunt, si Ianuenses ista compleuerint, quod domnus papa Cal[ixtus] Corsicanis episcopis priuilegium faciet sub anathemate, sine fraude, cum episcopis et cardinalibus, scilicet consecrationem eorundem episcoporum, nec ipse nec successores eius Pisane nec ulli concedent ecclesie, set soli Romane seruabunt ecclesie. idem etiam domnus papa consecrationem episcoporum de Corsica Pisanis publice interdicet, et electos eiusdem insule, ad se uenientes, si digni inuenti fuerint, consecrabit. hec conuentio assensu et licentia domni pape facta est, sub presencia Petri Portuensis et Azonis Aquensis episcoporum, et cardinalium Iohannis sancti Grisogoni et Petri sancte Marie in Transtiberim; laicorum uero Petri Leonis et Octauiani, fratris prefecti, et Nicholai de Ancilla Dei. et quod prenominate persone super hoc deliberarent, dominus

Tercio (a) consulatu unius anni fuerunt consules W[illielmus] de Bonbello(b), Rubaldus Vetulus, Bellamutus, Rainaldus(c) Sardena. isti fuerunt consules de comuni et de placitis. et in ipso consulatu galee . VII. Ianuensium huiusmodi in plagia de Castaneto supra Pisanos uictoriam habuerunt naues . XXII. ex magna peccunia (d) ponderatas de Sardinia (e) uenientes cum galeis . VIIII. Pisanorum, que pro tutela iusta (f) naues ueniebant (1). postquam autem galeas

(a) Tertio   (b) Guillermus de Bombello   (c) Raynaldus   (d) pecunia   (e) Sardinea
(f) tutella iuxta

papa sese seruaturum promisit. actum est hoc ante ecclesiam sanctorum Cosme et Damiani in Silice . XVI. kalendas iulii. anno Dominice incarnationis millesimo centesimo uicesimo primo. pontificatus domni pape Cal[ixti] secundi anno secundo.

† Ego Cafarus et Berizo talia sacramenta et tales promis[s]iones Rome fecimus pro communi nostre ciuitatis. domno pape marcas argenti . M.CCCCCCC. de quibus iam habemus datum ei . CCCCC. quas mutuauimus de Romanis cum labore de quattuor quinque. cardinalibus uero et episcopis, una cum quibusdam laicis, marcas argenti . CCC. presbiteris et clericis uncias auri . L. Petro, Portuensi episcopo, uncias auri de tarinis. CCCIII. de quibus iam habet . XXV. per unciam solidos . X. papiensis monete, quas mut[u]auimus cum labore de quattuor quinque cum sacramento, sicut Romani, quorum est peccunia, scriptum habent. Petro uero Leonis marcas argenti . C. de quibus iam habet . L. quas debemus reddere Romanis cum supradicto labore. filiis Petris Leonis marcas argenti . LV. Leoni Fraga pane . XL. prefecto marcas argenti . C. episcopo Aquensi libras denariorum papiensium, qui modo Papie currunt . C. hoc totum

per sacramentum firmatum est a Cafaro et a Berizone. sine sacramento, per nostram promissionem, uxori Petri Leonis prasmam . I. et Petro Leonis niellum unum et gariofolos et alia seruicia. Stephano Normano marcas argenti . XXV. de predictis . CCC. marcis, quod minus habuerit, promisimus adimplere. gale[e] de Cognone iurauimus per mensem dare per unum quemque hominem solidos . XX. et ad galeam libras . XX. pos[t]quam de fuce Roma[na] exierit, et pos[t]quam Ianuam uenerit, unoquoque homini denarios . II. per diem. et debemus racionare quod datum habemus Colono capitale et proficuum, silicet libras . XIIII. ueteris monete papiensis, quas mutuauimus cum labore de quattuor quinque. et sunt. X. de Guilielmo Cilloblanco et . IIII. de Gilio Romano. istas . IIII. per sacramentum. ego Cafarus iuraui in anima consulum Berizoni libras . LXX. dare, aut ualens, postquam Ianuam uenero ad . XX. dies, nisi remanserit uerbo uxoris eius aut socrus eius

(1) Cod. E, postilla: *VII. galee Ianuensium ceperunt naues Pisanorum . XXII . habentes secum galeas . VIIII . que ipsas naues dimiserunt.*

Ianuensium uiderunt, timore [a] Ianuensium territi, naues suas dimiserunt, et ad portum Vadis fugientes iuerunt; et sic Ianuenses predictas naues Pisanorum honeratas ceperunt et Ianuam
duxerunt. et in isto anno castrum sancti Angeli Ianuenses ui
Pisanis abstulerunt [1], et multas alias uictorias supra Pisanos   5
habuerunt. MCXXIIII.

In quarto consulatu unius anni fuerunt consules Arnaldus Bati-
gatus, Oto [b] de Gandulfo Rufo, Caffarus, W[illielmus] [c] Piper. et
isti fuerunt consules de comuni et de placitis, quorum consulatu
multas supra Pisanos Ianuenses uictorias habuerunt, partes quarum   10
ad presens scribamus. in estate huius consulatis Ianuenses cum
galeis . x . mare Corsice et Sardinie usque Portum Pisanum ita
tenuerunt, quod multos Pisanos et naues et peccuniam ceperunt,
et Ianuam multos in captionem duxerunt [2]. adhuc uero prefate
galee nauem unam maiorem ex magna peccunia [d] honeratam et   15
de quadringentis uiris armatam, inter Corsicam et Sardiniam [e] inuenerunt, et barcam [f] abstulerunt, et multos uiros interfecerunt. et
per . IIII.^{or} dies eam sequendo et preliando, et sic per iram maris
separauerunt. nauis uero ad Arnum uenit et ibi fracta fuit. postquam uero galee Ianuam uenerunt, Pisani cum octo galeis de   20
Arno exierunt, et Prouintiam [g] pro capiendis Ianuensibus uenire
dixerunt. hoc audito Ianuenses statim galeas . VII . armauerunt,

Corſica

in quibus Cafarus, qui consul erat,
cum multis nobilissimis uiris, scilicet
cum Idone de Carmadino et Marino   25
de Porta, cum Marchione de Cafara [h]
et aliis multis iuit. et secuti sunt
galeas Pisanorum per Prouintiam [i]
et per Sardiniam [j] et per Corsicam et per Elbam. et eas non
inuenientes, Plumbinum uenerunt, ibique bellum magnum dederunt,   30

(a) timuerunt, *err.*   (b) Otto   (c) Guillermus   (d) pecunia   (e) Sardineam
(f) barcham   (g) Prouinciam   (h) Caffara   (i) Prouinciam   (j) Sardineam

(1) Cod. E, postilla: *Ianuenses castrum*   (2) Cod. cit., postilla: *Ianuenses multos*
sancti Angeli ui Pisanis abstulerunt.   *Pisanos, naues et pecuniam ceperunt.*

et nauem unam, que ibi sub castro in terra erat, pulcherrimam et magnam et ex magna peccunia [a] ponderatam, ignem posuerunt. et castrum et burgum, igne posito, bellando ceperunt, uiros et mulieres et pueros et peccuniam [b] eiusdem castri in galeis Ianuam
5 deduxerunt. et hoc fuit in medio septembris. postea uero in eodem consulatu galeam unam Pisanorum, que in Prouintiam [c] iuit, ad Aquilam scilicet, capta fuit a galeis Ianuensium. et postea nec antea aliqua Pisanorum galea infra guerram non fuit nec uenit.
10 multeque alie uictorie in eodem anno Ianuensibus euenerunt. et in ipso consulatu publici testes, qui se scribunt in laudibus et in contractibus, primitus inuenti fuerunt. MCXXV.

Quinto consulatu unius anni consules fuerunt Oto Gontardus, W[illielmus] [d] Porcus, Bellamutus, et W[illielmus] Picamilium. et
15 tenuerunt consulatum de comuni et de placitis. et in isto anno Ianuenses cum stolo de galeis et gatis supra Pisanos iuerunt, et ad Arnum uexilla et tentoria in terra posuerunt, et bellum cum militibus et peditibus Pisanorum fecerunt. deinde Vadim pergentes, totum fere
20 bellando destruxerunt. et castrum Plumbini, quod rehedificatum erat, ui preliando iterum ceperunt. deinde Corsicam transierunt, et castrum sancti Angeli, quod recuperatum a Pisanis erat, castrum et Pisanos . ccc . bello habuerunt.

caſtrũ ſc̄i an. geli.

c. 4 ꞩ

25 multeque alie uictoire supra Pisanos‖in hoc anno facte fuerunt. In isto consulatu nauis sancti [e] Andree fracta fuit. MCXXVI.

In sexto consulatu unius anni fuerunt consules . VI . de comuni et de placitis, Iterius, Marchio de Caffara, W[illielmus] [f] de Volta,
30 Caffarus, Oto [g] de Mari, Rainaldus [h] Sardena. et isti consules . XVI . galeas in Corsicam [i] miserunt, sequentes galeas nouem [j] Pisanorum

(a) pecunia   (b) pecuniam   (c) Prouinciam   (d) Guillermus   (e) *N* sancte, *err.*
(f) Guillermus   (g) Otto   (h) Raynaldus   (i) . XVI . galeas Corsicam   (j) . VIII .

fugientes inuenerunt summa uelocitate, unam ex illis ceperunt et Ianuam cum triumpho eam duxerunt, Alamannam [a] nomine; et multas alias uictorias supra Pisanos in ipso anno habuerunt. magnum enim ac mirabile fuit, quod in toto tempore guerre Ianuenses semper de partibus Pisanorum galeas et naues, uiros 5 et peccuniam [b] capiebant. Pisani uero toto tempore guerre in partes Ianuensium non uenerunt, nisi cum galea una que in Prouincia a Ianuensibus [c] capta fuit. MCXXVII.

In septimo consulatu unius anni fuerunt consules Oto [d] Gontardus, Guiscardus, W[illielmus] [e] Iudex de Drubecco, W[illiel- 10 mus] [f] Piper, de comuni et de placitis. et in isto consulatu Monsaltus fuit captus [g] a Ianuensibus, qui fuerunt ibi cum magno exercitu peditum et militum. MCXXVIII.

In octauo consulatu unius anni fuerunt con- 15 firmati isti prefati consules, scilicet Oto [h] Gontardus cum sotiis [i] suis, fueruntque consules de comuni [j] et de placitis. et in isto consulatu Ianuenses cum galeis.XVI.tenderunt supra Pisanos usque Messanam [k]. ibique Pisani, qui in terra erant, simul cum burgensibus Messane, 20 cum Ianuensibus bellum inceperunt [l]. et quia burgenses adiuuabant Pisanos, Ianuenses ui bellando expulserunt Pisanos et burgenses extra burgum Messane [m] usque ad palatium regis, et burgum et peccuniam [n] in suam potestatem habuerunt; et amore regis et prece legatorum regis, peccuniam [o] burgensium reddiderunt et heredi- 25 tatem eorum. in Varrigatore nauem unam [p] Pisanorum ex magna peccunia honeratam [q] preliando ceperunt, et Ianuam deduxerunt; et decem milia [r] librarum ualens de naui habuerunt. MCXXVIIII.

In nono consulatu unius anni fuerunt consules tres de comuni:

(a) Alamanam   (b) pecuniam   (c) que a Ianuensibus   (d) Otto   (e) Guillermus   (f) Guillermus   (g) captus fuit   (h) Otto   (i) sociis   (j) communi   (k) Mesanam   (l) ceperunt   (m) Mesane   (n) pecuniam   (o) pecuniam   (p) N naue una, err.   (q) pecunia oneratam   (r) .x. milia

Rubaldus Vetulus, W[illielmus] [a] de Volta, Bellamutus ; et
. XIIII . de placitis : W[illielmus] [b] Picamilium , Zenoardus de
Vulpe , W[illielmus] [c] de Nigro , Enricus Roza [d], Marinus de
Porta, Caffarus, Oto de Gandulfo Rufo, Oglerius de Mari, An-
5 saldus Crespinus, Donusdei de Iterio [e], Bonus uasallus de Odone,
W[illielmus] de Bonobello [f], Oglerius Capra, Albertonus de Ansaldo Ite. de quibus predictis consulibus taliter placitabant, duo
in unam compagniam et duo in alteram, et sic per ceteras compagnias, scilicet W[illielmus] [g] Picamilium et Genoardus in compa-
10 gnia de Burgo, et W[illielmus] [h] de Nigro et Enricus Roza in compagnia de Susilia [i]; in tercia, scilicet de Porta, Caffarus et Marinus de Porta; in quarta, id est de sancto Laurentio, Oto [j] de
Gandulfo Rufo et Oglerius de Mari; in quinta, uidelicet de Macagnanis, Donusdei de Iterio [k], Ansaldus Crespinus; in sexta, id
15 est de Platealonga, Bonus uasallus de Odone, W[illielmus] [l] de
Bonobello ; in septima compagnia de Palazolo Olgerius Capra ,
Albertonus de Ansaldo Ite. et isti placitabant, ut si aliquis de
compagnia una faciebat lamentationes super aliquem aliarum, ueniebat ad consules actoris ad placitandum. et in illo tempore
20 in Ianua non erant nisi compagne . VII. sed [m] in isto consulatu
Ianuenses ad sanctum Romulum tenderunt , et turrem ibi edificauerunt [n]; et homines illius loci, ac Baiardo et de Poipino, et
comitem Vigintimiliensem, quem Ianuam adduxerunt, quoniam
Ianuensibus resistebant , fidelitatem sancto Siro [o] et populo Ia-
25 nuensi in perpetuum iurare fecerunt. et in eodem consulatu
episcopus Syrus ianuensi episcopatu electus [p] fuit, presente papa
Innocentio [q], qui tunc Ianue erat [1]. in eodem anno ab eodem
papa apud sanctum Egidium consecratus fuit [2]. eo tempore papa

(a) Guillermus (b) Guillermus (c) Guillermus (d) Enricus de Roça (e) Donus
de Iterio (f) Guillermus de Bombello (g) Guillermus (h) Guillermus. (i) scilicet in compagna de Burgo, Guillermus Picamilium et Geonardus; in compagna de
Suxilia Guillermus de Nigro et Henricus Roça (j) Otto (k) Bonus de Iterio, *err.*
(l) Guillermus (m) set (n) hedificauerunt (o) Syro (p) in ianuensi episcopatu ellectus (q) *N* Innoscentio

(1) Innocenzo II dimorò in Genova
dal luglio sino al 12 agosto almeno.
Cfr. JAFFÉ-LOEWENFELD, I, 843-44.

(2) Per la consacrazione di Siro Por-
cello a S.¹-Gilles di Provenza, cfr. GRASSI,
negli *Atti Soc. Lig.*, XVII, 720 segg.

Innocentius [a] fecit tregam [b] inter Ianuenses et Pisanos, per multa sacramenta ab utroque latere facta, donec a Frantia [c] papa rediret. et ecclesia Portuueneris [d] ab eodem papa consecrata fuit. MCXXX.

In decimo consulatu unius anni fuerunt consules de comuni et de placitis W[illielmus] [e] de Mauro, Oto [f] Gontardus, Obertus Ususmaris, W[illielmus] [g] Piper. MCXXXI. 5

In undecimo consulatu unius anni fuerunt consules de comuni et de placitis Bonus uasallus de Odone [h], Oglerius de Guidone, W[illielmus] [i] de Volta, Oto de Gandulfo Rufo, W[illielmus] [j] Picamilium. in isto uero 10 consulatu Ianuenses armauerunt galeas . XVI . sequentes galeas Pisanorum per Corsicam et per Sardiniam [k], et ceperunt nauem unam de Pisanis ad Callarim. et castrum Riuaroli factum fuit. et in isto anno Lauanienses Ianuen- 15 sibus guerram facere ceperunt. consules ||Lauaniam cum exercitu tenderunt, bella et deuastationes multas ibi fecerunt. MCXXXII.

c. 5 A

Riuarolus

In duodecimo consulatu unius anni fuerunt consules de comuni . III . Obertus Turris, Lafrancus [l] Vetulus, Oto [m] Cannella; et de placi- 20 tis . III. [n] W[illielmus] Buferius [o], Bonus uasallus de Tetuica, Obertus de Taschifellono [p]. in isto consulatu pax facta fuit inter Pisanos et Ianuenses ad Cornetum [1]. et ibi accepit dignitatem archiepiscopatus et palleum [q] et crucem Syrus ianuensis episcopus a

---

(a) *N* Innoscentius   (b) treugam   (c) Francia   (d) Portusueneris   (e) Guillermus   (f) Otto   (g) Guillermus   (h) Ottone   (i) Guillermus   (j) Guillermus   (k) Sardineam   (l) Lanfrancus   (m) Otto   (n) tres   (o) Guillermus Bufferius   (p) Taschifelono   (q) palium

(1) Non a Corneto, ma a Grosseto, dove il papa era veramente il 20 marzo 1133, e donde lo stesso giorno notificò ai consoli di Pisa i capitoli da lui formati per la cessazione della guerra con Genova, ingiungendone l' osservanza. Il documento, custodito nell' archivio genovese di Stato (*Materie Politiche, Trattati*, mazzo I), venne pubblicato dal Pflugk-Harttung, *Acta*, II, 273, n. 312.

domino Innocentio papa [1]. adhuc in predicto consulatu Ianuenses cum octo [a] galeis Romam tenderunt, in seruitio [b] domini Lotarii regis et pape Innocentii; et ceperunt turres plures, et bella multa fecerunt, donec Romani

5 posuerunt se in mercedem regis et pape. iterum in hoc anno Ianuenses castra Lauaniensium destruxerunt, et cum illis ita pacem fecerunt quod Lauanienses in mercedem consulum [c] se posuerunt, et omni tempore in precepta eorum stare. MCXXXIII.

10 In tercio decimo consulatu unius anni fuerunt consules de comuni. III. Ansaldus Mallonus [d], Ansaldus de Auria et Fabianus [e]; et de placitis. VIII. Boiamundus [f], Ingo de Volta placitabant in duabus compagniis, in Palazolo [g] et in Platealonga; Elia [h] et Ingo Galleta [i] in aliis duabus,

15 in Macagnanis et in sancto Laurentio; Rainaldus Goxonus et W[illielmus] Lusius in aliis duabus, in Porta et in Susilia; Ansaldus Sardena et Rubaldus Vicecomes in aliis duabus, in Portanoua et in Burgo [j]. et tunc temporis in Ianuensi ciuitate erant compagnie facte de septem [k] octo. MCXXXIIII.

20 In quarto decimo consulatu unius anni fuerunt consules de comuni. III. [l] Bonus uasallus de Tetuica, Ido Gontardus, Oto Cannella [m]; et de placitis. VI. [n] de quibus. III. [o] consules placitabant in

(a). VIII.   (b) seruicio   (c) consulis   (d) Malonus   (e) Ansaldus de Auria, Fabianus   (f) Boiamondus   (g) Palaçolo   (h) Elya   (i) Galeta   (j) ... et in sancto Laurentio; Ansaldus Sardena et Rubaldus Vicecomes in aliis duabus, in Porta noua et in Burgo; Raynaldus Goxonus et Guillermus Luxius in Porta et in Suxilia (k). VII.   (l) tres   (m) Ingo Gontardus, Otto Cannella   (n) sex   (o) tres

(1) Al disopra del nome *Innocentio*, nel Cod. *N* sta la glossa: II. Cfr. la bolla *Iustus Dominus*, data in Grosseto il 20 marzo 1133, anno IV, in UGHELLI, IV, 859; CAFFARO, 1828, pp. 67; SEMERIA, *Sec.*, II, 557; BANCHERO, *Duomo*, pp. 247; *Iur.*, I, 41; MIGNE, CLXXIX, 174. Due altre bolle del 25 e 27 maggio stesso anno, date in Laterano, accrebbero i privilegi e l'autorità dell'arcivescovo. Cfr. UGHELLI, IV, 934; MIGNE, CLXXIX, 178; PFLUGK-HARTTUNG, *Acta*, II, 273; DE-SIMONI, *Regesti*, pp. 93.

quatuor compagniis,˙ et alii . III .(a) in quatuor aliis (b) compagniis,
scilicet in Palazolo (c) et in Platealonga et in Macagnanis et in sancto
Laurentio (d). in istis quatuor compagniis (e) placitabant Bonus
uasallus de Bonohomo, Ionathas Pedegola, Marchio Guaracus. in
aliis quatuor (f), scilicet in compagnia de Porta et de Susilia (g) et   5
de Portanoua et de Burgo, placitabant Obertus de Caschifellono (h),
Iordanus de Porta, Bonus uasallus de Antiochia. MCXXXV.

In quinto decimo consulatu unius anni fuerunt consules de
comuni Ansaldus Mallonus, Ido Porcellus, Lafrancus Piper (i); et
de placitis Tanclerius de Mauro, W[illielmus] Garrius (j), W[illiel-   10
mus] (k) Niger, Lanfrancus de Olgerio de Rodulfo, Ingo Clericus,
Rubaldus Vicecomes. et tres de istis placitabant in quatuor
compagniis (l), et alii tres in aliis . IIII . or (m)
et in isto consulatu galee . XII . tenderunt
super Buzeam (n), et ceperunt nauem   15
unam magnam et diuitem, et Sarracenos
multos, Bolpheto fratrem Matarassi (1) et alios multos, quos
Ianuam deduxerunt; et de peccunia (o) nauis unaqueque de galeis
habuit ualens librarum . DCC . millesimo . CXXXVI.

In sexto decimo consulatu unius anni fuerunt consules de co-   20
muni Boiamundus de Odone, W[illielmus] Burronus (p), Enricus
Guercius (q), W[illielmus] (r) Lusius; et de placitis . IIII . or (s) (2) Elias,
W[illielmus] Barca (t), Fablanus, W[illielmus] (u) Bruxedus: isti placitabant in quatuor compagniis (v); W[illielmus] Pezolus (x), Rainaldus

(a) tres   (b) aliis quatuor   (c) Palaçolo   (d) N sancti Laurentii, err.   (e) compagnis   (f) in aliis quatuor compagnis   (g) Suxilia   (h) N de Caschifellonus;
E Taschifelonus, ambo err.   (i) manca Lafrancus Piper   (j) Garius   (k) Guillermus
(l) compagnis   (m) quatuor   (n) Buçeam   (o) pecunia   (p) Guillermus Baronus
(q) N Gercius   (r) Guillermus   (s) quatuor   (t) Barcha   (u) Guillermus
(v) . III. or compagnis   (x) Guillermus Peçolus

(1) *Bolpheto* risponde manifestamente
al nome arabo Abu'-Fotûh. *Matarasso*
è forse il caíd di Jehia-ibn-Aziz, ultimo
principe dei Beni-Hammâd di Bugia,
cioè il giureconsulto Motareff-ibn-Ali-
ibn-Hamdin. Cfr. LANGER, pp. 16.
   (2) Propriamente doveva dire . VIII.

Gauxonus, Bonusuicinus de Campo, Vasallus de Guisulfo : isti in
aliis quatuor compagniis [a] placitabant. et in isto consulatu galee . XXII . iuerunt in garbum, sequendo galeas Sarracenorum . XL .
de caito [b] Maimono Almarie [1]; et non inuenientes , ceperunt
5 plures naues Sarracenorum, cum peccunia [c] magna et uictoria Ianuam redierunt [2].   MCXXXVII.

In septimo decimo consulatu unius anni fuerunt consules de
comuni quatuor: Ansaldus Mallonus [d] [3], Bonus uasallus de Odone,
Bellamutus, Lafrancus Piper, de comuni.   et de placitis . IIII.^{or} fue-
10 runt consules: Philippus de Lamberto, W[illielmus] [e] Niger, Ansaldus [f] Crispinus , Obertus Ususmaris.   MCXXXVIII.

In octauo decimo consulatu unius anni fuerunt consules de comuni quatuor: W[illielmus] [g] de Bonobello, Olgerius de Guidone,
W[illielmus] [h] de Volta , W[illielmus] [i]
15 Piper ; et de placitis . IIII.^{or} Elias , Ingo de
Volta, Boiamundus [j], W[illielmus] [k] Rufus.
et in isto consulatu bruneti finem habuerunt.
et in isto consulatu moneta data fuit Ianuensi
urbi a Cunrado Theutonico [l] rege; et priuilegia inde facta et
20 sigillo aureo sigillata cancellarius regis Ianuam duxit et consulibus
dedit [4].   MCXXXVIIII [m].

(a) . III.^{er} compagnis   (b) cayto   (c) pecunia   (d) Anthonius, *err.*, Malonus
(e) Guillermus   (f) Anthonius, *err.*   (g) Guillermus   (h) Guillermus   (i) Guillermus   (j) Boiamondus   (k) Guillermus   (l) Conrado Theotonico   (m) . MCXXXIX .

(1) Mohammed-ibn-Meimûm , più
tardi ammiraglio del califfo almoade
Abd-el-Mumen. Cfr. AMARI, *St. Musulm.*, III, 379; LANGER, pp. 16. Già
da molti anni i Genovesi frequenta-
vano, per cagion di commercio, il porto
d'Almeria. Cfr. *Miracula beati Egidii*,
in PERTZ, *SS.*, XII, 321.

(2) Abbiamo dall' *Annalista Saxo* ,
che nel 1137 i Genovesi, aiutarono

anche, con ottanta navi, l' imperatore
Lotario III all' assedio di Salerno. Cfr.
PERTZ, *SS.*, VI, 774.

(3) E così sempre *Ansaldus Mallonus*
nei documenti d' officio. Cfr. *Iur.*, I,
53-62.

(4) Il diploma di Corrado II, dato
a Norimberga il dicembre 1138, sta
nell' *Iur.*, I, 57; nel CAFFARO, 1828,
pp. 75; e nel GANDOLFI, I. 222. Lo

In nono decimo consulatu unius anni fuerunt consules de co-
muni . IIII .^{or (a)} Obertus Turris, W[illielmus] ^(b) Barca, Guiscardus,
W[illielmus] ^(c) Malusaucellus; et de placitis . IIII.^{or} Bonus uassallus ^(d) de Odone, Guillielmus Niger, Ansaldus de Auria, Bellamutus. et in isto consulatu W[illielmus] ^(e) de   5
Columba scribanus intrauit. in isto autem consulatu Ianuenses cum magno exercitu militum
ac peditum, mari ac terra, ad Vigintimiliensem
ciuitatem perrexerunt, ad honorem Dei et ciui-
tatis Ianue ciuitatem et castra totius ^(f) comitatus   10
preliando ceperunt, et fidelitatem omnibus hominibus ciuitatis et
comitatus in perpetuo ^(g) iurare fecerunt. adhuc in eodem consulatu galee . II . Gaitanorum ^{(h) (1)} ad depredandum Ianuenses Prouintiam ⁽ⁱ⁾ uenerant. ilico galee . II . Ianuensium armate fuerunt,
et eas sequentes apud Arzentariam ^(j) inuenerunt, et unam pre-   15
liando ceperunt, et cum hominibus ac ^(k) cum tota preda quam
fecerant Ianuam adduxerunt ^(l). MCXL.

In uicesimo consulatu unius anni fuerunt consules . IIII.^{or} de
comuni: Philippus de Lamberto, W[illielmus] ^(m) de Volta, Caffarus,
Lamfrancus Piper ⁽ⁿ⁾; et de placitis . IIII.^{or (o)} Martinus   20
de Mauro, Marinus de Porta, W[illielmus] ^(p) Lusius,
Elias ^(q). et isti consules de comuni castrum Amelii
emerunt, et Strutio ^(r) fratribusque et consobrinis pro
feudo dederunt, et fidelitatem ab eis in perpetuum
acceperunt ⁽²⁾. et in isto consulatu Obertus cancellarius   25

(a) quatuor   (b) Guillermus   (c) Guillermus   (d) Bonus uasallus   (e) Guillermus
(f) tocius   (g) perpetuum   (h) Gaytanorum   (i) Prouinciam   (j) Arçentariam
(k) et   (l) deduxerunt   (m) Guillermus   (n) et Lanfranchus Piper   (o) quatuor
(p) Guillermus   (q) Elyas   (r) Strucio

portò a Genova il cancelliere Arnoldo,
dal quale è controsegnato, e di cui
avvertasi l'assenza dalla corte di Germania dopo il dicembre 1138 fino al
20 maggio 1139. Cfr. LANGER, pp. 75;
STUMPF, II, nn. 3382-85.

(1) Dopo *Gaitanorum* segue in ambi
i codd. un *que*, proprio fuor di luogo.

(2) I documenti relativi al castello
di Aimero, intorno al quale cfr. *Atti
Soc. Lig.*, I, 244, si leggono nell'*Iur.*, I,
73-75, e sono del luglio 1141. Il

intrauit. et in eodem consulatu secundus ignis in ciuitate fuit; et hoc fuit in uigilia sancti Iacobi. MCXLI.

In uicesimo primo consulatu unius anni [a] fuerunt consules de comuni Ansaldus Mallonus, Bonus uas-
5   sallus [b] de Tetuica, Oglerius de Guidone, Bella-mutus, et de placitis . IIII.or Oto [c] Iudex, Oglerius de Mari, W[illielmus] Pezolus [d], Ceba. et isti consules mise-runt galeam · I · et legatos · II · Obertum Turrem et W[illielmum] Barcam [e], ad imperatorem Calo iannem, qui cum magno exer-
10 citu in Antiocenis [f] partibus erat, ibique mortuus fuit, et filio suo Manueli imperium dimisit [1]. MCXLII.

Ignif fci Iacobi.

In uicesimo secundo consulatu unius anni fuerunt consules de comuni . IIII.or [g] Bonus senior Mallonus, W[illielmus] [h] Porcus, W[illielmus] [i] de Volta, Lafrancus [j] Piper;
15 et de placitis · IIII.or Ugo Iudex, Bonus uas-sallus [k] de Odone, Oglerius Ventus, W[il-lielmus] [l] Lusius. in isto consulatu tercie ablate fuerunt mulieribus [2]. in ipso predicto consulatu galee · IIII.or Ianuensium Montem
20 Pesulanum ceperunt, et W[illielmo] [m] de Monte Pesulano reddiderunt; et mille mar-chas [n] argenti hominibus galearum reddi-derunt, quas hominibus Ianuensium ipse abstulerat; et insuper fundicum Bruni de Tolosia eis tradidit, et

tertie ablate

(a) In uicesimo primo anno unius consulatus   (b) Bonus uasallus   (c) Otto
(d) Guillermus Peçullus   (e) Guillermum Barcham   (f) Anthiocenis   (g) . IIII.or de comuni   (h) Guillermus   (i) Guillermus   (j) Lanfrancus   (k) Bonus uasallus
(l) Guillermus   (m) Guillermus   (n) N marche, err.

primo contiene la donazione (e non la *compra*) di esso castello fatta *Caffaro et Lanfranco Piperi missis comunis Ianue;* il secondo reca l'investitura del medesi-mo, consentita ai suoi possessori; il terzo contiene il loro giuramento di fedeltà.

(1) Cfr. LANGER, pp. 16; HEYD, *Hist.,* I, 198.

(2) Lodo consolare del febbraio 1143, nell' *Iur.,* I, 82; ed in CAFFARO, 1828, pp. 82. Cfr. *Atti Soc. Lig.,* II, par. 1, pp. 554.

omnia uectigalia eis dimisit totius terre sue [1]. quando autem
galee iste reuertebantur, ex predatoribus quandam galeam inuenerunt; et ilico [a] eam ceperunt. MCXLIII.

In uicesimo [b] tercio consulatu unius anni fuerunt consules de
comuni . IIII .or [c] Tanclerius de Mauro, Philippus 5
de Lamberto, W[illielmus] [d] Ventus et Bellamutus;
et de placitis . IIII .or [e] Elias, W[illielmus] [f] Iudex
de Nouaria, Caffarus [g], Obertus Spinola. in isto
consulatu galea . 1 . Ianuensium iuit [h], propter pre-
dam quam faciebat comes Milgorii, frater comitis Barcilonie, 10
supra Ianuenses; et bello incepto a comite
cum galea, interfectus est comes a quodam
balistario galee [2]. iterum prefati consules
miserunt Prouintiam [i], et fecerunt capere
unam sagitteam [j] ex predatoribus qui depre- 15
dabant Ianuenses, ideoque occulos [k] eis
extraere fecerunt. et isti consules, tempore
pape Lucii, miserunt legatos ad papam;
qui multa petentes, tandem hoc consecuti
sunt, quod dominus papa Lucius dimisit 20
Ianuensibus libram auri unam [l] quam pro
unoquoque anno Romane curie dare debebant [3]. insuper priui-

libra auri
pmiffa Jan.

(a) illico (b) uicessimo (c) quatuor (d) Guillermus (e) quatuor (f) Guillermus (g) Caffarus et (h) galea una iuit (i) Prouinciam (j) sagiteam
(k) oculus (l) libram unam auri

(1) Guglielmo VI, signore di Mompellieri nel 1121-49, poi monaco cister-
ciense nell'abbazia di Grandselve, dove
morì nel 1162 o 1163, potè coll'aiuto
dei Genovesi e dei Pisani, intorno alla
fine di settembre del 1143, riacquistare
quella città dalla quale nel 1141 lo
aveano cacciato gli abitanti insorti.
Cfr. VAISSETE, III, 727, 820; ed il
privilegio da lui conceduto ai suoi
alleati, nonchè la lettera di ringrazia-

mento indirizzata all'arcivescovo Siro
ed ai consoli genovesi, nel CAFFARO,
1828, pp. 83, e Iur., I, 87-90.

(2) Berengario Raimondo, conte di
Provenza, fratello di Raimondo Berengario IV, conte di Barcellona, avea
sposata nel 1135 Beatrice unica figlia
ed erede di Bernardo IV, conte di
Melgueil.

(3) Cfr. FABRE, Le Liber censuum de
l'Église Romaine; Paris, 1889, I, 75.

legia Ianuensibus donauit, ac confirmauit omne ius quod Ianuenses
in partibus Surie habuerunt uel habere debent. MCXLIIII.

In uicesimo quarto [1] consulatu unius anni fuerunt consules de
comuni . IIII . [a] Ido Gontardus, Oglerius de Gui-
5 done, Guiscardus, W[illielmus] Lusius; et de
placitis . IIII . or [b] Oto [c] Iudex, Rodoanus, W[il-
lielmus] Buferius [d], Ceba . MCXLV . et in isto
consulatu castrum Seestri [e] fuit edificatum [2].

Segeſtri.

In uicesimo quinto consulatu unius anni fuerunt consules de
10 comuni . IIII . or Ansaldus Mallonus, W[illielmus] [f] Niger, Caffarus,
Lanfrancus [g] Piper; et de placitis . IIII . or Boiamundus, Marinus de
Porta, Sismundus Muscula, Rainaldus [h] Gobus. et in isto consulatu predicti consules miserunt galeas . XXII . et golabios . VI . cum
multis machinis lignaminis de castellis, et cum ‖

c. 6 A

15 centum [i] militibus cum equis supra Sarracenos
ad Minoricam et alia loca usque in Almaria. de
quibus galeis Caffarus consul fuit guida cum
Oberto Turre, quem elegit sibi sotium [j] in hoc
itinere. postquam uero ad Minoricam uenerunt, terram descen-
20 derunt [k] cum equis et militibus et cum bellatoribus uiris; et sic
cum loricis et elmis et aliis armis, dimissis galeis cum paucis in

Φιnoriϲa.

(a) quatuor　　(b) quatuor　　(c) Otto　　(d) Guillermus Bufferius　　(e) Sigestri
(f) Guillermus　　(g) Lanfranchus　　(h) Raynaldus　　(i) . c .　　(j) socium
(k) N deffenderunt, err.

(1) Qui l' amanuense del Cod. N
fece sbaglio, saltando di pie' pari alle
prime parole del paragrafo successivo,
e scrivendo: In uicesimo quinto consulatu etc., coi nomi de' consoli Ansaldus
Mallonus, W[illielmus] Niger; poscia,
avvedutosi dell' errore, li annullò con
una linea tracciata sotto di essi, e seguitò con quelli di Ido Gontardo e
compagni; ma dimenticò di correggere

il quinto in quarto. All' incontro nel
Cod. E si legge rettamente: In uicesimo quarto consulatu etc.: ma anche in
esso occorrono i nomi Anthonius (err.)
Mallonus, Guillermus Niger, i quali
non vennero punto annullati.

(2) Cfr. le convenzioni intervenute
per questa edificazione tra Genova ed
i conti di Lavagna, correndo il luglio
del 1145. Iur., I, 103.

portu Forneli[a], milites et pedites multa uexilla defferentes per totam insulam armati perrexerunt, et capientes Sarracenos et raubam, deuastando casales per . IIII .or dies, ad galeas redierunt; ibique sub [b] tentoriis quiescentes, ecce milites Sarracenorum . CCC . fere usque ad tentoria armata manu latenter uenerunt, multos pedites secum habentes. Ianuenses uero ilico [c] equos ascenderunt, et bellum statim cum Sarracenis inceperunt; et Sarraceni terga uertentes sine mora fugere inceperunt.[d] et sic Ianuenses per octo miliaria eos sequentes, duas partes militum et peditum Sarracenorum interfecerunt, et in campis mortuos dimiserunt. postea uero ad ciuitatem ipsius insule perrexerunt, et ceperunt, et eam destruxerunt, et peccuniam [e] in galeis posuerunt. preterea prefate galee omnes deinde Almariam perrexerunt, et in portu Almarie multas naues honeratas [f] ex multis magnis diuitiis inuenerunt, et peccuniam [g] inde extraxerunt et in galeis posuerunt. et postea in terram descenderunt, et tentoria prope ciuitatem posuerunt, gatas et machinas et predeiras ibi fecerunt. interim uero Sarraceni territi pacem et treguam [h] Ianuensibus pecierunt [i], et pro pace, si Ianuenses facerent, centum tredecim [j] miliaria marabetinorum ualens promiserunt. quibus Caffarus et Obertus Turris pro ceteris sic responderunt: *non pacem, sed treguam usque ad reditum Ianue* [k] *faciemus, si predictos marabetinos ad presens nobis dederitis.* statim namque Sarraceni, timore comoti [l], dixerunt: *accipite ad presens . xxv . miliaria, et de aliis dabimus uobis ostaticos* [m] *. viii . cum elemino; usque ad octo* [n] *dies complebimus alios.* et in presenti nocte marabetinos . xxv . milia dederunt. et donec marabotini [o] numerabantur in nocte, et comiti galearum supra marabetinos diuidendo stabant [p], infra hoc rex Almarie [1] clam cum duabus galeis et cum

Almaria

(a) Fornelli (b) *N* super, *err.* (c) illico (d) ceperunt (e) pecuniam
(f) oneratas (g) pecuniam (h) treugam (i) petierunt (j) . c . tredecim
(k) treugam usque ad reditum quem Ianuam faciemus (l) commoti (m) ostacios
(n) . viii . (o) marabetini (p) *N E* stantes, *err.*

(1) Cfr. su di ciò *Atti Soc. Lig.*, XIX, 399.

innumerata peccunia [a] nocte recessit.   mane ueniente Sarraceni
alium regem elegerunt [b], qui ilico [c] predictos ostaticos ad galeas
misit, et predictam peccuniam [d] dare promisit. at quia ad terminum octo dierum peccuniam [e] non soluit, Ianuenses inde, ira co-
5   moti [f], terram descenderunt, et bella multa cum manganis et gatis
ad ciuitatem dederunt, et per . XXII . dies in tentoriis galearum in
terra steterunt.   et postea superueniente ieme [g] inde recesserunt,
et Ianuam cum triumpho et magna peccunia capta Ianuam uenerunt [h] . MCXLVI.

10   In uicesimo septimo consulatu unius anni fuerunt consules de
comuni . VI. [i] Philippus de Lanberto, Obertus Turris, Oglerius de
Guidone, Baldoinus [j], Ansaldus de Auria, W[illielmus] [k] Picamilium [l]; et de placitis . IIII .or Ugo Iudex, Ingo de Volta, Obertus
cancellarius, Ansaldus Pizo [m].   in tempore istorum consulum Ia-
15   nuenses iuerunt ad Almariam cum magno stolo galearum et
aliarum multarum nauium, et ceperunt Almariam bellando et
Sarracenos uincendo et interficiendo, sicut scriptum est in libris [1]
et in istoriis Ianuensium a sapientibus factis, qui uiderunt et
interfuerunt.   unde quamuis omnia scribere non possimus, parti-
20   culam tamen ad presens scribamus . MCXLVII.

In uicesimo [n] octauo consulatu unius anni fuerunt consules de
comuni . VI . W[illiemus] [o] Buronus, Ansaldus Mallonus, Oglerius
Ventus, Iordanus de Porta, Enricus [p] Guercius, Lamfrancus [q]
Piper; et de placitis . IIII .or [r] W[illielmus] [s] Niger, Fredenzonus [t]

(a) pecunia   (b) ellegerunt   (c) illico   (d) pecuniam   (e) pecuniam
(f) commoti   (g) hyeme   (h) pecunia capta uenerunt   (i) sex   (j) Balduynus
(k) Guillermus   (l) Piccamilium   (m) Piço   (n) uicessimo   (o) Guillermus   (p) Henricus   (q) Lanfrancus   (r) quatuor   (s) Guillermus   (t) Fredençonus

(1) Nel Cod. N sopra questa pa-   in folio . VIIII. Nel qual foglio. cade
rola è un richiamo alla postilla, che   appunto la narrazione particolare del
si legge nel margine interno: idest   fatto.

Gontardus, Marinus de Porta, Opizo Lecauelum [a]. in isto consulatu capta fuit Tortuosa. MCXLVIII [b]. et in isto consulatu castrum Palodii fuit adquisitum precio librarum. DCC [1].

Tortuofa.   palodius

In uicesimo [c] nono consulatu unius anni fuerunt consules. VI. de comuni: W[illielmus] [d] Ventus, W[illiemus] [e] Pellis, W[illielmus] [f] Niger, Caffarus, Obertus Spinola, Rubaldus Bisatia [g]; et de placitis. IIII.^{or} W[illielmus] Buferius [h], W[illielmus] Stanconius [i], Obertus cancellarius, Sismundus Muscula [a]. MCXLIX [j].

In tricesimo [k] consulatu unius anni fuerunt consules de comuni. IIII.^{or} [l] Ansaldus Mallonus, Rodoanus, W[illielmus] [m] Lusius, Lamfrancus [n] Piper; et de placitis. IIII.^{or} Boiamundus, Fredenzonus [o] Gontardus, Anselmus de Caffara [p], Ansaldus Spinola. MCL.

c. 6   In tricesimo [q] primo consulatu unius anni fuerunt consules. IIII.^{or} de comuni: W[illielmus] [r] de Bonobello, W[illielmus] [s] Stralandus, Otto Rufus [t], Botericus [u].; et de placitis. IIII.^{or}

(a) Opiço Lecauellum   (b) *manca*. MCXLVIII.   (c) uicessimo   (d) Guillermus
(e) Guillermus   (f) Guillermus   (g) Bisacia   (h) Guillermus   (i) Guillermus
Stanconus   (j) . MCXLVIII.   (k) tricessimo   (l) quatuor   (m) Guillermus
(n) Lanfrancus   (o) Fredençonus   (p) Cafaro, *err.*   (q) tricessimo   (r) Guillermus
(s) Guillermus   (t) Ruffus   (u) Botencus

(1) Acquistarono i Genovesi il castello di Parodi dai marchesi di Gavi, con atto del maggio 1147. Cfr. *Iur.*, I, 135.

(2) Appartengono a quest'anno la legazione di Guglielmo Lusio al re di Valenza, Mohammed-ibn-Sad-ibn-Mardanisc, ed il trattato, durevole per un decennio, con cui lo stesso re si obbligò a pagare ai Genovesi 10,000 marabottini, a farli esenti da ogni dazio di commercio, e a dar loro due fondachi in Valenza e in Denia. Fu stampato nell'*Iur.*, I, 152, sotto il 1150, e nel CAFFARO, 1828, pp. 163, sotto il 1161; mentre già rettamente lo avea pubblicato il Sacy, *Not. et extr.*, XI, 3, sotto il 1149. Al 10 giugno-2 luglio del 1149 e. v. risponde infatti la data del mese di Safar, pel 544 dell'egira, che leggesi nel documento. Cfr. su la importanza di esso e per notizie di Ibn-Mardanisc, AMARI, *Dipl. arabi*, pp. XXXIV; FERNANDEZ Y GONZALEZ, *Estado social y politico de los Mudejares de Castilla*, Madrid, 1866, pp. 76 seg.

Ugo de Elia [a], Otto Bencerto, Obertus cancellarius, W[illiel-mus] [b] de Nigro. MCLI.

In tricesimo secundo consulatu unius anni fuerunt consules de comuni. IIII. or [c] Tanclerius de Platealonga,
5 Rubaldus de Alberico, Rubaldus Bisacia, Ansaldus Spinola; et de placitis. IIII. or [d] W[il-lielmus] Buferius [e], W[illielmus] [f] Stan-conus, W[illielmus] [g] Cicala, Conradus Ru-fus [h]. MCLII. et in hoc consulatu macella
10 fuerunt mutata de ciuitate: ad Molum unum et alterum in Susilia [i] [1].

ᵐutacio macella

In tricesimo [j] tercio consulatu unius anni fuerunt consules de comuni [k] Martinus de Mauro, W[illielmus] [l] Niger, Enricus [m]
15 Guercius, W[illielmus] [n] Lusius; et de placitis. IIII. or Obertus cancellarius, Iohannes Malusaucellus, Ido Gontardus minor, W[illielmus] [o] de Ripa Iudex. MCLIII.

In tricesimo quarto consulatu unius anni fuerunt consules . IIII. or de comuni: Oglerius de Guidone, Ansaldus de Auria,
20 Obertus Spinola, Lamfrancus [p] Piper; et de placitis. IIII. or Oto [q] Iudex, Fredenzonus [r] Gontardus, Ionathas [s] Crispinus, Baldizonus Ususmaris [s]. isti namque consules, quando electi [t] fuerunt, quo-niam ciuitatem dormire et litargiam pati, et sicuti na||uem sine gu-bernatore per mare pergentem cognoscebant, ad presens consulatum
25 iurare nolebant. at quia ab archiepiscopo moniti in remissione eo-rum peccatorum, et a populo coacti fuerunt, uix tandem consulatum

c. 7 a

(a) Elya   (b) Guillermus   (c) quatuor   (d) quatuor   (e) Bufferius   (f) Guillermus   (g) Guillermus   (h) Ruffus   (i) Suxilia   (j) tricessimo   (k) consules
de comuni quatuor   (l) Guillermus   (m) Henricus   (n) Guillermus   (o) Guillermus   (p) Lanfranchus   (q) Otto   (r) Fredençonus   (s) Ionatas   (t) ellecti

(1) Cfr. il decreto dell' aprile 1152. Iur., I, 182.
(2) Segue nel Cod. N uno spazio bianco, di circa due centimetri, nel quale si scorgono traccie di lettere erase. Forse, come sospettò il Winkelmann, v' era espresso l' anno MCLIII, di cui però manca il riscontro nel Cod. E.

pro honore ciuitatis iurauerunt. qui, postquam iurauere, statim multum cogitando quomodo ciuitatem a sompno eriperent, mox in initio [a] eorum consulatus galeas pro munimine ciuitatis facere, quibus ciuitas omnino carebat, et peccuniam [b] feneratoribus ciuitatis ultra quindecim milia librarum numero soluere inceperunt [1]. unde ciues qui dormierant, a sompno aliquantulum surrexerunt, et in omnibus eorum preceptis obedire dixerunt. Caffarus uero, qui hunc librum composuit et preteritorum consulatuum gesta narrauit, ut istorum bonum initium a memoria [c] futuorum scriberetur, noluit prolatare; et ut bonum initium finem sequatur, Caffarus, cum in oratione moratur, Deum inde cotidie deprecatur. postquam uero predicti consules ad finem eorum consulatus uenerunt, peccuniam [d] quindecim milia librarum numeri [e], quam in initio soluere inceperant, totam debitoribus soluerunt, et ciues in pace tenuerunt, et multa consilia, que de utilitate ciuitatis inuenerant, consulibus uenturis in scriptis [f] dederunt, quoniam, breuitate temporis et solutionis peccunie [g] impedimento, explere non potuerunt. at quia magna et multa utilitas est preteritarum rerum notitiam habere [h], presentia discernere, futura preuidere, ideoque que prospera et aduersa fortuito casu in predicto consulatu acciderunt, Caffarus ueritatem, prout cognouit, presentibus et futuris hominibus notificare decreuit.

Tempore enim predictorum consulum Fredericus [2] Romanorum rex et semper augustus Lombardiam uenit, ibique uirorum omnium ciuitatum atque locorum fidelitatem et forum accepit, multaque alia, quod longum est narrare, peregit. predicti uero consules legatos de melioribus, Ugonem

fredericuf.

(a) inicio   (b) pecuniam   (c) ad memoriam   (d) pecuniam   (e) librarum milia numeri   (f) infrascriptis   (g) pecunie   (h) habere noticiam

(1) I creditori del Comune erano, almeno in parte, mercanti piacentini, coi quali furono presi varî accordi; ed il loro credito venne riconosciuto e pagato nella somma di 6000 lire. Cfr. *Iur.*, I, 171, 176-80.

(2) Nel Cod. N al di sopra di *Fredericus* è segnato . I .

scilicet[a] archidiaconem et Caffarum huius libri compositorem,
ad predictum regem miserunt, quos honorifice suscepit, et multa
secreta consilia de honore regni et Ianuensis ciuitatis legatis
aperuit; et ultra omnes ciuitates Italie[b] honorem Ianuensi ciuitati
5 facere promisit; et sic legatis licentiam reuertendi, prout decuit,
sine mora honestissime dedit. consules uero secreta consilia,
que legati a rege detulerant, electis consulibus post eos uenturis
omnia per ordinem narrauerunt, et in eorum arbitrio omnia
peragere dimiserunt.

10   Adhuc uero in predicto consulatu, die natiuitatis Domini
recedente et nocte ueniente, fortuito casu, accidit in quadam
domuscula[c] burgi ciuitatis quod ignis accensus
fuit, et iuxta manentes super alias mansiones
comburendo ascendit. ciues illico[d] qui in
15 ciuitate erant, ferocissimi bellatores et contra
omnia aduersa fortissimi deffensores, sine mora
ad ignem cucurrerunt, et mansiones destruendo
et aquam proiciendo[e], ignem ita extinxerunt,
quod postquam particula burgi combusta fuit,
20 omnes alie mansiones burgi et ciuitatis incolumes remanserunt.
interea cunctas res combuste particule ciues in tuto loco posuerunt, preter edificia[f] et uasa que combusta fuerunt.

    Preterea, predicto anno, quedam barbara gens, que uocabatur
Mussemutorum, eo tempore pacem cum Ianuensibus firmauerunt,
25 quorum galee . VIIII . in Sardineam uenerunt, ibique nauem unam
Ianuensium de Alexandria uenientem et ex magna peccunia[g] honeratam inuenerunt. que postquam iuxta nauem
uenerunt, uiri galearum unde nauis esset interro-
gauerunt. Ianuenses uero, qui in naui erant, ira
30 comoti[h], unde essent respondere noluerunt; sed
armati cum loricis et ensibus, galeas audacissime
ascenderunt[i], Sarracenos detruncando et interficiendo pro eorum
superbia, fere omnes interfecti fuerunt. Mussemuti autem,

    (a) scilicet Ugonem   (b) Ytalie   (c) domucula   (d) N iliquo, err.   (e) prohiciendo
(f) hedificia   (g) pecunia   (h) commoti   (i) N assenderunt

postquam Ianuenses esse cognouerunt, mesti multum de hoc quod
fecerant statim fuerunt, et nauem cum tota peccunia [a] quam
ceperant, pro timore Ianuensium, incolumem dimiserunt, ita quod
unius oboli ualens non inde extraxerunt, et Callaritano [b] iudici
commiserunt, et ut Ianuam mitteret preceperunt. Callaritanus   5
uero iudex, amore Ianuensium, nauem cum suis expensis Ianuam
misit. credendum namque est, quando in ciuitate talia accidunt,
quod Deus tangendo fideles suos corrigit, quoniam uult ut fideles
sui ab illicitis se abstineant; et que eueniunt, pro correctione
eorum euenisse cognoscant.   10

De Nabolensi uero castro, quod in eodem anno a marchionibus de Loreto actum est, obliuioni tradendum non est. ideoque uiri presentes et futuri cognoscant, quoniam Enrichus
marchio de Loreto [1] habitaculum ciuitatis Ianue, et sacramentum compagne, et de discordia Nabolensium   15
in laude Ianuensium consulum stare iurauerat. consules uero, utrarumque partium audita discordia,
inter eos concordiam posuerunt [a]. postea autem,
sicut mos est marchionum magis uelle rapere
quam iuste uiuere, iterum discordare incepit; qua-   20
propter consules, ut predictus marchio, sicut iurauerat de discordia
in eorum laude stare, legatos, ut ueniret, miserunt. qui cum
ore promittebat quod in corde non habebat. interim autem,
quadam die [c] mense augusti, cum exercitu militum et peditum
ad predictum castrum clam uenit, et illud fraudulenter cum   25
quibusdam proditoribus [3] cepit. unde predicti consules cum
militibus et balistariis et sagitariis multis per totum eorum
consulatum, prout decuit, guerram fecerunt, deuastando et

Nauli.

(a) pecunia   (b) Calaritano   (c) interim quadam die

(1) Cod. N, postilla nel margine
esterno: *Iste fuit pater Ottonis et Enrici
marchionum de Careto.*

(2) Ciò era veramente accaduto nel
1150-51 Cfr. *Iur.*, I, 149, 157.

(3) Nel Cod. N, era scritto da prima
productoribus; ma fu corretto lo sbaglio
dalla stessa mano del testo, che nel-
l'interlineo sovrappose alla sillaba *uc* la
lettera *i.*

comburendo eo illius loca per terram; quoniam iemps [a] erat, ad capiendum castrum per mare ire non potuerunt. MCLIIII.

In tricesimo quinto consulatu unius anni fuerunt consules de comuni quatuor: W[illielmus] [b] Porcus, Obertus cancellarius, Iohannes [c] Malusaucellus, W[illielmus] [d] Lusius; et de placitis . VI. tres quorum placitabant in quatuor compagnis uersus Palazolum [e], in uno de palaciis [f] archiepiscopi, nomina quorum Bonus uassallus de Lamberto [g] Medico, Boiamundus de Odone, W[illielmus] [h] Stanconus: alii uero tres, scilicet W[illielmus] [i] Cigala, Nicola Roza [j], Obertus Recalcatus, placitabant uersus Burgum in aliis quatuor compagnis, et hoc in alio palatio [k] archiepiscopi [l]. tempore quorum que in ciuitate Ianuensi et extra per diuersa loca acciderunt, Caffarus bone memorie ad futurorum memoriam notificare decreuit.

Notum igitur tam presentibus quam futuris fiat, quod predicti consules rem publicam Ianuensium multum et multum augmentando, prout decuit, tractauerunt. omnia namque que de comunibus rebus pignori subitiebantur [l], uidelicet castra, ripe, scariorum, cantarii, rubi, monete, omniumque aliarum comunium redditum a seruitute pignoris [m] liberauerunt [2]. preterea murum et portas ex utroque latere ciuitatis edificare [n] ceperunt. pacem quidem non solum in ciuitate, uerum etiam extra per multa loca ad honorem ciuitatis fecerunt [3]. marchiones namque de Laureto, qui quondam pro Nabolensi castro guerram Ianuensibus fecerant, et de castro et omnibus aliis rebus in precepto istorum et futurorum consulum stare iurauerunt [4]. adhuc uero cum legato Constantinopolitani imperatoris pacem taliter

(a) hyemps   (b) Guillermus   (c) Obertus, err.   (d) Guillermus   (e) Palaçolum
(f) placitis, err.   (g) Bonus uasallus de Lanberto   (h) Guillermus   (i) Guillermus
(j) Roça et   (k) palacio   (l) subiciebantur   (m) N pigoris, err.   (n) ciuitatis ex utroque latere hedificare

(1) Sui palazzi dell'arcivescovo in Genova cfr. *Atti Soc. Lig.*, vol. II, par. I, pp. 436-37, e vol. XVIII, pp. x.
(2) Cfr. decr. agosto 1155. *Iur.*, I, 183.
(3) Cfr. BELGRANO, *La Porta Soprana di S. Andrea*, Genova, 1882.
(4) Cfr. DELLA TORRE, pp. 105; *Iur.*, I, 186-88.

firmauerunt, quod deinceps in perpetuum per unumquemque
annum . D . perparos et duo palia a curia imperatoris comune
Ianue habere debet, et insuper archiepiscopus per annum in
perpetuo[a] perparos . LX . et unum pallium[b] habere debet; comune
etiam ruam et fundicum[1] et ecclesiam in Constantinopoli, et per   5
totam terram suam comertium[c] diminutum de deceno in uiceno
quinto[2].

Iterum quippe Fredericus rex Romanorum et semper augustus
in preterito consulatu Lombardiam[d] uenit, et in isto consulatu per
ebdomadas . VIIII . Terdonam obsidendo et   10
preliando medio aprili cepit et destruxit.
unde omnes homines[e] aliarum ciuitatum et
locorum, terrore comoti[f], magnam et inmensam peccuniam[g] regi tribuerunt. Ianuenses uero consules, quamuis a pluribus sepe   15
et sepe excitati et moniti ut peccuniam[h]
regi darent, tamen unius oboli ualens dare nec promittere
uoluerunt. at quidem in omnibus castris, que de comuni[i] extra
ciui||tatem erant, arma multa et uiros bellatores sufficienter
miserunt, et omnibus hominibus eorum districtus ut arma et   20
omnia que ad bella sunt necessaria festinanter haberent, sub
debito sacramenti preceperunt.   et ut preceptum consulum fuit,
omnes homines sine mora fecerunt.   rex autem, postquam audiuit
Ianuenses tam bene et uiriliter preparatos esse, nuntios statim
consulibus misit, ut de illis ad ipsum[j] irent. et unus de consulibus,   25

c. 7

(image caption: Terdona de Aructa)

(a) perpetuum   (b) palium   (c) comercium   (d) in Lombardiam   (e) unde
homines   (f) commoti terrore   (g) pecuniam   (h) pecuniam   (i) N E de comunis, *ambo err.*   (j) N ad illos, *err.*

(1) Nel Cod. *N*, per la profonda
corrosione della pergamena, è impossibile assicurarsi della lezione di questa
parola. Il Pertz tirò a indovinare, scrivendo *unum fundicum;* ma la sua lezione è contraddetta dal Cod. *E*, che
ha *ruam et fundicum.*

(2) Le convenzioni tra Genova e
Manuele Comneno, 12 ottobre 1155,
stanno nell'*Iur.*, I, 183; nel CAFFARO,
1828, pp. 134; nel BANCHERO, *Duomo,*
pp. 261; e nel SAULI, II, 181. Per
l'analisi di esse e la data, cfr. DE-
SIMONI, in *Giornale Ligustico*, 1874,
pp. 153 segg.; HEYD, *Hist.*, I, 202-04.

W[illielmus][a] Lusius, cum quibusdam ex melioribus ciuitatis, ad regem perrexit, ibique multa de honore regni et ciuitatis ad inuicem tractauerunt; et ultra omnes ciuitates Italie ciuitati Ianue rex honorem se daturum promisit; et honestam licentiam reuer-
5 tendi sine dilatione consulum prebuit [1].   post hec autem Romam perrexit, ibique in ecclesia beati Petri, cum benedictione Adriani apostolici, coronam suscepit; et postea ad Teothonicam terram reuersus est.

    Cum ergo credibilium uirorum credibilibus argumentis uerissime
10 apertum sit, ita de augmentatione [b] rei publice Ianuensium esse, uti presens scriptura demonstrat, conueniens ideo est, ut quicquid [c] de honore ciuitatis in isto consulatu actum est ueritas cognoscatur.   cognoscat ergo uniuersitas populorum, quod isti consules quemdam legatum, sancti Laurencii cannonicum, Maimfredum
15 scilicet, uirum nobilem et sapientem [2], ad Romanam curiam pro iusticia Ianuensium petenda [d] miserunt: ibique patriarcham Iherosolimitanum omnesque fere orientales archiepiscopos et episcopos, et Raimundum [e] hospitalis dominum inuenit.   predictus namque legatus coram orientalibus pontificibus, qui tunc Romane curie
20 in Beneuento erant, proclamationem, sicuti consules ei preceperant, domino [f] apostolico taliter fecit.

    Reuerentissime pater et domine, Deo et uobis ex parte Ianuensium consulum conqueror de Iherosolimitano rege et Tripolitano comite atque Antioceno principe, qui iusticiam Ianuensium, quam in orien-
25 *talibus plagis habere debent, cotidie auferunt et diminuunt, quam quippe predecessores eorum Ianuensibus dederunt et sacramento et priuilegiis firmauerunt.   hoc ideo fecerunt, quoniam [g] Ianuenses multis et magnis eorum machinis et expensis, multaque sanguinis effusione, ciuitates et loca Orientis obsidendo et preliando ceperunt, sicuti per pre-*
30 *sentia scripta uobis notificatur.   insuper etiam proclamationem facio*

(a) Guillermus   (b) augmentatione   (c) quid quid   (d) petendi   (e) Raymundum
(f) domno   (g) quia

(1) Le stesse espressioni occorrono sotto il 1154, pp. 39, lin. 3 segg. (2) Cioè Manfredo dei conti di La- vagna. Cfr. BELGRANO, *Tav. Gen.*, IV; DESIMONI, *Regesti*, pp. 61 e 471.

de hominibus Iherosolimitani regis, qui cum galeis naues Ianuensium et peccuniam (a) *iniuste eis abstulerunt. adhuc uero de quibusdam Prouintialibus* (b), *scilicet Bernardo Attonis* (1) *et sotiis* (c) *eius, taliter querimoniam* (d) *facio. unde, sanctissime pater et domine, excellentiam uestram suppliciter exoro, ut baculus apostolice sedis cunctos iustitiam* (e) 5 *Ianuensium uinculo anathematis percutiat* (f) *auferentes.*

Apostolicus autem, audita lamentatione (g) et uisis litteris Ianuensium, presentibus orientalibus pontificibus, preceptum suum dedit. preceptum uero quale fuerit, in hoc libro ad presens scribitur et notatur (2). 10

Adrianus episcopus, seruus seruorum Dei, illustri Iherosolimitanorum regi salutem et apostolicam benedictionem. ad hoc in eminenti sedis apostolice specula diuina sumus disponente gratia (h) *constituti, ut nostre considerationis occulum* (i) *ad uniuersas mundi partes extendere debeamus, ut ea que contra iustitie* (j) *tramitem et ordinis rationem* (k) 15 *commissa esse noscuntur, nos oporteat atentius* (l) *emendare. dilecti autem filii nostri Ianuenses ciues, directa nuper ad nos questione, monstrarunt quod homines tui peccuniam* (m) *et nauem in qua ipsa peccunia* (n) *ferebatur, eis, nulla rationabili causa intercedente, per uiolentiam abstulerunt, et usque in presens, sicut nobis dicitur, detinere pre-* 20 *sumunt. unde, si tue nobilitatis industria prouida consideratione pensasset* (o) *quot dampna, quot incomoditates, quot etiam scandala terre tue et regno tibi commisso huius occasione rapine ualeant prouenire, cum Ianuensis ciuitas gloriosa et inclita in remotis mundi partibus potentissima habeatur, nobis etiam non ammonentibus, debueras effe-* 25 *cisse quod omnia que iniuste et per rapinam ablata sunt, predictis Ianuensibus essent in integrum restituta. ne igitur idem Ianuenses aliquam uersus te uel fideles tuos habeant ulterius materiam conquerendi, nobilitati tue per apostolica scripta precipientes man-*

(a) pecuniam   (b) Prouincialibus   (c) sociis   (d) querimoniam taliter   (e) iusticiam
(f) percuciat   (g) lamentacione   (h) gracia   (i) oculum   (j) iusticie   (k) racionem
(l) opporteat attentius   (m) pecuniam   (n) pecunia   (o) pensasset

(1) Bernardo-Attone v, della casa dei Trencavelli, visconte di Nimes e di Agde dal 1130; morto verso il 1159. Cfr. VAISSETE, IV, 105, 185.
(2) Cod. N, postilla: *Hanc litteram non habemus in Ianua.*

damus, quatinus sicut benedictionem et gratiam sacrosancte Romane
ecclesie matris tue (a) *desideras retinere, peccuniam* (b) *simul et nauem*
memoratis Ianuensibus facias absque ulla diminutione restitui. si
enim super eodem negotio (c) *ad aures nostras querimonia* (d) *peruenerit ite-*
5 *rata, facere non poterimus, quin in terram tuam pro ipsius deten-*
tione rapine grauius uindicemus. nichilominus etiam dilectioni tue
presentium auctoritate mandamus, ut uicecomitatum Acarontis et alia
iura que ad Ianuensium ius pertinere noscuntur, eos de cetero pa-
cifice possidere et sine ulla inquietatione permittas (1).

10   In eodem modo scriptum est Tripolitano comiti, Antioceno
principi, sub excomunicationis pena.   Antioceno patri arce etiam
per apostolica scripta precepit, ut principem Antiochenum (e) exco-   c. 8 A
municaret, nisi predicta adimpleret.   scripsit etiam episcopo Bit-
terensi (f), Agathensi et Neumasensi, ut Bernardum Attonis et
15 Bietterenses (g) et Agathenses excomunicationis uinculo ferirent, ut
peccuniam (h) nostris Ianuensibus ablatam in integrum redderent.
et dum prefatus legatus ab apostolico postularet licentiam, apostolicus quendam tradens anulum sic dixit: *istud sit signum dilec-*
tionis et gratie nostre et apostolice sedis inter nos et Ianuenses in
20 *perpetuum; et tibi legato predictum anulum habenti sit pignus apo-*
stolice amicitie (i) *et gratie.*

Predicta namque et alia multa que non scribuntur ad honorem
fecerunt, et consules de melioribus, qui post eos ciuitatem rege-
rent, eligere (j) fecerunt; ideoque laudem et gloriam a cuncto (k)
25 populo Ianuensi receperunt.   MCLV.

In tricesimo sexto consulatu unius anni fuerunt consules de
comuni. IIII.or W[illielmus] (l) Buronus, Ogerius Ventus, Enricus
Aurie, Lanfrancus Piper; et de placitis. VI. Simon (m) Aurie, Ido

---

(a) matris tue ecclesie   (b) pecuniam   (c) negocio   (d) querimonia ulla
(e) Antiocenum   (f) Biterensi   (g) Bieterenses   (h) pecuniam   (i) amicicie
(j) elligere   (k) *N* cunto, *err.*   (l) Guillermus   (m) Symon

(1) Cfr. FEDERICI, *Lett. a G. Sciop-*
pio, pp. 54; LUNIG, II, 2083; MIGNE,
CLXXXVIII, 1440.

Gontardus, Ionathas Crispinus, qui tres placitabant per quatuor [a] compagnas uersus Palazolum in palatio archiepiscopali; alii uero tres, uidelicet Nichola [b] de Rodulfo, Ugo de Baldizone [c], Opizo [d] Sardena, qui positi fuerunt ad placitandum pro quatuor [e] compagnis uersus Burgum, in predicto palatio [f], separatim ab aliis 5 tribus consulibus.

· Quoniam presentia presentibus aperta et nota sunt, et quando preterita fiunt futuris hominibus innota habentur, ideoque bonum et utile presentiarum rerum ueritatem describere. quapropter Caffarus felicis memorie que suo tempore in ciuitate Ianuensi et 10 extra per diuersa loca acciderunt, sicuti scriptum est in hoc libro, obliuioni notificare non tradidit. igitur competens est, ut quomodo consules Ianuenses rem publicam in hoc anno et placita tractauere, per memoriam Caffari ueritas cognoscatur. cognoscat ergo sapientia audientium, quod prescripti consules comunis et cau- 15 sarum, prout decuit, rem publicam et placita recta linea tenuerunt. omnibus namque hominibus eorum districti, diuitibus et pauperibus, uiduis et orphanis, iusticiam petentibus, prout ratio postulat, unicuique tribuerunt. preterea legatos de melioribus ciuitatis, W[illielmum] Ventum scilicet et Ansaldum Aurie, ad [1] 20 W[illielmum] Sciculum regem [g] pro honore ciuitatis miserunt, qui honorifice a rege fuerunt recepti. postea uero, cum multa diu et diu de honore regni et Ianuensis ciuitatis insimul tractauissent, tandem pacem et concordiam ex utroque latere taliter firmauerunt. rex enim in toto suo districtu Ianuenses saluare, 25 custodire, et de iniuriis iusticiam facere, omnesque Prouintiales et Francigenas mercatores a regno suo expellere, multaque alia, sicuti scriptum est in Ianuensi registro, presente sua regali curia

---

(a) . III.ᵉʳ   (b) Nicola   (c) Baldiçone   (d) Opiço   (e) . III.ᵉʳ   (f) palacio
(g) Guillermum Ventum scilicet et Ansaldum Aurie et Guillermum Sciculum ad regem

---

(1) Anche nel· Codice *N* si leggeva *et* come nel Cod. *E*; ma un altra mano cancellò, e corresse nell' interlineo: *ad*. Intanto quella posposizione *Guil-* *lermum Siculum ad regem* fu causa che il Giustiniani (a. 1156) inventasse un ambasciatore « Guglielmo Siculo ».

et coram Ianuensibus legatis, sacramento firmauit [1]. legati autem postquam Ianuam uenerunt, contione facta, consules [a] cum trecentis hominibus iurauerunt quod non debent mortem regis uel captionem consiliari, et quod si in tota terra regis in per-
5 sonis vel in peccunia [b] depredationem fecerint, consules inde ei facient rationem [2]. quam nempe promissionem non solum regi tante potentie tanteque magnitudinis, uerum etiam ceteris hominibus pacem tenentibus, Ianuenses usque modo absque sacramento firmiter tenuerunt et tenent. unde quidem multa maiora
10 et pulchriora Ianuenses accepisse quam fecisse, longe lateque a sapientibus per orbem dicitur et tenetur. rex namque a multis et magnis potestatibus et ciuitatibus sola promissione sacramenta suscepit et recepit, et quod alicui sacramentum fecisset nisi Ianuensibus solis mandatum est. ergo quod Ianuenses maiora su-
15 scepisse quam fecisse uerissime creditur et probatur. millesimo . CLVI [c].

In tricesimo septimo anno consulatuum unius anni fuerunt consules de comuni . IIII. [d] scilicet Rogeronus de Ita, W[illielmus] [e] Ventus, Obertus Spinula, Gandulfus Picamilium [f]. de placitis uero
20 octo, quorum quatuor placitabant pro quatuor compagnis ciuitatis, scilicet Boiamundus de Odone, Fredentio [g] Gontardus, W[illielmus] [h] Stanconus, Marchio de Volta; alii quatuor [i], scilicet Obertus cancellarius, W[illielmus] [j] Cigala, Amicus Grillus, Vassallus [k] de Guisulfo pro quatuor compagnis de Burgo pla-
25 citabant.
Quoniam bonum et utile pro sua patria honeste pugnare, competens est ut quomodo consules de comuni pro Ianuensi patria

---

(a) concione facta, cum trecentis *etc.*   (b) pecunia   (c) . MCLVI.   (d) . III.^{or}
(e) Guillermus   (f) Piccamilium   (g) Fredericus, *err.*   (h) Guillermus   (i) . III.^{or}
(j) Guillermus   (k) Vasallus

(1) Cfr. il diploma del novembre 1156 nell'*Iur.*, I, 190, 202, e nel SIRAGUSA, II, pp. xxiv; nonchè le osservazioni su lo stesso, negli *Atti Soc. Lig.*, I, 290.

(2) Il giuramento è del gennaio 1157, e fu stampato negli *Atti* cit., I, 292.

hoc anno pugnauere, per presentem scripturam Caffari ueritas
cognoscatur. cognoscat igitur sapientia uirorum, quod predicti
consules de comuni eorum tempore talia perpetrauerunt(a), scilicet
Ianuensem ciuitatem et populum in pace et concordia tenuerunt,
et partem muri ciuitatis edificare (b) ceperunt, et legatos plures in 5
diuersas partes pro honore ciuiꞁꞁtatis miserunt, uidelicet Guidonem
Laudensem (c) ad Romanam curiam, Ionatham (d) Crispinum ad orientales partes et ad W[illielmum] Siculum regem (e) (1), et Amicum de
Mirto (f) Constantinopolim legatum miserunt pro exigendis scalis (g)
et embolo promissis. receperunt etiam in habitaculum Guidonem 10
Guerram comitem Victimiliensem (h), qui et fidelitatem nostro
comuni iurauit, et castra sua, ut in registro habetur, omnia comuni donauit, ea in feudo suscipiens per inuestituram (2), insigne
rubee ipsi in parlamento a predictis consulibus tradite (i). et com-
pagnam nouam iurare (3), et consules comunium et causarum de 15
melioribus ciuitatis eligere (j) fecerunt. pro consulibus uero presentibus et futuris Caffarus, qui hunc librum composuit, in unoquoque die trinam facit orationem, ut populum Ianuensem in
pace et concordia regere et in bonis operibus augmentare Deus
eis semper concedat. MCLVII (4). 20

c. 8 »

(a) perpetractauerunt, *err.*   (b) hedificare   (c) Luudensem, *err.*   (d) Ionatam
(e) Guillermum Siculum ad regem   (f) Mirro, *err.*   (g) scallis   (h) Vintimiliensem
(i) *N E* tradita, *err.*   (j) elligere

(1) Anche qui, per la trasposizione usata dal Cod. *E*, il Giustiniani (a. 1157) ripete l'errore di un legato « Guglielmo Siculo ».

(2) Cfr. gli atti del 30 luglio 1157, nell' *Iur.*, I, 197-98.

(3) Cfr. il *Breve* di questa Compagna, in *Atti Soc. Lig.*, I, 176; e *Leges Municipales*, III, 5.

(4) Succedono nel Cod. *N* quattro righe e mezza, nelle quali si ripetono con qualche leggera variante alcuni dei periodi antecedenti; ma di fianco a ciascuna riga lo scriba appose de' punti, per significarne la espunzione: *In ipso etiam consulatu Amicum de Mirto ipsi consules Constantinopolim legatum miserunt, pro exigendis scalis et embolo nostro comuni promissis. receperunt etiam in habitaculum Guidonem Guerram comitem Victimiliensem, qui et fidelitatem nostro comuni iurauit et castra sua, ut in registro habetur, om[n]ia comuni donauit, ea in feudum suscipiens per inuestituram, insigne rubee ipsi in parlamento a predictis consulibus tradite. Milesimo. CLVII.*

In tricesimo octauo ·anno consulatuum unius anni fuerunt consules de comuni quatuor: Ingo de Volta, Ido Gontardus, Baldicio
Ususmaris, Iohannes Malusaucellus.   et de placitis octo (a), quorum
quatuor (b) uersus Palaçolum (c) in quatuor compagnis placitabant, sci-
5 licet W[illielmus] Buferius (d), Bonusuassallus (e) de Castro, Anselmus
de Caffara et Nuuelonus.   in aliis uero compagnis uersus Burgum
Oto (f) Caffari, Nicola de Rodulfo, Enricus Malusocellus et Obertus
Recalcatus.   tempore quorum multa et diuersa atque inaudita per
totum regnum Italicum (g) incepta et facta fuere ; de quibus namque
10 que a Frederico Romanorum imperatore per Liguriam et maritimas partes acta sunt, competens est ut Caffarus secundum
posse scientie (h) sue notificare obliuioni ne tradat.

Cognoscat itaque (i) sapientia presentium et futurorum, quod
predictus imperator cum magno exercitu Theotonicorum Lom-
15 bardiam (l) ad hoc uenit, ut qui actenus (k) inobedientes fuerant,
nunc per Dei (l) misericordiam et per aduentum suum imperio
satisfacerent.   quapropter omnibus marchionibus, comitibus et
consulibus ciuitatum, atque totius Lombardie et Tuscie bellatoribus ad bellum uenire conuocatis, ad obsidendum Mediolanum
20 cum innumerabili populo bellatorum iuxta arcum Romanum
imperator tentoria posuit.   Mediolanenses uero, quamuis per
paucos dies imperatori restitissent, tamen breui tempore in
uoluntate et precepto domini imperatoris stare iorauerunt (1).
imperator autem, pietate commotus, preterite inobedientie indul-
25 gentiam et non iudicium Mediolanensibus dedit ; fidelitatem uero
facere et regalia dimittere, atque nouem milia marcas argenti
et . ccc . obsides dare ad constitutos terminos sacramento firmauere.
unde totius Lombardie (m) et Tuscie habitatores, terrore comoti, ad
instar Mediolanensium uoluntati imperatorie satisfecerunt.   quibus

(a) . vm .   (b) . mm .ᵐ   (c) N Palacolum   (d) Guillermus Bufferius   (e) Bonus
uasallus   (f) Otto   (g) Ytalicum   (h) sciencie   (i) igitur   (j) Lumbardiam
(k) hactenus   (l) inobedientes fuerant per Dei etc.   (m) Lumbardie

(1) Gli *Annales Vincentii Pragensis* aiutarono l'imperatore nell'assedio di
rassegnano la milizia dei Genovesi Milano. Cfr. PERTZ, *SS.*, XVII, pp. 673.
tra quelle delle città italiane, che

ex magna parte peractis, in Runcalliam parlamentum fecit, mul-
tasque ibi sententias promulgauit de lamentationibus que uenerant coram ipso, et inter Italicas ciuitates pacem reformari et
teneri precepit. inter hec uero Ianuenses ad eius curiam, multis
uicibus litteris et eius principibus et curialibus lacessiti, plerumque 5
miserunt ad eum de nobilioribus suis. quibus instantia multa
petebat, ut sicut alie ciuitates Italie ei de fidelitate, obsidibus et
dimittendis regalibus faciebant, penitus et ipsi facerent. qui
aliorum huiusmodi facta quamuis laudarent, caute tamen ab huiu-
scemodi debitis se excipiebant, et monstrabant se excusandos. 10
nam ab antiquo concessum et firmatum[a] est per Romanos im-
peratores, ut ab omni angaria et perangaria habitatores ciuitatis
Ianue debeant perpetuo excusari, solamque fidelitatem imperio
debeant et maritimarum contra barbaros tuitionem, nec in aliis
possint ullo modo adgrauari[b]. unde cum hec[c] que debent bene 15
prestiterint et, diuinitate propitia[d], barbarorum impetus et insultus,
quibus tota maritima a Roma usque Barchinoniam cotidie uexabatur, procul expulerant, ut ab eis quisque securus dormiat et
quiescat sub ficu et uite sua, quod annuali dispendio decem milia
marcharum argenti imperium fecisse non poterat, ulla ratione[e] 20
non possunt indebita postulari[1]. preterea iuxta aliorum Italicorum
debitum ad talia non possunt ullo modo euocari, cum de terra

c. 9 a imperii non habeant unde uiuere possint‖ uel se aliquo modo retinere; cumque aliunde afferant, unde Ianue uiuant et possint
manutenere honorem imperii; cumque in extraneis terris quibus 25
comituntur[f] in mercationibus suis soluant innumeras dacitas, et

(a) confirmatum   (b) agrauari   (c) unde hec   (d) propicia   (e) racione
(f) *N* conutuntur, *err.*

(1) Dell' efficacia con cui adempi-
vano i Genovesi a quest' ufficio, e
della loro potenza marittima, abbiamo
una riprova in ciò che narrano appunto sotto il 1158 le *Gesta Friderici.*
Dovendo l' imperatore spedire nella
Sardegna e nella Corsica il vescovo
Corrado di Eichstaedt e il conte Emi-
cone di Liningen (cfr. STUMPF, III, nn.
146 e 347), egli lo fece, *commendans
eos Pisanis et Ianuensibus conducendos,
pro eo quod he due ciuitates maximum
in Tyrreno mari uiderentur habere principatum.* Cfr. PERTZ, *SS.*, XX, pp. 450.

rerum suarum libertatem precio mercentur et redimant, tributum
non debent imperio, cum antiquitus sit per Romanorum imperatorem [a] statutum, ut nemo, excepto Cesare, tributum accipiat,
eiusque intersit si ab alio occupatur. fidelitatem igitur solam
5 debent habitatores Ianue, et non possunt [b] de reliquo appellari.

Interim uero uiri et mulieres, qui Ianue erant, petras et arenam
ad murum die uel nocte trahere non cessantes, tantum muri ciuitatis infra octo dies construxerunt, quantum illaudabiliter non
fecisset per annum aliqua ciuitatum Italie. reliquas uero partes
10 quas muri ambitus [c] non contexerat, et eas quas muri altitudo non
muniebat, altissimis castris, que fecerunt [d] de arboribus nauium,
et frequentibus breteschis et spatiosibus spaldis [e] et robustissimis
ita per triduum munierunt, quod totius Italie et Tuscie ac Ale-
mannorum [f] impetum, non obstante diuinitate, indempnes excepis-
15 sent. consules autem ciuitatisque silentiarii [g], experti sepius obsidentes quibus coharcentur obsessi, soldaderios, balistarios [h] et ar-
chiferos tot ad ciuitatem conduxerunt, ordinantes eos per castra
montana et alias partes ciuitatis, quod pro solo cibo eorum cotidie expendebant ualens centum marcarum [i] argenti. imperator
20 autem in ratione [j] queque disponens, Ianuensium actiones et ex-
ceptiones non obaudiens, et uidens quod antiquam consuetudinem
suam non paterentur imminui, eos iterum ad Boscum, ubi cum
exercitu uenerat, conuocauit. ieruntque ad eum Ido Gontardus,
tunc consul comunis, et quidam alii sapientes, Caffarus uidelicet,
25 Obertus Spinola, W[illielmus] [k] Cigala, Guido de Laude, Ogerius
de Bocherone, Oto [l] Iudex et Albericus [m]; fecceruntque talem cum
eo concordiam, uidelicet quod imperator gratiam et bonam uoluntatem suam [n] Ianuensibus dedit, eosque in suam tutelam [o] et
deffensionem recepit; addens quod nullam super eos lamentationem
30 audiret, nec eos modo aliquo inquietaret de aliquo quod tenerent uel possiderent iuste [p] uel iniuste, excepto si peccuniam [q]

(a) N imperatorim E imperatorum, ambo err.   (b) possint   (c) abintus, err.
(d) fecerant   (e) betreschis et spaciosibus spardis   (f) Alamanorum   (g) silenciarii
(h) balisterios   (i) N macarum, err. E marcharum   (j) racione   (k) Guillermus
(l) Otto   (m) N Abbericus, err.   (n) et suam bonam uoluntatem   (o) tutellam
(p) indebite   (q) pecuniam

auferrent[a] alicui uiatori, quam non pateretùr teneri. hocque ser-
uandum constituit[b] usque sanctum Iohannem. Ianuenses uero
ei fidelitatem fecerunt iurari a.XL.hominibus, suscipientibus eam, in
palatio[c] Ianuensis archiepiscopi, Rainaldo[d] cancellario imperatoris
et comite Blandratense.[e]; sed ea conditione ut per fidelitatem exer- 5
citum facere uel peccuniam[f] dare nullo modo tenerentur, et ab
eo sibi prouentura essent que superius in narrationem[g] uenerunt.
promiserunt etiam ei, sub ipso tenore, se dimissuros fore regalia
que ipsimet ei per iusticiam pertinere cognoscerent. dederunt
insuper imperatori et curie marchas argenti.M.CC[1]. hec autem 10
dum sic essent firmata, misit imperator nuncios suos Sagonam et
per totum comitatum; quorum dum[h] quidam Victimilium adue-
nisset, iniqua occasione actum est ut Victimilienses[i], qui omnes,
exceptis minoribus quatuordecim annorum, comuni Ianue fidelitatem iurauerant contra omnes personas, quique iuramento tene- 15
bantur prodicionem castri illius nec pati nec facere, et ad sal-
uandum et retinendum et recuperandum, si perderetur, comuni
Ianue[j] contra omnes homines conferre et auxiliari, nefanda pro-
dicione[k] ceperunt illud, et predicti nùncii imperatoris suasionibus
diruerunt[l]. quare Ianuenses miserunt legatos ad imperatorem, 20
castri illius restaurationem[m] querentes, cum eius occasione uideretur amissum, et de imperialibus promissionibus ipsi haberent[n]
quod non debebant minui aliqua possessione, quam supradicte
pactionis tempore habuissent. narrauerunt etiam ei, ut maiori
iusticia habundarent, qua ratione castrum illud habuissent[o]. nam 25
sub imperatore Conrado[2], dum indomita audatia Victimiliensium

(a) aufferrent   (b) N constitunt, *err.*   (c) palacio   (d) **Raynaldo**
(e) Blandracense   (f) pecuniam   (g) narratione   (h) cum   (i) Vintimilienses
(j) comuni Ianue perderetur   (k) proditione   (l) diruerunt illud   (m) restaurationem
castri illius   (n) habebant   (o) castrum habuissent

(1) Senza dubbio ha relazione a questo fatto il racconto che s'incontra nelle citate *Gesta Friderici*, pp. 461: *Eodem quoque tempore egressi fuerant de Placentia latrunculi, et nuncios principis, qui de Genua promissam ferebant pecu-* *niam, circiter.D.talenta, ex insidiis circumuenerunt, et memoratam pecunie quantitatem deripuerunt.*

(2) Al disopra di questo nome, nel Cod. *N*, d'altra mano: II.

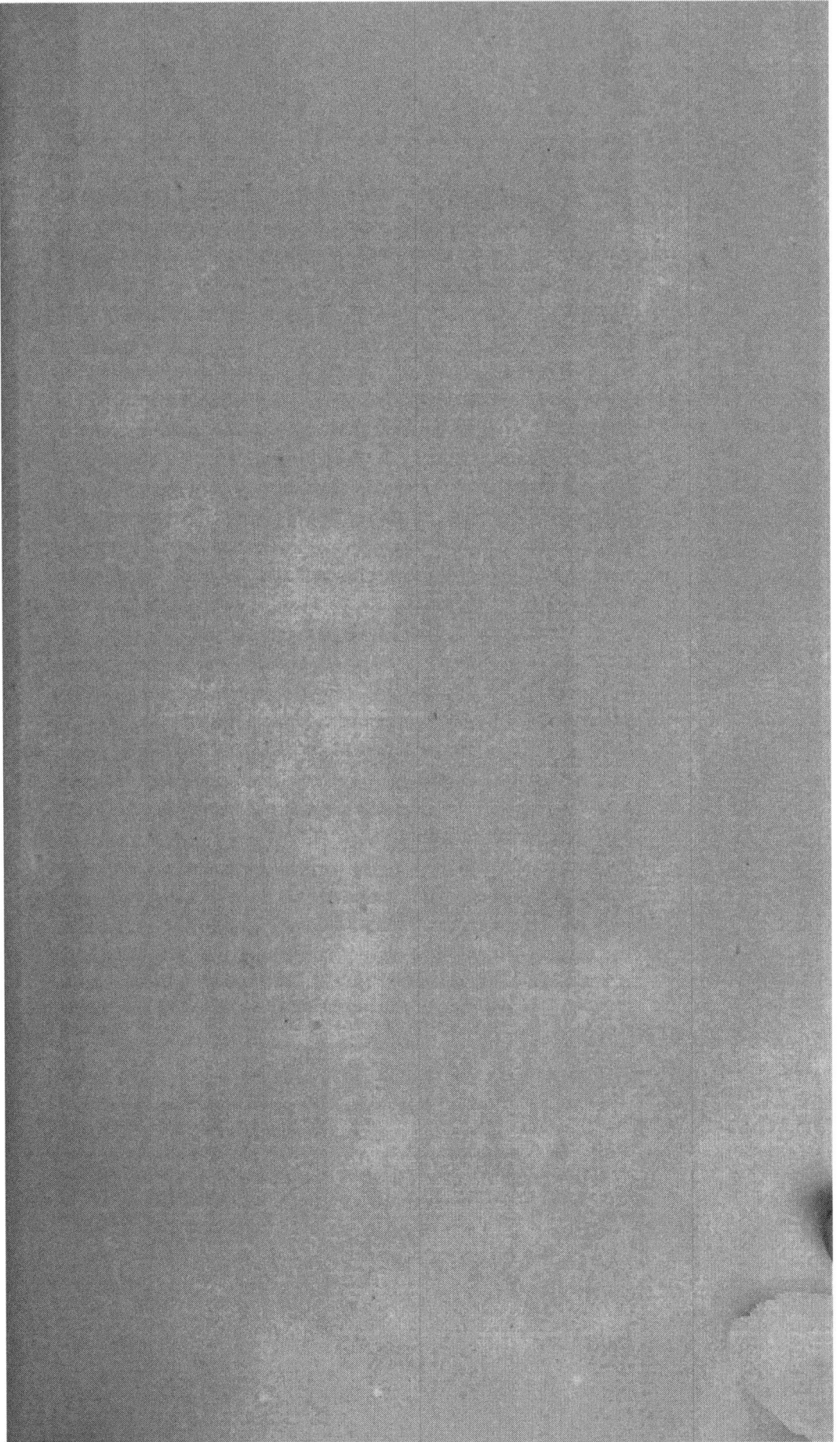

[I]n millesimo nono anno consulatum unius anni fuerunt consules de communi. Scilicet Ansaldus mallonus. Ogerius de gudone. Jonathas crispinus. Rubaldus de baciza. Ansaldus spinola. Lanfrancus piper. Et be placnis quartor: Boiamundus de odone Corsus ferra. Bernarus. Opizo sardena. Quorum omnium prudentia et cautela reipublice status et singulorum negotia ianuensium laudabili fuerunt administratione promota. Et quicquid fuerat de muro ciuitatis inexplicitum eorum studium et laborem imianubus certis ciuibus adparentem consummatione fuerit hoc eorum quod incredibile non init. Indecirurgcbus meis ciuibus expleditum studuis magipro de pacem est. Quos per ceruitarios iobis scribe omnibus colligitur studeis bonas ipsius opus remuneratorum unitate enagebri pro laboratoris innumeribus absolutis adscripsi tamentere longituranui aequitatur signa laboris flauorum in octo pedum remunicatorum unigin propaginum magnitudui futurorum conosces. Scuenus ibque longitudium passuum .v. xt .e. unius qoqum ambutorum passium cum passus unu qundq pedatis pedum pedam unus siqud signum ligurint. longituranui destribui siqud quod unum quq pedatis pedum pedam

in tantum creuisset, ut omnes quos inueniebant, tam diuites quam
pauperes, peregrinos quam alios, incarcerarent et predarentur,
essetque eorum sub integritate propositum in rapinis et in omnibus malis, nec scelera sua cognoscerent cum non sentirent ul-
5 torem malicie ipsorum, tanta apud imperatorem lamentatio creuit,
ut Ianuensibus dederit in preceptis et precibus quod predones
illos et alios, qui per comitatum moliebantur ad∥talia, compre-
henderent, contererent, et sue dicioni(a) subiugarent.   ad quod
multis rationibus euocati, per litteras scilicet et preces ipsius im-
10 peratoris, supplicationibus etiam innumerorum, quos ipsi leserant
inimici, congregauerunt Ianuenses magnum exercitum tam peditum
quam militum, et Victimiliensem ciuitatem, ut in subscriptione (b)
anni illius notauimus (1), ceperunt, et a Victimiliensibus accepta fidelitate in perpetuum, castrum Victimilii edificauerunt, quod, ut
15 predictum est, memorati per uim destruxerunt.   unde ab eis ca-
uendum est, ne satisdatio, que non mutat maliuolum propositum,
decipiat confidentes.

Hoc etiam anno totus orbis nimia siccitate exaruit, quia a
calendis(c) madii usque ultimam ebdomadam marcii non pluit nisi
20 parumper, semel quandoque ad instar roris in mense; unde fontes
et putei ita desiccati(d) erant, quod qui ubertate aque habundare
solebant in profunda estate, uix in ieme (e) sufficiebant ad unius
situle replementum.   quod licet ad opus inceptum non tangat,
Caffari memoria, ne obliuioni tradatur, conscripsit.   millesimo . c .
25 quinquagesimo octauo (f).

In tricesimo (g) nono anno consulatuum unius anni fuerunt consules de comuni sex, scilicet Ansaldus Mallonus, Ogerius de
Guidone, Ionathas(h)Crispinus, Rubaldus Bizacia (i), Ansaldus Spinola,
Lamfrancus (j) Piper; et de placitis quatuor: Boiamundus de Odone,
30 Corsus Serra, W[illielmus](k) de Marino, Opizo (l) Sardena.   quorum

(a) ditioni   (b) ut subscriptione   (c) kalendis   (d) desicati   (e) hyeme
(f) . MCLVIII .   (g) tricessimo   (h) Ionatas   (i) Biçacia   (j) Lanfrancus   (k) Guillermus   (l) Opiço

(1) Cfr. all' anno 1140, pp. 30.

omnium prouidentia et cautela [a] reipublice status et singulorum
negotia [b] Ianuensium laudabili fuerunt administratione promota.
et quicquid [c] fuerat de muro ciuitatis inexpletum, eorum studium
et laborem imitantibus ceteris ciuibus, ad apparentem consummationem [d] peruenit.   hoc autem, quod incredibile nonnullis ui- 5
detur, operibus tocius [e] ciuitatis et plebium dierum quinquaginta
trium in digito Dei peractum est.   quod per
cartularios Iohannis scribe comunis colligitur [f], qui dies et horas ipsius operis remu-
nerandorum operariorum, cum [g] egentes et magistri precio labora- 10
rent, in mercedibus absolutis ascripsit [h].   ut autem de longitudine
muri adaugeatur fama laboris, stadiorum octo et pedum quingen-
torum uiginti propagationem eius discrecio presentium futurorum-
que cognoscat.   stadium quippe longuitudo [i] est passuum . cxxv.
uel pedum . D c . xx . v . cum passus sit quinquepedalis dimensio. 15
est igitur super totum pedes quinque milia [j] quingenti et . xx .
cuius integre quantitatis, ut predictum est, factum est fere quatuor [1] partes supradictis quinquaginta tribus diebus, collectis semper in unum opus, quod ciuitatis et plebium homines, secundum
quarteria et alias suas distinctiones, laborabant per partem diei 20
uel sui aliquando diuisionem.   fecerunt etiam in ipso muro merlos
mille septuaginta, tam pro formositate et fortitudine muri, quam
pro comoditate et tuicione ciuitatis et ciuium.

Preterea omnibus notum sit, quod tempore istorum consulum
. vii . die exeunte ianuario, Fredericus Romanorum imperator 25
Cremam cepit et destruxit; atque in eodem anno
discordia inmensa de electione [k] Romani pontificis
in orbe exorta est.   obeunte namque beate memorie Adriano papa, episcopi omnes et cardinales
Romane curie pro electione apostolici insimul conuenerunt. 30
quomodo autem et quam electionem [l] fecerunt, et qualiter

(a) cautella   (b) negocia   (c) quidquid   (d) consumationem   (e) totius
(f) Iohannis scribe colligitur   (g) N cun   (h) asscripsit   (i) longitudo   (j) . v . milia
(k) ellectione   (l) ellectionem

(1) Il copista avea dapprima scritto
quatuorum; poi cancellò la finale.

diabolus discordie fomitem in ecclesia seminauit, Alexander a cardinalibus electus [a] et de sua electione [b] et de seminata discordia
per litteras subsequentes Ianuensi· archiepiscopo hoc modo ap-
peruit et mandauit.

5　　*Alexander episcopus, seruus seruorum Dei, uenerabilibus fratribus*
S[yro] Ianuensi archiepiscopo, eiusque suffraganeis, salutem et aposto-
licam benedictionem.　　eterna et incomutabilis [c] prouidentia conditoris
sanctam et inmaculatam ecclesiam a sue fundationis exordio ea ratione
uoluit et ordine gubernari, ut unus ei pastor et institutor existeret, cui
10　　*uniuersarum ecclesiarum prelati absque repugnantia subiacerent, et*
membra tamquam suo capiti coherentia ei se quadam mirabili uni-
tate coniungerent, et ab ipso nullatenus dissiderent.　　qui uero apo-
stolis‖ suis pro eorum fidei firmitate promisit dicens « ecce ego uo-
biscum sum usque ad consummationem seculi », ille procul dubio
15　　*ecclesiam suam, cuius ipsi apostoli magisterium assumpserunt, sua*
promissione fraudari nullo modo patietur; sed eam in suo statu et
ordine, licet ad instar nauicule Petri fluctuare aliquando uideatur,
perpetuo faciet permanere.　　unde et quamuis hoc tempore tres falsi
fratres, qui a nobis quidem exierunt sed non fuerunt de nobis, trans-
20　　*figurantes se in angelos lucis cum sint Sathane, inconsutilem [d] Christi*
tunicam, quam utique ipse idem ex persona psalmographi a leonibus
petit et a flamea [e] eripi, et de manu canis orat ac postulat liberari,
scindere et laniare laborent; Christus tamen, auctor et caput ecclesie,
eam uelut [f] unicam sponsam suam prouida gubernatione tuetur, et
25　　*nauem egregii piscatoris, licet sepius quaciatur [g] a fluctibus, non per-*
mittit naufragium sustinere [h].　　porro cum antecessor noster, bone me-
morie Adrianus papa, kalendis septembris, dum [i] essemus Anagnie [j],
debitum nature soluisset, et de terris ad celum, de imis [k] migrasset,
uocante Domino, ad superna, eo Romam adducto et pridie nonas
30　　*septembris in ecclesia beati Petri, presentibus fere omnibus fratribus,*
satis honorifice sicut moris est tumulato, ceperunt fratres et nos cum
eis, secundum ecclesie consuetudinem, de sustituendo [l] pontifice in eadem

c. 10 a

(a) ellectus　　(b) ellectione　　(c) incommutabilis　　(d) inconsuptilem　　(e) *N* af-
framea, *err.*　　(f) ueluti　　(g) quatiatur　　(h) substinere　　(i) cum　　(j) Agnanie, *err*
(k) ymis　　(l) substituendo

ecclesia studiosius cogitare; et tribus diebus inter se de ipsa electione tractantes, tandem in personam nostram, insufficientem huic honeri [a] et tante dignitatis fastigio minime congruentem, omnes fratres quotquot fuerunt, tribus tantum exceptis, Octauiano scilicet, I[ohanne] de sancto Martino et Guidone Cremense, Deo teste, quia non mendatium [b] 5 fingimus sed meram sicut est loquimur ueritatem, concorditer atque unanimiter conuenerunt, et nos, assentiente [c] clero et populo, in Romanum pontificem elegerunt [d]. duo uero, I[ohannes] uidelicet et Guido Cremensis quos prenotauimus, tercium, Octouianum uidelicet, nominantes, ad eius electionem pertinaciter intendebant. unde et ipse Octouianus [e] 10 in tantam audatiam uesaniamque prorupit, quod mantum quo nos renitentes et reluctantes [f], quia nostram insufficientiam uidebamus, iuxta morem ecclesie, prior diaconorum induerat, tamquam arreptiuus [g], a collo nostro propriis manibus uiolenter excussit, et secum inter tumultuosos strepitus uel fremitus asportauit. ceterum cum quidam de 15 senatoribus tantum facinus inspexissent, unus ex eis, spiritu diuino succensus, mantum ipsum de manu eripuit seuientis. ipse uero ad quendam capellanum suum, qui ad hoc instructus uenerat et paratus, ilico [h] flameos occulos [i] fremebundus inflexit, clamans et concrepans ut mantum quem secum portauerat festinanter afferret. quo utique sine 20 mora delato, idem Octouianus [j], abstracto pilleo [k] et capite inclinato, cunctis fratribus aut loco inde aut uoluntate remotis, mantum per manus eiusdem capellani et cuiusdam alterius clerici sui ambitiosius [l] assumpsit, et ipse idem, quia non erat alius in hoc opere, capellano et clerico extitit coadiutor. uerum ex diuino iudicio [m] credimus contin- 25 gisse, quod ea pars manti que tegere anteriora debuerat, multis uidentibus et ridentibus, posteriora tegebat, et sicut forte mentis erat et intentionis oblique, ita ex transuerso et obliquo mantum fuit in testimonium sue dampnationis indutus. quo facto, porte ecclesie que firmate erant reserantur, et armatorum cunei, quos, sicut ex re ap- 30 paruit, peccunie largitione conduxerat, euaginatis gladiis cum inmenso strepitu cucurrerunt [n], et pestis illa mortifera, quia cardinales et

(a) oneri   (b) mendacium   (c) assenciente   (d) ellegerunt   (e) Octauianus
(f) relutantes   (g) N arreptulus, err.   (h) illico   (i) oculos   (j) Octauianus
(k) pileo   (l) ambiciosius   (m) iuditio   (n) pecunie largitione conduxerat, cucurrerunt, et pestis etc.

episcopos non habebant, armatorum caterua militum uallabatur. *consi-*
derate itaque, fratres in Christo uenerabiles, tam piaculare flagicium [a],
tam execrabile sacrilegium diligenter attendite [b], *et uidete si est dolor*
sicut dolor iste, et si ab exordio nascentis ecclesie tanta uesania
5 *umquam fuerit a quolibet scismatico uel heretico attemptata.* fratres
uero facinus tam inmensum et a seculis inauditum ex insperato
uidentes, et formidantes ne a conducticiis [c] *militibus* ‖ *truncarentur,*
sese in municionem [d] *ecclesie nobiscum pariter receperunt; ibique nouem*
diebus continuis, ne exinde [e] *exiremus, fecit nos, quorumdam* [f]
10 *senatorum assensu quos peccunia* [g] *oblata corruperat, die noctuque ar-*
mata manu cum omni diligentia custodiri. sane populo incessanter [h]
et iugiter acclamante, et in senatores pro tanta impietate multa im-
manitate fremente, de custodia fuimus [i] *illius munitionis erepti; sed*
in artiori et tuiciori [i] *loco trans Tiberim* [k] *nos idem senatores, recepta*
15 *inde peccunia* [l]*, posuerunt.* cumque moram ibi ferme per triduum fe-
cissemus [m]*, uniuerso populo tantam perditionem atque maliciam de ce-*
tero nullatenus sustinente, senatores cum nobilibus et populo uenientes,
nos et fratres nostros per urbem magnifice et honorifice cum inmensis
laudibus et preconiis, campanis etiam in transitu nostro ubique pul-
20 *santibus, conduxerunt.* et sic tandem a uiolentia persequentis erepti et
nostre redditi libertati [n]*, sequenti die dominico uenerabilibus fratribus*
nostris G[regorio] Sabinensi, Huberto Hostiensi, B[ernardo] Portuensi,
Waltero [o] *Albanensi, I[ohanne] Signino et B[erardo] Terracinensi*
episcopis, cardinalibus quoque et abbatibus, prioribus, iudicibus, aduocatis,
25 *scrinariis, primicerio et scola cantorum, nobilibus etiam et quadam parte*
de populo urbis, apud Nimpham non longe ab urbe insimul congre-
gatis, munus consecrationis accepimus, et sicut in Romana ecclesia
consuetudinis est, ibidem pontificali regno magnifice fuimus ac sol-
lempniter [p] *coronati.* ceterum predictus Octouianus [q] cum pro consecra-
30 *tione immo* [r] *execratione sua, dum et in urbe esset, et postquam la-*
tenter exiuit urbem, multos episcopos conuocasset, nullum preter unum,
Ferentinatem [s] *uidelicet, habere potuit pro sua temeritate et uesania*

(a) flagitium (b) atendite (c) conduticis (d) munitionem (e) inde (f) quorundam (g) pecunia (h) incessante (i) fuimus de custodia (i) tutiori (k) Tyberim
(l) pecunia (m) fecimus (n) N liberati, *err.* (o) Gualtero (p) solempniter
(q) Octauianus (r) ymo (s) N Ferentinantem E Feritinantem, *ambo err.*

confirmanda. *quosdam tamen episcopos imperialibus minis, quosdam*
uiolentia laicali (a), *quosdam uero peccuniis* (b) *et blandiciis allicere uoluit,*
sed nichil, Domino impediente, profecit. *unde nec adhuc inuenire po-*
test, licet modis omnibus enitatur, qui ei manus execrationis imponat, et
se tante faciat presumptionis et auctorem impietatis. *uerum memorati* 5
I[ohannes] et G[regorius], cecitatis tenebris obuoluti, quoniam scriptum
est « peccator cum uenerit in profundum uiciorum contempnet », nec
sic a sua presumptione dampnabili resipiscunt; sed eundem Octo-
uianum (c), *quem sibi in statuam erexerunt, obstinata perfidia uene-*
rantur, et eum, relicta unitate ecclesie, presumunt usque adhuc tam-
quam (d) *idolum aut simulachrum* (e) *adorare.* *ipse autem Antichristi* 10
tempora prefigurans, usque adeo erectus est supra se, ut etiam in templo
Dei sederit tamquam sit Deus ostendens se, et multi abhominationem
desolationis stantem in loco sancto, non sine multa lacrimarum effu-
sione, corporeis occulis inspexerunt. *sane nos infirmitatem nostram et* 15
uirtutum indigentiam cognoscentes, nostrum in Domino cogitatum
iactamus, sperantes et de Christi misericordia plenius confidentes,
quod ecclesiam suam sanctam, pro qua ipse idem in substantia nostre
mortalitatis apparuit, ut eam sibi non habentem rugam aut (f) *maculam*
exhiberet, obtata (g) *faciet tranquillitate letari, et procellarum omnium* 20
inundatione sedata nichil erit quod ei iam possit obsistere, ubi unicus
sponsus eius uoluerit nubilosa queque et noxia propulsare. *nunc igitur,*
quia nos de nostrorum merito qualitate diffidimus et de honestate ac
religione uestra plenam fiduciam obtinemus, uestris et uniuersalis ec-
clesie precibus infirmitatem nostram petimus adiuuari, caritatem ue- 25
stram per apostolica scripta rogantes et commonentes attentius, ut
sicut uiri catholici uos pro domo Domini muros inexpugnabiles op-
ponatis, et in deuotione ac fidelitate matris uestre sacrosancte Romane
ecclesie immobiliter persistentes, ab eius unitate nullatenus recedatis.
quod si prefatus uir impietatis ad partes uestras aliqua dampna- 30
tionis sue scripta transmiserit, ea sicuti respuenda sunt respuatis,
et tamquam uana atque sacrilega contempnere et abicere studeatis.
nouerit insuper discretio uestra, quod nos in die consecrationis

(a) laycali   (b) pecuniis   (c) Octauianum   (d) tanquam   (e) simulacrum
(f) neque   (g) optata

nostre ipsi Octouiano [a] *et iam dictis fauctoribus eius terminum indul-*
simus [b] *infra octo dies ad sinum et unitatem matris ecclesie redeundi.*
qud si adimplere distulerint, ex tunc tam eos quam omnes || *complices*   c. 11 A
et coadiutores ipsorum, auctoritate beati Petri ac nostra, non diffe-
5 *remus uinculo excommunicationis astringere, et eos a Christi corpore,*
quod est ecclesia, sequestrare.   data Terracine . VI . kalendas octobris
. MCLVIIII [c] [1].

In quadragesimo anno consulatuum unius anni fuerunt consules
de comuni quatuor, uidelicet Rogeronus de Ita, Lamfrancus [d] de
10 Alberico, Enricus [e] Guercius, Ansaldus Aurie.   et de placitis octo,
quatuor in quatuor [f] compagnis uersus Palazolum, W[illielmus]
Cauaruncus, Anselmus de Caffara [g], Nuuolonus et Otobonus [h] fratres; alii uero quatuor uersus Burgum placitabant, scilicet Obertus
cancellarius et [i] Amicus Grillus, Obertus Recalcatus, Nicola
15 Roza [j].

Quoniam recordari preterita, meditari presentia, preuidere
[futura] [2] bonum et utile esse uidetur, ideoque preteritorum, presentium et futurorum Ianuensium consulum nomina et eorum
facta, et que in Ianuensi ciuitate singulis annis acciderunt, Caf-
20 farus cum in etate . XX . annorum erat, scribere et notificare incepit, et sicuti in hoc libro scriptum est, usque in hodiernum
diem composuit et notauit, et deinceps in antea donec uixerit,
Deo concedente, illud idem se facturum promisit.   quapropter sicuti suprascripti consules rem publicam Ianuensem in hoc anno
25 tractauerunt, in quo anno numerus octuaginta annorum etatis
Caffari incipitur et computatur [3], per presentem scripturam eius

---

(a) Octauiano   (b) indulximus   (c) . MCLX .   (d) Lanfrancus   (e) Henricus
(f) . III.ᵉ   (g) Cafara   (h) Octobonus   (i) Obertus Cancellarius, Amicus Grillus *etc.*
(j) Obertus Recalcatus et Nicola Roça.

(1) LUNIG, II, 2083; CAFFARO, 1828,
pp. 154; MIGNE, CC, 69. Errò il Winckelmann, avvisando che fosse da correggere la data nel MCLX. Cfr. LANGER,
pp. 85; DESIMONI, *Regesti*, pp. 62.

(2) *Futura*: aggiunto in ambi i codd.
di mano assai posteriore, probabilmente
della fine del sec. XVII.

(3) Cod. *N*, postilla: *Cafarus annos*
. LXXX .

ueritas cognoscatur. notum ergo omnibus audientibus fiat, quod
predicti consules nongentarum[a] librarum ualens pro debito aliorum
consulum totum soluerunt, ita tamen quod a seruitute predicti
debiti rem publicam liberauerunt. adhuc uero labore turrium
muri ciuitatis . ccc . librarum numerum compleuerunt, et castrum 5
Vultablii[b] ab honere[c] pignoris . c . librarum solutum de manibus
feneratoris[d] extraxerunt, et in comuni guardia et in ordinatione
uenturorum consulum dimiserunt. insuper autem murum burgi[e]
Portus Veneris hedificare[f] fecerunt; et legatos plures, Enricum
Guercium consulem ad imperatorem Constantinopolitanum, et 10
Obertum Spinulam ad Lupum regem Ispanie[g] pro comuni utilitate miserunt[1]. preterea namque ciues, qui grauissime ad inuicem
inimicabantur, ita constrinxerunt[h], quod in toto eorum consulatu
prelium uel impetum facere ausi non fuerunt. consules uero de
melioribus ciuitatis eligere[i] fecerunt. MCLX. 15

In quadragesimo[j] primo anno consulatuum unius anni fuerunt
consules de comuni quinque[k], uidelicet Rodoanus Guilielmi Mau-
roni filius; Philippus de Lamberto, Marchio Ingonis filius[l] de
Volta, W[illielmus][m] Cigala, Obertus Spinula. causarum uero
consules[n] fuerunt octo, quatuor scilicet in quatuor compagnis, et alii 20
quatuor in aliis quatuor. uersus Palazolum[o]: W[illielmus][p]
Buferius et Lambertus[q] Philippi filius, Guiotus Zurlus[r], Guido
Laudensis. uersus autem Burgum: Amicus de Murta, Lambertus[s]
Grillus, Nicola Roza[t], Ansaldus Golia[a].
Cum in diuersis temporibus multa prospera et aduersa in orbe

(a) nonigentarum   (b) Vultabii   (c) onere   (d) feneratorum   (e) burgi murum
(f) edificare   (g) Yspanie   (h) construnxerunt, err.   (i) elligere   (j) quadragessimo
(k) . v.   (l) Marchio filius Igonis   (m) Guillermus   (n) N consulum, err.   (o) Palaçolum
(p) Guillermus   (q) N Lanbertus   (r) N Ginotus E Giuotus Çurlus , ambo err.
(s) N Lanbertus   (t) Roça

(1) Cioè, come risulta meglio dal racconto dell'anno seguente, per la rinnova-
zione del trattato decennale, di cui ved.
nota 3 a pp. 36. Lupo, era il sopran-
nome che i Cristiani davano a Ibn-Mardanisc, il quale seguitò a regnare fino
alla sua morte avvenuta nel 1172.

Cfr. MARREKOSCI, testo arabo, II, 149;
FERNANDEZ Y GONZALEZ, pp. 77.

(1) Nel Cod. E il cognome Golia
qui e più sotto venne abraso, sostituen-
dovi di mano della fine del sec. XVII,
e con manifesta offesa alla verità,
quello di Scalia.

sepe accidant uniuerso, hoc quidem in anno multa maiora et forciora, quam euenire solent, in regno euenerunt Italico [a].   at quia
multum longum et grauissimum esset totum quod in regno accidit narrare per singula , oportet ergo , quomodo predicti con-
5 sules rem publicam suo tempore tractauerunt et ciuitatem in sesta
tenuerunt, ut per memoriam Caffari, ceterarum rerum relicta
matheria [b], ad presens prius sine interuallo scribatur.   predicti
namque consules in initio eorum consulatus multum de regimine
ciuitatis cogitando, quod melius et utilius esse uidetur , de pace
10 scilicet et concordia ciuitatis , intus et de foris tractare et labo-
rare inceperunt.   discordes enim qui in ciuitate erant, capilla-
tiones et rixas solitas ne facerent uel inciperent, consules ad presens
iurare fecerunt.   ceteros uero qui contra preceptum eorum arma
leuauerunt [c] et assaltum [d] alicui de compagna fecerunt [e], turres et
15 domos eorum destruendo et peccuniam [f], ‖ prout sacramento tene-   c. II a
bantur, auferendo [1], uellent aut nollent [g], per sacramentum quiescere constrinxerunt [h].   preterea unum de sociis, Obertum Spinulam scilicet, prudentem et sapientem uirum [i], cum galeis quinque
pro guardia nauium per Corsicam et Sardineam usque Deniam
20 mandauerunt.   unde Sarraceni territi et timore commoti, galeas
armare dimiserunt, uela et remos [j] in custodia posuerunt.   quare
naues Ianuensium euntes et redeuntes, iter quod inceperant tran-
quillo cursu omnes incolumes perfecerunt.   at quidem donec galee Ianuensium in partibus Denie morabantur, Lupus rex Ispanie [k]
25 de pace et concordia Ianuensium in uoluntate consulis sine ulla
fraude stare mandauit.   consul uero postquam regis legationem
tante humilitatis tanteque patientie [1] esse audiuit, accepto consilio
a consulibus causarum, a Lamberto [m] scilicet Philippi filio et Ansaldo Golia qui secum erant , et a comitis galearum, hoc est
30 decem milia marabotinos ad presens dare et comercium totius [n]

(a) in regno Italico euenerunt   (b) materia   (c) contra preceptum arma leuauerant etc.
(d) assaltum   (e) fecerant   (f) pecuniam   (g) nolent   (h) astrinxerunt   (i) scilicet
Obertum Spinulam nobilem et sapientem uirum   (j) remos et uela   (k) Yspanie
(l) pacientie   (m) N Lanberto   (n) tocius

(1) Cfr. il Breve Consolare del 1143,
cap. 17, 18, 26, 27, 28, e passim.

regni sui Ianuensium mercatoribus dimittere, hoc modo pacem
sibi et suis dare promisit et mandauit.   rex autem, audita legatione consulis, leto animo totum quod consul mandauit procul
dubio. se facturum promisit; unde rex sine mora litteras suas
Ianuam misit, precando ut legatum ad eum mitterent, qui ma-   5
rabotinos reciperet et securitatem pacis, uti promissum erat, faceret
et reciperet.   consules uero, uisis litteris et auditis precibus regis,
Guilielmum Caxizum[a] Ingonis de Volta filium, sapientem et in-
clitum uirum, legatum ad regem miserunt, qui marabotinos acciperet et pacis securitatem, dimisso comercio tocius[b] regis terre,   10
reciperet et firmaret.   insuper quoque legatum alium, Otonem[c]
Bonum Nuuoloni fratrem, nobilem et sapientem uirum, ad regem
Moadimorum[d][1] mandauerunt, qui per omnes terras eorum Moadimorum[e] cum magno honore receptus fuit, et ad regem apud
Morochum perrexit, et honorifice multum ab eo receptus fuit;   15
et pacem usque ad quindecim annos cunctis Ianuensibus rex hoc
modo firmauit, ut per omnes terras Moadimorum et posse ipsorum secure Ianuenses cum omnibus rebus suis mari et terra debeant ire, et in aliqua terra ipsorum nisi de centum octo nullam
debeant dare[f] condicionem, excepto Buzee[g] ubi decimum de-   20
bent, quia quintum ipsius decimi debet reuerti ad comune Ianue.
adhuc autem legatum alium, nobilem et consularem uirum, Ansaldum scilicet Spinulam, ad orientales partes, id est ciuitatem
sanctam Iherusalem, cum legato Romane curie, Iohanne uidelicet
presbitero cardinali et sanctorum Iohannis et Pauli, pro petenda iu-   25
sticia Ianuensium direxerunt.   preterea castra, uidelicet Vultablii[h],
Flaconis, Palodii, Riuarolii et Portusueneris, que extra ciuitatem
de ueteri opere erant edificata[i], tante[j] fortitudinis tanteque pulcritudinis nouum opus desuper et circa consules edificare[k] fecerunt,
quod intuitu[l] transeuntium inde ceteras cordis opiniones[m] pro   30
pulchritudine noui operis ab eis remoueat.   unde enim non

(a) Guillermum Casizum   (b) totius   (c) Ottonem   (d) Moadinorum   (e) Moadinorum   (f) dare debeant   (g) Buçee   (h) Vultabii   (i) hedificata   (j) talis
(k) hedificare   (l) intuytu   (m) oppiniones

(1) Gli Almoadi. E nel Giustiniani,
che trascrisse dal Cod. E: « Moadini ».

solum amicis copia est leticie, uerum etiam inimicis inmensam formidinem fortitudo noui operis tribuit audientibus.

De cetero uero quomodo dominus Alexander papa a Ianuensi archiepiscopo, clero et consulibus et omni populo fuit receptus, scribere Caffarus obliuioni non tradidit.　cognoscat ergo uniuersitas populorum, quod archiepiscopus una cum clero et consulibus atque uniuerso populo uirorum et mulierum, seniorum, iuuenum ac puerorum, magnifice et honorifice cum uniuersis laudibus et preconiis, campanis etiam in ciuitate ubique pulsantibus, predictum apostolicum, Deum laudando et nomen eius exaltando, suscepit, sicut in libro psalmorum legitur: *iuuenes et uirgines, senes cum iunioribus laudent nomen Domini, quia exaltatum est nomen eius solius.*　uere nomen Domini in illa die exaltatum fuit, quando Ianuenses uice Domini apostolicum Alexandrum receperunt, sicut ipse Dominus in euangelio dicit: *qui uos recipit, me recipit;* et alibi: *ospes fui, et collegistis me.*　tunc enim ipsum dominum Ihesum Christum collegerunt, quando uice eius palatia et hospitia honestissima atque inmensa stipendia domino apostolico suisque episcopis et cardinalibus sufficienter cum amore magno et tripudio im‖penderunt.　cum uero tanti [a] honoris et beneficii ipse dominus papa memor fuisset, quomodo Ianuensis ciuitatis ecclesiam exaltare posset, cum predictis consulibus tractare inde incepit.　sed quia pro breuitate temporis eorum consulatus ipsi consules incepta complere non potuerunt, nouis consulibus peragenda dimiserunt [1].　quod uero noui consules de hac re et de

c. 12 A

(a) *N* tam, *err.*

(1) Però, fin di quest'anno 1161, con bolla del 9 aprile, data in Laterano, il papa aveva aggiunto il vescovo di Albenga ai suffraganei dell'arcivescovo di Genova, e nominato quest'ultimo in legato transmarino. Di che anche, con altra bolla dello stesso giorno, diede notizia ai patriarchi di Gerusalemme e d'Antiochia. Cfr. UGHELLI, IV, 867; FEDERICI, *Lett. a G. Scioppio*, pp. 60; CAFFARO, 1828, pp. 181; MIGNE, CC, 115; *Iur.*, I, 307; *Not. et extr.*, XI, 6; DESIMONI, *Regesti*, pp. 63 e 471.

Del resto, Alessandro III, mossosi da Terracina dopo il Natale del 1161, entrò nello Stato di Genova in gennaio del 1162; ed in questa città si trattenne dal 21 dello stesso mese fino al 25 di marzo. Cfr. ROMOALDO SALERNITANO, in PERTZ, *SS.*, XIX, pp. 433; JAFFÈ-LOEWENFELD, II, pp. 155-56; DESIMONI, *Regesti*, pp. 64-66, nn. 152-169.

omni augmentatione rei publice suo tempore fecerint, Caffarus, si uixerit, cum tempus fuerit, Deo concedente, scribere non tardabit. MCLX . primo⁽ᵃ⁾.

In quadragesimo secundo anno consulatuum unius anni fuerunt consules quinque de comuni⁽ᵇ⁾: W[illielmus] Boironus⁽ᶜ⁾, Ingo de   5
Volta, Nebolonus, Rubaldus Besaza, Grimaldus⁽ᵈ⁾. causarum uero fuerunt . vIII . quatuor in . IIII .ᵒʳ ⁽ᵉ⁾ compagnis, et alii quatuor in aliis . IIII.ᵒʳ compagnis placitabant: uersus Palazolum⁽ᶠ⁾ Boiamundus de Odone, Bonusuasallus de Lamberto Medico, W[illielmus]⁽ᵍ⁾ Capdorgius, W[illielmus] Cauarruncus⁽ʰ⁾; uersus Burgum Ido Pizo,   10
W[illelmus] Dauria⁽ⁱ⁾, Obertus Recalcatus, Gontardus Rufus.

Quoniam ea, que a tempore captionis Cesarie usque nunc cis mare et citra per Ianuenses et plures alios gesta sunt, in unoquoque anno Caffarus scribendo notificauit, ideo competens est ut ea que in hoc anno a domino Frederico Romanorum imperatore et   15
semper ac uere augusto per Liguriam et in ciuitate Ianuensi et extra per Ianuenses patrata sunt, idem Caffarus scribere non dimittat. omnibus quoque⁽ʲ⁾ presentibus et futuris notum fiat, quod dominus F[redericus] Romanorum imperator et semper augustus, pre cunctis Cesaribus intendens ad redintegrationem imperii, sub   20
iugo triumphationis sue uniuersorum colla subiciens, preesse meruit singulis et dominatui⁽ᵏ⁾ cunctorum⁽ˡ⁾. ipse enim per tres annos obsidendo Mediolanenses fame et bello ita constrinxerat⁽ˡ⁾, quod se amplius retinere non poterant. hoc anno in calendis marcii ad pedes domini imperatoris inermes uenerunt, et personas et ci-   25
uitatem et mobile et immobile quod habebant, sine ullo tenore,

(a) . MCLXI.   (b) causarum uero fuerunt octo. quinque de comuni fuerunt isti (c) Guillermus Boyronus   (d) Besaça et Grimaldus   (e) causarum uero quatuor in quatuor *etc.*   (f) Palaçolum   (g) Guillermus   (h) Guillermus Cauaronchus (i) Guillermus de Auria   (j) namque   (k) *N* dominarum, *err.*   (l) constrixerat

E vedasi anche la descrizione del viaggio papale nel *Chronicon rhytmicum Austriacum,* vv. 101-112, in PERTZ, *SS.,* XXV, pp. 352; il cui anonimo autore però (2.ᵃ metà sec. XIII), come nota il Wattenbach, attinse ai racconti del volgo piuttosto che agli scrittori coevi.

(1) Non bene corresse il Pertz: *dominari cunctorum.*

in potestate imperatoris posuerunt. flexis tamen genibus et multis
lacrimis, necis indulgentiam petere non cessabant. imperator
uero[a], a domina Beatrice imperatrice augusta et principibus curie
sue accepto consilio, uitam et mobile quod habebant concedendo,
5 capitalem sententiam, quam iure meruerant, pietate comotus[b], eis
pepercit [1]. ac deinde ciuitatem omnino
destruere fecit, et extra ciuitatem longe per
miliaria duo, in quatuor burgis eis stare precepit; ita tamen ut unusquisque de burgis
10 per duorum miliariorum spatium[c] ab aliis
disiunctis edificaretur. sicque factum est. unde omnes ciuitates
et loci Lombardie[d] et maritimarum partium usque Romam,
nimio timore commoti[e], in omnibus imperatori obedientes
fuerunt. ueruntamen Ianuenses ad curiam uocati uenire, de
15 consulibus et melioribus ciuitatis W[illielmum][f] Buironum et
Grimaldum consules, W[illelmum][g] Ventum, Marchionem de
Volta, Enricum[h] Aurie, Ogerium[i] Guidonis, Obertum Spinulam, Philippum de Iusta, Bonumuas‖sallum[j] Bulfericum, Papiam,
ubi tunc imperator curtem tenebat, sine mora miserunt, qui honori-
20 fice recepti fuerunt. ilico[k] uero principes curie legatis Ianuensium,
ut fidelitatem et quicquid[l] alie ciuitates et loci[m] fecerant et faciebant, ex parte imperatoris ad presens facere suadebant. legati
autem in omnibus preceptis imperatoris obedire semper paratos
fuisse uel esse sine fraude dixerunt. at tamen sicuti Ianuenses
25 ultra ciuitates alias et locos Italie magis preualent seruire imperio,
ita seruicii talionem ultra ceteros habere imperialem excellentiam humiliter implorabant. postquam uero responsionem legatorum imperator audiuit, multum sibi placuit, et sue bone
uoluntatis et gratie litteras, quas consulibus et cuncto Ianuensi

c. 12 a

(a) autem   (b) commotus   (c) milliariorum spacium   (d) Lumbardie   (e) perterriti et commoti   (f) Guillermum   (g) Guillermum   (h) *N* Enricus, *err.*
(i) *N* Ogerius, *err.*   (j) Bonumuasallum   (k) illico   (l) quidquid   (m) loca

(1) L'arcivescovo milanese Oberto   ed altri ripararono invece a Genova.
da Pirovano, l'arciprete Milone, l'arci-   Cfr. *Annales Mediolanenses*, in PERTZ,
diacono Galdino, il cimiliarca Alguisio   *SS.*, XVIII, pp. 374.

populo defferrent, eis dari precepit.   per quas scilicet litteras uel
legatos mandauit, ut uisis litteris infra octo dies de consulibus
et melioribus ciuitatis sex uel octo sine dilatione ad eum uenirent, cum quibus de seruitio [a] imperii et retributione seruitii [b]
competenter tractaret.   proinde duos de consulibus, Ingonem uidelicet de Volta et Nubolonem [c] consules, et quinque de melioribus ciuitatis, Lamfrancum [d] Piper scilicet, Bertramum de Marino,
Idonem Gontardum, Bonumuassallum [e] Bulfericum, Rogeron Ite,
atque Iohannem scribam comunis fidelem et magne legalitatis
uirum, cuius fidei singulis annis totius [f] rei publice scriptura
comittitur, reliqui consules cum comuni consilio ciuitatis predictos
legatos ad imperatorem miserunt.   qui omnes ad curiam uenientes, honorifice recepti fuerunt, ibique domino Rainaldo [g] sancte
Coloniensis [h] ecclesie electo [i] et regni Italici archicancellario et imperatorie maiestatis reuerendo legato, cuius enim sensus et fama
Ciceronis per singula secuntur uestigia, cum aliis principibus
curie per plures dies multa tractando, ad presens fidelitatem imperatori iurauerunt, et determinatum seruicium, sicut in priuilegiis scriptum habetur, facere promiserunt.   quapropter imperator
Ianuensibus cuncta regalia ciuitatis et possessiones quas tenebant,
et multa alia concedendo, per priuilegium aureo sigillo signatum
in perpetuum confirmauit [j] [1].

De imperatore uero interea conticentes, quomodo dominus Alexander papa tempore istorum consulum Ianuensem ecclesiam subli-
mauit, Caffarus scribendo notificet.   nouerit ergo presens generatio
et futura, quod predictus dominus Alexander papa uenerabilis
Ianuensem ecclesiam, sicut scriptum est in priuilegio ab eo eidem
ecclesie concesso, multifarie multisque modis studuit sublimare [2].

(a) seruicio   (b) seruicii   (c) Nubulonem   (d) Lanfrancum   (e) Bonumuasallum
(f) tocius   (g) Raynaldo   (h) N Colonensis   (i) ellecto   (j) signauit et confirmauit.

(1) Cfr. i diplomi di Federico del 5-9
giug. 1162, e il trattato d'alleanza coi
Genovesi di quest'ultima data. DELLA
TORRE, p. 24; CAFF., 1828, pp. 177 seg.;
STUMPF, II, n. 3949; *Iur.*, I, 207, 210, 212.

(2) Cfr. specialmente la bolla del
22 marzo e l'epistola del 23 aprile
1162, pubblicata dai più con la data
erronea del 1159. UGHELLI, IV, 866;
FEDERICI, *Lett. a G. Scioppio*, pp. 39;

Preterea quomodo Ianuenses infra ciuitatem et extra in hoc anno se habuerunt, Caffarus scribere non dimittat.   notum ergo omnibus audientibus fiat, quod Ianuenses, tempore istorum consulum, Pisanos multos et peccuniam inmensam in partibus il-
5 lorum [a] cum galeis ceperunt, et partem eorum de melioribus interfecerunt, et partem cum peccunia [b] Ianuam in captionem duxerunt.   quorum uero culpa et qua ratione hoc fecissent [c], necesse est ut per narrationem Caffari ueritas cognoscatur.   uerum namque est, quod Ianuenses et Pisani quondam pacem firmaue-
10 runt [1], et personas et peccuniam [d] saluare et de iusticiis eorum pars parti auxilium dare ubique sacramento tenebantur, preter in Sardinea quam Ianuenses de sacramento extraxerunt, ita quidem ut in quocumque [e] tempore ipsi Ianuenses pro Sardinia [f] guerram uellent facere Pisanis, soluti essent a uinculo sacramenti.   quod ideo
15 fecerunt, quia Pisani eam comunem cum Ianuensibus habere noluerunt, et hoc modo per longum tempus usque nunc pacem ad inuicem tenuerunt; preter quod Pisani, quando in extraneis regionibus in simul cum Ianuensibus erant, cauillationem uerborum, sicuti mos illorum est facere non cessabant.   unde diabolus [g], hu-
20 mani generis inimicus, inter Ianuenses et Pisanos, sicut presens scriptura subsequenter narrabit, his temporibus fomitem seminauit discordie.   huius namque discordie initium [h] Pisanorum fuit [1].   tempore enim isto Pisani numero . M . qui in Constantinopolitana ciuitate erant,
25 supra paucos Ianuenses fere . CCC . negotiatores qui illic erant, pacis federe dirupto, causa depredandi eos et occidendi armata manu uenerunt.   Ianuenses uero, postquam a Pisanis iniuste se [i] impetitos esse uiderunt, ad deffensionem personarum et rerum suarum ilico armati surrexerunt, et tota die
30 contra Pisanos uiriliter bellum [j] tenuerunt.   sero autem ueniente,

(a) illis   (b) pecunia   (c) racione   (d) pecuniam   (e) ut quocumque   (f) Sardinea   (g) dyabolus   (h) inicium   (i) se iniuste   (j) bellum uiriliter

ID. *Lett. ad un amico*, pp. 18; SPERONI, n. 346; SEMERIA, II, 561; BANCHERO, *Duomo*, pp. 264; TOLA, I, 223; MIGNE, CC. 135; *Iur.* I. 205; DESIMONI, *Regesti*, pp. 66, nn. 169 e 170.
     (1) Cod. *N*, in margine: *scilicet.* M. C. L.

uidentes se Ianuenses [a] superare non posse, dixerunt : *dimittamus quod facimus, et deinceps sub uera fide ex utraque parte nullo modo hoc facere permittamus.*　　et hoc facto utreque partes bellare dimiserunt. at tamen summo mane Pisani, collecta maxima multitudine uirorum Veneticorum, Grecorum et aliorum iniquorum Constantinopoli comorantium [b], armata manu, causa depredandi, ad fundicum [c] Ianuensium uenerunt.　　Ianuenses uero tante multitudini arbitrantes se non posse resistere, hospicia et peccuniam [d] dimiserunt, et cum solis personis recesserunt.　　Pisani autem inuadentes eorum fundicum [e], peccuniam [f] quam ibi inuenerunt, ualentem scilicet . xxx. milia perperorum, ceperunt, et iuuenem quendam de nobilioribus Ianuensium, uidelicet Otonis [g] Rufi filium, uiuum ceperunt et interfecerunt.　　quapropter predicti Ianuenses depredati Ianuam festinanter perrexerunt, et ceteris qui in ciuitate erant omnia que sibi euenerant per ordinem ‖ narrauerunt.　　unde tante iniurie tanteque intolerabilis [h] superbie uicinis et consanguineis eorum illate nimio dolore comoti [i], galeas continuo armare, et sursum cum armis et cibo et remis, sicut sicientes [j] ad aquam, unanimiter ascendere ceperunt.　　et ita in uno die, sine iussione consulum . xii. galeas armauerunt.　　consules uero, ne galee a ciuitate recederent donec litteras diffidentie Pisas mitterent preceperunt, et sine mora currerium quendam cum litteris Pisanos diffidendo Pisas miserunt.　　quarum litterarum hic tenorem [k] describimus.

Pisanorum consulibus et eorum populo Ianuensium consules.　impulsi diu et circumquaque agitati a uobis per uniuersa latera [l] *mundi, nec inuenientes alicubi requiem ubi habeatis uigorem, postquam ignominiose iniurie, intolerabilia* [m] *dampna, crudelissime cedes et nefarie obtruncationes non quorumlibet sed nostrorum nobilium, et ex his uocifere improperationes quibus nos incessanter impetitis sicut perfidos inimicos, sufficere uobis non possunt, expulsionem Sardinie, quam de manibus*

c. 13 ▲

(a) uidentes Ianuenses　　(b) commorantium　　(c) fondicum　　(d) pecuniam
(e) fondicum　　(f) pecuniam　　(g) Octonis　　(h) intollerabilis　　(i) commoti
(j) scitientes　　(k) tenorem hic　　(l) littora　　(m) intollerabilia

Sarracenorum nostra ciuitas liberauit, et criptarum (a) *nostrarum inuasionem, quas summa uiolentia detinetis, ultra non ferimus. condicionem* (b) *itaque inite pacis absoluimus, qui rupti federis uinculo non tenemur. diffidentiam itaque non inmerito uobis indicimus.*

Latore (c) autem reuertente et nullius utilitatis et concordie responsionem reportante, consules itaque predictarum galearum hominibus, ut ad tantam nequiciam et superbiam uindicandam uelociter properent, preceperunt. cui precepto homines ipsarum galearum obedientes, ad Pisanorum nequiciam et contumatiam feriendam alacri animo perrexerunt. quarum galearum duodecim (d) ad Portum Pisanum iuerunt (e), et Pisane urbis uiris ac (f) mulieribus intuentibus turrem de Portu destruxerunt, et plurimas naues cum hominibus et peccunia (g) magna ceperunt, et homines quidem ac peccuniam (h) Ianuam miserunt, sed naues combustas dimiserunt. ac deinde ipse galee ad Portumuenerem redierunt, ibique pro gardia (i) steterunt, ut si forte Pisanorum galee de Arno exirent, sequerentur eas cum aliis que de Ianua uenirent. alie uero quatuor (j) que per Corsicam et Sardineam Pisanos querendo iuerunt, et multas Pisanorum naues et sagitteas (k) et galeam unam que ueniebat de Sardinea pro legatione et pro gardia (l) nauium suarum, et consulem unum, Bonacursum nomine, in galea magnam peccuniam (m) secum defferentem ceperunt. de hominibus autem earumdem nauium et galee Oto (n) Rufus, pro ultione interempti filii sui, ipse et sodales eius plures de melioribus interfecerunt, et multos alios cum predicto consule totaque peccunia Ianuam in captione (o) portauerunt. Pisani uero cum huius rei ueritatem cognouerunt, mortuos suos plorando et de peccunia (p) amissa dolendo, pro deffensione (q) nauium suarum, que de foris ueniebant, galeas et sagitteas (r) armare ceperunt. interim (s) autem accidit, ut cancellarius imperatoris Pisas ueniret; ad cuius nimirum pedes statim Pisani uenerunt, precando multum ut consulem et alios captos a Ianuensibus peteret et de captione extraheret. archicancellarius uero, pietate

(a) cripturarum, *err.*   (b) conditionem   (c) *N* Latorem, *err.*   (d) . xii.
(e) uenérunt   (f) et   (g) pecunia   (h) pecuniam   (i) guardia   (j) . iii.*
(k) sagiteas   (l) guardia   (m) pecuniam   (n) Otto   (o) captionem   (p) pecunia
(q) defensione   (r) sagiteas   (s) iterum

comotus, capellanum suum dominum Sicardum[a], uirum quidem
omni uirtuositate preclarum, Ianuam misit rogando Ianuenses ut
pro amore Dei et suo Pisanos captos sibi donarent.   et precepit ut
deinceps ab offensione Pisanorum cessarent, donec offensione[1]
preterita utrarumque parcium[b] facta preceptum imperatoris audi-   5
rent.   Ianuenses autem, audita prece et precepto archicancellarii,
totum quod pecierat et preceperat procul dubio impleuere.   galeas
namque et sagitteas[c] quas pro offensione Pisanorum armauerant,
armare dimiserunt, et consulem ceterosque captos Pisanos capellano dederunt, precando multum ut preceptum quod eis de offen-   10
sione Pisanorum fecerat, illud idem Pisanis facere non dimitteret.
at postquam archicancellarius Ianuenses sibi obedientes in tantum fore cognouit, amorem suum et beneficium eis inde multum promisit; et preceptum quod eisdem de offensione Pisanorum fecerat, illud idem ad presens Pisanis precipere non   15
dimisit.   qua propter Pisani de liberacione suorum letando, archicancellarii preceptum fideliter obseruare promiserunt.   at tamen
ipsi, paulo post, triginta et sex inter galeas et sagitteas[d] fraudulenter, quasi pro guardia suarum nauium, uersus Sardineam miserunt, duasque naues Ianuensium secure redeuntes apud Planusam   20
ceperunt.   quo audito . XII . galee, que in Portuueneri erant, sine
mora Pisanorum galeis obuiam iuerunt, et eas redeuntes inuenerunt, et tota die iuxta eas tam prope contra eas sepe tendendo
et recedendo steterunt, quod multos Pisanos sagittando[e] uulnera-
uerunt, per multas uices eos prouocando, ut . XII . per . XII . ab aliis   25
separate ad bellum uenirent.   quod Pisani trepidantes facere noluerunt.   omnes autem . XXXVI . galee Pisanorum contra Ianuenses
simul concurrentes, ut eas caperent[f] festinabant.   Ianuenses uero
ueloces uti falcones terga uoluentes, ab eis sepe uelociter rece-
debant atque ueloci cursu multis uicibus cum uexillis armata   30
manu contra eos redire non cessabant, et ita eos per diem

(a) Sycardum   (b) partium   (c) sagiteas   (d) triginta sex galeas et sagiteas
(e) sagitando   (f) ut caperent

(1) Forse meglio : *donec de offensione.*

con a

multum pmisit. et preceptum quod eisdem deoffensione pisanoz fierat illud idem abspsens pisani propere nondimisit. Qua propter psani deliberacione suaz iterando archiamostarii precipua fideliter obseruare epmiserunt. Ia tamen ipsi paulo post uiginta sex marigaleas ~~agarenos~~ fiandolcanter quasi progueraa suarum nauium uersus sardineam miserunt. duasqz nauef sa nauensium feare redeunres apud plansensm ceperunt. Quo audiuo .xii. galeg que mpormne ueri erant. sine mora pisanoz galeas obuiam uenit. ~eas redeunres inuenerunt. et una die nigra eas iam eppe omnia eas septenxdando et recedendo fteunnt. qm mustof pisanos figuram do uulneraueunt. pmutas uices eos epuocando. ut .xii. pcu. abaliis feparate abbellum ueuirunt. quod pisani trepidanres feare noluerunt. Omf aue .xxxvi. galee pisanoz cuir

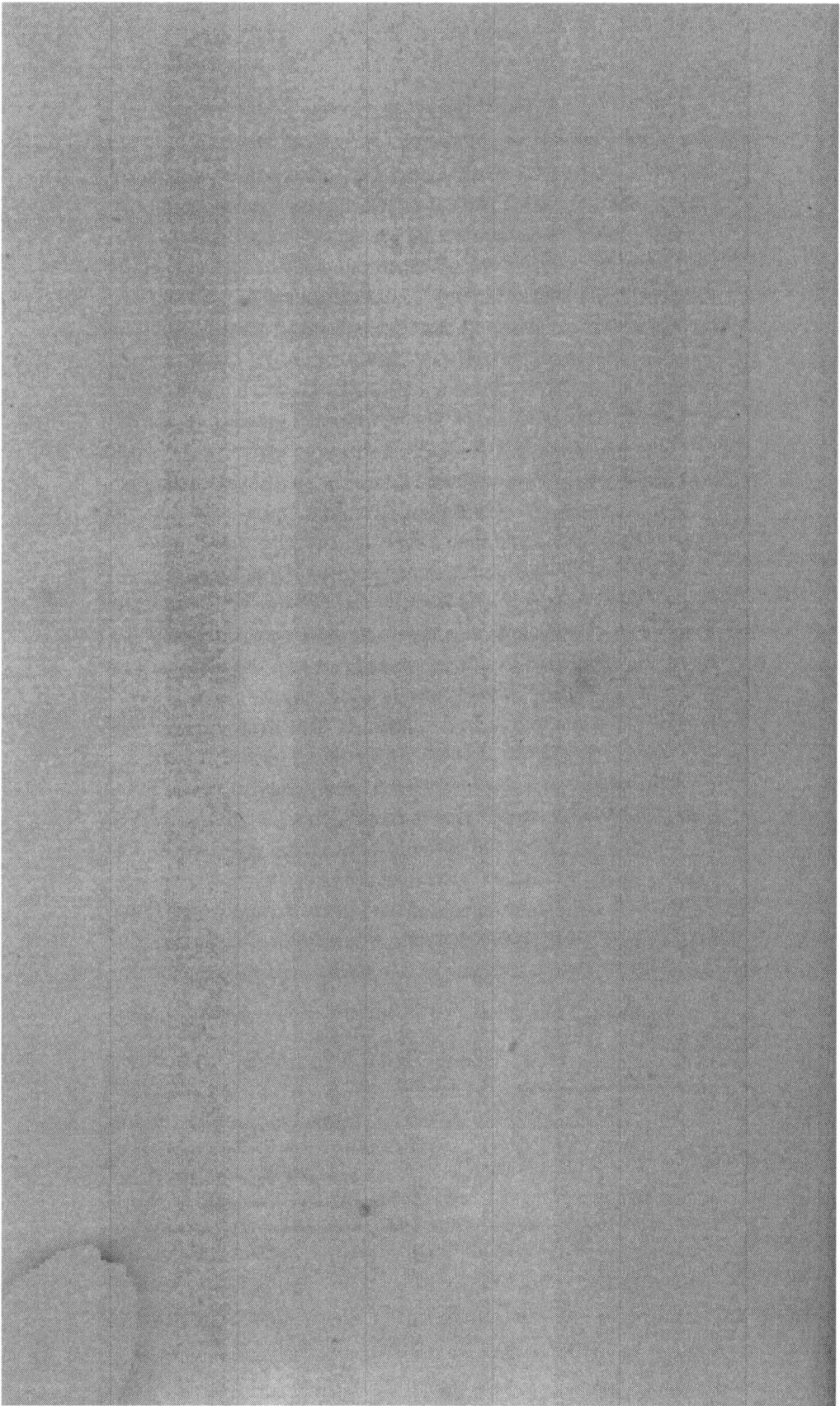

deludendo, sero ueniente illos dimiserunt. et per Planosam quam
destruxerunt, et per Corsicam et Sardineam uenientes, multas
naues Pisanorum et galiotas (a) cum peccunia (b) magna et hominibus
multis ceperunt; et per Portum Pisanum redeuntes et ad Portum
5 Venerem incolumes redierunt; statimque consulibus Ianuensium
que euenerant mandauerunt. consules autem, tanta Pisanorum
proditione commoti, galeas et sagitteas (c) et naues multas armare
ceperunt; et contione (d) facta, cuncto populo Ianuensium sub debito
sacramenti laudauerunt, ut (e) cibum et arma et omnia que ad bel-
10 lum sunt necessaria cito habere (f) festinarent, et ut (g) ad Portum
Pisanum cum magno storo (h) maris, ut tante proditionis Pisanorum
uindictam caperent, ire preceperunt. unde omnes qui in contione (i) erant, alacri animo una uoce dixerunt: *fiat, fiat.* interim
uero, cum iam omnia parata essent, archicancellarius imperatoris
15 Ianuam uenit, et de hoc quod euenerat multum se mestum ostendit.
at tamen ipse omnia que cepta erant remanere precepit, donec que
facta fuerant imperatori notificarentur; et ut octo (j) de Ianuensibus
et octo (k) de Pisanis ad imperatorem apud Taurinum irent (l) precepit, ut preceptum imperatoris audirent et obseruarent. Ianuenses
20 uero ad presens curiam perrexerunt, scilicet Grimaldus consul,
Capud (m) orgogii, Lanfrancus Piper, Corsus, Obertus cancellarius,
Symon Aurie, Baldizonus (n) Usus maris, Bigotus, Guido Laudensis et
Oto (o) Mediolanensis. Pisanorum autem Enricus (p) consul, Petrus (q) consul, Marzocus (r), Gerardus Gausfredi (s), Rainerius Gai-
25 tanus (t) (1). isti omnes iuerunt ad eum, ad curiam quam in Tauri-
nensi ciuitate constituerat celebrari. Ianuenses consulti et preparati
respondere Pisanis, qui secundum garrulitatem suam super Ianuen-

(a) *N* galiatos, *err.*, (b) pecunia (c) sagiteas (d) concione (e) uti (f) *N* haberent, *err.* (g) uti (h) stollo (i) *N* qui contione (j) et octo (k) . viii.
(l) ire (m) Caput (n) Baldiçonus (o) Otto (p) Henricus (q) Petrul, *err.*
(r) Marçocus (s) Guasfredi (t) Raynerius Gaytanus

(1) Più correttamente e completamente i nomi de' legati di Pisa si leggono negli *Annales* del Marangone,
pp. 248, sotto il 1163 (stile pisano):
*Pisani... suos legatos ad imperatorem
Fredericum, qui erat Turinum . VII. idus
augusti direxerunt, uidelicet Henricum
Canis et Petrum Albithonis consules,
Contulinum filium Ugonis Sismundi, legis
doctorem, Rainerium iuris peritum et
Marzuccum Gergeros, quondam Gaetani,
et Gerardum quondam Gusfredi.*

sibus conquesturi erant, fuerunt [a] ad curiam quattuor [b] aut
quinque diebus antequam Pisani accessissent [c] ad eam, conquisiue-
runtque interea in tantum uniuersorum principum gratiam [d], ut post-
modo [e] uenientes Pisani contra eos non sunt ausi quicquam [f]
mutire.   immo etiam quod die celebri, qua dominus imperator   5
cum Beatrice augusta imperatrice uoluit [g] coronari, et uere
Beatrix, quia sua benignitate imperium totum facit beatum, dum
ad basilicam sicut et Ianuenses ipsi Pisani conuenissent, impulsi
sunt ipsi Pisani et eiecti ignominiose de choro ecclesie, Ianuensibus in sublimi constitutis, ut per totam ecclesiam et circa   10
imperatorem et imperatricem eis esset liber aspectus.   acciderat
autem antea ut Raimundus [h] Benengarius Barchinonensis [i] comes,
qui ad curiam accedebat [j], obierit aput burgum sancti Dalmacii
die octaua augusti [1]; quo cum imperator decurreret, Grimaldum
consulem et Symonem Auriae [k] et Caputorgogii secum con-   15
duxit.   unde cum esset reuersus imperator, omnibus supra-
scriptis Ianuensibus et Pisanis precepit, ut nullo modo procla-
mationes facerent usque ad redditum suum, quia Teotonicas [l]
partes ire paratus erat, et pro festinatione itineris ad diffiniendas
querimonias morari non poterat [m].   ideoque predictos Ianuenses et   20
Pisanos treguam [n] firmam usque ad aduentum suum iurare fecit; et
in eodem sacramento ponere fecit, ut prefatum sacramentum
tregue [o] infra tres dies postquam Ianuam et Pisas uenissent, sine
fraude iurare fecissent . cc . Ianuensibus et . cc . Pisanis.   et ita,
postquam uenerunt, omnia completa fuerunt.   25

     Ista namque et alia multa Ianuenses in hoc anno extra ciuita-
tem et infra pro honore patrie, more solito Romanorum, sapienter
et uiriliter, prout decuit, peregerunt [2].   in ciuitate enim predicti

(a) N fueruntque, *err.*   (b) quatuor   (c) accessissent   (d) graciam   (e) postmodum
(f) quidquam   (g) augusta uoluit *etc.*   (h) Raymondus   (i) Barchinionensis
(j) N accedabat, *err.*   (k) Aurie   (l) Theotonicas   (m) N poterant, *err.*
(n) treugam   (o) treuge

(1) Così anche nelle *Gesta comitum
Barchinon.*, pp. 377; il giorno successivo,
secondo altre fonti. Cfr. LANGER, pp. 94.
    (2) Cito ad esempio il trattato con-
cluso in Pavia sino dal 5 giugno 1162

con l'imperatore Federico, per aiutarlo
nella conquista della Sicilia, a patto di
averne larghi privilegi ed il possesso di
Siracusa. Cfr. CAFFARO, 1828, pp. 177;
Iur. I, 207; SIRAGUSA, II, pp. xviii.

c. 14 A

consules ciues ita concordes stare fecerunt, quod de mortali guerra quae[a] erat inter Picamilios[b] et Oberti quondam Ususmaris filios, ad firmam pacem et concordiam sub sacramento pacifice quiescere fecerunt.   insuper uero pro utilitate rei publice multas 5 mansiones, que in ripa maris [1] a fossato Buccebouis[c] usque ad fossatum aecclesie[d] sancti Sepulchri, emerunt et destruxerunt, et super eam terram pro commodo nauium scarios ordinare et statuere fecerunt, et desuper directam et nouam uiam et pontem super fossatum sancti Sepulchri[e] fecerunt [2].   et in fine eorum 10 consulatus . vi . consules de communi et . iiii .or [f] de placitis eligere [g] fecerunt.   quibus peccuniam [h] rei publice quam habuerant, sicuti recolligerant [i] et dispendiderant, in scripto per ordinem dimiserunt.   MCLXII.

In quadragesimo [j] tercio anno consulatuum unius anni fuerunt 15 consules . vi . Rogeronus Ite, W[illielmus][k] Caxicius, W[illielmus][l] Ventus, Amicus Grillus, Obertus Spinola, Lanfrancus Piper. de placitis uero quattuor, scilicet Corsus Serre [3], Otobonus [m] frater Nuuolonis, Obertus cancellarius, Ugo de Baldizone [n], qui placitabant omnes homines tocius ciuitatis [o].

20 Omnes homines qui communium rerum ciuitatum atque locorum potestatem et dominium habent, et de dubiis rebus eorum [p] consultant, ab odio et amore uacuos esse decet, quia sicuti quidam sapiens dixit: *ubi intenderis, ingenium ualet; si libido possidet ea dominatur* [q] *et animus nichil ualet.*   ideoque consules ciuitatum et 25 locorum a predictis duobus, scilicet ab odio et amore, remotos esse oportet, ne cupido odii et amoris illos faciat claudicare a semita ueritatis amoris odio et amore, at semper eos iuste doceat

---

(a) que   (b) Piccamilios   (c) Bucebouis   (d) ecclesie   (e) Sepulcri   (f) quatuor
(g) elligere   (h) pecuniam   (i) recoligerant   (j) quadragessimo   (k) Guillermus
(l) Guillermus   (m) Ottobonus   (n) Baldiçone   (o) homines ciuitatis   (p) eorum
rebus   (q) N dominator

(1) Si sottintende: *erant.*
(2) Cfr. il lodo consolare del 29 gennaio 1163. CAFFARO, 1828, pp. 183; Iur., I, 215.
(3) Così giustamente corretto nel Cod. N, ove dapprima fu scritto: *Serra.*

iudicare.   unde in ueritate dici potest, quod fama Ianuensium
consulum in augmentatione rei publice ciuitatis Ianue et in sen-
tentiis dandis sine uenali auditu, cunctis suis uicinis ciuitatum et
locorum usque modo eminet uniuersis.   quapropter quomodo predicti consules communium et causarum rem publicam Ianuensem   5
et placitare tractauere in hoc anno, necesse est ut Caffarus solito (a)
more notificare non pigritetur.   omnibus igitur pateat audientibus,
quod prenominati consules rem publicam Ianuensem (b) augmentando, et furium et latronum atque omnium culparum uindictas faciendo, et rixas et decauillationes (c) in ciuitate et extra per totum   10
districtum eorum precipiendo ne fierent, ita quidem ciuitatis regimen
cum pace et concordia ciuium usque in finem eorum consulatus honeste et firmiter tenuerunt.   fures enim et latrones, qui condam (d)
per plures annos in ciuitate latuerant et inmensam peccuniam de
uoltis diuitum furtiua manu sepe et sepe extraxerant, illos namque,   15
postquam inuenerunt, uti parricidas pedibus et manibus ligauerunt
atque super eorum colla pondere petrarum imposito in mare de-
mergere moriendo fecerunt.   quapropter fures et latrones et ri-
xarum atque cauillationum inceptores delictum solitum, formidine
predicte pene, per totum istum consulatum facere dimiserunt.   pre-   20
terea in fine eorum consulatus introitum (e) et exitum rei publice
totum, quomodo et unde receperant, sicuti et ubi distribuerant, in
contione (f) facta palam (g) coram omnibus per ordinem in scriptis
aperte et lucide ostenderunt.   cuius enim peccunie (h) de predicto
introitu (i) et exitu librarum miliaria (j) . vi . et centenaria . viii .(k) et   25
dimidium fuerunt, sicuti superius determinatum et scriptum est
atque in communi registro scriptum, electis consulibus in custodia
posuerunt.   quid autem de causarum consulibus dicerem, qui per
totum superius tempus equitati et iustitie (l) laudabiliter nimis
inseruierunt ?   30
De cetero enim, cum Syrus bone memorie et laudabilis uite
Ianuensis archiepiscopus prior, ultima die septembris debitum

---

(a) solicito   (b) Ianuensium   (c) cauillationes   (d) quondam   (e) introytum
(f) concione   (g) palacii   (h) pecunia   (i) introytu   (j) milliaria   (k) centanaria octo
(l) iusticie

nature soluisset, de terris ad celum, de imis uocante Domino ad
celestia gaudia perrexit, ibique predecessoris sui alterius Syri
Ianuensis sanctissimi episcopi atque aliorum multorum sanctorum
contuberniis feliciter sociari meruit.   eadem uero die, statim post
5 humationem[a] ipsius, conuenerunt clerici et religiosi uiri, consules
quoque et pars magna senatus, et de eligendo[b] pontifice tractatum
habentes in unum spiritum|| conuenerunt.   comissa[c] est itaque, as-
sensu omnium, ipsa electio[d] abbatibus sancti Benigni, sancti Syri,
sancti Stephani[e], prepositis sancte Marie de Vineis, sancti Donati,
10 presbiteris Iohanni de sancto Damiano, Vassallo[f] sancte Marie
de Castro, Oberto de sancto Ambrosio[g], canonicis[h] quoque
presbitero Ribaldo[i], magistro Anselmo et Dodoni subdiacono.
qui omnes de electione ipsa in hunc modum iurauerunt: *sancti*
Spiritus adsit nobis gratia. ego cum sociis michi ad hoc assignatis[j]
15 *absque omni fraude et dolo, nichilum obstante, uel persuadente amore*
uel odio, timore aut seruicio ullo, eligam[k] *in archiepiscopum ciuitatis*
huius illam personam, quam moribus et scientia ad hoc
conuenientiorem et honestiorem et utiliorem cognoscam,
uel sine fraude credam, ita tamen quod nostre

20 *huiusmodi electioni*[l] *publice annuerit.*   quo iuramento prestito, conuenerunt iusta[m] altare beati
Laurentii nominati electores[n]; et prius in cano-
nicos[o] inspicientes eiusdem aecclesiae[p], elegerunt
in archiepiscopum dominum Ugonem, qui tunc
25 archidiaconus erat.   qui eadem die a clero et populo in sede pontificali est feliciter constitutus.
millesimo . c̃ . XLIII[q].

(a) N. humanationem, *err.*   (b) elligendo   (c) commissa   (d) ellectio   (e) et
sancti Stephani   (f) Vasallo   (g) Ambroxio   (h) *N* cannonicis   (i) Rubaldo
(j) mihi assignatis   (k) elligam   (l) ellectioni   (m) iuxta   (n) ellectores   (o) *N* can-
nonicos   (p) ecclesie   (q) . MCLXIII .

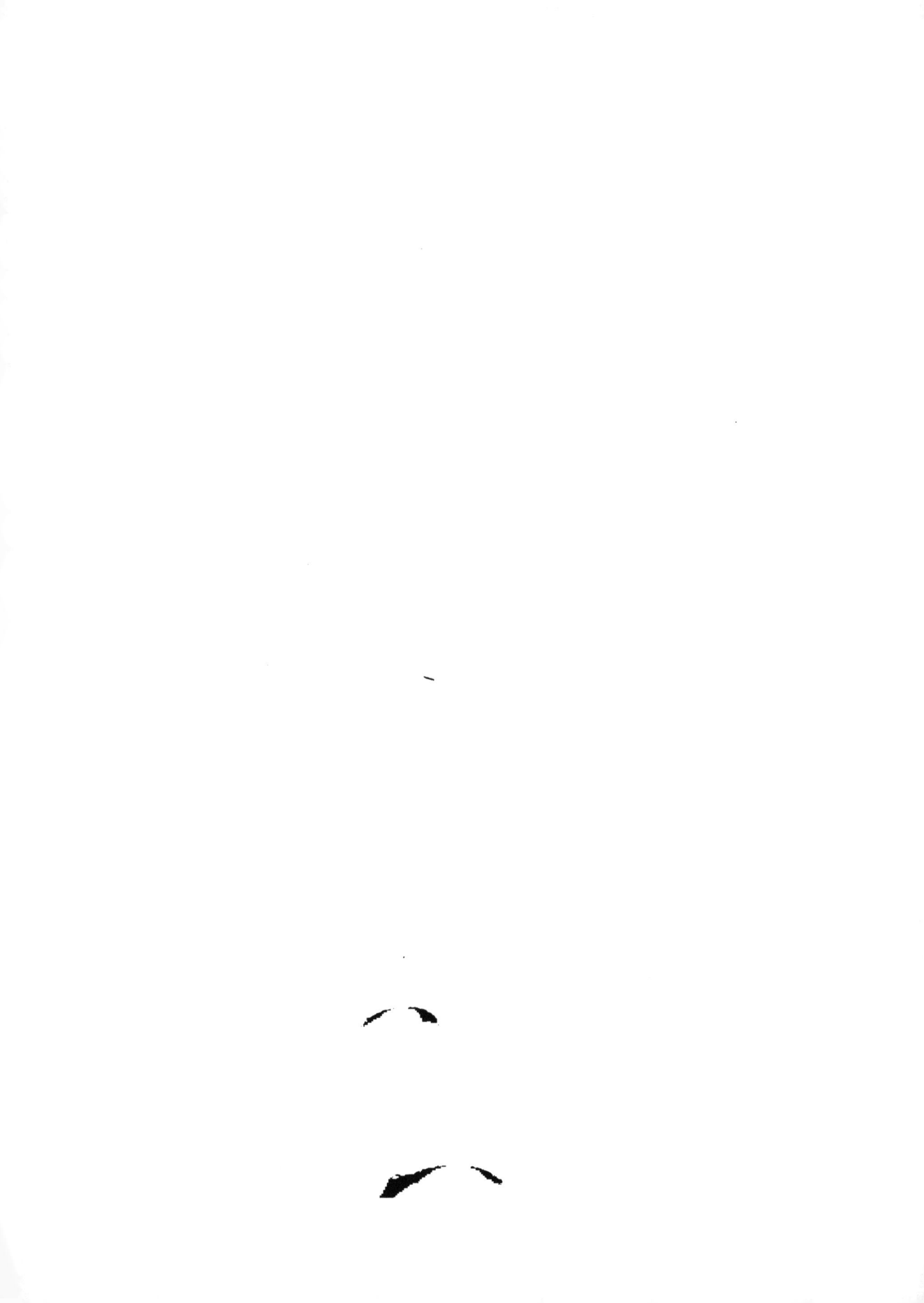

II.

CAFARI

YSTORIA CAPTIONIS ALMARIE ET TVRTVOSE

ANN. MCXXXXVII ET MCXXXXVIII.

HIC INCIPIT YSTORIA CAPTIONIS ALMARIE ET TVRTVOSE QVE CAPTA FVIT ANNO DOMINI MCXXXXVII [1].

Patet fere uniuerso orbi [2], quoniam olim per multa tempora   c. 14 a
Christiani a Sarracenis Almarie longe lateque mari et terra
per multas regiones capiebantur, alii interficiebantur, et multi in
5 carcere ponebantur et diuersis martiriis [a] et penis cruciabantur.
de quibus [b] multi legem Dei, pro timore cruciatus, relinquebant
et nomen diabolicum [c] Machometi [d] inuocabant.   quapropter
tandem tanti sanguinis effusionis uindictam inde Deus facere
non dimisit.   Ianuenses namque, per apostolicam sedem a Deo
10 moniti et uocati [3], exercitum supra Sarracenos Almarie iurare fecerunt [4], et parlamentum, in quo consules sex pro
communi de melioribus [e] et quattuor de placitis ciuitatis electi [f]
fuerunt, quorum sensu et ducatu [g] ciuitas [h] et exercitus eo
tempore regeretur.   quibus tanta erat gratia morum, decoris
15 lingue eloquentie, quod eorum sensu et ducatu tocius regni
posset regi patria.   nomina quorum Obertus Turris, Philippus [i]
de Platealonga, Baldoinus [j], Ansaldus [k] de Auria.   isti quattuor

(a) martyriis   (b) quorum   (c) dyabolicum   (d) Macometi   (e) mellioribus
(f) ellecti   (g) N educatu, err.   (h) N E ciuitatis, err.   (i) Filippus   (j) Balduynus   (k) Antonius, err.

(1) Da postilla marginale nel Cod. N.
(2) Così corretto da mano posteriore
nel Cod. N, ove era scritto orbe.
(3) Cod. N, postilla: Eugenium. III.
papam, natum pisanum.

(4) Ivi, altra postilla: MCXXXXVII.
ut notatur supra in folio. VIIII. tempore
consulatus. XXVII. Cfr. il presente volume, pp. 35.

cum duobus de placitis, Ingone scilicet et Ansaldo Pizo[a], iuerunt ad conducendam[b] ostem.   Oglerius de Guidone et W[il-
lielmus] Picamilium[c] cum Oberto cancellario, Ugone Iudicis de
placitis, pro regimine ciuitatis steterunt.   predicti uero consules
post eorum electionem parlamentum statim fecerunt, in quo 5
omnibus discordantibus pacem iurare preceperunt[d]. ilico sancto
Spiritu superueniente, omnes qui guerram habebant in uoluntatem
consulum et archiepiscopi pacem firmauerunt, et ad inuicem
osculati fuerunt.   unde mulieres et uiri ualde letabantur, ita ut
stipendium exercitus consules acciperent unanimiter ortabantur. 10
consules uero, amonitione Dei audita et populi uoluntate cognita,
omnibus hominibus Ianuensis districtus[e] sub debito sacramento preceperunt, ut unusquisque quae[f] in oste sunt necessaria festinanter
haberet: cibum multum competens[g] sine penuria, arma multa
et onesta[h] tentoria, et uexilla pulcra et honesta ualde, et omnia 15
que ad tale[i] opus sunt necessaria, uti castella et machina et omne
opus instrumentorum capiendi[j] ciuitatem.   postquam enim bellatores ciuitatis precepta consulum audierunt, ita se de armis et
tentoriis et de omnibus rebus necessariis ornauerunt, quod a mille
annis in sursum tam pulcra et honesta et tanta in una oste uisa 20
nec audita fuerunt.   postquam uero, ut diximus, omnia parata
fuerunt, taliter ire inceperunt cum galeis . LXIII . et cum aliis nauibus
. CLXIII.   et sic omnia parata et iter inceptum infra quinque menses
fuit.   et postquam ad Portum Magnum[1] uenerunt, Baldoinus[k]
consul inde cum galeis . xv. iuit pro guardia in antea ad Almariam, 25
donec exercitus insimul ueniret.   et postquam uenit ad caput Cate,
Ianuenses, non inuenientes imperatorem[2], per mensem ibi steterunt

---

(a) Piço   (b) conducendum   (c) Guillermus Piccamilium   (d) fecerunt   (e) districtus   (f) que   (g) competems, *err.*   (h) honesta   (i) *N* talem, *err.*
(j) *N* cipiendi, *err.*   (k) Balduynus

(1) Porto Maone.

(2) Cod. *N*, postilla: *Hispanie*. Cioè
Alfonso VII, re di Castiglia, col quale
i Genovesi, nel tempo della prima spedizione, narrata da Caffaro sotto il
1146, aveano stipulato un trattato di
alleanza, i cui patti furono giurati
volgendo il settembre dell'anno medesimo. Cfr. *Iur.*, I, 122, 123. Che
Caffaro stesso negoziasse il trattato
non se ne può dubitare, come rileva il LANGER; del quale sono pur

cum timore magno, quoniam extra portum erant, et miserunt
legatum Otonem de Bonouillano ad imperatorem, qui erat aput
Bagenciam [1], et dederat licenciam [a] recedendi exercitu suo, et non
habebat secum ultra . cccc. milites et pedites mille [b]. et cum au-
5 diuit‖ quod stolus [c] Ianuensis uenerat, fuit mestus de hoc quod licenciam [d] militibus dederat, et uenire dixit, sed moram fecit. interim
uero Saraceni Almariae [e] letantes et sepe extra ciuitatem exeuntes,
pro bello incitando cum galeis . xv . tunc Baldoinus [f] consul, qui
cum galeis erat in guardia, mandauit ad socios, scilicet Oberto
10 Turri et Phylippo [g] et Ansaldo de Auria, ut uenirent ad bellum
faciendum Almarie. quod non placuit sociis, donec milites haberent. interim comes Barchilonensis [h] [1] cum tanto nauigio uenit,
quod duxit secum milites cum equitibus . LIII . ilico mandauerunt
Baldoino [i], ut ipse summo mane cum galeis ueniret ad muschetam
15 ostendendo quod uellet facere bellum, ad hoc ut Sarraceni extra
exirent, quia comes cum militibus summo mane erit ad flumen
per terram [j] et galee . xv . post Lenam, et galea una stabit in
capite Lene; et postquam Sarraceni exierunt extra ad bellandum,
illico [k] galea faciat signum militibus et galeis . xxv . et ita fac-
20 tum est. Sarraceni post quam uiderunt . xv . [l] galearum homines terram ascendentes et quasi bellum facere uolentes, timuerunt ne aliquid clam lateret. ideo miserunt duos milites, unum
album et alium nigrum, qui tumulum quendam ascendentes et
circa prospicientes, et non uidentes milites qui latebant, fecerunt
25 signum cum uexillis, ut Sarraceni de ciuitate exirent [m] et ad bella

(a) licentiam (b) . M . (c) stollus (d) licentiam (e) Sarraceni Almarie
(f) Balduynus (g) Filipo (h) Barchidonensis (i) Balduyno (j) N summo
mane, ripetuto (k) ilico (l) quindecim (m) exierent

da vedere altre acute osservazioni a
pp. 24 e segg. Cfr. anche Atti Soc.
Lig., XIX, 404.

Nel tempo stesso, o poco di poi,
Filippo di Lamberto mandato da Genova a Raimondo Berengario IV, conte
di Barcellona, stipulava similmente con
lui i patti di una lega, includendovi

quello di aiutarlo, dopo l'impresa di
Almeria, nella conquista di Tortosa.
Cfr. Iur., I, 118, 125.

(1) Baeza nell'Andalusia, già tenuta
dai Mori, e della quale Alfonso VII erasi
poco avanti impadronito.

(2) Cod. N, postilla: Raymundus
Belengerii.

uenirent. statim milia quadraginta armati extra uenerunt[a], et cum hominibus.xv.galearum bellum inceperunt. et sic Ianuenses galeas ascendentes.viii. de suis interfecti fuerunt et tenuerunt. interim Ansaldus de Auria, consul, cum galea una de guardia fecit signum, quamuis non tempestiue. galeae[b] uero.xxv. et milites 5 una motum fecerunt, et iste galeae[c] inuenientes alias recolligentes steterunt secum. et infra hoc consules Obertus Turris et Phylippus[d], qui erant ad caput Cate, moti cum toto stolo[e], et isti consules cum duodecim[f] galeis in antea pergentes per mare, et milites per terram, et iste duodecim[g] galee transeuntes ad alias que erant[h] 10 ad muschetam, perrexerunt usque ad darsanam. milites uero obuiantes Sarracenis qui de ciuitate exierant, diuino auxilio existente, contra Sarracenos uiriliter ire ceperunt; et Sarraceni uoluentes terga pre timore galearum, contra ciuitatem fugere inceperunt. milites uero secuti fuerunt eos. inter quos quidam miles Ianuensis, 15 Guilielmus[i] Pellis nomine qui erat, et sine licentia comitis ceteris cicius precucurrit, et prima fronte Sarracenum unum prius lancea interfecit, postea uero sicuti leo inter bestias corpora umgulis[j] scindens, sic iste capita Sarracenorum ense truncando in litore[k] Almarie multos ultra ceteros[l] interfecit[1]. et statim predicti consules cum hominibus de una galea terram crebro[m] contra Sarracenos 20 descenderunt, et homines qui erant in galeis de muscheta[n] terram descendentes, insimul cum militibus Sarracenos ultra quinque milia interfecerunt, et iusta litus[o] mortuos dimiserunt. et galee que in mari erant bellum recuperantes, et Sarracenos in mari fugientes 25 interfecerunt. et ibi garbino facto, consules preceperunt ut homines cum galeis et milites irent ad portum Lene; et sic fecerunt, et tentoria in terra posuerunt. et.ibi facto parlamento,

(a) N uenierunt, err. (b) galee (c) galee (d) Philippus (e) stollo (f).xii. (g).xii. (h) N querant, err. (i) Guillermus (j) ungulis (k) littore (l) centum, err. (m) N crebo, err. (n) N musceta (o)iuxta littus

(1) Dalla errata lezione del Cod. E trasse il Giustiniani (1. 185) la falsa notizia, riferita poi dagli storici genovesi, che Guglielmo Pelle « smontato » da cavallo, come un feroce leone » fra gli altri animali, con la spada in » mano tagliò il capo a più di *cento* » Mori ».

reddiderunt gratias Deo de tanta uictoria data.   et facto consilio,
placuit consulibus ut galeae [a] in plagia Almarie traherentur.   et
facto hoc, machina scilicet et castella et gattas [b] ordinare preceperunt.   et hoc incipiendo [1] Sarraceni extra exierunt usque prope
5 galeas [c], et sic per tres uices facientes, uicti et pars eorum interfecti, ciuitatem fugerunt.   et factis manganis et castellis et gatis,
infra hoc imperator [2] uenit cum militibus quadringentis et pedibus
mille.   et statim duximus castellum et mangana ‖ iusta [d] ciuitatem   c. 15 a
ad [e] belliora loca et competentia [f].   Sarraceni uero uictos per
10 multas uices impetum facientes, die et nocte cum igne et armis et
manganis contra castella nostra repugnantes; Ianuenses autem inde
solliciti, contra Saracenos bellando et multis de eis interficiendo
semper eos in ciuitate introducebant.   castra uero Ianuensium
duas turres ceperunt, et decem et octo passus muri [g] destruxe-
15 runt.   infra hoc Sarraceni, de hoc ualde territi, consilium clam
ceperunt cum legatis imperatoris, silicet cum comite de Orcegi [3]
et cum Garsia rege [4], et debebant [h] eis dare miliaria marabotinorum centum et [5] auxies exinde dederant; et propter [i] hoc
imperator debebat inde recedere et Ianuenses relinquere.   con-
20 sules [j] Ianuensium, hoc audito, consilium fecerunt ut [6] cito sine
mora, Deo auxiliante, alio die summo mane sunt consiliati facere
bellum introeundi ciuitatem.   mane ueniente, in uigilia sancti
Luce, festinanter parlamentum fecerunt, et ordinauerunt compagnas . XII . cum uexillis . XII . et in unaquaque compagna [k] mille
25 uiri armati erant; et consules preceperunt qualiter incedere

(a) galee   (b) gatas   (c) N galearum, err.   (d) iuxta   (e) N a, err.
(f) N cumpetentia   (g) N passas muris, err. E passos   (h) N debebunt, err.
(i) N proppter, err.   (j) N consulibus, err.   (k) N unaquaque de compagna, err.

(1) Forse doveva dire : *inspiciendo*.
(2) Cod. *N*, postilla: *Yspanie*.
(3) Ermenegildo IV, detto il Casti-
gliano, conte di Urgel, 1102-1154.
(4) Garzia-Ramiro IV, re di Navarra,
il quale avea sposato in seconde nozze
(1144) Urraca, figlia naturale di Alfonso VII.

(5) Fra *et* ed *auxies* si scorge nel
Cod. *N* una cancellatura, il cui spazio
è capace di due lettere.
(6) Così in ambi i codici. Ma cor-
reggerei in questo modo : *consilium
fecerunt; et cito sine mora* etc.

debebant. et consules per multas uices ad imperatorem et ad
comitem Barchilonie [a] perrexerunt, deprecando eos ut suos homines armare preciperent et ad bellum uenirent pro capienda
ciuitate. imperator, hoc audito, uix uenit et compagnias [1] Ianuensium in campo armatas inuenit. consules namque preceperant 5
bellatoribus, ut cum sonitum tubarum audirent, sine uociferatione
cum silentio ciuitatem preliando introirent [b]. et sic fecerunt,
et milites secuti [c] sunt eos; et paruo tempore, infra tres horas
diei [d], Deo auxiliante et fauente [e], cum ensibus Ianuensium
Sarracenorum sanguine [f] multo effuso, ciuitas tota capta est 10
usque ad subdam. et illo [g] die de Sarracenis uiginti [h] milia
interfecti fuerunt, et ab una parte ciuitas scilicet deripata [i] . x .
milia fuerunt, et in sudam . xx . [j] milia; et inter mulieres et pueros
decem [k] milia Ianuam adduxerunt. Sarraceni uero infra quattuor [l]
dies sudam [m] et personas reddiderunt, et miliaria marabotinorum 15
triginta [n] milia dederunt, ut personas euaderent. consules quidem de peccunia [o] capta pro communi utilitate ualens . LX . miliaria
marabotinorum tenuerunt, et soluerunt debitum quod communis
erat, scilicet ualens librarum miliaria . XVII . aliam uero peccuniam [p] per galeas et alias naues diuidere fecerunt. et ciuitatem 20
in guardia Otonis de Bonouillano [q] cum mille uiris dimiserunt [2].
et parlamento facto, preceperunt ut omnes cum galeis et nauibus
a ciuitate [r] recederent, et ita factum est. et cum gloria et
triumpho incolumes usque Barchinoniam deuenerunt ; ibique galeas et naues in terram posuerunt, et consulatum nouum fecerunt [3]. 25

(a) Barchinonie (b) intrarent (c) N sicuti, *err.* (d) N dici, *err.* (e) N facientes, *err.* (f) N sanguinem, *err.* (g) N illico, *err.* (h) . xx . (i) dirupta
(j) uiginti (k) . x . (l) quatuor (m) subdam (n) . xxx . (o) pecunia
(p) pecuniam (q) Bonouilano (r) ad ciuitatem, *ambo err.*

(1) Da prima era scritto *compagnas;* poi fu corretto, e sembra dalla stessa mano: *compagnias.*

(2) Cfr. il diploma di investitura ed il successivo giuramento di fedeltà, del 5 novembre 1147, in CAFFARO, 1828, pp. 97; BANCHERO, *Duomo,* pp. 256-57; *Iur.,* I. 132, 133. Però Almeria fu ri-presa dagli Almoadi nel 1157. Cfr. ROB. DE MONTE, *Chron.,* ad ann., in PERTZ, *SS.,* VI, 506.

(3) La notizia del nuovo consolato è certamente qui posta, per una svista dello scriba; il quale difatti la ripete poco dopo, nel suo vero luogo.

et duo de consulibus, Obertus [a] Turris et Ansaldus de Auria,
cum licentia et uoluntate sociorum, cum duabus galeis Ianuam
uenerunt [b], et de peccunia [c] quam duxerant [1], debitum communis soluerunt, et nouum consulatum Ianuam fecerunt [2].

5   Quoniam que gesta fuerunt captione Almarie, per presentem
scripturam sensu Caffari ad memoriam futurorum narrantur, illud
idem, nempe uictoriarum Tortuose, ne futuris temporibus obliuioni
traderetur, uti ueritas postulat, Caffarus de Caschifellone [d] ad
presens narrare conatur.

10   Veritas quidem ita est. Ianuenses namque, postquam ab Almaria
recesserunt, Barchiloniam [e] cum toto exercitu uenerunt, et galeas et
et naues in terra extraxerunt; et quamuis a mulieribus et filiis et
domibus eorum assentes per annum stetissent, ibique tamen per
iemen [f] pro honore Dei et ciuitatis [g] Ianuensis moram fecerunt, ut
15 inde ueniente estate cum omnibus rebus necessariis ad capiendam
ciuitatem Tortuose securius ire possent.   ideoque || lignamina de   c. 16 a
castellis et machinis de nemoribus longe a ciuitate extraxerunt,
et omnia necessaria in eodem loco in tempore estatis parata habuerunt, et ad augendum [h] numerum bellatorum ad Ianuam
20 numtios [i], ut uiri cum nauibus et armis festinanter uenirent,
sine mora miserunt.   postquam uero omnia parata fuerunt, in
festiuitate beati [j] Petri contra Tortuosam ire ceperunt, et die
kalendarum iulii [3] flumen Tortuose cum toto exercitu intrauerunt.   et cum longe a ciuitate per miliarios duos appropin-
25 quassent, steterunt; et cum comite et militibus [k] parlamentum

(a) N Oberto, err.   (b) N uenirent, err.   (c) pecunia   (d) Caschifelone
(e) Barchilonniam   (f) hyemem   (g) N hore Dei et ciuitates E honera, ambo err.
(h) N augendum, err.   (i) nuntios   (j) sancti   (k) N militibus et, err.

(1) Duxerunt fu scritto nel Cod. N
dalla prima mano; e più tardi emen-
dato duxerunt, come ha anche il Cod. E.
La correzione apparisce dall' inchiostro
nerissimo con cui venne eseguita.

(2) Sulla presa di Almeria, è da
vedere un poema non completo, in versi

leonini, il quale celebra unicamente le
forze e i condottieri spagnuoli. Fu da
me ripubblicato negli Atti Soc. Lig.,
XIX, 395.

(3) Cod. N, postilla marginale.
. MCXXXXVIII.

fecerunt, et ibi elegerunt uiros qui uexilla Ianuensium [a] deferre [b]
debebant.　et statim cum comite et una parte militum ad preui-
denda [c] ciuitatis loca, ubi et quomodo uiros bellatores ponerent,
unanimiter perrexerunt.　et postquam loca ciuitatis uiderunt, tale
illico [d] consilium infra se habuerunt, ut medietas bellatorum　5
Ianuensium cum parte militum comitis ad sutanam [e] partem
ciuitatis ·iuxta flumen staret.　alia uero pars desuper a montana
loca, nomine Bagnare [f], cum comite et W[illielmo] [g] Montispe-
sulani [1] tentoria posuerunt.　Angli [h] namque, una cum militibus Templi et cum multis [i] aliis alienigenis, desuper uersus ro-　10
melinum iuxta flumen steterunt.　interim uero pars una uirorum
bellatorum Ianuensium, sine consilio consulum et ceterorum, ad
ciuitatem causa bellandi armata [j] perrexit.　ideoque Ianuenses hoc
fecerunt, ut Sarracenos quomodo in armis ualerent [k] cognoscerent.
statim enim Sarraceni cum Ianuensibus bellum usque ad oram　15
terciam [l] fecerunt; de quibus ex utraque parte quam plures mortui
et uulnerati fuerunt.　consules uero Ianuenses, suorum bellatorum
audatia cognita, parlamentum statim fecerunt, ibique omnibus
eorum districti sub debito sacramenti preceperunt, ut nemo sine
communi consilio et licencia [m] consulum deinceps ad bellum iret.　20
iterum quidem preceperunt, ut castella et machina cito complerent-
tur et iusta [n] ciuitatem deducerentur; et factum est ita.　postquam
uero castella duo iusta [o] murum ciuitatis posita fuerunt, illico Ianuenses uiri audacissimi et bellatores Dei muros frangere ceperunt,
et castella infra ·ciuitatem cum bello posuerunt, et unum de ca-　25
stellis per ciuitatem ducendo, domos et turres omnes usque ad
muschetam [p] destruxerunt.　alterum uero castellum prope suetam
ducendo, intra [q] paucos dies turres . xl . captas et fractas fortissime
bellando habuerunt.　Sarraceni autem, postquam cognouerunt quod
extra suetam cum Ianuensibus bella tenere non poterant, omnes　30

(a) N Ianuensieum, err.　(b) defferre　(c) preuidendum　(d) ilico　(e) sub-
tanam　(f) Bagnere　(g) Guillermo　(h) N Angeli, err. E Anglici　(i) et multis
(j) armata manu　(k) ualerent in armis　(l) ad terciam horam　(m) licentia
(n) iuxta　(o) iuxta　(p) usque muschetam　(q) infra

(1) Cfr. nota 1, pp. 32.

suetam intrauerunt, et eam fortiter bellando cum armis et machinis
defendere ceperunt.   Ianuenses uero, cum cognouissent quod
cum predictis [a] duobus castellis ex illo latere ciuitatis suetam
capere non possent, aliud tale consilium habuerunt, ut desuper
5 uersus Bagneram fossatum, quod inter Bagneram et suetam erat,
de lignamine, petris et terra sine mora implerent; cuius fossati
latitudo cubitorum . LXXXIIII .or altitudo cubitorum . LXIIII .or at
quia grauissimum et incerte tale opus incipere pluribus de exercitu esse uidebatur, inde quidem inter plures de exercitu, utrum
10 inciperetur nec ne, dubitatio orta est.   consules tandem, omni dubitatione remota, fossatum implere et castellum nouum facere
preceperunt.   precepto namque audito, omnes tam milites quam
pedones, diuites et pauperes, ad laborem fossati honerati [b] cotidie
ueniebant, atque unanimiter laborabant.   postquam enim due partes
15 fossati plene fuerunt, Ianuenses ilico [c] in summitate fossati castellum et machina cum uiris bellatoribus . CCC . intus stantibus posuerunt.   Sarraceni autem cum castellum adpropinquare [d] uiderunt,
statim petras ducentarum librarum ponderis eiciendo, angulum
castelli unum [e] ad presens‖fregerunt.   quod Ianuenses cito emen-   c. 16 a
20 dauerunt, atque recia [f] cordarum iusta [g] parietes castelli tanta
posuerunt, quod ictus [h] petrarum Sarracenorum postea nullo modo
timuerunt.   interim uero donec Ianuenses ad bellum cum Sarracenis stabant, tunc milites Barchilonensis comitis exercitum [i]
et comitem [j] cum uiginti militibus tantum, carentes dispendio [k],
25 relinquerunt.   Ianuenses namque [l] uiri audacissimi, atque preterite
Almarie uictorie memores, facto parlamento, iurauerunt quod a
Tortuosa non recederent, donec eam captam et uictam haberent.
et sic die et nocte bella cum Sarracenis forciora [m] quam soliti
essent [n] tenendo, et muros suete et palatii [o] et domos cum petris
30 manganorum frangendo , Sarraceni statim, timore mortis [p] territi, numcios [q] reddendi ciuitatem consulibus Ianue et comiti
Barchinonensi miserunt, inducias tamen spacio quadraginta diebus

(a) *N. peditis, err.*   (b) onerati   (c) illico   (d) appropinquare   (e) unum castelli
(f) retia   (g) iuxta   (h) ictu, *ambo err.*   (i) *N* Barchilonenses comites *E* Barchi-
nonenses, *ambo err.*   (j) comitem et exercitum   (k) stipendio   (l) uero   (m) fortiora
(n) *N* solliciti esset, *err.*   (o) palacii   (p) mortis timore   (q) nuncios

petendo, sub tali quidem condicione quod mitterent legatos ad Ispanorum [a] regem et ad omnes Ispanos [b] ut uenirent ad faciendum bellum cum Ianuensibus [1]; et si bellando possent [c] expellere Ianuenses, tunc uictores haberent ciuitatem; et si non uenirent ad predictum terminum, promiserunt dare ciuitatem 5 Ianuensibus. et de hoc dederunt centum [d] Sarracenos de melioribus obstaticos in potestate Ianuensium. postquam uero terminus [e] quadraginta dierum completus fuit, et Hyspani [f] in auxilio Tortuose non uenerunt, ilico [g] Saraceni de ciuitate, uti promiserant, uexilla Ianuensium et comitis in suda posuerunt, et 10 ciuitatem Ianuensibus et comiti sine tenore reddiderunt. et hoc factum fuit in mense decembris, in edomada [h] ferialium natiuitatis Domini, in uigilia sancti Siluestri . MCXLVIII. hoc toto completo, Ianuenses terciam et comes duas [2]; et postea cum triumpho duarum ciuitatum, Almarie scilicet et Tortuose, referendo gra- 15 tias Deo, cum toto exercitu Ianuam reddierunt [3]. quando uenerunt . MCXLIX. [4].

(a) *N* Inspaniorum, *err. E* Yspanorum   (b) Yspanos   (c) *N* posserit, *err.*
(d) *N* centos   (e) terminum, *ambo err.*   (f) Yspani   (g) illico   (h) ebdomada

(1) Forse il re Lupo, chiamato appunto da Caffaro, pp. 60, *rex Ispanie*, e gli altri regoli arabi.

(2) Si sottintende *partes ciuitatis habuerunt*, appunto come portavano i patti della lega: *Et habeatis . . . terciam partem ciuitatum atque locorum . . . . quas uel que nos simul ceperimus.* Cfr. CAFFARO, 1828, pp. 106; BANCHERO, *Duomo*, pp. 257; *Iur.*, I, 125. Di più il conte Raimondo Berengario, nel novembre del 1148, avea donato al comune ed alla chiesa metropolitana di Genova l'isola di Tortosa, di rimpetto alla città di questo nome. Poi nel gennaio del 1149, e certamente avanti che la flotta di Genova levasse le ancore, aggiunse un diploma con cui dichiarava

tutti i Genovesi immuni dai dazi di commercio ne' suoi domini. Cfr. per queste ed altre notizie, UGHELLI, IV, 862 e 863; FEDERICI, *Lett. a G. Scioppio*, pp. 57 e 67; CAFFARO, 1828, pp. 106 e 112; CUNEO, pp. 250 e 252; *Iur.*, I, 138.

(3) Cod. *N*, postilla marginale: *Nam alia uice capta fuit Turtuosa, scilicet . MLXXXXIII . ut notatur supra in folio. II.* Cfr. pp. 13, lin. 14, e nota 4.

(4) Però le spese della guerra aveano esausto il pubblico tesoro, ed obbligato il Comune, *pro dispendio exercitus Turtuose*, a contrarre un grosso prestito con una società di banchieri, alla quale, nel febbraio del 1149, fu ceduto il diritto di esigere varie gabelle durante il periodo di quindici anni. Un secondo

prestito con altra società, mediante la cessione del godimento di altri diritti per ben ventinove anni, fu poi contratto del pari dai consoli di quel l'anno, già vicini ad uscire di carica, come si deduce dalla promessa inserta nell' atto: *quod uenturi consules nullo modo . . . rumpere ualeant.* Nel 1150, venne parimente conceduto in feudo ad una società di cittadini il dominio utile della terza parte di Tortosa. Cfr. *Iur.*, I, 139, 141, 150-52. Infine questa parte fu venduta, nel 1153, al conte di Barcellona, pel prezzo di 16,000 marabottini. Cfr. *Memorias de la r. Academia de la Historia,* tomo V, Madrid, 1817, pp. 157.

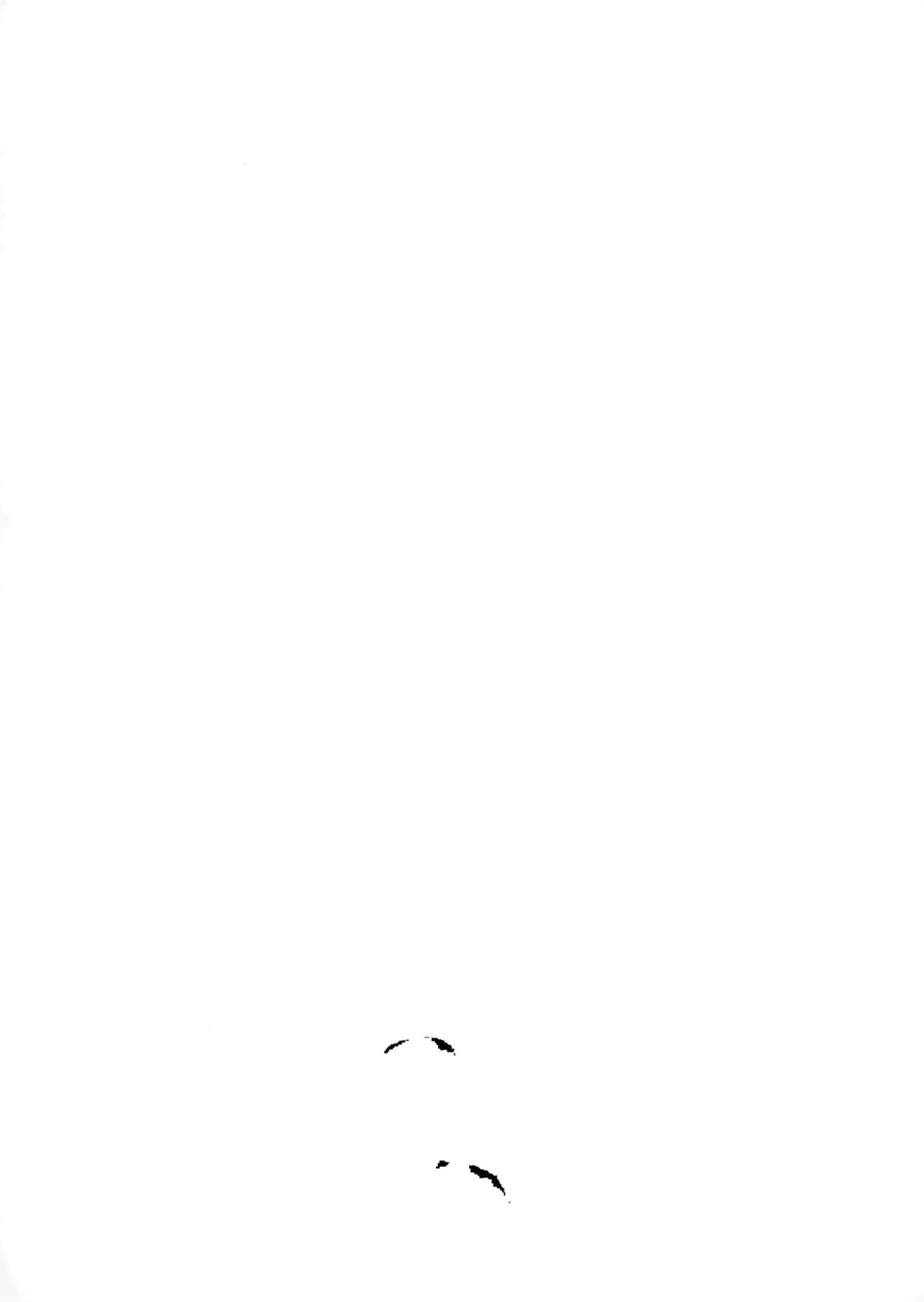

III.

NOTITIA

EPISCOPORVM IANVENSIVM

ANN. MXCIX-MCXXXIII.

Notitia Episcoporvm Ianvensivm.

TEMPORE consecracionis [a] domini Airaldi [b] episcopi currebant   c. 16 ᴠ
anni Domini millesimo . xcviiii . [c] et postea uixit in episcopatu
per annos . xvii . et quando mortuus fuit currebant anni Domini
millesimo . cxvi . [d] et hoc fuit in uigilia sancti Bartholomei [1], in
5 tercio anno consulatus [e] Lanberti Guezi [f] et sociorum [2].   sed
post tempus electionis uixit per annos . xviiii . in Ianuensi ciuitate.   item post mortem domini Airaldi [g] episcopus Oto [h] introiuit,
et uixit per tres annos, et per alios tres annos stetit ciuitas sine
episcopo ; et quando intrauit, anni Domini millesimo . cxvii . [i] et
10 quando mortuus fuit millesimo . cxx . [j] [3] item episcopus Sigifredus

---

(a) consecrationis   (b) Ayraldi   (c) . mxcviiii .   (d) . mcxvi .   (e) N consulatu, err.
(f) Gueçi   (g) Ayraldi   (h) Otto   (i) . mcxvii.   (j) . mcxx .

---

(1) La data della morte del vescovo Airaldo, qui posta al 23 d' agosto, è contraddetta da un *Kalendarium* del sec. xiv, copia di lavoro anteriore, esistente nell' Archivio capitolare della metropolitana di S. Lorenzo; dove sotto gli 8 di novembre sta scritto: *Obiit dominus Ayraldus episcopus Ian.* Cfr. *Atti Soc. Lig.*, XVIII, 13.

(2) Cfr. pp. 15.

(3) È lo stesso Ottone di cui si ha memoria negli *Annales sancti Victoris Massiliensis* (PERTZ, *SS.*, XXIII), pp. 3; i quali ce ne danno anche il cognome, e pongono erroneamente al 1099 la data della sua morte, scrivendo sotto quest' anno: *Obiit abbas Oddo, cognomento Alamannus. Rexit abbatiam annos . v . postea factus est episcopus Ianuensis.* Che fosse abate di S. Vittore, lo dice anche il Varagine (*Chron.*, par. xi, c. 19); e lo qualifica *de regali prosapia Francie natus.* Nel *Cartulario* di quello insigne monastero, edito dal Guérard, Ottone comparisce al governo di esso in documenti del 1112 e 1113 (nn. 831, 848, 1007, 1099, e 1100); ma poichè da' citati *Annali* intendiamo che vi durò lo spazio di cinque anni, è da ritenere che appunto il 1112 segni il principio di tale periodo.

uixit in episcopatu per annos . VI . quando intrauit currebant anni Domini millesimo . CXXIII .[a] et quando mortuus fuit millesimo . CXXVIIII . [b]   et ciuitas stetit absque episcopo annum . I . [c] [1] et archiepiscopus Syrus quando intrauit millesimo . C.XXX .[d] et quando pallium [e] et crucem suscepit in archiepiscopatum millesimo 5 . C . XXXIII . [f].

(a) . MCXXIII .   (b) . MCXXIX .   (c) unum   (d) . MCXXX .   (e) palium   (f) . MCXXXIII .

(1) Fu allora, come sembra più probabile, e non dopo la morte di Airaldo, come scrive il Varagine (par. XI, c. 18), che venne offerto il vescovado a S. Bernardo; il quale lo rifiutò, secondo che narra lo stesso cronista ed altri confermano. Del fatto ha pur cenno il sincrono Ernaldo nella *Vita* del celebre abbate, in PERTZ, *SS.*, XXVI, pp. 104: *Quot ecclesie destitute pastoribus eum sibi in episcopum elegerunt!... intra Italiam ciuitas Ianuensis et Mediolanum... hunc optauerunt pastorem.*

IV.

CAFARI

DE LIBERATIONE CIVITATVM ORIENTIS

LIBER

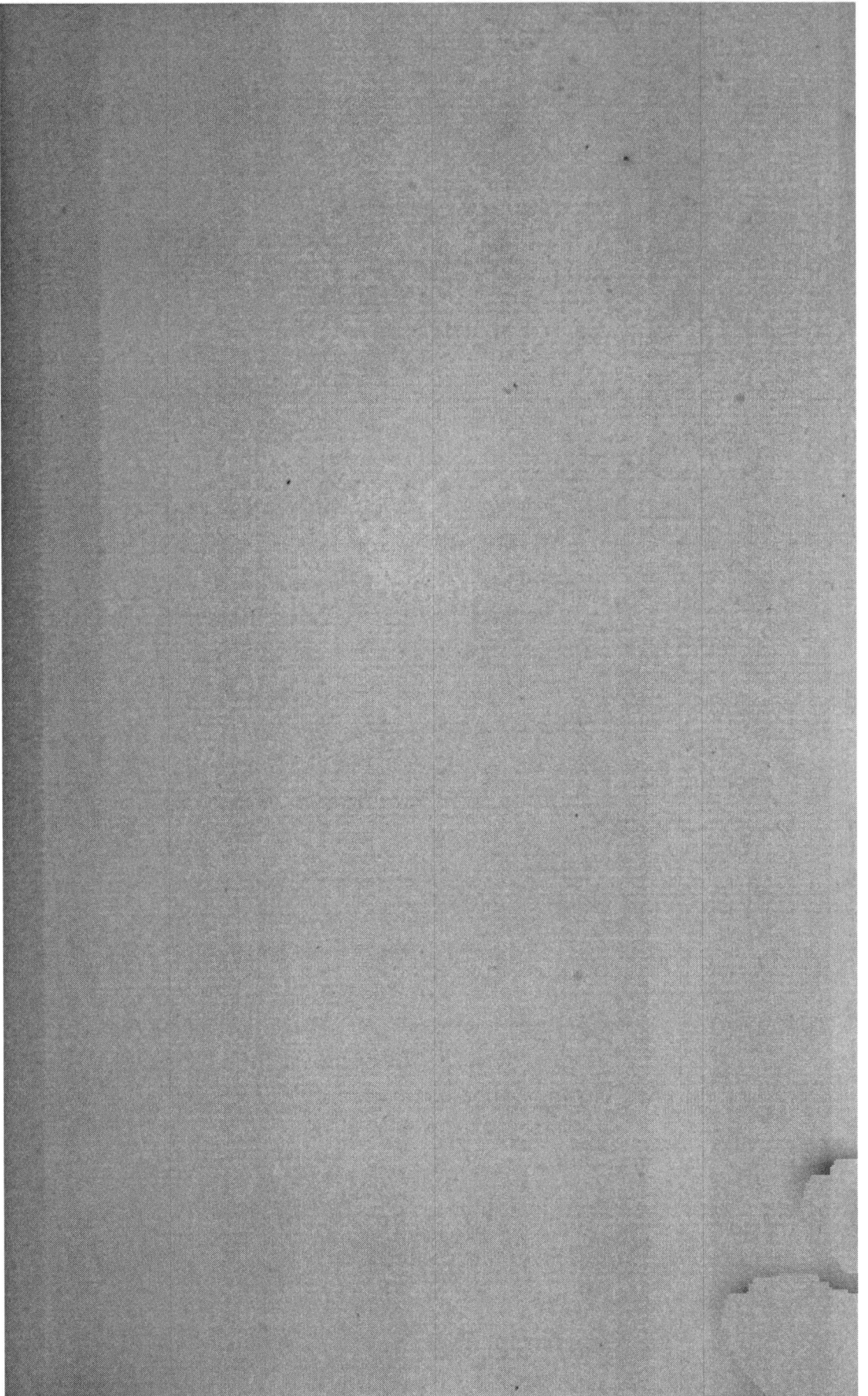

...loniam ea que solum
modo memorie com
mittuntur ⁊ continuitur uetu
tem temporis de facili
oblivioni tradunt. Ideo
philosophi et sapientes antiqui redigerunt
in scriptis que cogitauerunt posteris pro
uidentes. Cum itaq̄ in cronica com̄is Ia
nue a cataro nobili ciue ianue com̄po
sita michil repiat̄ de captione ierusale /
antiochie / tripolim / aliarūq̄ plurim
ciuitatū orientis. ad quas capiendas
hoīes Ian. affuerit sepe ⁊ sepius cum
magna quantitate Galeaū nauiū q̄
bellatoris tera. Et ego Jacobus aurie
psentiū scripturas ⁊ libros dn̄ obti
nuit qūendā Aui mei patrui. qui qdem
antiquitates huᵒ ciuitatis mirabilit
bn̄ nouit. Inueni in eiᵘ scripturis qda̅
antiquā scripturā a prefato Cataro com
posita. continenté captioné Ierlm et
aliarū plurim ciuitatū. cuiᵘ exemplum
in hoc libro scribi feci. nichil addito ñ
etiā diminuto. ⁊t Gesta illᵃ sit hic le
gentibus manifesta.

DE LIBERATIONE CIVITATVM ORIENTIS

Iacobi Avrie Praefatio.

Voniam ea que solummodo memorie commendantur, per diuturnitatem temporis de facili obliuioni traduntur; ideo phylosophi et sapientes antiqui redigerunt in scriptis que cogitauerunt posteris profuctura. cum itaque in cronica comunis Ianue, a Capharo nobili ciue Ianue composita, nichil reperiatur de captione Iherusalem, Anthiochie, Tripolim aliarumque plurium ciuitatum Orientis, ad quas capiendas homines Ianue interfuerunt sepe et sepius cum magna quantitate galearum, nauium et bellatorum in eis; et ego Iacobus Aurie perscrutans scripturas et libros domini Oberti Aurie, quondam aui mei paterni, qui quidem antiquitates huius ciuitatis mirabiliter bene nouit, inueni in eius scripneis quandam antiquam scripturam a predicto Cafaro compositam, continentem captionem Iherusalem et aliarum plurium ciuitatum, cuius exemplum in hoc libro scribi feci, nichil addito nec etiam diminuto, ut gesta illa sint hic legentibus manifesta.

EXPLICIT PRAEFATIO.

Incipit Liber Cafari.

vm ab origine mundi omnia fere que in orbe
facta sunt uel fuerunt, per doctores et sapientes
scripta sunt et narrantur, ideoque bonum et utile
esse uidetur, quo modo et quo tempore Iheroso-
limitana ciuitas et Antiocena, una cum ceteris orientalibus ciuitatibus et maritimis locis, a seruitute Turchorum et Sarracenorum
liberate fuerunt, ut per praesentem scripturam Caphari ueritas
co‖gnoscatur.   pateat ergo uniuersitati uirorum presentium et futurorum, quod tempore Urbani (a) papae secundi, bonae memoriae,
dux Gotofreus cum Frandalensi comite (1) ceterisque nobilibus uiris,
sepulcrum Domini uisitare optantes, Ianuam uenerint, ibique nauem
ascenderunt ianuensem que Pomella uocabatur, et inde cum Ianuensibus Alexandriam perrexerunt, de Alexandria cum militibus
Sarracenorum qui eos conduxerunt usque ad portam ciuitatis
Iherusalem uenerunt.   et cum per portam ad uisitationem sepulcri
Domini intrare uolebant, portonarii statim introitum prohibuerunt,
donec unusquisque bisantium unum pro introitu solito more daret.
Christiani uero qui illuc pro seruitio Dei uenerant, postquam
uoluntatem Sarracenorum cognouerunt, quod petierant dare inceperunt.   dux autem Gotofreus qui de maioribus erat, et bisantium
uti ceteri tam cito non dedit, propter hoc quod camerarius paulisper absens erat ab eo qui peccuniam suam portabat, donec
eum ad se uocauit, unus quidem de portonariis colafum magnum

c. 77 a

c. 17 a

(a) *N* Ubarni, *err.*

(1) Roberto 1 il Frisone. Cfr. RIANT,
Epistola Alexii, pp. xxviii.

in collo ducis dedit [1]. quod dux pacienter tollerauit; attamen
Deum deprecans, ut tanti dedecoris uindictam ense suo accipere
ante mortem suam concederet Deus; et dato bisantio, dux cum
ceteris per portam intrauerunt, et sepulcrum Domini ceteraque
sanctuaria et praesepe Domini in Bellehem celebrauerunt, atque   5
Iordanis flumine ubi Christus a Iohanne bapticatus fuit perrexerunt.
et tribus diebus peractis [a] postquam Iherosoliman uenerant, cum
militibus qui eos conduxerant Alexandriam reuersi sunt. inde in
praedicta naue Pomella cum Ianuensibus per mare usque ad Ianuam transierunt.   10

    Dux vero Gotofreus sine mora illinc sanctum Egidium ire
festinauit, ibique cum Raymundo sancti Egidii comite et cum
aliis multis comitibus et baronibus illarum partium de deliberatione
sepulcri loquutus est. unum tale posuerunt consilium, ut ue||niente
die sanctae Mariae ad Podium conuenirent, ibique de seruitio Dei   15
quid [2] facturi essent ponerent et firmarent. cum uero infra dicti
termini spacium uox per partes illas publice sonauisset, fuerunt
duodecim uiri in sancta Maria de Podio de predicto seruitio Dei
tractare optantes, et per tres dies tractantes, quomodo Iherosolimitanum iter peragere possent. accidit in nocte diei tercii, quod   20
angelus Gabriel ad unum de duodecim, Bertholomeum nomine,
in sopnium uenit et dixit: *Bertholomee, surge.* et ipse: *quid es
tu domine? Angelus Domini sum, et uoluntas Domini est ut
sepulcrum eius a seruitute Saracenorum deliberetur; quare accipe
crucem in dextero humero, et cum sociis tuis summo mane perge*   25
*ad episcopum Podiensem, et hostende sibi crucem quam tibi feci, et
dic ut ipse mittat legatum suum tecum ad Urbanum papam, qui ad
has partes sine mora ueniat, et iter Iherosolimitanum in remissione*

(a) *N* perattis, *err.*

(1) Cfr. RIANT, *Ep. cit.*, pp. xxix e
xxxvii; e GASTON PARIS, in *Romania*,
XVII. 328-29. Il quale rileva l'analogia
di questa leggenda con quella di Ai-
cardo di Montmerle, narrata più tardi
(sec. XIII) dalla *Gran Conquista de Ul-*
tramar; ed opina che il poeta spa-
gnuolo ed il cronista genovese l'abbiano
attinta da un poema provenzale.

    (2) Il *quid* sta nel margine, ma
risponde a una chiamata del testo.

peccatorum populum doceat. ita factum est. papa enim, uisione
angelica audita, sine mora iter accepit, et ad Poium uenit. ibique
colata multitudine nobilium uirorum, principum, comitum et ducum, atque omnis generis Christianorum, diuitum et pauperum,
5 maiorum atque minorum, papa omnibus uiam sepulcri in remissione omnium peccatorum precepit. apostolico enim precepto
peracto, omnes illico maiores et minores crucem Domini in humero ab apostolica manu susceperunt humiliter [1]. de maioribus
quidem Raymundus comes sancti Egidii, Gotefreus dux de Bu-
10 gnone, amonitione cuius predicta incepta fuere, et Balduinus
frater eius, et Frandalensis comes, Ugo‖magnus [2], Boiamundus,   c. 17 d
Tanclerius, et multi alii quorum nomina longum esset narrare.
numerus uero miliarium [3] populorum, secundum quod Capharus
audiuit . LX . milia bellatorum fuere. et ceperunt ciuitatem Ni-
15 chiam millesimo . LXXXX . VII . quibus namque omnibus tanta
Dei fuit gratia, quod in toto itinere concordia et humilitate et sine
ulla lesione personarum usque Antiochiam perrexerunt omnes.

Ante enim quam praedicti principes de partibus illis in quibus
crucem et apostolicam benedictionem susceperant recessissent,
20 apostolicus duos episcopos, scilicet Grationopolitanum, Aurisia-
censem, prece eorum Ianuam misit [4]. episcopi namque Ianuam
sine mora uenerunt, in ecclesia beati Siri populum Ianuensem
insimul primitus uenire fecerunt, ibique apostolicam legationem
de seruitio Dei et sancti sepulcri, sicuti apostolicus preceperat,
25 in remissione omnium peccatorum narrauerunt. ita quidem ut ad

(1) Cfr. su questa visione, HAGEN-
MEYER, *Peter d. Her.*, pp. 81; RIANT,
Inventaire, pp. 97.

(2) Nell'interlineo, sopra *Ugo magnus*,
è d'altra mano: *frater regis Franciae*.

(3) A torto il Pertz corresse: *mili-
tarium*.

(4) Ugo di Chateauneuf-d'Isère, vescovo di Grenoble, morto nel 1132. Cfr.
BOLLAND., apr. I, 35-36. Guglielmo I,
vescovo d'Orange, morto presso Marra,

nel dicembre 1098. Cfr. GUGLIELMO DI
TIRO, lib. IX, cap. I. — Combinata colla
testimonianza di Caffaro, è poi molto
verisimile l'affermazione del Varagine
(*Chron.*, par. XI, c. 17), che i due
legati venissero a Genova muniti di
lettere pontificie. *Papa Urbanus . . .
ad Ianuenses scripsit* etc. Cfr. RIANT,
Inventaire, pp. 119; JAFFÈ-LOEWEN-
FELD, n. 5651; DESIMONI, *Regesti*,
pp. 52, n. 65.

deliberandam uiam sepulcri Domini cum galeis ad aurientales
partes irent, et in societate predictorum principum uiriliter starent
et pugnarent; unde eternae uite praemium predicti episcopi habere
affirmant.   sermone enim perracto et apostolica legatione audita,
multi de melioribus Ianuensibus illa die crucem susceperunt,   5
scilicet isti: Anselmus Rascherius, Obertus Lamberti de Marino
filius, Obertus Bassus de Insula, Ingo Flaonus, Dodo de Aduocato,
Lanfrancus Roza, Pascalis Noscentius Astor, Guillermus de Bono
seniore, Opiço Mussus, et reliqui plures, qui tanti fuerunt quod
duodecim galeas [1] et sandanum . 1 . de fortissimis bellatoribus uiris   10
armauerunt, et mense iulii uersus aurientales partes iter inceperunt.

c. 18 a ||paucis enim diebus transactis, flumen Solini uenerunt et intraue-
runt, qui uocatur portus sancti Symeonis, longe ab Anthiochia
per spacium . x . milium [2].   milites uero Francorum, qui, antea
quam Ianuenses [a] uenissent, per mensem unum Antiochiam ue-   15
nerant et de foris castra posuerant, postquam Ianuenses uenisse
audierunt, Boamundus filius Roberti Guiscardi ducis Apoliae cum
militibus centum de exercitu ad Sulinum ubi Ianuenses erant
festinanter perrexit, et ut Anthiochiam irent ex parte principum
et tocius exercitus multis precibus illos ita monuit et ortari in-   20
cepit.   *o fratres et diuini prelii socii, sicuti pro seruitio Dei ad
has partes uenistis et premium ad requiem animarum uestrarum inde
habere optastis, ita pondus prelii et laboris comuniter substinere et la-
borare in quantum possumus uos multum ortamur.*   Ianuenses uero,
postquam [b] preces principum per Baamontem auderunt, inter se   25
consilium ceperunt, ut de melioribus bellatoribus uiris cum militibus ad exercitum mitterent . vi . c . et miserunt.   mille autem

---

(a) *N* Ianuensens, *err.,*   (b) *N* post

(1) Nel margine inferiore del Cod.,
questa postilla: *Credo quod iste galee
fuerunt ille que detulerunt corpus sancti
Iohannis Baptiste.* Al quale proposito,
cfr. IACOBI DE VARAGINE, *Legenda trans-
lationis B. Iohannis Baptiste Genuam;*
NICOLAI DE PORTA, *Historia transla-*
*tionis reliquiarum B. Iohannis Baptiste
ad ciuitatem Ianue;* RIANT, *La date
exacte de l'arrivée à Gênes des reliques
de S. Jean Baptiste,* 6 mai 1098.

(2) È il *Sulinum,* già ricordato a
pp. 13, lin. 3. °

Turchorum milites de Antiochia clam exierunt, et militibus Francorum et Ianuensibus obuiam perrexerunt.   Boiamundus uero,
postquam tantae multitudinis Turchorum milites supra se uenire
cognouit, statim ad exercitum cum . xxv . de Ianuensibus qui
5 equitaturas habebant uelociter perrexit, et sicuti Turchorum milites
sibi obuiauerant, cunctis militibus de exercitu nunciauit.   Francorum autem milites cum eodem Boiamundo, antequam de equo
descendisset, omnes equos uelociter ascenderunt, et contra Turchos festinanter ire ceperunt.   at quidem Turchorum milites
10 circuiendo [a] et saitando [1] Ianuenses qui campo armati reman-
‖serant, et tante multitudini militum cum ensibus tantum et lanceis   c. 18 b
resistebant, omnes tandem in campestri loco uulneratos et mortuos
dimiserunt; qui ante quam alii qui uiam sepulcri inceperant
prius coronam martirii susceperunt, et uti martires Dei in coe-
15 lesti sede illos angeli Machabeorum socios posuerunt.   Turchorum uero milites de nece Ianuensium martirum multum letantes,
Antiochiam reddire festinabant.   at quidem Baiamundus et milites qui cum eo ad deffensionem Ianuensium procedebant,
priusquam Turchorum milites Antiochiam intrassent, Turchos
20 omnes illos, qui Ianuenses interfecerant, eos interfecerunt et ad
infernales penas in societate Machometi miserunt, et ad castra
cum triumpho redierunt.

Alia uero die tentoria iuxta portam Antiochiae posuerunt, et ad
Ianuenses alios, qui pro guardia galearum iuxta flumen Solini
25 remanserant seu stabant, mandauerunt ut ad prelium Dei capiende
Antiochie ciuitatis cum armis necessariis uenire non protelarent [b].   Ianuenses autem, legatione principum audita, festinanter Antiochiam cum armis et tentoriis et cum omnibus quae
ad bella [c] sunt necessaria uenerunt, et iuxta tentoria principum
30 sua posuerunt, et cotidie insimul cum militibus et peditibus
. Francorum cum Sarracenis de ciuitate ad portam ciuitatis uiriliter

---

(a) *N* circunendo, *err.*   ·(b) *N* procelarent, *err.*   (c) *N* bela

(1) Dal genovese *saitaà*, infin. *sai-*
tando. Lo stesso che *sagittando.*

preliabantur, et preliando cotidie de die in diem multa incomoda
et aduersitates omnes, de cibo scilicet et de uestibus et de omnibus
rebus que corpori sunt necessaria, sustinuerunt a medio mense
octubris quo Christiani Antiochiam obsidere inceperant, et tunc
anni currebant Domini . MXCVII . [1]   usque ad mesem februarii,   5

predicta incomoda ‖sustinentes.   Deus, qui semper fidelibus suis
subuenire solet, tale consilium et auxilium Christianis suis neces-
sitates pacientibus dedit, quod in eddomada carneleuarii milites
septuaginta [a] Christianorum cum multis peditibus ad Pontem
ferreum [2] perrexerunt, qui ab Antiochia per spacium miliariorum   10
. VIII . longe erat, et ibi milites Turchorum tria milia cum magna
copia peditum qui de Antiochia exierant, et ad predictum Pontem
ferreum tentoria pro offensione Christianorum posuerant, iuxta
predicta tentoria Turchorum quingentos optimos equos et multas
preciosas uestes sine deffensione Turchorum predicti milites   10
Christianorum uiriliter ceperunt, et die Veneris praedicte eddo-
made bellum cum Saracenis inceperunt.   uespere autem facto,
Saraceni stupefacti et timore conmoti, tentoria dimiserunt, et
fugiendo ciuitatem intrauerunt.   Christiani uero tentoria et
omnia que Saraceni dimiserant colligerunt, et leto animo ad   15
exercitum redierunt.   Turchorum uero milites, qui Antiochiam
fugiendo intrauerunt, cum omnibus aliis qui intus erant ita fecerunt, quod postea extra ciuitatem cum Christianis bellum facere
noluerunt.

Interim uero accidit quod duo Turchorum uiri, qui fratres   20
erant, et turres duas ciuitatis que sorores uocabantur in custodia
tenebant, diuino spiritu commoti, Christianos se facere et turres
reddere Boiamundo procul dubio mandauerunt [3].   Boiamundus

(a) *N* *septuginti, err.*

(1) Questa data ripetesi nel margine,
di mano del postillatore consueto :
M L X X X X V I I.

(2) Oggi Djisr-el-Hadid, su la strada
da Antiochia ad Aleppo.

(3) Erano due apostati armeni, della
tribù dei Beni-Zerra; ma solamente uno

di essi, a nome Firouz, consumò il tradimento. Cfr. *Historiens armeniens des
Croisades*, I, 40. Guglielmo di Tiro,
lib. v, c. 11, dice che la torre era una
sola: *turris una que... dicitur duarum
sororum.* Cfr. REY, pp. 193.

illico principes de exercitu insimul conuenire fecit, quibus namque omnibus dixit: *quedam uerba secreta aperio. si michi Antiochiam ut habeam concedere uultis, illam quidem sine ulla prolatione per misericordiam Dei in potestate nostra habere speramus.*

5 omnes statim dixerunt: *concedimus vobis et affirmamus.* Bo‖ia-   c. 18 b
mundus uero ad tentoria principum Turchos illos qui turres duas dare promiserant secreto uenire fecit; et sine mora uenerunt, et statim ab episcopo Podiense [1] christiani et baptiçati fuerunt, et ab omnibus principibus multa et magna dona, uestes scilicet preciosas

10 et uasa multa argentea, receperunt, et christiani noui uocati fuerunt [2]. qui namque Boiamundum et uiros centum armatos [a] predictas duas turres sursum ascendere nocte una fecerunt. et summo mane omnes, qui turres ascenderant, de turribus descendentes et per mediam ciuitatem uocibus magnis et multis dicere

15 non cessauerunt *chyrieleyson, chyrieleyson* [b] [3], donec Sarraceni qui in ciuitate erant, predictas uoces Christi audientes, stupefacti et timore inde commoti, alii extra ciuitatem fugientes, alii ad Carbuntium [4] sursum ascendentes, ciuitatem Christianis dimixerunt. Christiani autem, qui de foris ad portam ciuitatis stabant, Sarracenos

20 exeuntes omnes fere interfecerunt; et qui ciuitate intrauerunt, cum ceteris insimul de turribus descendentibus, domos ciuitatis et omnia quae intus erant comuniter habuerunt et tenuerunt. Turchi autem qui per Carbuntium ascenderunt, cum ceteris qui pro guardia erant sepe in die usque ad medietatem montis Carbuntium

25 descendentes, cum Christianis bellum incipiebant. Christiani uero Ianuenses, una cum militibus Francorum, multos de Sarracenis uulnerabant et interficiebant [5].

(a) *N* armatas, *err.*   (b) *N* chyrieleysom, *err.*

(1) Ademaro di Monteil, vescovo del Puy, morto dipoi in Antiochia il 1.° agosto 1098.

(2) Nota a questo luogo il Riant: *Haec omnia pro fabulis habemus.*

(3) Solo Caffaro registra questo grido;

gli altri hanno il consueto: *Deus uult* (RIANT).

(4) Cioè la cittadella; dal gr. Καρβα-τιον (RIANT).

(5) I Crociati entrarono in Antiochia il 3 giugno 1098.

Quindecim autem diebus transactis post cáptionem Antiochiae [1], Corbonam [2], omnium Turchorum princeps Persiae, Antiochiam uenit et eam obsidere incepit; et postea per paucos dies
constamularius eius Vermilio Leo [a] [3] praecepto principis ipsius
An‖thiochiam uenit, cum quo centum milia militum Turchorum
cum mulieribus et filiis, et cum argento multo et auro et uestibus
preciosis et cum omni mobile animalium, scilicet equorum bouum
ircorum arietum et gamiliorum uenerunt, et iuxta Anthiochiam
tentoria posuerunt, quorum castra spacium decem miliarum tenebant. Christiani uero qui intus erant, postquam tante multitudinis
Turchorum exercitum eos undique obsidere cognouerunt, et de
penuria cibi uirorum et equorum, quae multa et magna erat inter
illos, ita quidem quod in capite unius asini solidi . xx . de pitainis
tribuebatur, inde territi et timore commoti, Deum omnes pre-
cabantur, ut necessitatibus eorum subueniret. episcopi autem et
boni clerici, qui cum eis erant, supra omnes sermonem fecerunt.
Podiensis uero episcopus, ex parte omnium aliorum episcoporum
et clericorum, sermonem hoc modo incepit: *o fratres et milites
Dei, qui pro angelica legatione a Deo missa et per Bertholomeum
uirum iustum et bonum, et qui crucem in humero ab angelo suscepit
et angelicam uisionem palam aperuit, et per uisionem Urbani pape
hoc iter in remissione peccatorum incepistis et ad has partes uenistis,
nolite spauescere uel timere, quia quod Deus promittit fidelibus suis,
complere non desinit; quare per triduum in ieiuniis et orationibus
stare omnibus uobis precipimus, et, tribus diebus transactis, contra
inimicos Dei ad bellum, Deo auxiliante, uiriliter procedamus.* omnes
namque illico in ieiuniis et orationibus stare inceperunt, muros [b]
et turres ciuitatis undique custodire pugnabant. Turchi uero
cotidie uenientes ad muros [c], Christianos deridebant [d], dicendo:

(a) *N* Humilio Leo (b) *N* murros (c) *N* murros (d) *N* derridebant

(1) Non quindici giorni dopo la presa della città, ma il 5 di giugno.
(2) Kiwam-ed-Daula-Kerbogha, principe di Mossul.
(3) Così dee correggersi, come notò acutamente il Riant, l'errata scrizione del Cod. *N;* accennando Caffaro in questo luogo a Kilgi-Arslan, sultano d'Iconio. È lo stesso che il *Roseleon* di Alberto d'Aix, lib. III, c. 36, e lib. IV, c. 49; e il *Rouge-Lion* della *Chanson d'Antioche*, II, 361.

quare mortificatis ||corpora uestra fame et nuditate, comedendo carnes   c. 19 a
equorum et asinorum, de quibus canes et uolucres uiuunt, sed
non homines? et portabant in manibus suis panes albos, comedendo et dicendo: *reddite nobis ciuitatem, et credite in Deo nostro,*
5 *et postea eritis nostri amici, et dabimus uobis aurum et argentum et*
omnia quae uobis necessaria sunt; quod si non feceritis, omnes uos
interficiemus. Christiani uero dixerunt: *tacete, canes rapidi, quia*
Deus noster magnus et misericors est, et subiciet uos pedibus nostris.
principes autem Christianorum omnes, qui in ieiuniis et oratio-
10 nibus stabant, nuncios ad Corbonam, Petrum eremitam (a) et
quendam sacerdotem (1), ut illinc, de terra beati Petri scilicet, cum
toto exercitu suo discederet (b), mandauerunt. nuncii uero sine
mora perrexerunt, et uti principes preceperant narrauerunt. quibus namque Corbonam dixit: *uos quidem stulte et iniuste loqui-*
15 *mini. uos enim de longuinquis regionibus uenistis, et terram nostram*
hominibus nostris cum traditione abstulistis. ideoque maioribus
uestris dicite, ut terram nostram reddant, et eos incolumes recedere
concedemus. nuncii uero, cum multa dixissent et audiuissent,
tandem ūnūm firmare si Corbonam uellet ponere uoluerunt, ut
20 quinque Christiani cum aliis quinque Sarracenis bellum facerent,
et uictoriam habentibus ciuitas Anthiocena ex utraque parte con-
cederetur. quod Corbonam se facturum nullo modo promisit.

Postquam enim nuncii reuersi sunt, ut audierant, episcopis et
principibus omnia narrauerunt. episcopi autem et principes, re-
25 sponsione Turchorum audita, tale ab episcopis receperunt consilium, ut per totum illum diem in orationibus starent, et Deum
deprecando ut orationibus eorum aures suas ||accomodaret et uiam   c. 19 c
securitatis eundi ad bellum contra inimicos per misericordiam
ostenderet. orationibusque peractis, et nocte proxima ueniente,
apostolus Petrus in sompnio ad heremitam Petrum (2) uenit et

(a) *N* eremittam   (b) *N* discedere, *err.*

(1) Chiamavasi Erluino, e faceva l'uffizio d'interprete. Cfr. HAGENMEYER, *Peter d. Her.*, pp. 228 segg.

(2) Qui il cronista ha posto il nome di Pietro eremita, in luogo di Bartolomeo del Puy. Cfr. HAGENMEYER, op. cit.,

dixit, ut ueniente die omnes episcopos et principes omnes insimul
uocaret, et talem uisionem omnibus aperiat, quod uoluntas Dei
est, in ecclesia sua fodere incipiant, et fouea facta magne alti-
tudinis, lanceam de qua Christus uulneratus fuit in cruce in latere,
illam cum deuotione accipiant, et ad bellum Turchorum sine   5
dubitatione cum lancea pergant.   et ita factum est.   in ipso die
ueniente, sicut Petrus heremita dixerat, et lanceam Christi inuenerunt, et cum deuotione magna eam susceperunt; et sero ueniente,
omnes frumentum uel ordeum, quod habebant, totum in communi
posuerunt, et inde satis equis omnibus, ut fortiores ad bellum   10
irent, comedere dederunt; et ueniente die missas celebrauerunt,
et corpus [Domini] cum deuotione susceperunt.   postea uero scalas
septem militum taliter ordinauerunt, quod Raymundus comes
cum scala sua et cum duabus aliis scalis principum ex uno latere (c) ad bellum irent; ab alio uero latere dux Gotofredus cum   15
scala sua et cum aliis duabus scalis principum contra Turchos
pugnarent.   media autem scala fuit episcopus Podiensis cum
omnibus presbiteris et clericis qui in Anthiochia erant, ferentes
secum lanceam Christi inuentam; et Boamundus et Tancleus cum
militibus suis sequebantur eos.   20

    Turchi uero qui de foris erant, milites et pedites, medietas
illorum ex uno latere armati manebant; alia quidem medietas
ab alio latere parati similiter cum ‖armis stabant.   in medio
autem utrarumque parcium Turchorum spacium magnum erat.
Christiani uero de foris exeuntes, taliter ad bellum ire incepe-   25
runt.   Raimundus comes cum suis scalis ex uno latere, et
dux Gotofreus cum suis scalis ab alio latere, cum Turchorum
militibus uiriliter certare inceperunt.   episcopus autem cum
lancea Christi et clericis omnibus per medium spacium cum
Baamundo et Tancrerio, qui armati eos sequebantur, pergendo,   30
et alta uoce canendo: *surge Domine, iudica causam tuam et ueni* (1).

    (c) *N* lattere.

pp. 65 e 227; Riant, *Inventaire*, pp. 97   (1) Salmo LXXXI, 8.
e 216. Anche Guglielmo di Tiro,
lib. VI, c. 14, ricorda: *quidam... Pe-*
trus clericus... de Prouincia.

et cum ad sumitatem spacii fuerunt, et post terga Turchorum
se esse uiderunt, et prospicientes multos milites armatos de
albis armis et cum multis signis albis desuper uenire uiderunt,
de quibus dicitur et dictum fuit quod angeli Domini fuerunt;
5 et cum ad lanceam Christi adpropinquauerunt, signa que milites
albi deferebant (a), omnes contra lanceam Christi se inclinauerunt.
Turchi uero postquam tot milites post terga eorum uenire uiderunt, timore commoti, arma et tentoria et uasa omnia · auri et
argenti et uestes preciosas, et omnia quae secum habebant, dimi-
10 serunt.   Christiani uero sequendo, et interficiendo et uulnerando,
usque ad Pontem ferreum sequendo perrexerunt, et fere omnes
in campo mortuos relinquerunt (1).   reddeuntes autem usque Anthiochiam, colligendo omnia que in campo Turchi relinquerant,
incolumes omnes insimul conuenerunt, et Boiamundo Anthio-
15 chiam, sicut promiserant, dederunt.   . Boiamundus uero concessit
eis (2) priuilegium in Anthiochia, ut continetur in registro, anno
Domini millesimo . LXXXXVIII . (3) mense iulii (4).

Et inde ad principem Babilonie, qui Leuealmeradus uocabatur (5),
Iohannem camararium (6) legatum miserunt, ut militibus Fran-
20 corum uiam se‖curitatis et mercatum iuxta maritimas ciuitates
et locos usque ad Iherusalem daret et concederet.   princeps uero
Babilonie (b) legatum Francorum honorifice suscepit, et dona
magna tribuit; et insuper nuncium suum dedit, qui omnibus
ciuitatibus et maritimis locis precepit, ut merchatum militibus
25 Francorum darent.   postquam uero principes Francorum legationem principis Babilonie (c) tam honorabilem per legatum suum

c. 20 a

(a) N deferat, err.   (b) N Babilone   (c) N Babilone

(1) Era il 28 giugno 1098.

(2) Postilla: scilicet Ianuenses.

(3) In margine è riportata, di mano
del postillatore, la data: MLXXXXVIII.

(4) Cfr. il diploma del 14 luglio
1098, in LUNIG, II, 2082; UGHELLI,
IV, 846; CAFFARO, 1828, pp. 16. E
ved. Atti Soc. Lig., I, 63.

(5) L'emiro Afdhal ed-Djoujousch,
vizir di Mostali califfo d'Egitto.

(6) Caffaro è il solo a rammentare
questo personaggio: forse camerario di
Boemondo, oppure di Raimondo conte
di Saint-Gilles (RIANT).

audierunt, statim ad Iherosolimitanum iter inceperunt. cum autem ad Iherusalem uenerunt, obsidendo ciuitatem, uiriliter bellando steterunt, et omnes cisternas aque, que de foris erant, destructas inuenerunt. quapropter cotidie a Iordanis flumine aquam defferebant. et obsidendo ciuitatem per mensem unum, 5 ecce Guillermus ianuensis Embriacus, et Primus frater eius, cum duabus galeis Iopem [1] uenerunt, et pro timore Sarracenorum Scalone galeas ibi tenere non potuerunt [2]. ideoque galeas destruxerunt, et totum lignamen galearum, quod neccessarium erat ad machina capiende ciuitatis, ad Iherusalem portare fecerunt. 10 Christiani uero de aduentu Ianuensium multum laetantes, honorifice eos susceperunt, et in conscilio eorum capiende ciuitatis omnimodo steterunt. Ianuenses uero machina omniaque necessaria capiende ciuitatis fecerunt; infra . XL. dies [3] ciuitatem totam, preter turrem Dauid, ceperunt, et Sarracenos ciuitatis interfecerunt. 15 Sarraceni uero de turre Dauid, nolentes turrem reddere, mandauerunt principi [4] Babilonie ut cum exercitu suo ueniret et turrem acciperet. et diebus . XX. transactis, Sarraceni qui ad principem miserant uenerunt et turrem Christianis dederunt [4]. et hoc fuit mense iulii, et tunc currebant anni Domini mille 20

C. 20 a ‖ . LXXXXVIIII . [5]

Et turre reddita, post tres dies transactos, princeps [b] Babilonie cum magno exercitu militum et peditum manu armata in planicias Ramule uenit. Christiani uero, qui Iherusalem erant, insimul conuenerunt, et regnum Iherusalem in tutela et custodia 25

(a) N pricipi, *err.*   (b) N principes, *err.*

(1) Al disopra, nell'interlineo, la postilla: *idest Iaffam.*

(2) Cfr. il presente racconto con quello di Raimondo d'Agiles, cap. 20, donde anche risulta che altre galee si unirono a quelle dei fratelli Embriaci, variando il numero totale di esse nei mss. di questo autore da sei a nove.

(3) Anzi 39, cioè dal 9 giugno al 15 luglio 1099.

(4) Sbaglia Caffaro, giacchè tutti gli altri scrittori della Crociata si accordano nell'affermare che la torre di David si arrese al conte di Saint-Gilles, lo stesso giorno in cui fu presa Gerusalemme (Riant).

(5) In margine di nuovo: *MLXXXXVIIII.*

ducis Gotofredi dederunt, et dominum regni et omnium illarum
parcium illum posuerunt, et cum predicto domino in planicies
Ramulae ad bellum contra Sarracenos sine mora perrexerunt.
bello uero incepto, Sarraceni quidem terga uoluentes campum
dimiserunt.   Christiani autem eos sequentes et interficiendo campum tenuerunt, et omnia quae Sarraceni in campo dimiserant,
tentoria et cetera, recolligerunt, et ad Iopem omnes simul conuenerunt; et Gotofreum, quem dominum regni posuerant, ibi dimiserunt.   ceteri autem mare transire cupientes, alii ad portum
Lauriciae [1] uenerunt, alii ad portum [a] sancti Symionis perrexerunt,
et, naues adscendentes, mare transierunt [b], et multi in orientalibus
partibus steterunt.   at quidem Raimundus sancti Egidii comes
ad Constantinopolim perexit.   Ianuenses uero, Guillermus Embriacus et Primus frater eius scilicet, qui galeas duas duxerant
apud Iopem, et de lignamine earum machina fecerunt, de quibus
ciuitas Iherusalem capta fuit, predicti enim fratres multam et inmensam peccuniam auri et argenti atque gemmarum de principe
Babilonie [ceperunt], quando quidem ille ab exercitu Francorum
superatus et campum dimisit; isti autem fratres cum tota peccunia
quam ceperant, cum galea una quam emerunt, mare transierunt
et Ianue in uigilia natiuitatis Domini uenerunt, et litteras de captione Iherusalem et de sucursu necessario a Iherosolimitana ‖curia,   c. 20 c
uidelicet a patriarcha Dumberto et a Gotofreo regni Iherusalem
domino detulerunt [2].

Postquam uero Ianuenses litteras amonitionis succurrendi sepulcrum Domini audierunt, illico guerras et discordias quas
infra se habebant, ita quidem quod per annum et dimidium sine
consulatu et concordia steterant, arma [1] dimiserunt, et tanti

---

(a) *N* portam, *err*   (b) *N* transsierunt

---

(1) Altra postilla nell' interlineo: *id est Lecit*. Frate Maurizio di Bergen, nel sec. XIII, la chiamava *Lik.*; oggi: Eski-Hissar. Cfr. RIANT, *Scandinaves*, I, 448.

(2) Cioè l' *Epistola* al papa, del settembre 1099, la quale incomincia: *Multiplicare preces*, nota per molte edizioni antiche e recenti. Cfr. CAFFARO, 1828, pp. 18; RIANT, *Inventaire*, pp. 201.

(3) In origine v'era scritto: *anima*. Però l'errore fu corretto, dalla stessa mano che lo commise.

eorum crucem susceperunt, quod . XXVI . galeas et naues . IIII .ᵒʳ
de peregrinis honeratas usque ad portum Lauricie pro seruitio
Dei et sancti sepulcri uiriliter conduxerunt [1].   predictas uero
litteras Iherusalem per ciuitates et locos Lombardie Ianuenses miserunt.   quapropter Lombardie uiri, clerici et layci, Mediola-   5
nensis episcopus et comes Brandionensis, una cum multis comitibus et marchionibus, cum magno exercitu militum et peditum
usque Constantinopolim perrexerunt [2].   ibique Raymundum sancti
Egidii comitem cum lancea Christi inuenerunt [3], et cum eo iter
Iherusalem inceperunt atque uiam quam principes [a] Francorum,   10
qui Anthiochiam ceperunt, facere noluerunt.   ideoque Turchi de
Corriçana [b] eis obuiantes, bellum ad inuicem commiserunt.   tandem Christiani, pro stulticia eorum, mortui et uulnerati fere omnes
fuerunt, et campum et lanceam Christi amiserunt [4].   et qui euaserunt, cum comite Raymundo Constantinopolim redierunt.   Ia-   15
nuenses uero qui ad portum Laurice [c] [5] uenerant, per totum
yemem ibi steterunt; et Gotofreum regni Iherusalem dominum
mortuum [6], et Boiamundum dominum Antiochiae in captione

(a) *N princeps, err.*   (b) *N Conicana, err.*   (c) *N Launce, err.*

(1) Salpò quest' armata dal porto di
Genova il 1.º agosto del 1100. Cfr.
pp. 5, lin. 7. — Su la contraddizione
poi, che vi è, tra questo passo donde
parrebbe che il console Amico Brusco
ed i suoi compagni fossero eletti dopo
il Natale del 1099, e gli *Annales*, in
cui si afferma che la flotta crociata
partì scorso già un anno e mezzo dalla
formazione della *Compagna* elettrice
dei detti consoli, cfr. *Atti Soc. Lig.*, I,
64 segg. Ma anche nel numero dei
legni i due racconti non sono pienamente concordi, parlando il primo di
ventisei galee e sei navi, e questo secondo di ventisei galee e quattro navi.

(2) L'arcivescovo di Milano, Anselmo
da Borisio, partì per la Crociata il 13
settembre 1100; e gli furono compagni
Alberto e Guido conti di Biandrate.
Cfr. *Notae S. Mariae Mediolanenses*,
pp. 385; ALB. D'AIX, lib. VIII, c. 1.

(3) Cioè la *santa Lancia*, stata sco-
perta in Antiochia, e commessa dai
Crociati alla custodia del conte di Saint-
Gilles. Cfr. RIANT, *Ep. Alexii*, pp. lvj.

(4) Fu questa la strage toccata dai
Crociati ad Eraclea, per opera dei Musulmani del Korassan (*Corriçana*), nel
luglio del 1101. Cfr. RIANT, *Epist.* cit.,
pp. lvij.

(5) Qui è ripetuta la postilla interlineare: *idest Lechit.*

(6) A questo luogo è una postilla,
con richiamo nel testo: *anno Domini
. MC . circa natale Domini.* Ma fa errore,

Corriçanae esse cognouerunt. Ianuenses autem cum orientalem terram sine rege et principe ut uiduam inuenerunt, tale consilium cum Moritio, Portuensi episcopo et Romane curie legato, habuerunt [1], quod ad ciuitatem Edesse [a], quam Balduinus, frater ducis Gotofredi [b] predicti, per se ceperat, ut ad eos ueniret mandauerunt; et sine mora uenit, et depre‖catione a consulibus et a legato Romane curie facta, regem eum in Iherusalem posuerunt et Tanclerium, nepotem Baiamundi ex sorore, in Antiochia principem posuerunt [2], sicuti presens scriptura

C. 20 x

(a) N Adesse, err.　　(b) N Grotofredi, err.

perchè Goffredo morì il 18 luglio del 1100; e nel Natale fu coronato Balduino. Cfr. pp. 7, nota 1. Boemondo cadde prigione de' Turchi nell'agosto dell'anno medesimo. Cfr. *Hierosolymita*, ed Hagenmeyer, pp. 203, 329 segg.

(1) Maurizio, vescovo Portuense, di cui già leggemmo notizie a pp. 9 segg., spedito nella Palestina, in qualità di legato apostolico, da papa Pasquale II, era in Genova il 20 luglio del 1100, presente alla consecrazione della chiesa di S. Teodoro; e partì colla flotta genovese il 1.° agosto successivo. Cfr. BARONIO, a. 1100, n. XXVIII; CAFFARO, 1828, pp. 20; *Atti Soc. Lig.*, II, par. 1, pp. 207.

(2) Fra le parole *Iherusalem* e *et Tanclerium* lo scriba, o meglio forse Iacopo D'Oria, aveva interpolato questo lungo inciso relativo a Balduino: *qui priuilegium [postea] concessit Ianuensibus in Iherusalem et in Iopem, et terciam partem ciuitatis Arcufri et terciam partem Babilonie, anni Domini · MCV · in registro.* Poscia lo ripudiò tutto, notandolo con un *uacat*, di cui scrisse la prima sillaba sul *qui* iniziale e la seconda sul v

del millesimo, e cancellò egli stesso con una linea l'indicazione susseguente: *in registro;* dopo di che nel Cod. è uno spazio bianco capace di sette lettere. Il *postea*, che io ho chiuso fra parentesi, sta nel margine, cui risponde una chiamata nel testo. Anche vi è un'altra chiamata, espressa con tre puntini (così ∴) sopra *Iherusalem* e sovra *posuerunt;* la quale vorrebbe indicare che il verbo si ha da trasportare subito dopo il nome. Ma basti l'avvertirlo, senza tenerne altro conto, perchè, dall'inchiostro, il richiamo sembra d'età posteriore.

Il diploma di Balduino a favore dei Genovesi reca propriamente la data del 1104, e fu registrato nel *Liber Iur.* (I, 17), dove sotto il 26 maggio 1105, ne venne pure trascritto il sommario, che è appunto quello di cui si fa ricordo nella interpolazione su riferita. Le lettere sono tutte maiuscole, parte di nero e parte di rosso, e della precisa forma di quelle che stanno incise nelle storiche lapidi della Porta Soprana in Genova. Chi bene consideri, non tarderà a persuadersi come questo secondo documento ci rappresenti, non già un nuovo

Cafari narrat; qui eisdem concessit [a] et confirmauit priuilegium quod habuerunt a Baiamundo filio Roberti Guiscardi domino Antiochie [b] [1].   et ueniente estate ad Iherusalem cum galeis [c] et nauibus perrexerunt, et omnia, sicuti in hoc libro Cafari
scripta sunt [2], uiriliter fecerunt.   5

Antiochia capta principes [d] Francorum omnia peregerunt, sicuti
in preterita scriptura Cafari scriptum est [3].   at quia nomina
ciuitatum et locorum, que sunt iuxta mare, ab Antiochia usque ad
Iopem et ad Scalonam scripta non sunt, necesse est nomina et
miliaria [4] quot sunt ab una ciuitate ad alteram, et a quibus capte   10
et quo tempore, per memoriam Cafari notificentur. ideoque
omnibus [e] notum fiat, quod ab Antiochia usque Lauritiam miliaria
· LX ·[5] computantur.   Lauricia magna ciuitas fuit, multe longitudinis
et latitudinis erat.   in tempore enim captionis Antiochie arma [6]
manebat, nisi ecclesia episcopalis ubi clerici morabantur [7].   et   15
tunc temporis Greci, per imperatorem Alexium Constantinopolitanum, ciuitatem [8] et duo castra, quae desuper erant, et duas
turres iuxta introitum portus, tenebant.   archantus unus qui tenebant insulam Cipri, et Filocarius uocabatur [9] · xx · salandrios et
milites et clientes multos ibi tenebat [f].   a Lauricia autem usque   20

(a) N concesit   (b) N Antiocie   (c) N galeas, err.   (d) N princeps, err.
(e) N omibus, err.   (f) N tenebant, err.

diploma, di cui mancherebbe la ragione,
ma il facsimile della iscrizione, della
quale diremo a pp. 121, nota 12. Cfr.
l'annessa Tav. VII, nella quale il facsimile è ridotto a circa la metà delle
sue dimensioni; e pel diploma vero,
UGHELLI, IV, 848; FEDERICI, Lett. a
G. Scioppio, pp. 49; ID., Lett. ad un
amico, pp. 9; SPERONI, pp. 331; LUNIG,
II, 2082 (tutti colla data erronea del
1109); CAFFARO, 1828, pp. 24; Iur., I, 16.

(1) Cfr. il diploma del 1101. UGHELLI,
IV, 847; LUNIG, II, 2079; FEDERICI, Lett.
a G. Scioppio, pp. 47; CAFFARO, 1828;
pp. 23; BANCHERO, Duomo, pp. 222.

(2) S'intende il libro degli Annales,
Cfr. pp. 5 segg.

(3) Cioè nel precedente racconto del
detto libro.

(4) Miglia geografiche, di 60 a grado.
Ma i computi del cronista sono spesso
errati.

(5) Corr. XL .

(6) Glossa interlineare: idest deserta.

(7) Cfr. RIANT, Scandinaves, I, 137.

(8) Glossa interlineare: scilicet Lau-
riciam.

(9) Eumazio Filocalo. Cfr. Hist. gr.
des Cr., II, 294.

+ ANNO ABINCARNATEONEDÑI.M.C.V. SEPTIA KL.IVN.

P.SOEÑE IHERS.SOLIMITANE ECCLE.OÕNO.DÑI

BERTO PATRI RCH. REGNATE BALOVINO.TRADI

DIT ÕS CIVITÆARKON.P MANVS SERVORÑ SVORÑ.

IN NUENSIV SVO GLORIOSOSEPULCRO QVI IN PMO

EXERCITF FRACORÑ VENIENTES VIRILER PFVERV

NTIN ADOVISTIONE IHRÉM ANTOCHIE.ET LA

ODIC AC PRTSE SOLIN V AVTE ETGIBELLV

P SE CEPERVNT. CESAREAM.VERO.ET ASSVR.

IHEROSOLIMITANO IMPIO ADOIDERVNT.HVIC.

IGITVRIA GLORIOSE GENTI BALOVINVS REXINIC

TISSIOVSDEDIT IN IHRM. VICV VNV PPEFOIV

RE POSSIDENTV INIOPPE AVTE ALIVOR. TER

TIAM VEROPARIETAM CESAREE.ET ASSVR.OVA

ACKON

ad Gibellum maiorem [1] miliaria . x . [2] computantur, et Sarracenorum erat. et a Gibel usque‖ Turtuosam [a] [3] . xxx . miliaria
esse dicuntur, et Sarraceni eam tenebant. in medietate autem
istarum duarum ciuitatum erant et sunt due ciuitates paruule
5 iuxta mare; una que uocatur Vananea [4], altera Marachia [5].
Marachiam uero predicti Greci Lauricie eam tenebant, Vananeam
Sarraceni; usque ad Marachiam miliaria . viii . [6] computantur.

In spatio autem predictarum ciuitatum istarum, scilicet in
medietate spacii, sursum in monte longe a mare per milia
10 rium . i. castrum unum nomine Margali [7] erat et est, quod
Sarracenus tenebat, et multe et immense et tante fortitudinis
erat, quod nisi fame capi non poterat. sed quomodo captum
fuit post captionem omnium ciuitatum et locorum, ad presens
per Cafarum ueritas cognoscatur. istius quidem castri dominus
15 Christianis multa mala faciebat. accidit enim quod quidam
Francigena, Rainaldus Mansuer nomine [8], alterius Raynaldi filius, constabularii Antioceni principis, et dominus erat Vananee
et Marachie, et treuga [b] facta cum predicto Sarraceno, insimul amicari ualde ceperunt. ita quidem quod Sarracenus sepe
20 ueniebat ad Vananeam causa morandi cum predicto domino
ciuitatis. erat enim balneum pulcrum in ciuitate, et extra ciuitatem pomeria pulcra et abilia inter giardinos [c] erant iuxta ciuitatem, in quibus Sarracenus cum ipso sepe per quatuor dies et plus
insimul morabantur, comedendo, potando, sicuti mos Sarraceno
25 rum est. postea uero ibant ad predictum castrum, et insimul morabantur per dies .iiii.ᵒʳ et . v . in comestationibus et potationibus

(a) *N* Turcuosam, *err.* (b) *N* teugra, *err.* (c) *N* giardonos, *err.*

(1) Cfr. pp. 14, nota 3.
(2) Corr. *v.*
(3) Cfr. pp. 14, nota 2.
(4) Ant. *Banias;* nel m. e. *Valenia* o *Balania,* nel principato d'Antiochia; oggi distrutta.
(5) O *Maraclea;* ora Merakieh.
(6) Leggasi: *xviii.*
(7) *Margat,* oggi Merkab.
(8) Rainaldo ii *le Mazoir,* figlio di Rainaldo i. Che fosse signore di *Valenia* e *Maraclea,* solamente Caffaro lo afferma (RIANT). Cfr. *Lignages d'Outremer,* c. 33; Du CANGE, *Familles d'Outre-mer,* pp. 385.

multis. cum uero per plures dies talia fecissent, accidit una die
quod Christianus perrexit ad castrum cum omnibus suis clam
deferentibus lo‖ricas et enses sub uestibus eorum; ceperunt castrum et miserunt Sarracenum de foris. unde magna leticia orta
est per orientales partes, quoniam castrum istud clauis erat et 5
est Iherosolimitani itineris iuxta mare. et tunc currebant anni
Domini millesimo . CXL . [1]

Oportet enim ad Turcuosam [a] reuerti. sunt enim inde usque
ad Tripolim miliaria . XL . [2] et inde usque Gibilletum miliaria
. XX . et inde usque ad Bareut [3] per terram . XX . et per mare 10
. XII . miliaria computantur. a Barut usque ad Sydonem . XX . et
a Sydone usque ad Tyrum . XX . et a Tyro usque ad Acon . XX .
et ab Acon usque Caifas . X . et a Caifas usque ad Cesariam
. XX . a Cesaria usque ad Açotum . XX . et ab Açoto usque
ad Iopem . X . [4] et a Iope usque ad Scalonam . X . [5] Ra- 15
mula autem prope Iopem per miliaria duo [6]. Iherosolimitana
ciuitas in montanis sita est, et usque ad mare iuxta Iopem
milaria . XX . [7] sunt. predicta namque miliaria per arbitrium
Cafari scripta sunt; quoniam Cafarus ab Antiochia usque ad
Iopem sepe et sepe per terram militauit et per mare nauigauit, 20
et suum tale arbitrium per se cogitando, tot milaria, ut dictum
est, esse narrauit.

Postquam uero nomina ciuitatum et milaria scripta sunt,
oportet quomodo predicte ciuitates capte fuerunt, et a quibus et
quo tempore, per Cafarum ueritas cognoscatur. uerum namque 25
est, quod Iherosolimitana ciuitas capta fuit a predicto exercitu
Francorum cum quibusdam Ianuensibus, scilicet cum Guillermo
Embriaco et cum Primo fratre eius, multisque aliis bellatoribus
uiris Ianuae, qui machina ibi fecerunt, quorum ingenio ciuitas capta

(a) N Turcuosam.

(1) Caffaro è pure il solo che narri
questa impresa.
(2) Corr. XX.
(3) Beyrouth.

(4) Corr. V.
(5) Corr. XX.
(6) Corr. X.
(7) Corr. XXX.

fuit mense iulii . MLXXXXVIIII . [1]|| sicuti in libro Cafari scriptum c. 21 c
est [2].   alie uero predicte ciuitates, quamuis diuersis temporibus
capte fuissent, tamen a primis captionibus ordo incipiatur. quare
Cesariam [3] et Açotum Ianuenses cum Balduino [4] rege, mense
5 iulii, preliando ceperunt [5], et tunc currebant anni . MCI . [6]   cum

(1) Identicamente ripetesi questa data in una postilla marginale: *MLXXXXVIIII.*

(2) Cfr. pp. 110, lin. 5 a 21.

(3) Al di sopra di *Cesariam* è una chiamata, che rinvia in calce al foglio, in cui si legge questa lunga postilla : *Hec antea uocabatur Turris Stratonis, set Herodes, rex Iudee, in honorem Cesaris Augusti eam postea Cesariam nuncupauit. In ea etiam construxit templum mire pulcritudinis, in quo inuenta fuit scutela de smaraldo, quam comune Ianue hodie habet, et eam habere uoluit pro tercia parte tocius ciuitatis et mobilis quod eidem proueniebat per captionem ipsius. in Ysidoro, ethimologiarum libro . XVI .* [*] *de uiridibus gemmis sic inuenitur : smaraldi autem mero et uiridi proficiunt oleo etc. cuius corpus, si extensum est sicut speculum ymagines reddit; quippe . . . .* Il resto si desidera, perchè la pergamena fu tagliata; anzi delle due ultime parole e della sillaba finale della terz' ultima null'altro rimase, fuorchè l' estremità superiore di varie lettere.

La postilla, è desunta manifestamente da Guglielmo di Tiro, lib. x , c. 16 ; nel quale però non è detto in modo assoluto, ma con forma molto dubitativa sì da tradir quasi una opposta credenza, che la coppa di cui si tratta fosse di smeraldo. Mette conto di riferirne qui le parole: *In hoc eodem oratorio* (il tempio d'Augusto) *repertum est uas coloris uiridissimi . . . quod . . . Ianuenses*

(*) Lib. xvi, c. 7. Cfr. Migne, lxxxii, 571.

smaragdinum reputantes , pro multa summa pecunie in sortem recipientes , ecclesie sue pro excellenti obtulerunt ornatu.   unde . . . uas idem quasi pro miraculo solent ostendere, persuadentes quod uere sit, id quod color esse indicat, smaragdus. Cfr. Alberic. Tr. Font., a. 1101 (*uas uiridissimi coloris*); M. Sanuto, *Secr.*, lib. iii, c. 4 (*smaragdum asseruant*); Varagine, *Chron.*, par. xi, c. 18 (*uas smeraldinum*). — Per la storia successiva, di questo curioso oggetto, che taluni reputarono invece parte del bottino fatto in Almeria nel 1147 (cfr. Mariana, IV, 128; Ferreras, III, 148), e che tuttora è conservato nella metropolitana di Genova, si consultino le molte disposizioni *de sacra paropside* negli Statuti genovesi de' vari tempi; Gaetano da S. Teresa, *Il Catino di smaraldo orientale*, ecc., Genova, 1726; Millin, *Observations sur le vase « Sacro Catino »* etc., Torino, 1807 ; Bossi , *Observations* etc., ivi, 1807 ; Wilken, *Gesch. d. Kreuzz.*, II, app., pp. 9-10 ; *Revue archeol.*, 1845, pp. 149-57 ; Banchero, *Duomo*, pp. 197. Se ne vede anche un disegno nel Millin cit., e nel Ratti, *Istruzione di quanto può vedersi di più bello in Genova*, ecc., Genova, 1780, I, 52.

(4) Cfr. pp. 5, lin. 20, a pp. 13, lin. 15.

(5) Sul nome di Balduino, nell' interlineo: *I.*

(6) Di nuovo, in margine: *MCI.*

uero, istis duabus ciuitatibus captis, Ianuenses, reuertendo ad Ianuam, et uenissent in Romaniam [1], in ual de Compar [2] obuia-
uerunt nauidio Constantinopolitani imperatoris, cuius nauidii
Cotromil [3] dux erat, et salandrios . LX . in nauidio secum
habebat. de, quibus Ianuenses . VII . ceperunt, et igne combu-   5
stos [a] dimiserunt, et contra alios cum . XXVI . galeis, ut illos
caperent, armata manu contra eos ire coeperunt. dux uero,
postquam uidit Ianuenses tam ferociter contra eum uenire,
misit legatum suum ad Ianuenses de concordia et pace, et sic
insimul concordando, usque ad ciuitatem [b] Curiofo [4] uene-   10
runt, et inde predictus dux et Ianuenses legatos Ianuenses
cum predicto Landulfo duce ad imperatorem Alexium, Raynal-
dum de Rodulfo et Lambertum Ghetum miserunt. et cum ad
predictam ciuitatem Curfo per triduum morabantur, galee . VIII . de
Ianuensibus uenientes, et cum gorabiis . VIII . et cum naue una   15
magna cum militibus Ianuensibus et pelegrinis, et [5] insulam de
Curfo per duos dies ibi steterunt, et cum aliis Ianuensibus qui
de Cesaria ueniebant loquuti de fortuna que eis acciderat, insimul locuti fuerunt, et ita leto animo ad inuicem separati fuerunt.

Et illi qui cum . VIII . galeis et gorabis et naui erant, in quibus   20
galeis Mauro de Platea longa cum aliis nobilibus uiris erat, in
naui Paganus de Volta cum multis aliis nobilibus uiris, ad Iherosolimam perre‖xerunt, et sepulcrum Domini uisitauerunt. et expletis uisitationibus ad Turtuosam perrexerunt, et cum Raymundo
comite [c] sancti Egidii, qui reuersus erat de Constantinopoli ad   25
orientales partes, Turtuosam obsidendo ceperunt, et tunc anni

c. 21 D

(a) *N* conbustos   (b) *N* ciuitate, *err.*   (c) *N* comitte.

(1) Meglio: *reuertendo ad Ianuam, uenissent in Romaniam.*

(2) Itaca. Cfr. HEYD, *Hist.*, I, 192.

(3) Nome errato di certo, e da non sostituire con Cantacuzeno, come opinò l'Ansaldo (*Atti Soc. Lig.*, I, 70). Trattasi di Landolfo, che il cronista, otto linee appresso, nomina come *predicto;*

e perciò è forse da correggere: *cuius nauidii Landulphus megadux erat*; seppure non si ami meglio di considerare la voce *cotromil* come corruzione di *comestabulus* (RIANT).

(4) Corfù.

(5) Forse: *ad?*

currebant Domini · MCI ·[1]   et ciuitate capta, multitudo Turcorum
magna uenit et obsidere ciuitatem coeperunt; ita quidem quod
Christiani qui intus erant stabant et portas clauserunt, et in magno timore stabant. accidit tamen nocte una uirtus Dei, qui
non [2] derelinquit sperantes in se, tale miraculum Christianis
ostendens, quod campane per se sonauerunt, et porte ciuitatis per semet ipsas aperte fuerunt; ita quod Christiani hoc
proditores fecisse crediderunt. sed postquam [3] miraculum
Dei fuisse cognouerunt, omnes illico Christiani qui in ciuitate
erant ad bellum de foris exierunt, et uulnerando et interficiendo usque ad Tripolim Sarracenos mortuos in campo relinquerunt [4].

Comes uero sancti Egidii, qui capithanius [5] uictorie erat,
deinceps cepit Tripolim obsidere, et iuxta Tripolim longe per
miliarium unum imposuit castrum unum quod uocatur mons
Peregrinus [6], ubi muros et turres et mansiones multas construxit,
et multi Christiani undique ibi habitare ceperunt. comes uero
cotidie, de die in diem, bellum cum Sarracenis faciebat, et in
magno timore Sarracenos destrictos tenebat. accidit postea
quod predictus comes ibi uxorem accepit [7], de qua recepit
filium unum qui nomine Anfos fuit [8]. ipse uero comes,
quando mare transiuit, terram suam totam cuidam bastardo,

(1) Negli *Annales*, è invece riferito più giustamente il fatto al 1102. Cfr. pp. 14, nota 2.

(2) Il *non* fu aggiunto posterior-mente, nell'interlineo.

(3) Da prima era scritto *priusquam*. Poi le lettere *rius* furono annullate col mezzo di sottoposti puntini, ed all'asta della *p* venne aggiunto il consueto segno abbreviativo del *post*.

(4) Commenta il Riant: *De hoc miraculo silent caeteri historici*.

(5) Propriamente scritto *capithius*, senza alcun segno d'abbreviazione.

(6) Dagli Orientali: Hosn Sandgil (RIANT).

(7) Non dopo questi fatti, ma sino dal 1094, il conte Raimondo IV di Saint-Gilles avea sposata Elvira, figlia naturale di Alfonso VI re di Leon e di Castiglia, che fu la sua terza moglie (RIANT).

(8) Il *fuit* è di dubbia lezione. Alfonso Giordano nacque in Palestina nel 1103; succedette nel 1112 a suo fratello Bertrando nella contea di Tolosa; e morì nell'aprile del 1148 (RIANT).

Beltram Zauata nomine [1], in guardia commisit, quoniam alios
filios non habebat. interim quidem filio Anfo nato et monte
Peregrino constructo, stetit obsiden‖do Tripolim, donec Ianuenses
ad captionem Acharuntis et Gibelleti uenerunt; et quando uenerunt, comes cum Ianuensibus stetit, donec ciuitas Acharuntis   5
et Gibelleti capte fuerunt [2]. et Gibelleto capto, comes tenuit
Gibelletum pro se, et de districto Tripoli erat; et dedit terciam
partem Ianuensibus et duas sibi tenuit, et uicemcomitum suum
ibi posuit, et Ianuenses in terciam partem Ansaldum Corsum
pro guarda posuerunt [3].   10

    Verum namque est quod post captionem Cesarie et Açoti ue-
nientibus galeis Ianuensium que predictas ciuitates ceperunt, renun-
tiando et dicendo ceteris Ianuensibus triumphum et uictoriam que
eis Deo auxiliante euenerat, et ostendendo [a] magnas opes et diui-
tias quas ibi ceperant, cum magna leticia ab eis recepti sunt, et   15
iterum renunciando quomodo terram orientalem inuenerunt, ita
enim cognouerunt regem Gotofreum mortuum, et Baamundum in
captione Turchorum Corroçane esse[4]. unde omnes orientales partes timore comote, credentes loca et terram ammittere, de aduentu
stoli Ianuensium, qui ad portum Laudicie uenerant, habitatores terre   20
multum inde letati fuerunt, et per hyemem totam illinc steterunt,
et Balduinum de ciuitate Edesse ad Laodiciam uenire fecerunt,
et deprecati eum fuerunt ut regnum Iherusalem acciperet; et fecit,

---

(a) N ostendo, err.

(1) Bertrando nato di Raimondo IV
di Saint-Gilles e della sua prima moglie, figlia del conte Bertrando I di
Provenza, della quale si ignora il
nome: reputavasi bastardo, a cagione
dello scioglimento di matrimonio dei
suoi genitori, pronunciato da papa
Gregorio VII, perchè erano cugini
germani. Fu conte di Tolosa, e andò
in Terra Santa nel 1109. Del so-
prannome di *Zauata* non si conosce
l'origine (RIANT).

(2) Cfr. pp. 14, nota 1.

(3) Non ingiustamente opina il Riant,
che questo Ansaldo Corso sia da identificare coll'*Ansaldus*, capitano, insieme
ad Ugo Embriaco, di settanta galee
genovesi, ricordato da Guglielmo di
Tiro, libro XI, c. 9; e coll'*Ansaldus
Caput Burgi*, testimone al diploma di
Bertrando conte di Tripoli del 26 giugno 1109, di cui a pp. 123, nota 3.
(*Iur.*, I, 18).

(4) Cfr. pp. 112, lin. 11 segg.

sicuti in preterita scriptura Cafari scriptum est[1]; et Tanclerium
in Antiochiam principem posuerunt; et Cafarus, qui hoc narrat,
interfuit et uidit[2].   et Ianuenses per totam hyemem morando,
multa de honore Dei circa partes illas fecerunt; et columpnas
5 . XII . marmoreas, que in palatio Iude Machabei[3] adhuc erecte
sta‖bant, in terram deposuerunt, et in quadam naue illas collocaue-
runt; que · XV · palmi uoluebant, et diversis colloribus collorate
erant, rubei scilicet et uiridi atque ialni; ita nempe quasi in spe-
culo homines speculabantur.   pascha ueniente[4] uersus Iherusalem
10 perrexerunt, et sicuti in libro Cafari scriptum est[5]; et nauem de
colonis Ianuam mandando, in gulfo Sataliae[6] fracta remansit.

Ianuenses autem, qui in Ianua erant, hec supradicta audientes
dicere ab illis qui de stolo uenerant, conmoti Dei[7] seruitio . XL .
galeas armauerunt[8], et ad orientales partes[9] perrexerunt[a], et
15 ciuitatem Acharuntis, una cum Gibelleto, et cum rege Balduino et
cum Raimundo comite bellando ceperunt[10].   ibique rex Balduinus
Ianuensibus priuilegia, sicut promiserat et scripta sunt in registro ianuensi, indictione · XI · firmauit et fecit[11]; quorum priuile-
giorum exemplum litteris aureis in truina sepulcri in lapide uno
20 scribi praecepit[12], et uti scriptum fuit cum . XII . uiris de maioribus

(a) N perrexerunt, err.

(1) Cfr. pp. 5, lin. 12 segg.

(2) Cfr. pp. 113, lin. 8.

(3) Forse trattasi del celebre mau-
soleo, ornato appunto di colonne, che
ergevasi alla memoria de' Maccabei in
Modin, presso Lidda. Cfr. Machab.,
lib. I, c. 13, vv. 27-29 (RIANT).

(4) Cioè il 21 aprile 1101.

(5) Cfr di nuovo pp. 5, lin. 20, a
pp. 13, lin. 15.   -

(6) Oggi Adalieh o Satalieh, porto e
città dell' Asia minore. Cfr. HEYD.,
Hist., I, 303.

(7) Era scritto: de; la i fu aggiunta
d' altra mano.

(8) Cfr. pp. 13, lin. 24.

(9) Partes fu aggiunto, di mano posteriore, nel margine.

(10) Cfr. pp. 14, nota 1.

(11) Cfr. pp. 113, nota 2.

(12) « Le convenzioni del re e de' Genovesi, dice l'esatto Giustiniani (I,155),
furono scritte sommariamente con lettere d'oro nel tempio del Santo Sepolcro »; il che mi pare valga di autorevole conferma all' opinione da me
espressa nella nota precitata. La Brevis
Historia, che segue, ci informa altresì
che il lavoro di quelle lettere costò ai
Genovesi 2000 bisanti aurei (pp. 129).
Ma lo Stella aggiunge la notizia di una
seconda epigrafe, avvertendo che in

curie sue in perpetuum firmum tenere iurauit; et tunc currebant
anni · MCV ·   Ianuenses vero ruam unam Acharuntis iuxta mare et
giardinum unum pro tercia parte ciuitatis, et · DC · bisantios[1] in uno
quoque anno habere cum rege Balduino pactum fecerunt; insuper terciam partem que de foris erat usque ad lequam unam.   5
et posuerunt uicecomitem unum, Sygbaldum scilicet, sancti Laurentii canonicum, qui totum quiete tenuit et habuit, sicuti in priuilegiis scriptum est.   hoc complecto, Ianuenses cum triumpho[a]
reddierunt.

Postea uero comes Raymundus apud montem Peregrinum   10
obiit[2], et uice sua Guillermus Iordani nepos eius[3] montem
Peregrinum ‖tenuit et rexit, et nuntium suum cum litteris Ianuam
misit nunciando de morte comitis, et ut auxilium ad capiendam
ciuitatem Tripoli pro Dei seruitio et sancti sepulcri uenire non
protelarent.   filium enim Anfos, puerum, milites comitis ad san-   15
ctum Egidium portauerunt, et terram totam quam Beltram Zauata, bastardus predicti comitis, in guardia tenebat, habitatores

(a) N trihumpo

---

muro arcus super altare templi..... sancti
Sepulcri literis aureis scriptum fuit: PRE-
POTENS GENVENSIVM PRESIDIVM (col.
981). Nè quei segni d'onore erano ancora scomparsi nel 1555, benchè già di
quel tempo, come sappiamo da Caffaro
stesso, i Genovesi fortemente si que-
relassero del re Balduino III presso il
pontefice Adriano IV. Cfr. pp. 43.
Imperocchè due bolle di Alessandro III,
del 12 e 13 ottobre 1169 (?), fanno
autore dello sfregio il successore del
medesimo Balduino, cioè il re Amalrico I; e la *Historia regni Iherosolimitani*,
pp. 129, lo dichiara del pari. Cfr. *Iur.*,
I, 228, 229; DESIMONI, *Regesti*, pp. 68.
Ma ad onta di tutte le sollecitudini di-
mostrate anche in appresso dai papi,

quegli scritti non furono mai ripristi-
nati. Cfr. SPERONI, pp. 332, 333;
Iur., I, 309, 333, 335; *Atti Soc. Lig.*,
I, 71; HEYD, *Hist.*, I, 138; *Giorn. Lig.*,
a 1883, pp. 164; LANGER, pp. 156;
DESIMONI, *Reg.* pp. 71, 75, 76.

(1) Questa cifra è errata; Balduino
si obbligò solamente per l'annua somma
di trecento bisanti. Cfr. *Iur.*, I, 16.

(2) Dapprima fu scritto *abiit*; ma
l'*a* venne accomodata in *o*, con inchiostro diverso; e sta bene la correzione,
perchè difatti il conte Raimondo morì
il 28 febbraio 1105.

(3) Guglielmo Giordano, conte di
Cerdagna, non era nipote ma cognato
di Raimondo (RIANT).

illius terre ad seruitium pueri, donec ad etatem ueniret, tenere
iurauerunt.   Beltram autem terram dimisit puero, et cum militibus in gorabiis Ianuam per mare uenit, rogando Ianuenses ut
eum pro seruitio Dei ultra mare, ad capiendam ciuitatem Tripoli,
5 cum stolo galearum portarent.   Ianuenses uero, auditis precibus
et promissionibus istius, et pro legatione Guillermi Iordanis, galeas . LX . armauerunt, et Beltram cum militibus suis ad Tripolim
portauerunt; et obsidendo ciuitatem cum Beltram steterunt, donec
multis machinis et magno labore ciuitatem, preliando sicuti fortis-
10 simi bellatores, ui [a] ceperunt [1].   interim Willermus Iordani, qui
mestus erat de aduentu Beltram, cotidie interdicebat ut Beltram
de ciuitate non intromitteret, et montem Peregrinum et campos
seminatos circa montem tenebat [b], et nuntium suum ad Tanclerium in Antiochia misit, ut ad eum ueniret et adiuuaret eum ut
15 Beltram cum bello a ciuitate expellere posset.   Tanclerius autem,
uti mandauerat, cum militibus multis uenire incepit; et infra hoc,
die una summo mane, scuerii de Beltram erant intra messes
Willelmi Iordani.   Willelmus illico equum ascendit, et currendo
contra scuerios, unus de scueriis sagittam unam traxit et per
20 gulam eum percussit, et in campo messium [c] mortuus remansit [2].
Beltram uero de morte istius laetus, montem Peregrinum tenuit,
||ciuitatem autem Tripoli de foris et terram iuxta Tripolim cum Ia-   c. :2 b
nuensibus diuisit; ita quod tertiam partem intus et de foris et duas
partes de Gibelleto, quas comes Raymundus pater eius in se tenuerat, Ianuensibus dedit [3], et sacramento firmauit in omnibus modis
quibus Ianuenses uoluerunt. . . . . . . [4] et dixerunt quod male

(a) *N* vi   (b) *N* mortem, *err.*   (c) *N* mensium, *err.*

(1) Il 13 luglio 1109. Cfr. pp. 14, n. 3.
(2) Nel 1109. Cfr. Gugl. di Tiro,
lib. xi, c. 9; Fulcherio di Chartres,
lib. ii, c. 41; Lisiardo Turonense,
c. 23; Alb. d' Aix, lib. xi, c. 15.
(3) Cfr. i diplomi del 26 giugno e
10 agosto 1109. Federici, *Lett. a G.
Scioppio*, pp. 51; Ughelli, IV, 498;
Caffaro, 1828, pp. 30; Banchero,

Duomo, pp. 231; *Iur.*, I, 18 e 19.
Inoltre, per l' analisi di essi, cfr. Vaissete, III, 590; Heyd, *Hist.*, I, 141.
(4) *Hic erasa scriptura vacat*, notano
concordi il Pertz ed il Riant. L'Ansaldo aggiunse, non sappiamo sopra
quale autorità fondato: *conficere eis
priuilegium anno Domini . m. c. viiii.
mense iulii*. Cfr. *Atti Soc. Lig.*, I, 41.

de ciuitate Tripoli saluauit.   Ianuenses uero Gibelletum totum
tenuerunt, et duas partes Ugoni Embriaco [1] in guardia dimiserunt,
terciam autem Ansaldo Corso [2] sicuti tenuerat relinquerunt; et
Tripolim legatos suos pro guardia partis eorum diuisae posuerunt, et postea ad sepulcrum Domini orationis causa ierunt. 5
sed Beltram nuntios Ianuae de ciuitate inhoneste expulit, et sacramentum quod fecerat post terga posuit.   Ianuenses autem a
sepulcro reddeuntes, Gibilletum ordinauerunt de omnibus necessariis rebus, et predicto Ugoni et Ansaldo ut sapienter de ciuitate
guardiam haberent preceperunt, et Ianuam cum triumpho reddie- 10
runt [3].   capto Tripoli anni currebant Domini millesimo . cviiii [4].

(1) Cfr. *Lignages d'Outre-mer*, c. 19,
30-31; DU CANGE, *Fam. d'Outre-mer*,
pp. 316-28; BELGRANO, *Tav. Gen.*, 32.

(2) Cfr. pp. 120, nota 3.

(3) Per gli Embriaci signori di Gibelletto, cfr. *Iur.*, I, 93, 133, 173, 230,
308, 336, 337; *Lignages d'Outre-mer*,
cap. 30-31; DU CANGE, *Famiglie d'Outre-mer*, pp. 316-28; SCHLUMBERGER,
pp. 121; HEYD, *Hist.*, index, v. *Embriaco*.

(4) Postilla marginale: *MCVIIII* . —
Non senza maraviglia, nota il Riant,
si avvertirà come Caffaro abbia qui
interrotto il racconto delle cose operate da' Genovesi nella Siria, e così

pretermessa ogni memoria delle cinque
ultime città, alla espugnazione delle
quali essi ebbero parte, cioè: *Gibello,
Beyrouth, Mamistra* (Mopsueste), *Sidone
e Tiro.* Della prima e della seconda
però, aveva egli già fatta menzione
negli *Annales* pp. 14; la conquista di
Mamistra è parimente ivi da lui rammentata, ed anche nella seguente *Historia Regni Iherosolymitani*, pp. 125,
nè altro cronista la ricorda. Intorno
a Sidone, espugnata il 5 o il 19 dicembre 1110, ed a Tiro, caduta in
potere dei Crociati il 7 luglio 1124,
vedansi più specialmente le testimonianze citate dal medesimo Riant.

V.

REGNI IHEROSOLYMITANI

BREVIS HISTORIA

REGNI IHEROSOLYMITANI BREVIS HISTORIA.

Cvm ciuitas Iherosolimitana capta fuisset secundum quod reperitur scriptum supra, in prima hystoria, uidelicet currente millesimo . LXXXXVIIII . dux Gotofredus eo tempore electus fuit rex et dominus [1]; qui siquidem homo fuit benignus et honestissimus, et
5 dixit se non portaturum coronam auream, ubi altissimus Ihesus Christus passus fuit coronam spineam deportare. cumque regnaret predictus Gotofredus, post breue tempus lumen uite clausit extremum, anno Domini ·MC· circa natale Domini [2].

Post cuius mortem ellectus fuit in regem et dominum qui-
10 dam Balduinus [3], frater predicti ducis Gotofredi; qui siquidem comes erat in Rages [4], que ciuitas erat quam aquisitus fuerat. ad quem rogatus predictus Balduinus se obtulit, maxime ad instanciam et preces quorundam Ianuensium, qui ibidem erant cum galeis ·XXVI· et nauibus ·VI· [5] et similiter ad preces patriarche
15 Dumberti et Mauricii Portuensis [a] episcopi et Romane curie legati [6]. predictus Balduinus rex, qui fuit uir probissimus et discretus, in principio temporis ipsius una cum predictis galeis Cessariam accepit [7], sicut manifeste scriptum est superius in hystoria Cessarie. Postea uero subiugauit quandam ciuitatem que

---

(a) N Portuenssis

(1) Cfr. pp. 110 e 116.
(2) Cfr. pp. 112, nota 6.
(3) Postilla interlineare : I. Cfr.
pp. 7, nota 1.
(4) Cfr. pp. 5, nota 1, e pp. 113, lin. 4 segg.
(5) Cfr. pp. 112, nota 1.
(6) Cfr. pp. 113, nota 1.
(7) Postilla marginale : MCI. Cfr. pp. 9 segg.

uocabatur Acharon [1], mediante auxilio Ianuensium, qui in eius subsidium habuerunt ibidem galeas . XL . pro quo siquidem seruicio quod a Ianuensibus receperat, ipse Balduinus dedit et concessit comuni Ianue tercium infra predictam ciuitatem de Acaron, sicut per singula scriptum reperitur in quodam priuilegio 5 quod inde iussit fieri, quod est in registro comunis Ianue, currente . MCV [2].

In eodem anno Ianuenses una cum comite Raymundo sancti Egidii Gibelletum ceperunt, sicut scriptum est supra in prima hystoria [3]; et similiter ceperunt Tortosam de Suria, currente‖ · MCI [4].   10

In tempore autem predicti Balduini [5] Ianuenses cum galeis · XL · [6] armatis ultra mare perrexerunt una cum Beltramo Çauata [7], qui fuit bastardus comitis [8] Raymundi comitis sancti Egidii; et ceperunt Tripolim [9]; qui comes Beltramus dedit et concessit comuni Ianue terciam partem de Tripoli, presente predicto Balduino rege, sicut continetur in quodam priuilegio quod est in 15 registro comunis Ianue, currente · MCVIIII [10].   mense iulio [11].   postea uero predictus comes Beltramus illud quod Ianuensibus dederat et concesserat, de quo specialiter iuramento tenebatur, post paucos dies eisdem abstulit.   20

Predictus autem Balduinus rex cum galeis . XXII . Barutum cepit, currente millesimo · CX [12].   Ianuenses uero, eo tempore, cum predictis galeis · XXII · quandam ciuitatem ceperunt sine auxilio

c. 23 »

---

(1) Sul nome di *Acharon* è un rinvio a pie' del foglio, ove si legge questa postilla: *Hec est una de quinque ciuitatibus Philistinorum, prope mare, non longe ab Arçoto; que similiter est una de quinque ciuitatibus Philistinorum.* Cfr. pp. 14, nota 1.

(2) Postilla marginale: *MCV.* Cfr. pp. 113, nota 2.

(3) Cfr. p. 14, nota 1, e pp. 121 lin. 15.

(4) Era scritto: *MCIII*; poi le due ultime cifre vennero obliterate. Ma doveva dire: *MCII.* Cfr. p. 14, nota 2, e pp. 119, nota 1.

(5) Anche qui, nell'interlineo: *I.*

(6) Negli *Annales*, pp. 14, lin. 10, e nella *Lib. Or.*, pp. 123, lin. 7, è detto invece: *LX.*

(7) Cfr. pp. 120, nota 1.

(8) Era scritto: *comite.* Una mano posteriore aggiunse la *s*, però senza correggere la *e* in *i.*

(9) Cfr. pp. 14, nota 3.

(10) Postilla marginale: *MCVIIII.*

(11) Corr. *iunio.* Cfr. pp. 123, nota 3.

(12) Postilla marginale: *MCX.* Cfr. pp. 15, lin. 6.

aliquorum, que ciuitas uocatur Malmistra, que est in principatu
Antiochie [1].

Predictus quidem Balduinus multas ciuitates et loca in suo
tempore subiugauit et suposuit regno [2] Iherusalem, et uixit per
5 plures annos; postea quidem decessit [3]. uerum tamen, in tempore
predicti Balduini regis, ipse Balduinus concessit Ianuensibus scribi
in triuna Sepulcri, litteris aureis, illud quod eis concessit per priuilegia; et qué littere constiterunt [a] Ianuensibus bisancii duo
milia aurei.   que littere taliter scripte extiterunt usque ad
10 tempus regis Amarrici, qui eas destrui fecit et suffocari [4].

Post mortem cuius Balduini ellectus fuit in regem comes de
Roaxia [5], qui consanguineus erat germanus predicti Balduini, et
similiter Balduinus [6] uocabatur.   cumque predictus Balduinus,
qui decesserat, fratrem haberet qui Eustachius uocabatur, comes
15 Bononiensis, scito ab eodem Eustachio de morte dicti fratris sui,
se‖ preparauit [b] ire in Iherusalem pro accipiendo regno et manu-   c. 23 c
tenendo ex successione predicti fratris [c] sui.   cumque iuisset
usque in Puliam, audiuit quod predictus Balduinus, consanguineus
eius, rex electus fuerit; qui statim deinde rediuit, dicens quod
20 nullo modo uolebat quod terra Domini pro eo in scandalum
poneretur, licet successio de iure ad ipsum pertineret.   predictus autem Balduinus, qui comes fuit de Roaxia, filiam quandam habuit nomine Millixcen [7], que regina fuit et que uxor fuit
regis Fulconis [8].   et non miretur aliquis, si de ea modo fit
25 mentio, quoniam occasione predicte mulieris postea terra amissa
fuit.   postquam autem rex fuit, ipse Balduinus filias duas habuit,
unam quarum uocata fuit Dulcis, et que uxor fuit comitis

(a) N constituerunt, *err.*   (b) N preparauerit, *err.*   (c) N frattis, *err.*

(1) Cfr. pp. 14 e 124, nota 4.
(2) Era scritto: *regnū*; mano posteriore cancellò *ū* e sostituì *o*.
(3) Il 16 marzo 1118.
(4) Cfr. pp. 121, nota 12.
(5) Conte di Edessa. Scritto da prima:
Boaria; più tardi corretto.

(6) Sopra questo nome, nell'interlineo: *II*. A margine poi: *III. rex*.
(7) Melissenda, seconda moglie di
Folco d'Angiò, della quale il cronista
riparla poco appresso.
(8) Il *non* fu aggiunto nell'interlineo,
di mano posteriore.

Raimundi de Tripoli, qui ab assaxinis fuit interfectus; qui Raimundus reliquit ex dicta uxore sua filium unum, qui similiter
uocatus fuit Raimundus, in tempore cuius terra amisssa est.
alia quidem filia uocata fuit Aelis, et que uxor fuit Baiamontis
principis, qui fuit filius Baiamontis Roberti Guiscardi; ex qua   5
sustulit filiam unam, que uocata fuit Constantia, et que uxor
fuit Raimundi comitis Pictauriensis.   supradictus autem Balduis
nus rex, tamquam uir probissimus et discretus, per plures annos
uixit, et in suo tempore multas ciuitates et loca cepit et subiugauit uiriliter; et specialiter ciuitatem Tyri cepit cum storio   10
Veneticorum [1].   postea uero decessit.

Quo rege mortuo [2], predicta filia ipsius, nomine Milliscen, in
matrimonium copullata fuit cuidam Fulconi comiti de Anio;
qui Fulco, rex effectus [3], terram ipsam rexit et tenuit, sicut uir
probissimus, per‖ multa tempora, et ex ipsa uxore sua sustulit   15
filios duos, unus quorum uocatus fuit Balduinus [4] et alter Amarricus, qui postea ambo fuerunt reges.   ad ultimum uero predictus Fulco rex decessit [5], et successit ei in regno Balduinus
eius filius, qui habebat annos . XIII [6]; et alter, scillicet Amarricus,
qui habebat annos . VII . fuit comes de Iaffa.   qui Balduinus rex,   20
multimoda probitate et discretione redimitus, per longa tempora
uixit; habuit autem in uxorem Teodoram [7], neptem imperatoris
Manuelis, filiam fratris sui maioris Ysaac.   in quibus temporibus terram tenuit et amplificauit, et multa castra et loca construxit, et alia multa magnalia fecit, et specialiter ciuitatem Sca-   25
lone cepit.   millesimo . CLIIII . anno . X . sui regni.

---

(1) Postilla marginale: *MCXXIIII* .
Cfr. pp. 124, nota 4.

(2) Il 21 agosto 1131.

(3) A margine: *IIII . rex*.

(4) Al disopra, nell'interlineo: *III*;
e nel margine: *V . rex*.

(5) Il 17 novembre 1144.

(6) Regnò sino al 14 febbraio 1162,
data della sua morte.

(7) Da principio fu scritto: *Theadai-
tam*; poi, con altro inchiostro, il primo
a venne corretto in *o*, l' *i* fu annullato
con un punto al disotto, e la seconda
t fu cambiata in *r*; cosicchè il nome,
quale propriamente si legge, è *Theoda-
ram*.

In eodem tempore rex Loysius Francorum et rex Conradus
Alemanie, magno exercitu congregato, perrexerunt ultra mare
per terram, et fuerunt in obsidione ciuitatis Damascie. in qua
obsidione fuit Fredericus dux Suauie (a), qui fuit filius fratris dicti
5 regis Conradi et qui postea imperator fuit (1). dictus autem
Conradus ante portam ipsius ciuitatis Damascie quendam militem
armatum cum ense per medium obtruncauit (2). uerumtamen de
ipsa obsidione recesserunt, nec potuerunt ipsam capere ciuitatem.
    Predictus autem Balduinus rex se dedicauit et reddidit in
10 mansione Templi, quod de nouo constructum erat, non per
multa tempora; et ibidem uite (b) sue spacium consumauit, anno
Domini. MCLXII (3). successitque ei in regno frater eius, nomine
Amarricus (4), annorum. XXVII. anno Domini millesimo. CLXIII (5).
ipse quidem Amarricus, ante quam susciperet regnum, habebat
15 quandam in uxorem, sororem uidelicet comitis Iaucellini iuuenis de
Roaxia, que uocabatur Agnesia (6), || eaque (7) sibi attinebat in quarto   c. 24 a
gradu, et ex eadem uxore filium unum substulit, qui uocatus
fuit Balduinus et qui postea rex effectus fuit; ueruntamen leprosus fuit. item similiter ex ea sustulit filiam unam, que
20 uocata fuit Sibilia et que uxor fuit Willelmi Longespate, marchionis Montisferrati, et similiter regis Guidonis (8). cognoscens
autem predictus rex Amarricus in peccato morari (c) cum dicta
uxore sua, propter lineam parentele qua (9) secum coniunctus erat,
dixit se iuste non posse coronam deportare quam diu in tali

(a) N Scauie, err.   (b) N uicte   (c) N morrari.

(1) Nel 1148.
(2) Cfr. GUGL. DI TIRO, lib. XVII, c. 4.
(3) Di nuovo in margine: MCLXII.
(4) Postilla marginale: VI. rex.
(5) Id. MCLXIII.
(6) Agnese, figlia di Gosellino I di
Courtenai, conte di Edessa dal 1118
al 1131, già vedova di Rinaldo signor di
Marès, il quale morì il 27 agosto 1148.
Cfr. Lignages, pp. 442; DU CANGE,
Fam., pp. 300, ove è detta invece figlia

di Gosellino II il giovine; SCHLUM-
BERGER, pp. 12, 27.
(7) La prima sillaba è scomparsa
interamente, a cagione di un tarlo, che
forò la pergamena.
(8) Sopra Guglielmo Lungaspada,
cfr. DESIMONI, Il marchese di Monferrato Guglielmo il vecchio e la sua famiglia,
in Giorn. Lig., a. 1886, pp. 321 segg.,
e gli altri recenti studî ivi citati.
(9) Qua fu aggiunto in margine.

peccato moraretur; unde ab ipsius matrimonio secessit [1]. quo separato [a] ab ipsa, aliam in uxorem accepit, que uocata fuit Maria, neptis imperatoris Manuelis, filiam [b] Iohannis protosauasto [2] qui erat nepos imperatoris Manuelis ex fratre suo; et ex ea sustulit filiam unam, que uocata fuit Ysabella, et que maritos 5 quatuor habuit. ipse autem rex Amarricus, postea, per multa tempora uixit et optime rexit regnum, tamquam uir prouidus et benignus, multaque prelia deuicit, et loca plurima subiugauit et rehedificauit, et multa prospera in suo tempore acciderunt; et licet omnia uobis enarrare non ualeam, dicam tamen summo 10 tenus super facto ipsius que michi dicenda uidentur. erat quippe in Babilonia quidam dominus, cuius nomen erat Mullena [3], in cuius patria pauci homines inueniebantur armifferi uel bellatores, propter inerciam et miseriam ipsorum. ipse autem semper reclusus in palatio existebat. eratque in patria illa quidam 15 magnus princeps, qui uocatus fuit Foartus [4], et qui grauem discordiam habebat cum quibusdam magnatibus illius terre, quorum nomina ignoro. qui Xoartus, cum exercitum congregare uellet contra inimicos suos,‖ misit predicto regi Amarrico [c] quod in eius subsidium uenire deberet ad solidos ipsius una cum 20 militibus suis. cum autem uenisset predictus rex Amarricus in subsidium ipsius et cum militibus suis, predictus Xoartus eidem regi tribuebat qualibet die pro lancea sua bissantios mille, et cuilibet ex militibus eius in uoluntate ipsius. iuerunt autem

c. 24 a

(a) N separato, err.   (b) N filia, err.   (c) N Amarrito, err.

(1) Ciò avvenne in febbraio del 1162; ed Agnese sposò dipoi Ugo di Ibelin, signore di Ramla. Cfr. Du CANGE, Fam., pp. 362.

(2) La prima mano scrisse: proiosauasto; ma un altra corresse. Maria era figlia di Giovanni Comneno, e nipote di Andronico fratello dell'imperatore Manuele. Il suo matrimonio con Almerico fu celebrato il 29 agosto 1167. Morto poi questo re (1173), Maria si

rimaritò (1176) con Baliano II di Ibelin, signore di Ramla.

(3) Cioè Maulena, che vale: signor nostro, e che si diceva, come Mauley o Mulei, cioè signor mio, a tutti i principi d'Africa. Regnava allora su l'Egitto il califfo Adhed, ultimo de' Fatemiti, a. 1160-71.

(4) Foartus, più a basso Xoartus, è il visir Chaver, da Guglielmo di Tiro, lib. XIX, c. 5 e 20, chiamato Savar.

in Babiloniam, et fuerunt in Alexandria, et ipsam ciuitatem in
eius potestatem habuerunt; quam siquidem predictus rex Amarricus poterat ab eius beneplacitum retinere, nisi quod uenire
nolebat contra iuramentum quod predicto Xoarto fecerat. aduer-
5 sarii autem dicti Xoarti miserunt in Damasciam [1] pro sucursu
habendo contra predictos; in quorum sucursu uenit quidam
admiragius qui uocatus fuit Sirochonus [2]. ipse autem Sirochonus
quatuor nepotes habebat, uidelicet Semsedole et Sefei Salem
atque Saladinum et Sefedinum [3], qui simul cum aliis pluribus
10 militibus simul iuerunt cum predicto admiragio in predictum
subsidium. uerumtamen predictus rex Amarricus, non dimittens
propter ipsorum aduentum, quandam ciuitatem de illa prouintia
obsedit, que specialiter uocabatur Bolbese [4], et ad ultimum ad
pacem et concordiam peruenire fecit dictum Xoartum cum ini-
15 micis suis ad uoluntatem ipsius, et in patriam propriam regressus est cum maximo honore et triumpho [a], et cum maxima
copia peccunie, una cum militibus suis.   Turchi autem de aduersa parte similiter regressi sunt in eorum patria, cum maxima
quantitate bisantiorum quam adepti fuerunt de eorum solidis.
20 considerans autem predictus Syrochonus fertilitatem [5] ciuitatis
Babilonie et imbecillitatem ho‖minum existentium, ipsam subiugare   c. 24 c
putauit. unde priuatim magno exercitu congregato, simul cum
predictis nepotibus suis in ipsius obsidione accessit, inscio tamen
rege Amarrico de aduentu ipsius.   qui Sirochonus cum ad col-
25 loquium peruenisset [6] cum Xoarto dicto, ipsum nequissime interfecit ad proditionem, et similiter Mullena superius nominatum;
et non fuerunt aliqui rebelles contra ipsos, set ciuitatem illam

(a) *N* trihumpho

(1) Cioè a Nur-ed-din-Mahmud, sultano di Damasco.
(2) L'emiro Sirchuk-Asad-ed-din,
comandante dell'esercito egiziano. In
GUGL. DI TIRO: *Siraconus* e *Siracunus*.
(3) Scems-ed-daula, Sciafei Salem,
Saladino e Seif-ed-din.

(4) Belbeys, l'antica *Pelusium;* espugnata dalle milizie di Almerico nel 1168.
(5) Scritto: *ferilitatem ;* e corretto
d'altra mano.
(6) Scritto: *puenisset ;* senza l'asta
della *p* tagliata, in segno di *per*.

predictus Sirochonus et nepotes ceperunt et subiugauerunt.   uerumtamen dominium illius ciuitatis concessum fuit Saladino predicto (1).

Audito autem rege Amarico de captione illius ciuitatis et de
dominio quod inde habebat Saladinus, plurimum turbatus est.   5
unde illico armari fecit galeas septem (2), in quibus perrexit in
Constantinopolim ad imperatorem Manuelem, auunculum uxoris
sue Marie, pro postulando ab eo subsidio; qui Manuel ipsum
alacriter uidit (a) et suscepit (3).   cum autem ipse imperator Manuel,
qui omnimoda largitate et prudentia fuit undique redimitus, et   10
qui uniuersos de Grecia excesserat in bonitate qui ante ipsum
precesserant per annos trecentos et ultra, putauit facere congre-
gari maximam quantitatem auri et argenti atque pannorum sete
quam exhibere uolebat predicto regi Amarico.   unde congregata
maxima quantitate predictorum, poni (b) fecit in simul in pallatio   15
ipsius, postea uero ipsum regem Amarricum ad prandium in-
uitauit.   cum autem a prandio surrexissent, predictus imperator
Manuel eidem regi Amarrico dixit, quod eidem thesaurum suum
hostendere uolebat; quem thesaurum cum uidisset, predictus
imperator Manuel eidem (c) dixit: qui facturus esset, si tantum   20
c. 24 D   thesaurum possideret (4)? qui rex‖ Amarricus ei respondit, quod
ipsam (5) terram deuinceret et subiugaret, que detinebatur in suis
partibus per Sarracenos.   qui imperator Manuel dixit: *et ego
nolo quod propter hoc remaneat.*   unde totum ipsum thesaurum
eidem dari precepit.   qui rex Amarricus, accepto thesauro, cum   25
maximo gaudio et leticia et cum ipsius gentibus reuersus est (6).
ex quo thesauro maximum exercitum congregauit, et maximum

(a) *N* uidet, err.   (b) *N* ponit, err.   (c) *N* eidem, err.

(1) Nel 1169.

(2) Dieci, secondo Gugl. di Tiro,
lib. xx, c. 22.

(3) Nel 1171.

(4) È questo uno degli accenni alle
ricchezze della corte bisantina, intorno
a' cui splendori si diffonde anche Gugl.
di Tiro, lib. xx, c. 23-24, e della

cui esagerata fama l'Occidente era
pieno.

(5) Questa parola è perduta, a cagione del forellino esistente nella pergamena, e già sopra avvertito.

(6) Tutte queste larghezze del greco
imperatore non hanno storico fondamento.

dampnum intulit Sarracenis ; et specialiter obsedit quandam ciuitatem que uocabatur Bellinax (1), que multum proxima erat ciuitati Damascie.   ad ultimum quidem predictus rex Amarricus diem
uite (a) clausit extremum (2); et successit eidem in regno Balduui-
5 nus (3) eius filius, et reliquit ei baiulum quendam, consanguineum
suum, qui uocatus fuit Millo (b) de Plancino (4), qui postea interfectus
fuit a dominis de Baruto (5).   uerumtamen ante quam moreretur (c)
predictus rex Amarricus, simul cum canonicis Sepulcri, destrui
fecit litteras aureas que scripte erant in triuna Sepulcri, de eo
10 uidelicet quod concessum erat comuni Ianuensium, sicut supra
dictum est (6).

Predictus autem Balduinus rex, filius Amarrici regis, per multa
tempora uixit, qui uir fuit et probissimus et benignus; uerumtamen leprosus fuit.   et multa prospera regno Iherusalem in eius
15 tempore acciderunt, et obtinuit prelia decem; nec umquam in
aliquo prelio personaliter subcubuit; et sororem eius, Sibiliam
nomine, in matrimonium copulauit Willermo Longespate marchioni Montisferrati ex qua filium unum substulit, qui uocatus
fuit Balduinus et qui postea rex fuit.   postea autem, post mor-
20 tem dicti Willermi Longespate, predicta Sibilia in matrimoni‖um
copulata fuit regi Guidoni.   aliam quidem sororem, nomine
Ysabellam, maritauit in quendam Unfredum, filium Unfredi de
Tirono (7), et postea uxor fuit Conradi marchionis Montisferrati,
fratris predicti Willermi Longespate.   et similiter uxor fuit
25 comitis Emrici de Campagna, et similiter Aymerici regis Cipri,

c. 25 a

(a) *N* uicte   (b) *N* Mille, *err.*   (c) *N* morrerettur

(1) Belinas, ant. *Panea*, e poi *Cesarea
Philippi*. I Musulmani di Damasco l'a-
veano tolta ai Latini nel 1132; ma
questi tornarono ad impadronirsene nel
1139, e la riperdettero definitivamente
nel 1164. Cfr. GUGL. DI TIRO, lib. XIV,
c. 17, lib. XV, c. 9, lib. XIX, c. 10.

(2) L' 11 luglio 1173.

(3) Al disopra, nell' interlineo: *IIII*.
E nel margine: *VII . rex*.

(4) Milone di Plancy, signore di
Carac e di Montereale.

(5) Nel 1174, presso Acri; e su le
cause della sua morte corsero varie
versioni. Cfr. GUGL. DI TIRO, lib. XXI,
c. 4; DU CANGE, *Fam.*, pp. 403.

(6) Cfr. pp. 121 e 129.

(7) Il conte Unfredo III di Thoron,
figlio di quell' Unfredo II che fu conestabile del regno di Gerusalemme.

qui frater fuit predicti regis Guidonis.   postea quidem predictus
Balduinus rex, qui leprosus fuit, decessit [1] et dimisit regnum
suum nepoti suo, uidelicet Balduino [2] filio Willermi Longespate.
cui Balduino dimisit in baiulum comitem Raimundum [4] de Tripoli,
qui fuit filius comitisse Dulcis [3] et consanguineus germanus regis   5
Amalrici [4].   ipse autem comes, postquam effectus fuit baiulus,
terram rexit ad modum regis.   qui comes quandam ciuitatem
possidebat ex parte ipsius et que peruenerat ei ab uxore eius,
que ciuitas Tabaria uocabatur, et que erat in regno Iherosolimitano, cui dominio ciuitatis appendebantur milites . LXXX . terram   10
et feudum possidentes.   uxor autem predicti comitis [b] alium
uirum habuerat [5], ex quo quatuor filios sustulerat, uidelicet Ugonem, Ostem [6], Willermum et Raulfum [c] .   qui siquidem nobilis-
simi erant et multa probitate decorati, et erant ad mandata ipsius
comitis.   sepe dictus uero comes, uidens se dominum esse de   15
Tripoli atque baiulum regni Iherosolimitani et dominum Tabarie,
putauit sibi acquirere et appropriare ipsum regum Iherosolimitanum, de quo baiulus erat, dicens quod ad se spectabat, et quod
ipsum de iure habere et retinere debebat.   tali ratione, eo uidelicet quod Balduinus rex secundus, auus ipsius, eo tempore quo   20
comes erat de Roaxia [d], filiam habuit que uocata fuit Milliscen [7].
tempore procedente, postquam rex effectus‖ fuit, aliam filiam
sustulit que uocata fuit Dulcis, et que mater erat ipsius comitis.
cum autem esset consuetudo, quod primus heres hereditatem

f. 25 a

(a) N comittem   (b) N comittis   (c) N Rau   (d) N Roaxia

(1) Il 16 marzo 1185.

(2) Al disopra, nell' interlineo: V; e
nel margine: VIII.us rex.

(3) Non Dolce, ma Odierna o Odiarte,
chiamavasi la madre di Raimondo III
il giovine, il quale succedette nel co-
mitato di Tripoli al proprio padre
Raimondo II l'anno 1152, e morì circa
il 20 aprile 1187. Cfr. Du CANGE,
Fam., pp. 482; SCHLUMBERGER, p. 97.

(4) Perchè nato di Melissenda, so-
rella maggiore di Odierna.

(5) Chiamavasi Eschiva, ed era stata
maritata in prime nozze con Gualtieri
di Fauquembergue, principe di Galilea,
morto nel 1172. Guglielmo di Tiro,
lib. XXI, c. 5, la chiama locupletem
valde, filiis fecundam ex priore marito.

(6) Lo stesso che Ottonem.

(7) Cfr. pp. 129, lin. 23.

paternam habere deberet, dicebat quod predicte Milliscen solummodo perueniebat comitatus (a) de Roaxia, eo quod in ipso tempore nata fuerat, et matri sue, uidelicet Dulci, dicebat peruenire
regnum, eo quod nata fuerit ipso rege existente; et ita dicebat
5 ipsam primam esse et potiorem in ipso regno. super quibus
predictus comes locutus fuit (b) cum baronibus (1) et principibus
ultramarinis, quos habuit ad uoluntatem ipsius. postea uero, non
per multum tempus, ille puer Balduinus, qui de iure regnum
habere debebat, decessit (2); et specialiter in Accone, ubi quidem
10 erant marchio Montisferrati, auus dicti pueri (3), et mater eiusdem
que Sibilia uocabatur, et comes Guido de Iaffa, qui maritus erat
ipsius Sibilie, et princeps Raynaldus (4) et comes Iausellinus (5), qui
omnes predictum puerum mortuum portari fecerunt in regnum
Iherusalem et ibidem ipsum sepelliri fecerunt.

15 Comes autem Tripoli iam dictus, cum esset in Tabaria,
audito de morte dicti pueri, coadunari fecit uniuersos amicos
ipsius, dicens se uelle proficisci in regnum Iherusalem, et si regina Sibilia predicta, mater dicti pueri, regnum ipsum accipere
uellet, ipsum defendere uolebat et hostendere quod ipsum re-
20 gnum ad ipsam de iure pertinebat. in regno quippe Iherusalem
erat magister templi, Girardus de Ridaforte nomine (6), qui odio
habebat ualde comitem Tripolitanum, eo (c) uidelicet quod in comitatu ipsius comitis erat quoddam castrum quod uocabatur
Botronum, quod siquidem erat cuiusdam mulieris uirginis (7) et

---

(a) N comittatus　　　(b) N fuerit　　　(c) N et, err.

---

(1) Così per correzione posteriore;
in origine era scritto: baronis.

(2) Il settembre 1186.

(3) Cioè Corrado, marito di Isabella.

(4) Rinaldo di Chatillon, principe
d'Antiochia dal 1159 al 1162, per cagione del suo matrimonio con Costanza
figlia di Boemondo II, la quale morì
appunto nell'ultimo degli anni citati.

(5) Gosellino II, il giovine, conte
di Edessa, zio della regina Sibilla.
Cfr. pp. 131 e 145.

(6) Batrun, su la costa, quattro leghe
e mezza da Tripoli. Cfr. HEYD, Hist.,
I, 321.

(7) Cecilia, figlia ed erede di Guglielmo Dorel, nel quale si estinse la
discendenza mascolina dei signori di
Batrun. Cfr. Lignages, pp. 468; DU
CANGE, Fam., pp. 258.

quam dictus Girardus magister templi postulauerat in uxorem

c. 25 c a predicto‖ comite et ad supplicationem ipsius eam sibipro miserat.   cum autem esset quidam Pisanus in Tripoli, qui ualde
diues erat, et haberet nepotem unum qui uocabatur Plebanus,
dedit predicto comiti bisantios decem milia ut daret predictam   5
dominam in uxorem dicto nepoti (1).   qui comes habitis bisantiis,
ipsam dominam in predictum Plebanum maritauit. quo scito a
predicto Girardo, uerecundia et dolore maximo stupefactus, se
reddidit apud templum, et postea in breui tempore magister
templi effectus fuit (2).   10

Sepulto autem predicto puero nomine Balduino, magister templi et princeps Rainaldus et comes Iauselinus una cum aliis
amicis eorum, qui ibidem aderant, exhibuerunt terram comiti
Guidoni de Iaffa (3) et Sibilie eius uxori, ita quod predictum Guidonem coronauerunt.   cum autem dictus Guido rex egrediretur   15
templum, habens coronam in capite, tunc predictus magister
templi inspicens eum dixit, quod ipsa corona bene ualebat Botronum.   comes autem, qui in Tabaria erat (4), his auditis,
plurimum turbatus fuit; et statim, sicut fama publica inde
fuit, misit nuntios suos apud Saladinum, et cum eo pactum   20
statuit, sed priuatum.   post hec patriarcha Iherusalem simul
cum episcopis, hospitalariis et aliis principibus et magnatibus
illius terre, timentes de amissione terre propter dissensionem
que erat inter regem et comitem (a), taliter operati fuerunt,
quod compositionem et pacem fieri fecerunt inter ipsos.   uerum   25
dominus Balduinus de Bellino, nollens ipsi concordie consentire,

(a) N comittem

(1) La famiglia di Plebano, il cui
nome occorre in varî documenti fra il
1181 e il 1209, avea stabile dimora
in Tripoli. Cfr. HEYD, Hist., I, 321.
(2) Cfr. CONT. GUGL. DI TIRO, lib.
XXIII, c. 34. Gerardo di Riderfort fu
eletto gran maestro del Tempio nel

1188 e morì l'anno dopo. Cfr. DU
CANGE, Fam., pp. 879 segg.
(3) In margine: VIII.us rex.
(4) Nel Cod. N manca: erat. Par-
lasi di Raimondo II di Tripoli, già
mentovato poc'anzi.

in Antiochiam accessit et post breue tempus lumen uite [a] clausit
extremum [1].

Postmodum autem, post breue tempus, princeps Rainaldus [2],
qui potentissimus erat in partibus illis et qui in uxorem habebat
5 quandam‖ que uxor fuit domini Anfredi de Tirone, treguas con-
stitutas inter regem et Saladinum corrupit; et quadam die maximam carauanam ex illis Saladini cepit, in qua retinuit homines
et maximam peccunie quantitatem; propter quod Saladinus plurimum conturbatus fuit. ueruntamen plures misit regi et baro-
10 nibus et aliis principibus terre, quod facerent restitui homines
et alia que amiserat. sed predictus princeps Rainaldus, et quia [b]
amicissimus erat regis et quia operam exibuit ad ipsum coro-
nandum, nichil [c] restituere uoluit.

Salaadinus autem, congregato maximo exercitu, etiam cum . LX .
15 milibus personarum in terram intrauit et Tabarie ciuitatem obsedit. quo scito, rex Guido et comes Tripoli predictus, simul cum
Templeriis et aliis principibus et magnatibus illius terre, maximum exercitum congregauerunt propter succursum Tabarie. in
quo exercitu habuerunt milites mille et Turcopolos . IIII . milia et
20 pedites . XXV . milia; et uersus Tabariam euntes, situm fecerunt
super quendam montem fortissimum, qui erat ante Tabariam et
qui maxime copiosus erat aqua. cum autem illic existerent,
conscilium inter se fecerunt, uidelicet rex et comes et alii principes et barones [d], de prelio faciendo contra Salaadinum. ad que
25 respondens comes dixit, quod sibi non uidebatur bonum prelium
incipere contra Salaadinum, quoniam Tabaria sua erat; et si
caperet Tabariam, terram inde portare non poterat, et quod
succursus semper augmentatur eisdem et diminuebatur Salaadino;

(a) *N uitre*, *err.*　　(b) *N qui*　　(c) *N nichil, bis*　　(d) *N baronos*, *err.*

(1) Balduino di Ibelin, signore del
castello di Mirbel, toltogli da Seif-ed-din
nel 1187. Cfr. DU CANGE, *Fam.*, pp. 364.
(2) Rinaldo di Chatillon già ricordato
(pp. 137); il quale, mortagli Costanza
d'Antiochia, sposò Stefanetta figlia di
Filippo di Milly, signore di Napoli nella
Soria; la quale Stefanetta fu poi moglie in seconde nozze del conestabile
Unfredo II di Thoron, e in terzo luogo
di Milone di Plancy (pp. 135 e 137).
Cfr. DU CANGE, *Fam.*, pp. 408 e 471.

quare espectare deberent et in recessu ipsum Salaadinum infu-
gare, et ita ei maximum dapnum inferrent.   quibus auditis,
Girardus magister templi respondit, quod adhuc aderat de pilo
c. 26 A luppi. unde‖ comes iratus dixit, quod prelium uolebat fieri.   et
statim in planum demerserunt.   quos uidens Salaadinus, exer- 5
citum suum armari precepit, et quasi se misit in fugam; et
hoc fecit ut ampliorem campum Christianis traderet.   cum
autem Christiani a monte separati(a) forent, regrediens dictus
Salaadinus cum exercitu suo, se misit infra montem et Christianos, ne ibi Christiani refugium habere possent.   qui siquidem 10
Christiani, cum aquam perdidissent(b), iuerunt uersus quendam
monticulum, ubi prope aderat boscus.   et tunc Turchi ignem
imposuerunt in bosco illo; et cum hoc esset tempore estiuo,
et quia Christiani aquam non habebant, sustinere non potuerunt.   uidens hoc comes de Tripoli, cum quibusdam militibus 15
suis in simul congregatis uersus exercitum(c) Saladini uiriliter
perrexit; quibus Sarraceni campum exhibuerunt, ita quod predictus comes cum predictis militibus suis a manibus inimicorum
suorum euasit et in Acconem perrexit; alii autem Christiani
in fugam omnes se posuerunt, et ita omnes Salaadinus capi 20
fecit(1).

Et tunc captus fuit patriarcha Iherusalem cum uera cruce,
quam ferebat in prelio semper contra innimicos Dei, quam post
quidam Ianuenses detulerunt in Ianuam hoc modo.   nam capta
postea ciuitate Acon per Salaadinum(2), procedente tempore tre- 25
guas fecit cum Iursachio imperatore Grecorum hoc modo, quod
inter cetera imperator in ciuitate Constantinopoli construeret
musoca ad usum Sarracenorum, ipse uero eidem redderet ueram

(a) N seperati   (b) N persidissent   (c) N exercitu, err.

(1) La domenica, 4 luglio 1187.   BENEDETTO PETROBURGENSE, Gesta re-
Della rotta di Tiberiade e delle altre   gis Henrici II, ed. Stubbs, II, 11; Atti
sventure qui narrate, i Genovesi man-   Soc. Lig., IV, pp. xcviii; DESIMONI,
darono novella in Occidente subito   Regesti, pp. 78.
dopo la caduta di Acri. Cfr. Epistola   (2) Il venerdì, 9 dello stesso mese.
Ianuensium ad Urbanum papam, in

crucem quam ceperat[1]. quam cum eidem mitteret in quadam
naue cum multis aliis donis, quidam Ianuensis, nomine Willermus Grassus[2], et quidam Pisanus, nomine Fortis, qui habitabat in
Bonifacio quem Pisani tunc temporis possidebant[a], cum antea ad
5 inuicem inimici essent, conuenerunt in unum, cum ambo essent
‖pyrate, et dictam nauem ceperunt; et cum dictus Fortis intel-
lexisset per unum de nunciis Saladini, quod ibi esset crux uera,
eam autem partem subripuit et Bonifacium deportauit[b]; et cum
postmodum tres naues Ianuensium Bonitatium cepissent, dictus
10 Fortis, eam accipiens, super mare siccis pedibus fugens, per
Ianuenses[3] insecutus et captus cum dicta uera cruce, Ianuam est
cum gaudio magno delata, et in quolibet die Veneris cuiuslibet
mensis populo ostenditur. et in dicto loco est alia uera crux
que hoc modo Ianuam est delata, et uocatur crux Elene. nam
15 cum Venetici cepissent Constantiopolim, anno Domini. MCCIII.
mittebant in quandam nauim istam crucem comuni Venetie[c].
quidam ciuis ianuensis Deodedelo, pyraticam artem exercens[d],
eam cepit et Ianuam deportauit, ubi scripte sunt littere grece.
dicitur autem crux Elene, quia cum beata Elena, mater Con-
20 stantini, crucem Domini meruerit inuenire, post passionem Domini, de ipso ligno hanc crucem fecit, et post eius obitum in
ciuitate Constantinopolim adorandam reliquit[e]. procedente
tempore Constantinopolitanus patriarcha crucem dictam argento
hornauerat, ut in[4] predictis litteris in cruce scriptis plenius con-
25 tinetur. est etiam in quadam fenestra iuxta altare beati Iohannis
Baptiste alia uera[f] crux, que dicitur crux sancta hospitalis beati

(a) *N* possidebat, *err.* (b) *N* deportatur (c) *N* Venette, *err.* (d) *N* exerces, *err.*
(e) *N* reliquid (f) *N* uero, *err.*

(1) Su queste relazioni fra Isacco
Angelo e Saladino, cfr. la lettera degli
ambasciatori di Filippo Augusto riferita da BENEDETTO PETROBURGENSE,
ed. cit., II, 51; BEHÀ-ED-DIN, pp. 171,
segg.

(2) Sopra Guglielmo Grasso cfr.

DESIMONI, *I Genovesi ed i loro quartieri
in Costantinopoli nel sec. XIII*; in *Giorn.
Lig.*, a. 1876, pp. 223 segg.

(3) Scritto: *Ianuam*; poi corretto.

(4) Scritto dapprima: *ex.* Mano posteriore cancellò, e sostituì nel margine: *ut in.*

Laçari de Betania, quam Conradus marchio Montis ferrei, cum
Acon cepisset rex Francie et ipse cum eo, et dictam crucem in
dicto loco inuenisset, misit [a] eam communi Ianuensium et donabat in retributionem bonorum et honoris quod habuerat ab
eis; et ista osculatur a populo die Veneris sancto [1].   5

Post hec Salaadinus cum maxima uictoria et triumpho ad
temptoria sua reuersus, iussit quosdam ex carceratis ad se uenire.   cum autem esset rex Guido [2] et princeps Raynaldus et
magister templi et quidam alii barones coram eo, dixit rex
c. 26 c ||eidem Saladino quod sibi faceret dari potum; unde statim eidem   10
dari precedit.   cum autem similiter postularet potum princeps
ab eodem Saladino, respondit quod nullo modo sibi dari faceret.
erat quippe consuetudo inter Sarracenos, quod si potum aliqui
exhiberetur, ipsum postea non offendere; unde predictus Saladinus predicto principi dixit, quod se bonum hominem faciebat,   15
et quod etiam iurare [b] nolebat nisi supra corrigias calciamentorum
suorum; et ipse uenerat contra iuramentum quod fecerat supra
Deum et crucem, quam ipse princeps credebat, et quod fidem
contra ipsum corruperat.   unde dixit, quod nullo modo misereretur ipsius.   et faciens ipsum separari ab aliis, eidem caput   20
propriis manibus obtruncauit.   regem uero et alios barones et
principes honorabiliter in carceribus custodiri precepit.   comes
autem Tripoli [c] cum apud Acconem accessisset, alii Christiani
qui ibidem erant, audientes de infortunio quod euenerat in ipso
prelio, reduxerunt se omnes in ciuitatem Tyri [3].   Saladinus uero   25
supra Acconem ueniens cum exercitu suo, ipsam cepit; et cetera loca et castra atque ciuitates de ipsis partibus Acconis

(a) N missit   (b) N iutare, err.   (e) N Tripuli

(1) Una postilla marginale del Cod.
N avverte: *Istud intermedium non erat
in cronica Caphari.   set sic reperitur
scriptum de vera cruce in libris ecclesie
beati Laurencii.*

Su queste tre reliquie della croce,

cfr. *Atti Soc. Lig.*, I, 73 segg., XI, 322
segg.; RIANT, *Exuviae*, II. 56 e 275.

(2) Questo nome fu aggiunto d'altra
mano nell'interlineo.

(3) Scritto *Tirri;* e corretto più
tardi.

similiter subiugauit, preter ciuitatem Iherusalem, in qua multi
Christiani se reduxerunt.   postea uero ciuitatem Iherusalem obsedit, in qua obsidione permansit per menses tres [1]; et ad
ultimum predicta ciuitas Iherusalem reddita fuit anno Domini
millesimo . CLXXXVII . die secunda octubris [2].   et tempore quo
fuit predictum prelium, currebat millesimo . CLXXXVII . de mense
iulii [a] die quarta.

Papa autem romanus, nomine Urbanus, hec noua audiuit
in festo sancti Martini apud Ferrariam, de quo dolore mortuus
est.   cui successit Gregorius, qui uixit duobus mensibus; cui
successit Clemens‖ tercius, qui ad imperatorem et ad reges Francie   *c. 26 a*
et Anglie misit pro succursu Terre sancte, predicans crucem
ubique.   comes autem Tripoli predictus, cum in ciuitatem Tyri
applicuisset simul · cum aliis gentibus et principibus supradictis,
inuenit ibidem maximam quantitatem Ianuensium qui ibidem ac-
cesserant de Romania et de partibus Sicilie.   quos cum uidissent
predicti comes et barones, eis dixerunt quod pro Deo et intuitu
pietatis terram non permitterent subiugari a Sarracenis, et quod
succursum exhibere deberent eisdem ad tuitionem ipsius terre,
nec inspicere deberent ad ea que ipsis intulerant alii reges in
preteritis temporibus, uidelicet contra ea que ipsi Ianuenses habere debebant, unde ipsis tunc concesserunt libertatem in Tyro, et
terciam partem in cathena et casalem sancti Georgii, et multas
alias possessiones que in priuilegio inde facto per dictum comitem
et barones ipsis Ianuensibus continetur [3].   unde Ianuenses,

(a) *N iunii, err.*

(1) Qui seguiva: *atque per dies. XIII.*
Ma queste parole vennero da mano
posteriore cancellate. Del resto furono
appunto tredici i giorni dell' assedio di
Gerusalemme, scambio dei tre mesi
notati dal nostro autore; e corsero precisamente della domenica 20 settembre
al venerdì 2 ottobre 1187. I tre mesi
voglionsi contare invece dalla rotta di
Tiberiade. Cfr. BEHÀ-ED-DÌN, pp. 100.

(2) Postilla marginale : MCLXXXVII.
(3) Come già avvertì l' Ansaldo,
pp. 75, sono qui confusi in una sola
menzione due privilegi distinti, cioè
quello con cui i baroni del regno di
Gerusalemme, nel 1187, dopo la rotta
di Tiberiade, concedettero ai Genovesi
libertà di commercio e beni in Tiro;
e l' altro dell' 11 aprile 1190, col quale
il marchese Corrado di Monferrato

misericordia moti, promiserunt prestare succursum eisdem pro posse eorum ad defensionem [a] terre; que siquidem plenarie et uiriliter fecerunt. quoniam autem in se fidentibus Dominus misericorditer subuenire uolebat, erat eo tempore in Constantinopolitana ciuitate [b] quidam dominus Conradus de Monteferrato, 5 qui fuit omnimoda probitate et scientia circumspectus, et qui in uxorem habebat sororem imperatoris Iursachi [1]. qui siquidem Conradus in seruitium predicti imperatoris, cognati sui, imperatoris Iursachi, quendam maximum baronem de illis partibus interfecit, eo quod terram aufferre uolebat eidem imperatori; et 10 erat nomen ipsius baronis interfecti Verna [2]. sciens uero predictus Conradus quod Greci, occasione mortis predicti Verne, ipsum interficere nitebantur [c], conscilio habito cum quodam ianuense priuato suo, nomine Ansaldo de Bonouicino [d], locari fecit quandam nauem, que erat cuiusdam ‖ Ianuensis qui uocabatur 15 Balduinus Erminius, in qua naue se priuatim recollegit et in portu Acconis cum ea applicauit. et fuit hoc illis diebus, quibus terra amissa fuerat, anno Domini millesimo . CLXXXVIII [3]. cum autem

c. 27 A

(a) *N* deffensionem　　(b) *N* ciuitatem, *err.*　　(c) *N* nitibatur, *err.*　　(d) *N* Bonouitino

donava loro la terza parte dell'introito della catena nella stessa città, il casale di S. Giorgio, e più altri possedimenti. Ivi è inoltre menzionato, primo fra i testimoni, *Ansaldus Boniuicini, castellanus Tyri,* lo stesso che il cronista poco appresso ricorda come presente in Costantinopoli. Cfr. FEDERICI, *Lett. a G. Scioppio,* pp. 43; *Iur.,* I, 344 e 357. Si aggiunga, per la storia, un terzo diploma dell'arcivescovo Jorsio di Tiro, in data del 14 stesso aprile 1190, con cui, a petizione del marchese Corrado, concedeva ai Genovesi di fondare in Tiro una cappella e di mantenervi un cappellano di loro elezione. Cfr. UGHELLI, IV. 876. Nè si dimentichi un altra carta con cui Corrado, fino dal settembre 1189, donava un podere in Acri al genovese Martino Rosa, *pro bono seruicio et maxima fidelitate quam mihi in Tyro exhibuit.* Cfr. STREHLKE, *Tabulae Ordinis Theutonici,* Berlino, 1869, pp. 21.

(1) Teodora Angela, per le cui nozze Corrado fu assunto alla dignità di Cesare.

(2) Il pretendente Alessio Brana, il quale fu ucciso per mano di Corrado l'anno 1186.

(3) Postilla marginale: MCLXXXVIII.

prope ipsam ciuitatem foret, cognouit quod effecta erat Sarracenorum; unde plurimum timuit cum aliis de ipsa naue; unde precepit
quod aliquis non loqueretur preter ipsum.　ueniens autem ad
ipsam nauem quedam barcha Sarracenorum missa a Saladino, interrogauit illos de naue, cuiusmodi gens erant.　quibus predictus
Conradus respondens, dixit: *nos sumus Christiani et specialiter Ianuenses mercatores, qui postquam audiuimus de uictoria quam Salaadinus fecit, securiter cum fidutia in terram suam uenimus; unde
postulamus et habere uolumus sagittam unam ab ipso, causa fidutie.*
reuertentes autem ipsi Sarraceni ad terram, ad dominum perrexerunt [a].　et illico ipsis discedentibus [1] predictus dominus Conradus fecit nauem suam de portu trahi, et cum barcha taniçari; et
tempore prospero adueniente, ipsa nauis uellificauit et in ciuitatem
Tyri applicuit.　et cum sciuissent de aduentu domini Conradi illi
qui in Tyro erant, ipsum honorabiliter et cum ingenti gaudio receperunt [2]: uidelicet comes de Tripoli, et comes Iausellinus, Raynaldus dominus [b] Sydonis, Paganus de Cayffa et dominus Cessarie, et alii principes illius terre.　et unanimiter ciuitatem Tyri
in eius custodiam posuerunt usque ad aduentum alicuius ex istis
quatuor coronatis, scilicet [c] imperatoris Frederici [3], regis Francorum, uel regis Engleterre, uel domini Guillermi regis Sicilie.
quibus diebus comes dictus in Tripolim perrexit, et post paucos
dies, sicut Domino placuit, ex quadam infirmitate decessit, terram suam relinquens Baiamonti, filio principis Raymundi de

---

(a) *N* perexerunt　　　(b) *N* domus, *err.*　　　(c) *N* silicet

(1) Scritto: *descendentibus;* poi corretta la prima *e* in *i*, ed espunta la
prima *n*.

(2) Raimondo IV, primogenito di
Boemondo III principe d'Antiochia e
figlioccio di Raimondo III di Tripoli,
il quale dal suo matrimonio con Eschiva
non ebbe prole.

Boemondo III era figlio di Raimondo
di Poitiers, ebbe il principato antio-
cheno nel 1163 o 1164 e morì nel

1201. Cfr. Du CANGE, *Fam.*, pp. 194;
SCHLUMBERGER, pp. 98; HEYD, *Hist.*,
I, 147, 322. Di lui è un diploma del
1.° settembre 1190, che concede ai
Genovesi l'istituzione del consolato e
la piena libertà del traffico in Antio-
chia, Laodicea e Gibello. Cfr. LUNIG,
II, 2087; UGHELLI, IV, 878; *Iur.*, I, 364.

(3) Nell'interlineo sopra questo nome
e d'altra mano: *I.*

Anthiochia; qui Baiamons ipsam terram tradidit cuidam filio suo, qui similiter uocabatur Baiamons [1].

---

[1] Raimondo III di Tripoli non morì così presto come lasciò qui scritto l'autore; ma visse infermo di mente, fino al 1200. Poco avanti di morire confidò al proprio padre il reggimento della contea, acciocchè l'amministrasse durante la minorità di Raimondo-Rupino, natogli dalla moglie Alice, figlia di Rupino della Montagna principe d'Armenia. Ma quegli unì la contea tripolitana al principato d'Antiochia, e ne trasmise il dominio al proprio figlio Boemondo IV.

Que uero hic sequunt̃ nõ erãt ĩ libro scꝑta.
Sz ego Jacobus aur̃ ꝓcius sic a ꝑtus di
uci breuit̃ in scꝑtis redigi.

—

(Mortuo aut̃e rege Guidone. et uxore eꝯ
Sibilia filia quã̃ regis Aymeria. et ꝑ
qua ipẽ fuit rex. ꝛ mortuis quatuor eorũ
filiis. ysabella soror de̅ Sibilie et filie
d̅i Regis Aymeria. que nata erat ex ex
sa uxore nepte manuelis Jmpatoris cõ-
stãtinopolitani. data fuit in uxorẽ Cõ-
rado ꝓto aꝫadioni mortis feratı. ãno
dñi ꝯillo .c. lxxxxij. ex qua ipẽ fuit rex
yerusalem appellat̃. ꝗ plã puillia coĩ
Janue cũ eı uxore dedit ꝛ ꝗfi manuit. ꝗ
scꝑta fuit in registro coĩs Jan. qui tam
eode ãno fuit ab Asinis interfectus.
relicta uxore sua pregñate. ex qua nata ẽ
unica filia nose maria. ysabella aut̃e uxor
d̅i Conradi ꝗea fuit tradita ĩ uxor Enrico
comiti trecensi de campania. ope ꝛ trac
tatu Ricardi Regis Anglie auũculi ipi.

QVE VERO HIC SEQVVNTVR NON ERANT IN LIBRO SCRIPTA. SET   c. 27 a
EGO IACOBVS AVRIE PREDICTVS, SICVT A PERITIS DIDICI, BREVITER
IN SCRIPTIS REDEGI.

MORTVO autem rege Guidone et uxore eius Sibilia [1], filia
quondam regis Aymerici, et per quam ipse fuit rex, et mortuis
quatuor eorum filiis, Ysabella soror dicte Sibilie et filia [a] dicti regis
Aymerici, que nata erat ei ex secunda uxore, nepte Manuelis impe-
5 ratoris Constantinopolitani [2], data fuit in uxorem Conrado predicto,
marchioni Montisferrati [3], anno Domini millesimo . c . LXXXXII .
ex qua ipse fuit rex Yerusalem appellatus, qui plura priuillegia
comuni Ianue cum eius uxore dedit et confirmauit, que scripta
sunt in registro comunis Ianue [4]; qui tamen eodem anno fuit ab
10 asasinis interfectus [5], relicta uxore sua pregnante, ex qua nata est
unica filia nomine Maria.   Ysabella autem, uxor dicti Conradi,
postea fuit tradita in uxorem Enrico comiti Trecensi de Campania [6], opere et tractatu Ricardi regis Anglie, auunculi ipsius,
qui tunc temporis erat in partibus ultramarinis, et per eam fuit
15 rex Iherusalem appellatus; qui etiam plura priuillegia concessit et
confirmauit comuni Ianue, que etiam scripta sunt in registro comunis [7].   quo Enrico rege mortuo [8], tradita fuit in uxorem

(a) N filie, *err.*

(1) Sibilla morì nel 1192; e Guido passò nello stesso anno dal regno di Gerusalemme a quello di Cipro, dove terminò di vivere nell'aprile del 1194.

(2) Cfr. pp. 132.

(3) Corrado il seniore.

(4) Diploma dell'aprile 1192, col quale si concede perfino al comune di Genova *ut supra dominicum sepulcrum litteras aureas quas olim habuit, restauret si voluerit;* concessione oramai resa inutile dalla conquista di Saladino. Cfr. *Iur.,* I, 400. Altro diploma del giugno stesso anno, in FEDERICI, *Lett. a G. Scioppio,* pp. 45.

(5) In Tiro, il 28 aprile 1192.

(6) Soli quattro giorni dopo la morte di Corrado.

(7) Diplomi del 1192 e del settembre 1195. Cfr. *Iur.,* I, 405 e 411.

(8) Verso la fine del 1197.

Aymerico regi Cypri, qui frater fuit predicti regis Guidonis [1]. Maria autem filia Conradi predicti, marchionis predicti Montisferrati, et Ysabelle predicte, data fuit in uxorem Iohanni comiti de Brenna [2], pro qua et ipse fuit rex Iherusalem appellatus; que postea uixit cum eo annis duobus.   erat quidem miles strenuus [a] et fortissimus 5 ac mirabilis et magne stature.   dictus autem rex Iohannes ex ea habuit filiam nomine Ixabellam que tradita fuit in uxorem Federico II imperatori [3] ex qua se fecit regem Iherusalem appellari, et cum eo uixit annis . II . et ex ea habuit filium, uidelicet regem Conradum, qui fuit rex Iherusalem et Sicilie.   ex dicto 10 autem Conrado natus est dominus Conradinus, quem rex Karulus [4] cepit in prelio et post [b] menses plures apud Neapolim decapitari fecit.   post cuius obitum plures eodem tempore se
c. 27 c   reges Ihe‖rusalem fecerunt nuncupari.   nam dominus Ugo de Lusignano rex Cypri, et sui heredes post ipsum, se reges Iheru- 15 salem nominabant; Karulus etiam rex Sicilie primus et filius eius, alter Karulus, se reges Iherusalem in litteris suis scribebant; set tandem omnes facto Sarracenorum possessionem amiserunt ipsius, licet nomen solum in uanum retinuerint in futurum.

(a) *N* strenuis, *err.*   (b) *N* per, *err.*

(1) Aimerico II fu coronato re di Gerusalemme nel 1197, e morì il 1.º aprile 1205, lasciando a succedergli Maria figlia di Corrado e di Isabella.

(2) Il 14 settembre 1210.

(3) Iole o Iolanda, che andò sposa a Federico II nel 1225 e morì nel 1228.

(4) Mano posteriore aggiunse nell'interlineo: *I.*

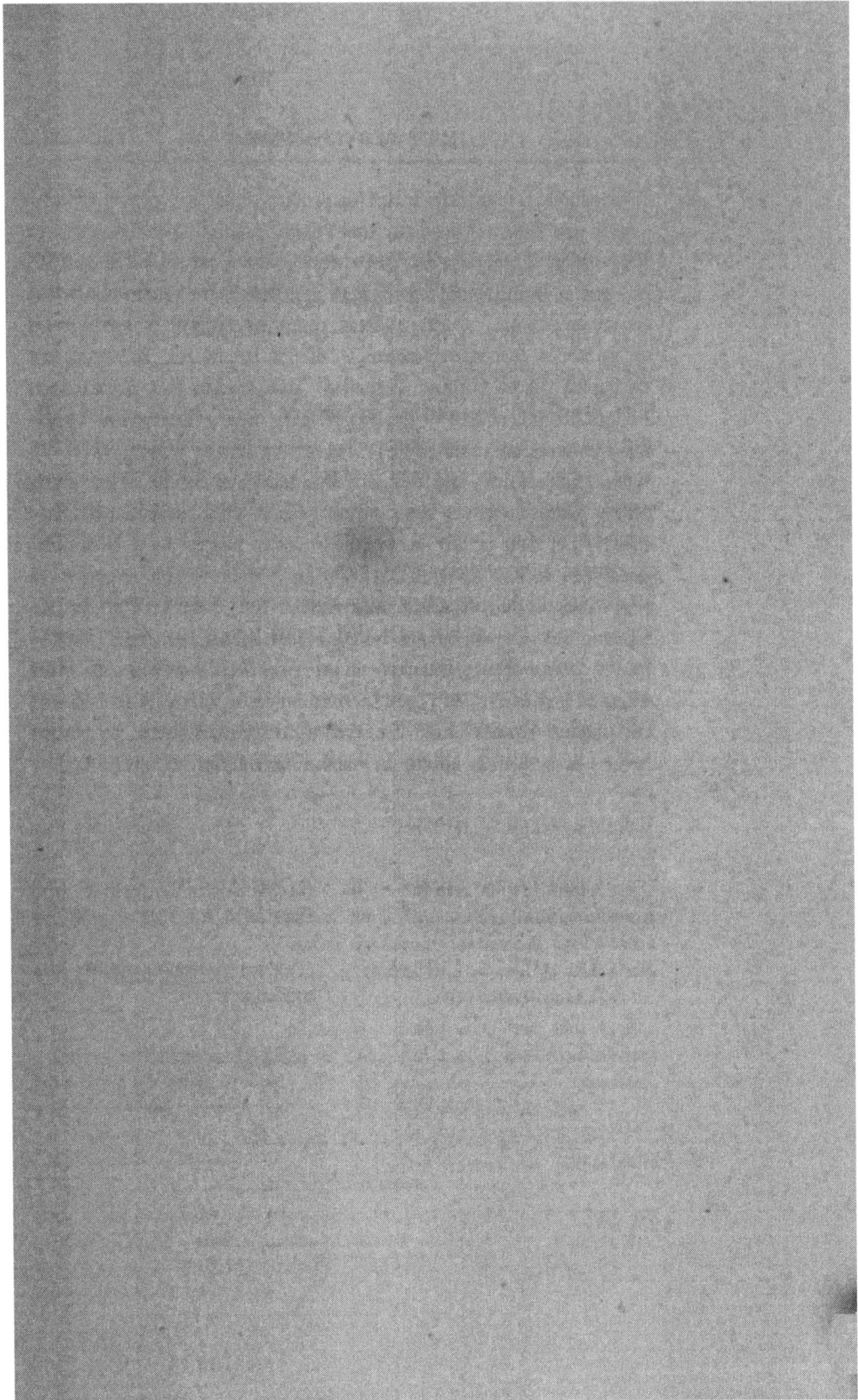

…ans animatur dominum … diocensis
… quatenus de … domino …
Jacobus turre·

Ez itaque ut multis honestare … sociis
prelatus dominus opus … expaone ...
… et … ac plurium alioy auir
… sup scriptum est coram nobilibus
viris dominus Jacobo de carreno pot cois
Janue ; Simone de grimello capit populi
.. abbate populi et maionis eiusdem curia
psentauit· Qui uidentes totum opus lau
dabile consuluerunt laudauerunt et deue
nerunt domini opus ligari in psenti comua
in ea pte qua digerit dominus Jacobus
turre· qui Jacobus nunquam lapsus in ope
comunis fear ipm in hac pte psentis coo
nex vinculari

Ego Guillmus de capombus notarius
psentacioni predicte Consilio et decreto
interfui et ut supra scripsi

ANNO *a natiuitate Domini millesimo ducentesimo nonagesimc quarto, die sexto decimo iulii, Iacobus Aurie, egregius uir, multa honestate et sciencia preclarus, dictum opus de capcione Iherusalem, Anthiochie et Tripolis ac plurium aliarum ciuitatum, prout superius* 5 *scriptum est, coram nobilibus uiris dominis Iacobo de Carcano potestate comunis Ianue, Simone de Grumello capitaneo populi,..* (1) *abbate populi, et ancianis eiusdem ciuitatis, presentauit.   qui uidentes tantum opus laudabile, consuluerunt, laudauerunt et decreuerunt dictum opus ligari in presenti cronica, in ea parte quam eligeret* 10 *dictus Iacobus Aurie.   qui Iacobus, numquam lapsus in opere comunis, fecit ipsum in hac parte presentis cronice uinculari.*

Ego Guillermus de Caponibus, notarius, presentacioni predicte consilio et decreto interfui et ut supra scripsi (2).

(1) Qui manca il nome di Bonanato di Fazio, ricordato in un atto del 2 febbraio 1294, appunto col titolo di *abbas conestabulorum felicis societatis populi Ianue.* Cfr. Iur., II, 305.

(2) In calce alla pagina del Cod. *N* si legge, di mano del secolo xv: *Vade ante ad chartam 66* (sic), *et reperitur anno Domini . MCLXIIII.*

VI.

OBERTI CANCELLARII ANNALES

ANN . MCLXIV - MCLXXIII.

vonram̄ nepredicta śśiptura tncaſſum ut' ſiue utilitate aplurib9
facta ēē creditur ideo queśśipra fiūt· ut multe magneq; utilitatis
fiūt ab̄ p̄ſenſ ueritaſ cognoſcatur. Mūlta nāmq; utilitaſ ex iutā
gna eſt· pñſentia et preterita ſcibere magcune dūt arentū uidentib9·
et cognoſcentib9 quia ſrno ſcibereatur· finzariſ temporib9; obliuiōi
traberētur· Caſſarus enim que inp̄ſenti pagina ſcipra fūt· ſicut uibet·
et p̄aiuſ uuerıſſıme cogniount· tea ſcibere fecit· Cum uero ob̄a gendo aĺqf
dicat· quo modo poteſ credi ut tra fıt ſola caſſari narracone de annıs

3.

BERENICE

OBERTI CANCELLARII ANNALES

ANN . MCLXIV-MCLXXIII.

QVONIAM ne predicta scriptura incassum uel sine utilitate a   c. 16 »
pluribus facta esse credatur, ideo que scripta sunt, ut multe
magneque utilitatis sint, ad presens ueritas cognoscatur.   multa
namque utilitas et magna est presentia et preterita scribere, ma-
5 xime autem a rerum uidentibus et cognoscentibus, quia si non
scriberentur, futuris temporibus obliuioni traderentur.   Caffarus
enim que in presenti pagina scripta sunt, sicuti [a] uidit et per
alios uerissime cognouit, ita scribere fecit.   cum uero obiciendo
aliquis dicat, quomodo potes [a] credi ut ita sit, sola Caffari
10 narracione, de annis [b] [1]

    Gestarum rerum, quas quondam Ianua gessit,   c. 65 ▲

    Ingenti studio quem cancellarius ille

    Comunis causas adtendens utilitatis

    Edidit Obertus, liber incipit inspiciendus,

15   Ut profecturus presentibus atque futuris.

(a) sicut   (b) potest   (c) de annis incarnationis Domini

(1) Con queste parole termina il foglio 16 *verso* del Cod. *N*, sul cui margine estremo, a sinistra, si legge, in caratteri della fine del secolo XIII: *Hic deficit*. Quindi, nel mezzo: *Quoniam ea*, cioè il richiamo alle prime parole del foglio 17, con le quali comincia la prefazione di Iacopo D'Oria al libro *De liberatione ciuitatum Orientis* (cfr. pp. 97). Finalmente, a destra, si avverte: *Vade ante ubi est . B* . Difatti nel foglio 65 *recto*, a lato dei versi *Gestarum rerum* etc., si scorge un *B*, della stessa mano che lo segnò qui nel foglio 16.

L'edizione Muratoriana, dopo *annis*, aggiunge *incarnationis Domini sequentibus*.

VM ciuitatem nostram, ciues, eui-   c. 65 A
denter deceat singulis annis acta
consulum in scriptis redigere, et
maxime que summis decoribus noscuntur principium habuisse, ut nichil sit prorsus obmissum quod
continere uideatur honestum; licet
tam in re priuata quam publica me
satis cognoscatis implicitum, ne

10 facta uestra quodammodo uideantur decrescere, uestrisque utilitatibus, ut fertis, deceat omnino prodesse; et ne tamen uidear
rem publicam minus diligere quam condam (a) dilexerim, et re-
spuendo arbitrer (b) aliquatenus (c) minoratus ob id quod Caffarus
non inmerito fuit elatus, ideoque tanti laboris honus (d) nolui

15 effugere pronus. Caffarus quidem uir fuit uita moribusque honeste
compositus, satisue abunde (e) claro nomine plenus. qui superioris
libri pagina rerum uetustarum formam ad nostri noticiam ex
obscuro patenter edidit. considerauit quippe sepiusque consuluit
secum, multo fore utilius ut gesta ab antiquioribus sui laboris

20 studio elucescerent, quam alicuius incuria aut solo silentio a nostri
opinione transirent. qui etenim tam etate quam scientia maturus
dum circa hec attentius uigilaret, ut Deus statuit, anno eiusdem
etatis octuagesimo (f) sexto sane mentis occubuit, ante cuius tran-
situm per triennium tanti laboris curam eum uel quemlibet de

(a) quondam   (b) arbiter   (c) aliqualiter   (d) onus   (e) habunde
(f) octogessimo

c. 65 a

ciuibus ulla non tetigit, quo scribendi copiam uel quieti temporis
saltim horam, ‖ut arbitror, habere potuisset, propter nimiam tem-
pestatem, que, presenti consulatu [1], crassante [a] uel uberante prauorum nequitia, ciuitatem nostram inuasit, sicut lector poteris
ueridica assercione per sex continuos annos scripto sequenti co- 5
gnoscere, et cuncta per seriem adstantis auribus intimare.   consules interim Anselmus [b] Garius, Ingo Tornellus, Oto [c] de
Caffaro, Rogerius de Maraboto, Nicola Roza [d], rei pubblice
curam gerentes [a], utilitatem profuturam animaduertertentes, inceptum tamquam laudabile opus ad finem producendum inspecta 10
ratione [c] sanxerunt.   amore igitur preceque instanti michi Oberto
cancellario supplicarunt, qui sicut quondam rem publicam auxerim,
ita in hoc opusculo augendo attentius insudarem, et comodius
dictando componerem que pretaxatus Caffarus, casu impediente,
non poterat, omniaque stilo [f] competenti sub breuitate notarem, 15
utrisque dictaminibus solo eodemque uolumine pari forma con-
tinuatis.   qui, ut debui, eorundem actor [j] annui [g], quidque
quo tempore actum sit, uel possit agnosci, aperta ratione [h]
describens.   nam reliqua maiori stilo [i] dicenda sunt, que nunc
non tam pretermitto [j] quam ad maiorem dictandi comoditatem [k] 20
reseruo.

(a) crassante   (b) Ansaldus, *err.*   (c) Otto   (d) Roça   (a) racione   (f) stillo
(g) *mancano le parole* qui *fino ad* annui *inclusive*   (h) racione   (i) stillo   (j) pretermito
(k) commoditatem

(1) Cioè del 1164.
(a) Furono consoli del 1169.
(3) Il Pertz lesse: *actoritati;* e cor-

resse *auctoritati,* certamente su la fede
del Cod. del Museo Britannico, già
Serra-Cassano.

Anno millesimo centesimo sexagesimo
quarto existentibus ~~sex~~ consulibus inter
publica. Lafranco albereo. Marchione
de uolta. Corso sigismundi. Rubaldo bisa
cia. Baldizone usu maris. Picamilio. In
iiii. uero compagnis uersus ciuitate in cau
sis Bonouassallo de castro. Anselmo garrio.
Guilielmo cauarunco. Anselmo de cassata.
In aliis iiii. consulibus paschali de marino.
Sigismundo muscula. Guilielmo sardena.
Obto realcado. Prefati consules principio
sui consulatus castra honeste uiris pruden
tibus in custodia tradiderunt. Officia ciuita
tis quecque alia consulatui pertinentia bono or
dine statuentes. Quorum duo infra dies
quindecim. uidelicet Baldicio usus maris.
et Corsus. Sigismundi cum bonouassallo
anthiochie. et guilielmo filio iordanis ad
IMPERATOREM FREDERICUM. ierunt
uolentes scire utrum IMPERATOR ueller
aut ad quem terminum facere exercitum
quem ciuitas nostra super Guilielmum REGEM
sicilie inuita et coacta facere promiserat.

Anno millesimo centesimo sexagesimo quarto [a], exsistentibus   c. 65 c
sex consulibus in re publica, Lafranco [b] Alberico, Marchione de Volta, Corso Sigismundi, Rubaldo Bisacia, Baldizone [c]
Usumaris, Picamilio [d]. in . IIII.or [e] uero compagnis uersus ci-
5 uitatem, in causis, Bonouassallo [f] de Castro, Anselmo Garrio [g] [1], Guilielmo Cauarunco [h], Anselmo de Caffara; in aliis
. IIII.or [i] consulibus Paschali [j] de Marino, Sigismundo Muscula,
Guilielmo [k] Sardena, Oberto Recalcado.

Prefati consules, principio sui consulatus, castra honeste uiris
10 prudentibus in custodia tradiderunt, officia ciuitatis queque alia
consulatui pertinentia bono ordine statuentes. quorum duo
infra dies quindecim [l], uidelicet Baldicio Ususmaris et Corsus
Sigismundi, cum Bonouassallo [m] Antiochie et Guilielmo [n] filio
Iordanis, ad imperatorem Fredericum iuerunt, uolentes scire
15 utrum imperator uellet, aut ad quem terminum, facere exercitum
quem ciuitas nostra super Guilielmum [o] regem Sicilie inuita et
coacta facere promiserat [2]. ipsis abeuntibus, inuenerunt imperatorem Fredericum quarto die ante quadragesimam [p] ad ciuitatem Fanii [3]; qui summo mane fuerunt ante imperatorem, di-
20 centes: *domine imperator, nos sumus ante uestram presentiam,*

(a) milleximo centessimo sexagessimo quarto   (b) Lanfrancho   (c) Baldiçone
(d) Piccamilio   (e) quattuor   (f) Bonauassallo   (g) Garcio, *err.*   (h) Guillermo
Cauaroncho   (i) quatuor   (j) Pasquale   (k) Guillermo   (l) . xv . dies
(m) Bonauassallo   (n) Guillermo   (o) Guillermum   (p) quadrageximam

(1) In margine del Cod. *N*, di mano del secolo xv, la stessa cioè della postilla riferita a pp. 149, nota 2, si legge: *Vade retro ad chartam 25.*
(2) Cfr. il giuramento prestato dai consoli e da' cittadini genovesi a Federico, il 9 giugno 1162. *Iur.*, I, 212.
(3) Era Federico sicuramente in Fano il 24 di febbraio. Cfr. STUMPF, II, n. 4008.

*scire cupientes si uobis placet facere exercitum quem iurauimus, an
non; nam de maiori parte que exercitui conueniat, parati sumus, et
uolumus inde uoluntatem uestram cognoscere; quia tenetur ciuitas
nostra, infra annum postquam nobis iusseritis, expeditionem explere* [(a)].
quibus imperator ait: *letatus sum in his* [(b)] *que dicta sunt michi* 5
de uobis; unde uobis et terre uestre multas et debitas grates reffero [(c)].
*de hoc tamen quod dicitis, uidetis me absque principibus, baroni-
bus* [(d)] *curie et teutonicis et lombardis* [(e)], *et de tam magna causa non
possum nec debeo uobis dare ad presens responsum* [(f)] *absque presentia illorum. reuertamur igitur simul usque Parmam* [(g)], *et illic eri-* 10
mus circa mediam quadragesimam [(h)], *et omnis curia debet illic esse;*

c. 65 b   *propter hoc* [(i)] ‖ *et propter multas alias causas habebimus illic consilium cum illis, et dabimus uobis responsum secundum honorem im-
perii et uestri.*   simul inde recedentibus, aduenerunt pariter ciuitatem Parmam [(j)] [(1)] dicentes: *domine imperator, date nobis, si placet,* 15
responsum facti de quo uobiscum sermones habuimus.   quibus,
habito consilio, imperator ait: *ego non possum uobis hic respondere, sed ante uenturum proximum pascha ero in partibus Portus
Veneris ad Sarzanam nomine; et uolo et iubeo uobis, ut maior pars
uestrorum sapientum ante meam curiam conueniat; et dabo uobis re-* 20
sponsionem prout uisum michi fuerit ad proficuum comunis utilitatis.

Interea Philippus de Iusta et Bonus uassallus [(k)] Bulfericus uenerunt
illúc ante imperatorem cum quodam episcopo sancte Iulie [(2)], nomine Ugone, quem duxerant secum ex Sardinia [(l)], misso iudicis
Aruoree [(m)], qui uenerat pro concordia inuenire inter illum iudi- 25
cem et imperatorem hoc modo, ut imperator daret ei totam
Sardiniam [(n)], et esset solus rex, et teneret insulam Sardinee pro

---

(a) implere   (b) hiis   (c) refero   (d) et baronibus   (e) Theotonicis et Lumbardis
(f) dare responsum   (g) Palmam, *err.*   (h) quadrageximam   (i) et propter hoc
(j) Palme   (k) Bonusnasallus   (l) Sardinea   (m) Alueroree   (n) Sardineam

---

(1) A Parma l'imperatore era già
il 13 di marzo, e vi si trattenne almeno fino al 17 d'aprile, celebrandovi
cosí la Pasqua, che cadde il 12 di quel

mese. Cfr. STUMPF, II, nn. 4009-13.
    (2) Corr. *sancte Iuste*, nel giudicato
di Arborea. Cfr, GAMS, I, 839.

eo, et daret imperatori quatuor milia marcarum [a] argenti. quo audito, imperator iussit uocari prenominatos, facta [b] concordia, nostros consules, dicens illis: *placet michi et curie mee. uolo enim dare iudici Baresoni Aruoree regnum Sardinie* [c], *et ibi mandare missos meos, uidelicet comitem Gauarum* [1], *Opizonem Malamspinam* [d], *Obertum de Oleuel* [2] *et Burgonzum de sancto Nazario* [e]; *Papienses ducant illum in Ianuam, et de Ianua uadant Sardiniam* [f] *uestro auxilio.* ante etenim quam consules nostri responsionem imperatori fecissent, dixit imperator Pisanis, qui presentes erant, nomine pisano consuli Rainerio [g] fratri Marzuchi [h], et Lanberto maiori, et filio Botacii, et duobus iudicibus, alter quorum uocabatur Bulcarinus [3]: *uobis, Pisanis, dico. intelligite uocem uestri imperatoris, qui semper fuistis fideles imperii. deprecor uniuersitatem uestram, ut iudicem Aruoree Baresonem* [i] *ex Sardinia in curiam meam ducatis, quia uobis expedit. concordatus quippe sum cum illo ad honorem et exaltationem imperii.* cui consules Pisanorum ‖ responderunt: *domine imperator, quicquid* [j] *prenominatus iudex facit, contra nostrum uelle facit; et uos, si placet, hoc contra honorem urbis nostre facere intenditis.* quibus auditis, uocauit imperator Baldizonem consulem et socios eius, dicens illis eundem sermonem quem Pisanis dixerat, et interrogauit eos coram Pisanis si hec facere possent contra uoluntatem Pisanorum. responderunt: *possumus, et pro uestro decore faciemus uelle aut nolle* [k] *ipsorum.* nam talem responsionem ideo fecerunt, quoniam Pisani in curia publice dixerant: *Ianuenses nullo modo portabunt iudicem in Sardiniam contra uelle nostrum.* inter hec consul et qui cum eo erant

c. 66 A

(a) marcharum   (b) N fata, *err.*   (c) Sardinee   (d) Opiçonem Malaspinam   (e) Burgunçum de sancto Naçario   (f) Saidineam   (g) Raynerio   (h) Marçuchi   (i) Baresonum   (j) quidquid   (k) uele

(1) Gavaro o Gabardo, conte di Arnstein, come spiega l'Arndt nell'*Index rerum*, pp. 837.

(2) Oberto di Olevano, al quale, con diploma dato in Roma il 30 gennaio 1164, l'imperatore avea conceduta l'investitura di varie terre. Cfr. STUMPF, II, n. 4008.

(3) Negli *Annales* del Marangone, pp. 250: *Raynerius Gaitani consul legatus, cum Lamberto quondam Lanfranci, et Bulgarino et Sigerio, iuris peritis.*

dixerunt imperatori: *quod auxilium uultis, domine imperator, ut missis uestris prestemus?*   imperator respondit: *placet michi ut missi mei in ciuitate Ianua ligna preparent, attamen meis expensis, cum galeis tamen uestris et hominibus Ianuensibus.*   cui dixerunt: *placet nobis, et faciemus sicut uultis.*   5

Venerunt missi imperatoris, et inuenerunt galeas armatas, quas missi et uassalli (a) iudicis armauerunt (b).   et iuerunt prenominati missi Sardiniam, et inde duxerunt secum iudicem Baresonem ex Aruorea.   et cum galee redirent (1) et essent prope urbem nostram, consules ciuitatis cum quibusdam sapientibus 10 uiris iuerunt obuiam missis imperatoris et prefato iudici, cogitantes illos honeste suscipere et cum multitudine gentis secum usque ad suum hospicium ire.   qui cum in terra deberet descendere, prauorum iuuenum occasione, inchoatum est durissimum prelium inter Fulconem de Castro, qui ad litus uenerat 15 pro marchione Malaspina, et Rollandum (c) Aduocatum, qui uenerat pro iudice, et inter amicos eorum.   eo diutius durante, archatores ferierunt Baldoinum (d) filium Henrici (e) Guercii et Gandulfum Usummaris, et Sardus filius Aduocati percussus (2) lapide, omnesque isti mortui (f) fuerunt, multique alii ea die hinc inde uul- 20 nerati.   et propter hoc res publica grauiter turbata fuit, et ciuilia bella tempore illius consulatus reparata sunt.   at post paucos dies

c. 66 ,   imperator Fredericus mandauit, ut iudex ad eum iret‖ et consules nostre ciuitatis secum.   quo audito consules, pernimium turbati, inuiti ad imperatorem iuerunt, uidelicet Lanfrancus Albericus et 25 Picamilium (g), et secum Guilielmus (h) Aurie et Ionathas de Campo et Bigotus, et Guido Laudensis (i), iudices, pluresques alios secum ducentes.   et cum fuerunt Papie, imperator honeste suscepit eos

---

(a) *N* uasalli   (b) armauerant   (c) Rolandum   (d) Balduynum   (e) Enrici
(f) interfecti   (g) Piccamilium   (h) Guillermus   (i) *N* et Guido de, *err.*, Laudensis

(1) Nel Cod. *N*, di mano del sec. XIII, *apostolorum Petri et Pauli.* Cioè il 29 questa postilla, la quale nel Cod. *E* di giugno.
è invece incorporata nel testo: *festo*   (2) Manca: *fuit.*

cum multitudine militum. et post paucos dies consules fecerunt coronam, que facta fuerat Ianue, imponere capiti regis, et hoc in ecclesia sancti Syri papiensis cum multis decoribus, et hoc fuit prima die lune mensis augusti [1]. et imperator, honore prefati iudicis, eo die coronam accepit. et cum coronati fuerint, erat ibi consul Pisanorum cum ceteris Pisanis qui cum eo uenerant, dicentes imperatori: *domine imperator, saluo honore uestro, non debuissetis facere quod uos facitis sine nostro consilio. datis enim isti nostro rustico et nostro homini coronam et regnum; et certe non est persona, cui tanta dignitas conueniat. iniuste enim, si placet, facitis, quia Sardinia nostra est, et ipsum regem [a] facitis de alieno.* quibus nostri consules responderunt palam, in plena curia: *illud, domine imperator, quod Pisani dicunt, falsissimum est, et mentiuntur, quia nec homo nec rusticus illorum est; immo [b] nobilissimus. nam Pisanorum maior pars uassalli [c] sunt istius, et singulis annis in suam terram .pro rebus sibi necessariis uadunt, et uix uiuere possunt [2] sine fructu et utilitate terre huius regis. et quod dixerunt Sardiniam suam esse, aperto ore mentiuntur, quia non suam immo [d] nostram firmando et probando dicimus. quoniam uerum est, quod ab antiquo [3] armis et ui subiugauimus illam, et in iudicato Calarensi [e] fuerunt parentes et antecessores nostri cum exercitu, et subiugauerunt illud iudicatum, et regem nomine Musaitum ceperunt et omnia sua, duxeruntque eum in ciuitatem nostram tamquam captum hostem. et consules episcopum [4], qui tunc Ianue erat, mandauerunt ad imperatorem Alamannie [f] ducentem secum predictum regem Musaitum, ut princeps Romanus cognosceret regnum istius regis esse nuper aditum et adiunctum dicioni et potestati Romani im‖perii per fideles et homines suos Ianuenses.*

c. 66 c

(a) N et ipsum regem, *bis*   (b) ymo   (c) uasali   (d) ymo   (e) Callarensi
(f) Alamanie

(1) Propriamente il giorno 3 agosto. Cfr. Dove, pp. 103.

(2) Nel Cod. N, *possunt* è postilla marginale.

(3) Cod. cit., in margine: *scilicet circa anno Domini* . ML . *ut* . . . (sic).

(4) Ivi, altra postilla marginale: *scilicet Iohannem.* Cfr. *Atti Soc. Lig.*, II, par. I, pp. 312, e XIX, pp. 401; Langer, pp. 103.

Et cum lis pro hiis uerbis cresceret inter eos, respondit imperator Pisanis: *non cognosco terram illam insulam Sardinie*[a] *uestram esse, nec uerum esse credo, immo* [b] *imperii esse puto; nec regem estimo uestrum hominem esse; et quod dono ei et regem illum inde constituo* [c] *consilio mee curie facio, et ius imperii omnino esse puto* [1]. quo facto, Pisani, tacentes et os suum ultra non aperientes, erubuerunt et irati recesserunt a curia. quod uerbum consuli nostro et eis qui secum erant placuit. et imperator iussit consulem et suos ante se accedere; et fuit coram imperatore cum sociis suis, et habita licencia, Ianue letanter [d] redierunt. interim imperator mandauit consuli Baldizoni[e] et regi et sociis consulis ut irent ad curiam. et cum fuerunt ibi, dixit imperator regi: *quicquid missi mei tibi promiserunt, ego puto illud tibi esse omnino adimpletum; et si aliquid minus est, uolo libenter adimplere ordinatione consulis Ianue. dic ergo, si uerum est quod tibi dico?* cui rex respondit: *domine imperator, gratia Dei et uestri et dominorum Ianue, omne michi completum est, sicut legati uestri michi* [f] *promiserunt, excepto priuilegio* [g] *regni.* statim imperator mandauit notario, et iussit continuo priuilegium scribi et sigillari [h]. iterum dixit imperator: *omnia tibi adimpleta sunt; oportet modo ut impleas michi, rex, quatuor milia marcas argenti a te proinde promissas.* cui rex ait: *uerum est, quod promisi* [i] *ista; sed non habeo, domine imperator, ad manus, nisi primum uadam in Sardiniam, et ibi soluam uobis.* imperator respondit: *ego sum super equum, et habeo pedes in streuis* [4]. *tantum ualet quod tu dicis, quantum diceres nolo uobis aliquid dare. qui enim lucratur regnum et coronam accipit in capite suo, plus debet offerre quam quod promiserat, et nequaquam*

(a) Sardinee   (b) ymo   (c) et regem inde constituo illum   (d) N latenter, *err.*
(e) Baldiçoni   (f) mihi   (g) N priuilegium, *err.*   (h) sigilari   (i) promisi tibi

(1) Nessuno degli imperatori di Germania, prima di Federico Barbarossa, si era avvisato di sottrarre alla sede papale la sovranità della Corsica e di Sardegna. Cfr. Dove, pp. 90, ed il capitolo *De Staufensium conatibus in Sardiniam factis*, pp. 95 segg.

(2) Forse meglio *streiris*, come leggesi in un codice citato in calce dell'edizione Muratoriana, col. 295; francese *etriers*, staffe. Cfr. Du Cange, v. *streira*.

minus; et quicquid (a) *dicas, credo quod promissum et multo amplius obtulisti pro curialibus offerendis. et ideo conuenit, ut non* (b) *uerbis sed facto insistamus.* ait rex: *domine imperator, si dubitatis non esse uerum illud quod uobis dico, ostendam* ‖ *uobis ueritatem. date*   c. 66 D
5 *ergo michi, si placet, terminum quousque possim redire ex Sardinia, et promissa et ultra libenter persoluam* (c). cui imperator: *ne dicas michi talia, neque conaris* (d) *michi aliud facere credere* (¹) *quam ego estimo. habes enim in terra firma unde michi potest fieri solutio, et non habebis* (e) *pro certo mecum de cetero uerbum, nisi solum de*
10 *facienda presenti solutione.* cui rex: *uere non est michi hic soluendi possibilitas; sed uadam ad hospitium* (f, *et habebo consilium cum isto consule et aliis amicis meis et uassallis meis Papie,* quos illuc (g) eo tempore fecerat (²). cui imperator respondit: *fiat.*

Iuit rex, et non potuit cum omnibus illis habere consilium.
15 tandem uenit ad domum consulis, et dixit: *domine consul, ego sum quasi* (h) *in carcere positus, et non possum inde exire nisi consilio uestro et auxilio nobilium terre uestre.* cui consul: *ego non possum hic uobis consulere, cum sim solus, sed doleo de mesticia uestra; ego enim, uestro decore, mandabo Ianue consulibus sociis meis, quo-*
20 *rumue consilio faciam uobis responsionem quam potero.* quo dicto, mandauit consulibus. et habito consilio, rescripserunt Baldezoni consuli et sociis suis (i): *subuenite regi Baresoni super omnibus sibi necessariis, et facite ei omnem honorem, quoniam multum conuenit et decens est nostre terre* (j); *nam si hoc feceritis, et nobis et posteris no-*
25 *stris perpetua laus et gloria fuerit.* habitis litteris a Baldezone (k), respondit regi: *subueniemus uobis libenter in rebus a uobis deside-ratis* (l). qui, lacrimando, gratias egit Deo et consuli; et iuerunt ad imperatorem. quibus uisis, dixit imperator: *quid michi dicturi*

(a) quidquid   (b) non ut   (c) persoluam libenter   (d) coneris   (e) N habis, *err.*
(f) hospicium   (g) illic.   (h) quaxi   (i) Baldiçoni et sociis suis   (j) terre nostre
(k) Baldiçone   (l) dexideratis

(1) Nel Cod. N, *credere* è in margine.
(2) Nota il Pertz: *scilicet uenire.* Ma dell'aggiunta non v'è bisogno, perchè l'annalista intende parlare dei vassalli fatti allora dall'ambizioso regolo in Pavia, come appunto racconta in appresso, pp. 165, che, di là tornato, li fece anche in Genova *de melioribus ciuitatis.*

*estis, dicite Falsogradui et comiti Gauarro et episcopo Ligie et archie-
piscopo Magontino* (a) (1). et statim iuit rex cum consule Ianue ad eos,
dicentes (b): *uos scitis quod rex debet imperatori quatuor milia marchas* (c) *argenti, quas ego Baldezonus* (d) *consul, uice comunis* (e) *Ianue,
promitto uobis persoluere predictum debitum usque ad proximam natiui-
tatem Domini* (f). qui dixerunt: *non, sed solum usque cras; quod si
non soluetis, in ueritate sciatis quod imperator ducet regem secum Alamannie* (g). quo audito, post multas ambages, iurauit consul Baldezonus (h) predictarum ‖ marcharum . IIII . or milia usque ad expletum
tricesimum (i) secundum diem facere prefatam solutionem (j). et rex
Sardinie, Baresonus nomine, promisit consuli facere in Ianua tantam securitatem, quanta uideretur sufficiens consulibus Ianue. et
habita licentia ab imperatore, rex Baresonus et consul Ianue
Baldezonus (k) cum sociis suis et cum supradictis missis imperatoris Ianuam uenerunt, facta securitate a consulibus de soluenda
peccunia (l) quam predictus rex fecerat. commune autem infra triduum intrauit ad faciendam pro rege solutionem predictarum
marcharum, quam iurauerant facere infra triginta duos dies.

Expleta solutione infra predictum terminum, dixerunt consules
regi Baresoni: *rex, honorem uestrum nostra ciuitas fideliter gessit,
sicut cognoscitis. deceret uos, ut soluatis nobis in pace omnia supradicta, que ob decorem uestrum imperatoris missis soluimus, et dignam
a uobis uicem amoris habeamus.* respondit rex: *domini et patres
mei, ego uester sum et perpetuo ero. ego in ciuitate ista* (m) *Ianua non*

(a) Maguntino   (b) dicens   (c) marchas   (d) Baldiçonus   (e) *N* comuni, *err.*
(f) proximum diem natiuitatis Domini   (g) Alamannie   (h) Baldeçonus   (i) trices-
simum   (j) solutionem prefatam   (k) B.   (l) peccunia   ·(m) *N* ego ciuitate ista

(1) Dal tedesco *Pfalzgraf*, conte pa-
latino; cioè Ottone II di Baviera. Cfr.
STUMPF, III, pp. 829 (indice alfabetico).
Geberardo, o Gabardo, conte di Lu-
chemberg; ed Enrico, vescovo di Liegi
dal 1145 al dicembre 1164. Cfr. LAN-
GER, pp. 104; GAMS, I, 289. L'arcivescovo di Magonza non è, come gene-
ralmente si credette finora, Corrado di
Scheyern, eletto nel 1161, rimosso nel'65

e nuovamente insediato nell'83; ma
il cancelliere Cristiano, subentrato a
Corrado nel reggimento della Chiesa
Magontina correndo appunto il 1165.
Oberto Cancelliere avendo incomin-
ciato a scrivere nel '66, allude qui
a Cristiano, attribuendogli una dignità
che nel'64 non gli apparteneva ancora.
Cfr. GAMS, I, 289; LANGER, pp. 104.

c. 67 A

possum uobis facere solutionem quam dicitis; quia si haberem unde *reddere possem, utique non mutuassem* [a] *a uobis ea que impera-* *tori pro me soluistis; sed desiderio cupio uobis adimplere in Sardinia,* *ubi omnia mea sunt, et uobis complebo illuc omne* [b] *uestrum deside-* *rium* [c]. et cum cognouerunt consules quod aliud esse non posset, inuiti et dolentes consenserunt uerbis regis, quoniam comune Ianue omnia que pro eo soluerat sub usuris [d] mutuauerat, et que publica erant, uidelicet castra et cetera, ciuibus suis intuitu [e] re- gis pignori subposuerat.   at post hec, cum prefatus rex diu in ciuitate nostra alacriter equitaret et moraretur, quam plures uas- sallos [f] de melioribus ciuitatis sibi sub fidelitatis iuramento con- stituit; et cum ab illis et ab omni populo Ianue indifferenter honoraretur et diligeretur, conuocauit consules et consilium ciui- tatis, humiliter grates debitas omnibus agendo de honore sibi honestissimis modis impenso; et infra hec uerba ostendit sibi ualde adhuc esse necessarias libras . MCC . pro galeis armandis et nauibus preparandis et soldatis militibus et archatoribus ‖prestandis,   c. 67 a hec uerba inserendo: *quanto enim, uiri potentes, altius et fortius* *Sardiniam* [g] *ascendero, tanto amplius decoribus uestris, qui me de in-* *sula adduxistis, decentius et honorabilius erit, et uestre glorie hoc to-* *tum applicabitur.*   audientibus ista consulibus, de superiori debito pernimium grauati et grauius de secundo dolentes, regemque ueri- tatem dixisse cognoscentes, denuo eas libras . MCC . mutuauerunt, quas rex cum aliis libris, quas ex ciuibus ciuitatis . XXVIIII . milia mutuauerat, in predicta apparatione [h] expendit [1].   armauit quidem . VII . galeas et tres naues maiores, quibus milites et equi et archatores, et omnia preparamenta istorum portabantur. quibus armatis et bene preparatis, dixit rex consulibus: *domini* *patres et rectores mei, uos duxistis me honorifice de insula Sardinie,*

(a) mutuatus fuissem   (b) *N* omnem, *err.*   (c) desiderium uestrum   (d) usura
(e) intuytu   (f) uasallos   (g) *N* Sardinia, *err.*   (h) *N* aparitione, *err.*

(1) Cfr. le ricognizioni ed i conti sotto la data del 16 settembre 1164. dei vari debiti contratti da Barisone *Iur.*, II, 12; TOLA, I, 230, 231. col comune e coi cittadini di Genova,

et in Lombardia (a) *apud imperatorem uestro ducatu adiui, et pro uobis factus sum rex, et auxiliis et laboribus uestris ab imperatore Frederico* (b) *coronatus; et non possum dicere tot quanta michi, sola probitate uestra et non mea, exhibuistis.   ego enim, antequam mare intremus, uolo uobis et ciuitati isti id facere et dicere, quod tota* 5 *terra mea, id est insula Sardinia, ex qua in curia imperatoris palam sum* (c) *inuestitus, sit uestra et posterum uestrorum; et ego meique heredes pro tantis decoribus michi factis uestri de cetero simus* (d)*, et uos ad inuicem multo amplius debeamus amare.*   que consulibus placuerunt.   et letus rex, sponte, fecit cartam de Sardinia et de 10 omnibus negotiationibus (e) eiusdem insule comuni Ianue, sicut in registro nostro manu puplici notarii continetur (1).

His (f) omnibus amicabiliter factis et in scripto positis, post paucos dies aduenerunt quidam Pisani Ianuam, quasi dominum suum desiderio uidere cupientes; loquuti sunt secreto cum rege 15 et Ugone nequissimo episcopo sanctae Iuliae (g), qui secum de Sardinia descenderat, quomodo uel quo malicioso studio Ianuenses, qui cum rege ituri erant, decipi et defraudari possent et in illo itinere capi, et rex hac turpi machinatione a tanti (2) debiti solutione posset liberari.   quod utique consules in Ianua nesciuerunt; 20 c. 67 c sed post paucos ‖ dies, eo recedente, aperta ratione uerum esse cognouerunt.   namque in predictis galeis . VII . iuit consul Picamilium (h) cum quibusdam sapientibus uiris habentibus multas preces a sociis et sapientibus ciuitatis, ut uigilarent in custodia ipsius regis, ut in terram nullo modo eundem regem ponerent, 25 animaduertentes ne fraudem aliquam uel deceptionem eis posset calliditate Pisanorum contingere.   recedentibus illis ex hac ciuitate, aduenerunt Arboream, regi sine longa mora dicentes: *do-*

(a) Lumbardia   (b) F.   (c) sum palam   (d) simus   (e) negociacionibus
(f) Hiis   (g) sanctae Iulie   (h) Piccamilium

(1) Cfr. le carte di promissione, fatte da Barisone, lo stesso giorno 16 settembre, ad onore ed utile del comune e della Chiesa di Genova. FEDERICI, *Lett. a G. Scioppio*, pp. 40; UGHELLI, IV, 870; CAFFARO, 1828, pp. 206, 208; BANCHERO, *Duomo*, pp. 268, 272; *Chartarum*, I, 834, 841; *Iur.*, II, 7, 11, 12; TOLA, I, 228, 231.

(2) Nel Cod. E, *tanta*; ma fu poi soppressa, con un punto, la seconda asta dell'*a* finale.

mine rex, multos uidemus uenisse laetantes [a] *de aduentu tuo; iube ergo ut cito solutio ueniat, quoniam non est nobis hic bonum* [b] *morari et pro hieme* [c] *et temporis incomoditate.*   uocauit ipse rex quosdam, et consilium cum illis fecit; et abeuntibus illis, dixit rex consuli et sociis: *ecce uidetis quia mandaui, et ciuius quam speratis uestram habebitis solutionem.*   quibus redeuntibus, dixerunt: *domine rex, baiuli uestri et etiam uxor* [1] *non dimiserunt nos ascendere castrum, neque solutionem facient, donec primo uestram personam uiderint.* quibus auditis, rex ait: *non estimo quod possimus habere solutionem debiti uestri, nisi illuc iuero. uos uidetis.*   consul autem diutius [d] in his uerbis morans, timens ualde indempnis locutionibus quas Sardi et Pisani omni die cum rege habuerant, et cum uianda incipiebat deficere, rogauerunt regem ut uictum deferre [e] faceret, ut possent leuius et comodius expectare integri debiti solutionem; alioquin redirent, et de cetero eos uerbis fallacibus non detineret.   quibus rex: *libenter faciam.*   et cum paulatim de die in diem, ut ita dicamus, uiandam [f] uenire faceret, galee Pisanorum, sicut rex consuluerat Ianue, una cum Pisanis iam uenerant Turrim; et Marzucus pisanus, missus eorum, iam ad regem pro eis uenerat. preuidentes Ianuenses calliditatem illius et Pisanorum, et hiemps [g] erat et uictualia deficiebant, uocauerunt suos qui in terram descenderant; et illis ascendentibus, statim apparuerunt insidie que terra in nemoribus latebant. et ‖ sic galee nostre, timentes ne galee Pisanorum supra se uenirent, Ianuam redierunt cum rege; et incolumes ad ciuitatem redeuntes, regem in custodia quorumdam nobilium posuerunt, quibus certam mercedem annue [h] dare tenebantur, eo utique quod apertius cognouerant fraudem et nequitiam quam Pisani contra Ianuenses tractauerant.

   Nam Corsus Sigismundi, consul, ipso consulatu ad imperatorem Constantinopolitanum legatus missus fuit in galea bene et honeste armata, et cum ipso duo legati, uidelicet Ansaldus Mallonus

c. 67 b

(a) letantes   (b) bonum nobis hic   (c) hyme, *err.*   (d) diucius   (e) *N* defferre
(f) *manca* uiandam   (g) hyems   (h) anni Ianue

(1) Algaburga o Algabursa di Catalogna, che Barisone sposò, essendo già vedovo di Pellegrina di Lacon.

et Nichola [a] de Rodulfo; que legatio facta fuit mandato imperatoris, qui mandauerat se ciuitati nostre facturum sicut prima conuentio fuerat inter ipsum et ciuitatem Ianue. nam prefatus consul et legati, licet imperator eos honeste reciperet, parum tamen profuit pretaxata legatio [1].   5

Hec omnia in consulatu isto facta fuerunt. mense autem septembri inauditum scelus et mira audatia contigit, uidelicet quod Marchio de Volta, qui tunc temporis consulatum regebat, uir utique laudabilis et honeste uite, a quibusdam uilissimis personis et pauperibus fuit tempore uindemiarum occisus in uilla, qua [b] 10 tamquam uir consularis stabat securus, non existimans aliquem sibi insultum facere debere [c]. nam si dubitaret [d] infortunium per aliquem sibi contingere debuisse, uigilaret [e] utique, tamquam tutus et prudens, quod nemo manus illicitas in eum ponere potuisset. hic cum omnibus Ianue equo iure egit, ad nullam inso- 15 lentiam elatus fuit. quo malo ordine interfecto, ciuile bellum, quod prorsus nostra urbe uidebatur sopitum, adeo grauiter fixum et ortum est inter ciues, quod propter illum errorem, et ut ita dicatur comunem merorem, usque ad sextum consulatum [2] suis negotiis [f] ciuitas Ianue debilis merito extitit et inbecillis. prefati 20 quidem consules, qui in tot et in tantis intus et extra contrariis uexabantur, parlamentum, ne ciues ad bellum consurgerent, dubitantes incipere, consulatum more solito noluerunt aduocare. dominus autem Ugo [g], noster archiepiscopus, qui predicta tempestate ‖ non fuerat uacuus, super istam ciuitatem ut bonus pastor 25 sollicitus, ordine clericatus per eum citato, os suum aperiens uniuersam cohortem alliciens, dubios [h] per campanam in concione appellauit. qui, fretus Dei consilio, consulatum intrantis anni uiriliter suo ordinauit arbitrio.

C. 68 A

(a) Nicola   (b) *manca* qua   (c) *N* deberet, *err.*   (d) dubitasset   (e) uigilasset
(f) negociis   (g) Hugo   (h) *N E* dubius, *err.*

(1) La legazione avea per iscopo il conseguimento delle indennità reclamate dai Genovesi, a cagione delle perdite sofferte nel saccheggio e nell' incendio del loro fondaco, narrato da Caffaro sotto il 1162, e la concessione di un nuovo quartiere. Cfr. DESIMONI, in *Giorn. Lig.*, a. 1874, pp. 152, 158 segg.

(2) Cioè fino al 1169. Cfr. pp. 156, lin. 5.

Nam in tempore istorum consulum, cum plebeia nostra grauiter essent [a] turbata, archipresbiter Plecaniae cum suis parrochianis aduenerunt Ianuam, conquerentibus de hominibus marchionis Malespine et hominibus de Meledo, merciprecando ut plebeio Plecanie [b] misericordiam prestarent, et ne uellent illud destrui, quoniam nisi ciuitatis consilio freti fuerint, magis de loci destructione quam salute sperabant; iniungentes quod super podium, quo [c] nemo exterus partem habebat, commune [1] posset castrum edificare, cuius fortitudine a suis inimicis se comodius possent tueri [d]; et insuper omni tempore custodiam castri et [2] merita soldariorum de propriis prestarent, sicut in registri scripto continetur [3]. et licet res publica diuersis et inestimatis [e] modis uexabatur, tamen ipso consulatu edificatum [f] fuit podium illud, nomen cui fuit impositum mons Leo.

mons leo

Superius dictum est de his [g] que consules rem publicam gerentes suo tempore gesserunt; nunc de his [h] que consulatui causarum pertinent breuiter exponemus. etenim pretaxati consules in causis eminentes, omne equum et iustum amantes, per totum suum consulatum iusticiam esurientibus amicabiliter supplerunt [i].

Fuerat quondam tempus, quod consulatus aliquando biennio, triennio [j], aliquando quadriennio durabat. demum senatui nostro

(a) *N* essed   (b) *N* Pletame, *err.*   (c) quod   (d) possent se comodius tueri   (e) inextimatis   (f) hedificatum   (g) hiis   (h) hiis   (i) suppleuerunt (j) aliquando triennio

(1) Nel Cod. *E*, propriamente, scambio di *commune*, sta scritto *cum minime;* ma in margine la stessa mano del testo notò la vera lezione: *aliter comune.*

(2) Nel Cod. *N*, l' *et* fu soprapposto, da mano diversa, nell' interlineo.

(3) Manca nel *Iurium* la convenzione cui intende riferirsi l' annalista; ma vi si registra invece, sotto il giugno del 1164, la donazione del poggio di Figarolo, fatta al comune di Genova da Marchisino di Lorsica e consorti; e l' istrumento dicesi *actum in podio Monleonis* (I, 217). Della edificazione del castello di Monleone, come di opera non ancora terminata, parla invece l' atto di sottomissione a Genova stessa de' marchesi Obizzo e Moruello Malaspina, in data 23 ottobre 1168 (*Iur.*, I, 232).

placuit, qui semper rem publicam augere studuit, ne consulatus officium longius quam annum haberent, ne per diuturnitatem potestatis insolentiores redderentur, sed ciuiles semper essent qui se post annum scirent esse priuatos.

Igitur anno . M . centesimo . LXV . [a] existentibus in re publica .IIII.[or] consulibus, Symone Aurie, Ottone Bono de Albericis, W[illielmo][b] Cicada, Amico Grillo; in causis uero Oberto Maloaucello, Pagano de ‖ Volta, Enrico Iudice, Enrico Mallone [c]; in aliis quatuor compagnis Guilielmo Buferio [d], Filipo Bonifacii, Iohanne Iudice, Oberto de Domocolta [e]: qui consules rei publice curam gerentes, consuluerunt secum uicissim dicentes: *discernamus, qualiter res publica perire non possit. tanta est enim dissensio* [f] *ciuium et bellum etiam* [g] *plus quam ciuile adeo peccatis nostris accensum, quod nisi Deus nobis suum preparabit consilium* [h]*, consulatus noster quasi eger et sine fructu iacebit. faciamus ergo hinc inde treuguam* [i] *iurare, quod* [j] *quisque ad sanctum Laurentium inermis et securus ueniat, ac per urbem ciuilius et comodius semper incedat, et sic rem publicam semper tractabimus equam.* quo facto, prefati consules domus et turres Ingonis de Volta et Amiconis, quas in umbilico ciuitatis optinebant, et que liti discordieque satis prestabant fomentum, acceperunt.

Ipsis factis securioribus, post paucos dies ab introytu sui consulatus preparauerant galeas octo [k], quas missuri erant Sardiniam pro succurrendis galeis quas precedentes consules pro rege Aruoree in Sardiniam miserant. quibus armatis, rex Sardinie nomine Bareson rediit cum Picamilio [l] consule ex Sardinia, ferentes noua, quod Pisani infra treuguam [m] ceperant nauim nostram ad Aisinariam, que de Seta uenerat et passa naufragium ibi fuerat, et Ianuenses cum rebus Pisas secum portauerant. pro qua causa mandauerunt consules Lanfrancum [n] Albericum et Philipum [o] de Iusta legatos ad imperatorem, conquerentes de treugua [p] quam Pisani fregerant. imperator continuo mandauit Conradum

---

(a) . MCLXV .   (b) Guillermo   (c) Malono   (d) Guillermo Bufferio   (e) Domoculta
(f) discensio   (g) eciam   (h) auxilium   (i) treugam   (j) *N* quo, *err.*   (k) . VIII .
(l) Piccamilio   (m) treugam   (n) Lanfranchum   (o) Philippum   (p) treuga

suum capellanum Pisis [a] pro confirmanda treuga et Ianuensium
peccunia [b] recuperanda.   illis euntibus Pisas [c] et diu morantibus, Ottobonus consul cum Philippo Lanberti in quadam galea
ad Portum Veneris iuerunt, scire uolentes quid ad Pisas [d] illi
5 fecerant.   qui euntes, inuenerunt illum capellanum ad Segestri [e]
a Pisis [f] redeuntem; et cum cognoscerent eum nichil fecisse,
dixerunt: *ibimus et nos Pisas* [g], *ut rem apertius agnoscamus* [h], *et*
guerram, si oportuerit, equius incipere possimus.   quibus auditis,
statim capellanus dimisit ‖ Pisanos cum quibus uenerat, et rediit   c. 68 c
10 cum consule ad Portum Veneris, et inde consul mandauit capellanum predictum denuo Pisis [i].   qui cum eodem consule
Pisanorum et cum . VIII . sapientibus uiriş infra paucos dies reuersus
est.   et habentes simul colloquium in insula ad sanctum Iohannem [1], ait consul noster: *domine capellane, uos optinetis* [j] *modo locum*
15 *imperatoris; petimus ergo uobis, ut iubeatis Pisanis ut reddant nobis*
peccuniam [k] *infra treuguam* [l] *ablatam.*   cui capellanus ait: *uere*
infra treuguam [m] *pecunia Ianue capta est; uolo et iubeo, ex parte im-*
peratoris, ut peccunia [n] *restituatur.*   ad quem Pisani dixerunt: *nolite*
ita festinus dare sententiam, quia plures res sunt quas oportet uos
20 *inter nos et ipsos diffinire.*   quibus Ianuenses responderunt: *non*
debemus iure de aliis dare responsum, nisi prius res malo ordine
ablate soluantur.   ad hec capellanus dixit: *iam nostis quod iudi-*
caui, uice imperatoris, ut res illas primo reciperetis.   *conuenit ergo*
ut respondeatis Pisanis.   *obiciunt quidem Pisani, dicentes: uos,*
25 *Ianuenses, iniuste petitis totam pecuniam nauis; quia qui passi fue-*
rant naufragium, prestantibus nobis illis auxilium, promiserunt nobis
proinde medietatem rerum, quam dicimus nos iuste habere posse.   ad
hec consul Otobonus [o] respondit: *date nobis primo medietatem de*
qua confessi estis, et ex altera postmodum respondemus.   ad quem
Pisanus maliciose respondit: *licet uideatur iustum quod uos dicitis,*

(a) Pissis   (b) pecunia   (c) Pissas   (d) Pissas   (e) Sygestrum   (f) Pissis
(g) Pissas   (h) cognoscamus   (i) Pissis   (j) obtinetis   (k) pecuniam   (l) treugam
(m) treugam   (n) pecunia   (o) Ottobonus

(1) L'isola Palmaria, dove era un *borgo*
di *S. Giovanni.* Cfr. REPETTI, II, 606.

*tamen non possumus uobis hanc medietatem dare, nec de altera iusti-
ciam complere, nisi prius ad urbem nostram redeamus.* placet
michi, ait capellanus, *ut consulti quam cito ueniatis.* qui infra
nouem dies omnes redierunt, dicentes: *libenter reddemus uobis
medietatem, et ex altera iusticiam complebimus.*   quibus consul Ianue   5
ait: *bono omine, soluite quod dicitis.*   Pisanus ad hec dixit: *non
sic dabimus, nisi primum diffiniatur omne contrarium, quod est inter
nos et uos.*   quibus respondit Ianue consul: *nimis superbiam dicitis.   soluite primum quod iure debetis, postea determinetur omne
quod ab utrisque fouetur iniustum.*   Audiente hoc misso impera-   10

c. 68 p ‖ toris, affirmauit consulem nostrum equius dixisse.   et respondit
consul Pisanus, dicens: *uos, Ianuenses, iniuste et contra bonos mores
tenetis iudicem Aruoree captum.*   cui Otobonus[a] consul: *falsum
est quod dicis.   nam quod regi Aruoree facimus, iussu imperatoris
Frederici et precibus illius iudicis actum est, quia quod a nobis mutuo*   15
*sumpsit, promissa imperatoris impleuit, et implendo sibi et posteris
suis grandem decorem adquisiuit[b].   non ergo illum iniuste, immo
iure tenemus, maxime cum iussus[c] imperatoris precedat, et redditis
tamen rebus mutuo acceptis, continuo regis dimissio uel liberatio fiat.*
respondit Pisanorum consul sub fraude et calliditate, causam in   20
aliam formam intendens mutare: *cum Ianua ciuitas regem Baresonem
nostrum uasallum ui teneat, qua ratione tenear nescio quo tibi, consul,
nauis peccuniam[d] debeam restituere.*   ad hec consul Ianue: *cum non
sis[e] dominus, ergo nec ille uasallus[f].   at si constaret, illam peccuniam quam mutuaret, iure deberes rem soluere tu aut ille uel heres.*   25

*Redde iam nunc pure, quod tibi petimus iure, quia
Non Deus hoc multum[g] diu pacietur inultum[h] [1].*

*Postquam michi talia opponis, oportet[i] nos ire Pisas[j], si presens mis-
sus imperatoris concesserit, ut, consulti, dignam uobis responsionem por-
temus uel adducamus.*   et abeuntibus, infra dies septem[k] redierunt,   30

(a) Ottobonus   (b) aquisiuit   (c) iussu   (d) pecuniam   (e) sit   (f) uasallus
(g) inultum   (h) multum   (i) opportet   (j) Pissas   (k) . VII.

(1) Questi versi nei codici *N E* sono
riferiti di seguito, assieme alla prosa.

dicentes: *illud quod index Aruoree uobis obicere potest, ego dominus eius obicere possum.   piper et bombacum* [a] *aliasque merces ei mutuo dedistis, et ex quibus duplum uel triplum dare tenetur, quod siquidem inspecta ratione non debet.*   cui consul Ianue: *tedet nos tot et tanta uerba inutilia simul habere; at si uerum est quod dicis, uerbis tuis acquiescimus, ut reliquum ciuibus Ianue et quod communi debetur soluatur, et regem continuo dimittemus abire.*   dixit pars Pisanorum: *bene dicitis; sed oportet ut primo regem ipsum alloquamur.* cui Ianuenses responderunt: *quoniam nos et regem et imperatorem sepius uerbis fallacibus decepistis, amodo non loquetur rex ille uobiscum, nisi primo firmabitis pactum de soluenda peccunia* [b] *ut supra dictum est;* ‖ *quo facto, fiat regis et uestra milies locutio.*   quibus pars Pisanorum dixit: *pro uero loquimur uobis, nec hoc quimus facere, nisi cum Pisanis consilium primo iniamus.*   et illis consultis et Pisis* [c] *redeuntibus, sub nimia mendositate* [d] *responderunt: nos dicimus ciuitatem Pisanam honestam et legalem esse pernimium, nec umquam falsum aut inhonestum amauit.   scimus uos dixisse uerba iusticiam continentia, quibus tale facimus responsum: libenter soluere uolumus omne illud creditum regis, ex quo cartam publicam cognoscemus.*   quibus pars nostra ait: *letamur quod consulte loquimini, et non est putandum quod de cetero affirmationem uestram debeatis mutare; ueniat liber, et statim cognoscetur rerum effectus.*   continuo quidam ex Pisanis responsum emisit: *tractemus pariter utilitatem nostram, et cognoscamus qualiter ambe ciuitates amore possint diu de cetero quiescere.   michi quidem uidetur, ut consulatus utraque ciuitate eligatur, qui iusticiam ciuibus hinc* [e] *inde faciat, et quod captum* [f] *est infra treuguam reddere iubeat.*   quod equidem utrisque placuit, dicentes: *ueniat liber* [1] *ut iuremus.*   at cum Pisanus consul super librum manum positurus erat, pedibus stans ex aduerso quidam socius eius clamauit dicens: *noli iurare; audias me prius aliquid.*   et recedente consule, reuersus est occasionem opponens malignam: *ego uolo scire quantitatem rerum creditarum priusquam*

c. 69 a

(a) bumbacium   (b) pecunia   (c) Pissis   (d) medositate   (e) hic   (f) factum, *err.*

(1) Cioè il libro degli Evangeli.

iurem. cui pars Ianue ait: *pro nichilo dicitis; nam occasionem queritis, qua possitis ab hoc facto absque rubore recedere* [a]. *nonne supra paulo ante posuistis, gens aduersa, quod solutionem facere uelitis ex eo uidelicet, ex quo cartam publicam cognosceretis? quid ergo ad rem pertinet, uiri mendatia* [b] *continentes, rerum quantitatem cognoscere? si bona fide geritis, causam istam dehinc ne deberetis dilatare.* cui Pisanus consul: *nos non facimus hoc causa dilatandi; sed aliter non potest esse, nisi ueritatem crediti cognoscamus.* post multa uerba ait: *estimo* [c] *esse summam circa . XXVIII . milium librarum.* cui ille respondit: *non enim posset ciuitas Pisa||na tanta soluere; uassalli* [d] *autem regis hoc iurabunt soluere, et rex statim dimittatur.*

Tunc consul noster risu locutus est misso imperatoris: *domine, bene nostis et uidetis stabilitatem nostram, quia nos non mutamus uerba. istos uidetis uagipalantes, et de uno ad aliud sine mora transeunt.* ad quos Pisani clamantes dixerunt: *graue nimis esset, quod Pisana ciuitas tanta pro rege solueret. nos quippe concordiam diligimus, sed hoc pactum contrahi non potest. hec uero conuentio quam uobis exponemus, ut arbitramur, esse poterit. iurent uassalli* [e] *regis soluere credita illius, et comune Pise* [f] *dabit . VI . milia libras, quas de suo non habet.* ad quos responsio facta fuit hoc modo: *supra comune uestrum uix credemus hoc creditum soluendum; multo minus aut[em] . XX . uassallis* [g] *fidem prestaremus. sciatis quod nullo modo hoc faciemus. securiores enim sumus in persona regis, quam uassallorum* [h] *fide.* ad quos responsiua talis fuit: *soluat primo comune Pisarum* [i] *predictas . VI . milia libras, et de residuo teneatur iuramento illud idem comune, donec iudex uobis fecerit solutionem, et quod Pisa* [j] *non erit uobis in contrarium, donec de terra iudicis uestram ex integro abstrahatis solutionem* [k], *et ob hoc rex liberetur.* cui respondit: *uerba oris tui tot et tanta sunt, et ultra quam sit honestum mutata et uariata, quia uix possumus percipere ad quam radicem manus ponere debeamus. uade ergo et consule tu tecum et cum sociis, et consultus* [l] *uenias, et da nobis electionem* [m]

(a) discedere absque rubore   (b) mendacia   (c) extimo   (d) uasalli   (e) uasalli
(f) Pisse   (g) uasallis   (h) quam in uasallorum   (i) Pissarum   (j) Pissa
(k) solutionem abstrahatis   (l) consulatus, *err.*   (m) ellectionem

hanc, et forsan accipiemus.   eo Pisas [a] eunte, rediit consultus, dicens: *placet michi istud pactum firmare, si tu, consul Ianue, firmabis.*   ad quem consul dixit: *placet michi, afferatur liber.*   missus autem imperatoris, hoc audiens, ipsemet [b] duxit librum, dicens:

5 *laudo Deum quoniam ciuitates discordes, hodie, uelle Dei, facte sunt concordes.   conuenit ergo ut ultimus conuentus sit in scripto redactus, iuret consul Pisanus quod hec omnia commune Pise [c] obseruabit Ianuensibus.*   quo audito recessit, et consultus cum his qui secum fuerant, dixit: *domine, non‖ possum hoc firmare, nisi prius*   c. 69 c

10 *Pisas [d] redibo.*   cui missus imperatoris ait: *cognosco uos, Pisani [e], falsissima semper proferre; estis quippe non pacis sed fraudis amatores.   istud solum dico uobis: uenite ad curiam imperatoris, et cognoscetur ibi malicia uestra; et quis plus obtulerit, plus ualebit et plus erit amicus imperatoris.*   quibus dictis, ait capellanus: *ego*

15 *uadam Pisas [f], et cognoscam apertius uoluntatem Pisanorum.*   et iniunxit: *certe periuri estis, Pisani omnes; expectate me, donec redibo a Pisis [g].*

Et ipso eunte, galea Trepedecini Portum [h] Veneris intrauit.   et consul noster, sperans de pace futura, lapidibus iactis, fugauit ga-

20 leam illam usque discum [i], et dixit Pisanis: *doleo quod galea ista exiuit nunc de portu nostro, et uadit in cursum; et sicut uobis placuerit faciam.   bene enim possumus capere illam lignis minutis.*   ad quem Elemanus pisanus dixit: *domine consul, Trepedecinus cognatus meus est; non credimus quod gentem nostram offendat, etiam*

25 *uobis iubente; et si uobis placet, ego faciam eum hic uenire.*   cui consul: *uolo ut ueniat.*   nam Trepedecinus respondit missis Pisanorum: *stultos et folles teneo Pisanos, qui mandant michi ut uadam ad eos.   si uero meus consul mandaret michi ut illuc irem, et sub fidutia [i] uadam, tamquam patri et domino.*   dixit noster

30

(a) Pissas   (b) *N* ipsemed   (c) Pisse   (d) Pissas   (e) Pisanos   (f) Pissas
(g) Pissis   (h) Portus, *err.*   (i) fiducia

(1) *Disco* o *banco*, largo e piano scoglio, a poca distanza dal borgo di Portovenere, dove si tenea mercato di vettovaglie, come anche pare dal seguito del presente racconto, pp. 177, lin. 8. Oggi dicesi: *la Chiappa.*

consul Pisanis: *placet uobis ut mandem, aut uultis acquiescere, uel ut capiamus eum?* responderunt: *ueniat.* et statim uenit. quibus consul ait: *uultis ut loquar solus cum eo, aut uultis uos ipsum alloqui?* dixerunt: *nos loquemur.* Ait Pisanus Trepedecino: *quo uadis, et cur uadis?* cui Trepedecino: *ego uado pro capiendis* 5 *uestris et uestrorum rebus et personis, et pro nasis obtruncandis uestratum, nisi cum consule Ianue concordiam feceritis.* ipsi improperauerunt ei, et uerba odibilia ibi orta fuere. dixit consul noster: *uolo, Trepedecine, ut maneas nobiscum, quousque capellanus redibit; quod si non feceris, a nostra fidutia* (a) *te expello, et ultra* (b) *ad* 10 *urbem Ianuam reditum non habeas.* cui ait: *ego habebo consilium*
c. 69 D ‖ *cum meis, et mane dicam uobis.* et iuit ad discum. Pisani, dubitantes de uerbis que dixerat, descenderunt de insula et uenerunt in burgum Portus Veneris hospitari. mane ueniente, galea Trepedecini ibat; et uisa, doluit consul, cogitans in cursum illam 15 intraturam contra suam uoluntatem; sed iuit ad discum pro uino emendo. et consul statim ascendit butium (c), et iuit capite cooperto ad eam itinere preparatam. et uiso consule, remigantes dixerunt: *domine, libenter faciemus sicut nobis ordinaueritis;* et reduxit galeam ad Portum Veneris. et conuocatis Pisanis, iurauit 20 Trepedecinus coram eis, quod saluaret (d) et non offenderet illos rebus uel personis, nisi guerra inciperetur inter eos, et capellanus a Pisis (e) rediret discordatus. infra hec (f) Pisani, magna calliditate, noctu Pisas (g) mandarunt ut galea uiriliter armata ueniret, quoniam galea Trepedicini (h) inimicissimi nostri (1) ibi erat, et secura 25 non preuidebit se ab insidiis nostris, et sic leuiter possit capi; *et erit hoc obprobrium* (i) *Ianuensibus, et non euadet latro pessimus a manibus nostris.* quarto die adueniente, uenit galea Pisanorum, et inuenit galeam Trepedicini (j) prope Ilicem (k) ituram in cursum; que uersus Portum Veneris fugam petiit (l), timens ne forte insidie 30 partibus illis ponerentur. et cum galea Trepedecini fuit prope

(a) fiducia (b) expello, ultra (c) bucium (d) seruaret (e) Pissis (f) hoc
(g) Pissas (h) Trepedecini (i) opprobrium (j) Trepedecini (k) Illicem (l) cepit

(1) Qui *nostri,* e più sotto *nostris,* si riferisce ai Pisani.

burgum, clamauit uoce magna Trepedicinus [a], dicens: *domine, uos fecistis michi iurare fidelitatem Pisanis, et ecce uidetis galeam illorum, que me fugat tamquam hostem. quid iubetis, me facturum?* cui consul: *uade in bucam portus, et ego interim loquar cum consule Pisanorum.* fuere simul, coram multis aliis bonis hominibus, dicens: *quid uultis faciamus? uidetis galeam uestram, que uenit manu armata contra meam. ite, si placet, ad eam, et uenite ad insulam uel ad discum sicut amici, et emat hic tamquam galea nostra.* et statim consul Pisanus iuit [b] cum butio [c] et ascendit galeam, et posuit in capite elmum et iuppum in dorso, ueniens contra nostram. uidens Trepedicinus [d] eam sic uenientem, clamauit ad consulem uoce magna: *domine consul, ego uolo, si placet, uoluere ‖ proram contra illam, quia uerendum est ne nos feriat, et esset nobis magnum dedecus.* cui consul: *expecta paulisper, quia forsan ad insulam ibit, sicut Pisano consuli dixi.* et cum cognouit illam supra nostram hostiliter uenturam, iussit Trepedicino [e] ut cito galeam uolueret contra illam Pisanorum, *quia hodie Deus erit nobiscum.* quo facto, noster consul Otobonus [f] cum butio [g] stetit inter utrasque, et iussit ut nostra galea, ut uulgo dicitur, retrosciaret; quod et factum fuit [h]. cum Alemannus [i] pisanus uidit nostram retro redire, clamauit uoce pisana: *fili [j] de male pute, uos fugitis battaliam [k], nam isti sunt barbe de Pisis [l].* nostro consule hoc audiente, quasi iratus ex uerbis illius, dixit ad suos: *remigate contra illam, et ferite eam, quia ius nostrum est, et illi fouent iniustum, nos autem equum, et Deus uobiscum hodie erit.* omnibus armatis et diu hostiliter preliantibus, Pisano consule percipiente suos bellum diutius tenere non posse, eiecit se in mare, dicens alta uoce: *domine Otobone [m], euadam personam meam?* cui ait: *tua culpa hoc actum est; non enim respiciam tuis factis.* continuo iussit ut alter butius [n] illum in castrum portaret. Elemanus, uidens periculum suorum, clamauit: *domine Ianuensium consul, fac, si placet, quod honestus et utilis consul facturus esset in*

c. 70 a

(a) Trepedecinus (b) iuit, *manca* (c) bucio (d) Trepedecinus (e) Trepedecino
(f) Ottobonus (g) bucio (h) quod factum fuit (i) Alemanus (j) filii
(k) bataliam (l) Pissis (m) Ottobone (n) bucius

buiusmodi. cui consul: *quid uis ut faciam, dic. ascende, domine, galeam meam, et tuo auxilio forsan euadet.* cui ait: *uenias et tu mecum.* qui respondit: *libenter.* et iuit noster consul, et ascendit galeam Pisanorum. Alemanno [a] recedente et fugiente, ipsi de galea Pisanorum clamabant: *domine, adiuua nos, quia perimus.* quibus consul: *ne moriemini, de cetero uestra autem culpa contigit et superbia.* et iuit qua bellum tenebatur, et fecit unam ex galeis ab altera segregare. interim consul noster fuit a nostratibus uulneratus sagitta in brachio. et cum in medio galee esset, uetitans ut nostri non ascenderent, ne forte raubas portarent, statim quidam Pisanus armatus extraxit de capite suo elmum et deposuit scutum, et ense suo retro consulem nostrum graui ictu in pede feriuit, et uulnerato cecidit. quidam Ianuensis, ne‖quitiam illius Pisani inspiciens, fecit impetum in eum, et ense caput illius abscidit; et nisi hoc euenisset, consul noster statim occisus foret. capta continuo Pisanorum galea, fuerunt ex Pisanis melioribus uulnerati . XXXII . crudeli uulnere; et consul noster, timens ne nostra gens acriori mente Pisanos occiderent, iussit ut consul Pisanus cum ceteris uulneratis in castro superiori portaretur [b]. sed antequam ascenderent, uenit consul Pisanorum cum his [c] qui secum erant ad [d] consulem nostrum mercedem querentes, ne morti traderentur. cui consul ait: *licet tua culpa et tuorum superbia contigit, tamen tu et alii, qui pro pace uenerunt, pro me periculum non habebunt. uade ad hospicium tuum cum omnibus uulneratis. galeam uero tuam ad ciuitatem nostram reducemus.*

Redeuntibus illis Ianuam, infra dies octo [e] fama insonuit quod Pisani hostem preparauerant in Prouinciam ituri. nam, die [f] sancti Iohannis, Pisanus consul Simonem Aurie a fidutia [g] Pisane ciuitatis expulit. quinta die ueniente, quedam nostra galea cepit

c. 70 a

(a) Alemano (b) portarentur (c) hiis (d) et, *err.* (e) . VIII . (f) in die
(g) fiducia

nauem Pisanorum, in qua erat ualens librarum . DCC . [a]   duodecima die, galea Boniuassalli [b] Ususmaris et W[illielmi] [c] Piperis duos galiotos honeratos cum mercatoribus . XCII . Ianuam duxerunt, ualens librarum . MCC .

5   Interea Enricetus [d] de Carpena, factus Pisanorum amicus, tenebat Rochetam castrum [e], quod est supra mare prope Vernatiam [f], et minabatur semper Ianuensibus nostris per partes illas ituris; et hoc agebat honore Pisanorum, et guerram faciebat pro posse suo nobis, et maxime homi-

10 nibus Portus Veneris, quibus uicinior erat.   et dum Symon Aurie, uir utique prudens, ad Portum Veneris missus fuerat pro supradictis uerbis cum Pisanis tractaturus, cogitauit secum de perdicione [g] prefate Rochete; et factis insidiis, noctu ueniens

15 ad Vernatiam [h] fere cum . CCC . hominibus, ascenderunt clam montem et ante lucem fuerunt circa Rochetam, et ui ceperunt eam, igneque combusserunt [i], et tres dominos Vezani [j] et eiusdem loci captos Ianuam duxerunt [l].

Rocheta

20   Nam eo tempore quod nostri consules uerbis Pisanorum ad Portum Veneris detinebantur, preparauerunt Pisani galeas octo [k] lique iuerunt Prouinciam.   nobis scientibus, armauimus galeas   c. 70 c
. XIIII . quibus prefuit Amicus Grillus.   cum fuerit ad gradus, audiuit illos ad sanctum Egidium iuisse.   intrauit flumen [2];

25 cum fuisset prope molendinos, consules Arelatenses [l] mandauerunt Amico Grillo consuli et sociis, si oporteret eos dubitare de aduentu suo.   et dixerunt missis: *nequaquam, quia uos amicos habemus et tenemus* [m].   Pisani uero, cum hoc sciuerint, dimissa uilla sancti Egidii, exierunt per aliam faucem, uel per aliud

---

(a) . DCC . librarum   (b) Boniuasalli   (c) Guillermi   (d) Enrietus   (e) Rochetam et castrum   (f) Vernaciam   (g) perditione   (h) Vernaciam   (i) eamque igne combuserunt   (j) Veçani   (k) . VIII .   (l) Aralatenses   (m) *manca* et tenemus

(1) Pei signori di Vezzano, cfr. BEL-   (2) Il Rodano.
GRANO, *Tav. Gen.*, XVIII.

flumen quod uocatur Capra [1].   et nostri, illuc euntes, fecerunt iurare quendam Prouincialem sibi uera dicturum de galeis Pisanorum; qui ait, illas in gradu illo non esse neque in flumine. inuenerunt tamen ibi naues Pisanorum, et combusserunt [a] illas igne; et inde iuerunt Acdem similiter pro nauibus accipiendis 5 et comburendis; tamen inuentis, prece Trencauelleris, [2] illas [b] non combusserunt [c].   quo facto, redierunt ad gradum Montispessulani, et uento contrario intrauerunt gradum Capre, et inde ascenderunt ad sanctum Egidium.   et homines sancti Egidii queque [d] necessaria illis prohibuerunt; et redeuntibus illis, data 10 fuit Arelatensibus fiducia [e] quam postulauerant.   et uenientibus Ianuam tercia die ante sanctum Bartholomeum [3], Pisani cum hoste quam diu preparauerant, uidelicet galeis . XXXI . ferierunt

ad litus Albingane ciuitatis. in quibus ipsi Albinganenses fidutiam [f] habe- 15 bant, et non precogitantes insidias et maliuolentiam Pisanorum; tamen prelio inchoato [g] mane, Albinganensium maiori parte absente, qui ciuitati reman-serunt non potuerunt ferre bella un- 20 dique pericula imminentia. uicti si-quidem fuerunt et ui capta ciuitas, quam igne combusserunt [h] et destruxerunt. · nam ex Pisanis multi mortui ibi [i] fuerunt. Ianuensibus hoc scientibus, doluerunt pernimium; quia illis altera die mandauerant litteris, ut se [j] cauerent a Pisanis. et ualde irati, armauerunt galeas . XLV . infra quartum diem, fugantes 25 eas et querentes ubi essent [k].   et cum sciuerunt eas esse ad gradus, || et fuerunt ibi, habuerunt consilium ire supra eas ad

c. 70 D

(a) combuserunt   (b) illa, *err.*   (c) combuserunt   (d) quoque, *err.*   (e) fiduciam
(f) fiduciam   (g) incoacto   (h) combuserunt   (i) multi ibi mortui   (j) sibi
(k) erant

(1) Ossia l'imboccatura del Rodano, che si chiamava *le grau de la Chèvre.* Cfr. VAISSETE, VI, 14.

(2) Raimondo Trencavello I, secon-dogenito di Bernardo Attone, visconte di Carcassona dal 1150 al 1167.

(3) Cod. *N*, postilla . *III . dies ante festum beati Bartholomei.*

sanctum Egidium manu armata, ubi erant applicate.   quando
fuerunt ad Arelatem [a], applicuerunt [b] ibi, neque aliquem salu-
tabant, sed uociferando ibant ad Pisanos, et erat hora prope
uesperas.   at cum fuere [c] media uia inter Furcas [1] et sanctum
5 Egidium, galee nostre in flumine sicco ferierunt nocte, et una
super alteram currens, fuerunt nocte illa impediti, remis, spatis [d]
aliisque instrumentis fractis iacentibus, super eos non potuerunt ire.   mane autem ueniente, consules sancti Egidii aduenerunt consulem et alios potentes uiros, qui secum uenerunt,
10 dicentes: *domini Ianuenses, merciprecamur ne faciatis nobis iniu-*
riam, quoniam Pisani in nostra fidutia [e] sunt; et illud idem de
uobis diceremus illis quod uobis de eis dicimus.   quibus consul
Amicus Grillus [f] dixit: *super prudentia uestra, uiri nobiles, ue-*
hementer admiror, quia paulo ante cum aliis galeis hic fui, et ea
15 *que nobis fuerunt necessaria, tamquam inimicis, prohibuistis, et adhuc*
nobis contrarii sitis.   si autem amici estis, ut dicitis, subuenite [g]
nobis in necessariis; non dono dicimus, sed ut saltim [h] nostra pec-
cunia [i] panem a uobis emere possimus, sicut et uos facitis illis;
et promittimus uobis quod, intuitu dilectionis uestre, stabimus longe
20 *remoti ab illis.*   cui responderunt: *non esset nobis honestum subue-*
nire inimicis mortalibus; uideretur utique quod desideremus litem et
malum inter uos et istos, quibus dedimus fidutiam [i] tempore quando
de aduentu uestro nesciebamus.   quibus consul Amicus Grillus
dixit: *si ista que dico non placent uobis, dimittite eos abire extra*
25 *gradus, et nos iurabimus uobis quod non offendemus eos [k] donec*
fuerint extra districtum uestrum et longe a gradu circa miliaria. vi [l].
cui dicentes consules: *non enim hoc faciemus, quoniam, si contra-*
rium illis contingeret, nobis grauissima infamia esset.   scitote, si eos
uelitis offendere, nos adiuuabimus eos contra uos quantum poterimus.

(a) *N* Arelatensem   (b) non aplicuerunt   (c) fuerunt   (d) remis et spatis
(e) fiducia   (f) *manca* Grillus   (g) et dicitis subuenire   (h) sed saltem
(i) pecunia   (j) fiduciam   (k) *manca* eos   (l) sex

(1) Fourques, castello sul Rodano, a
due miglia dal porto di Saint-Gilles.
Cfr. Vaissete, VI, 15.

c. 71 A quo audito, tum quia nundine [a] sancti Egidii erant, ‖ id est feira [b] sancti Egidii, in quibus magnus populus ex diuersis partibus mundi conuenerat [1], tum etiam potestates omnes contra nos pugnaturi erant, habuimus consilium, ut Raimundo [c] comiti sancti Egidii legatos mandaremus [2]. mandauimus quidem ad eum 5 legatos Rubaldum [d] Bisatiam, W[illielmum] Nigronis [e], Idonem Gontardum, et alios secum, scire uolentes si nobis esset auxilio aut si contra sentiret [f]. et abeuntibus legatis, inuenerunt comitem, salutantes illum dicentes: *domine comes, nostra ciuitas antiquitus genitorem uestrum et uos et uestrates hactenus [g] tamquam se ipsam [h]* 10 *dilexit, et pro honore uestro tamquam pro suo semper facere concupiuit. nunc uero missi sumus ante uestram prudentiam, scire cupientes utrum poterimus de tanta beniuolentia uicem ad presens habere, et uestrum auxilium in Pisanos sentire, qui ciuitatem Albingane in eorum fidutia [i] stantem, his [j] diebus preteritis, absentibus illius ciuitatis* 15 *militibus, igne combusserunt [k], minime illorum calliditatem preuidentibus.* quibus Raimundus [l] comes sancti Egidii ait: *uerum est [m] quod, uiri prudentes, dicitis. nam sicut mei predecessores urbem uestram et uos dilexerunt, tanto amplius amare et honorare uos desidero, quanto Deus ciuitatem uestram decoribus plenam plus solito* 20 *ampliauit. et ero uobiscum secundum beneplacitum uestrum, et pugnabo contra illos, qui hoc itinere Deum, sicut fertis, despexerunt, si michi et curie mee, ut conueniat, satisfeceritis.* his [n] uerbis pulchre compromissis, fuerunt statim mediatores, qui inter Ianuenses et comitem prenominatum concordiam hoc modo inuenerunt. 25 commune [o] Ianue, immo [p] consul Amicus Grillus, antequam inde recederet, debebat ei soluere marchas [q] argenti . MCCC . hoc pacto,

---

(a) nundines, *err.* (b) feyra (c) Raymondo (d) Bisaciam (e) Guillermum Negronis (f) sentire, *err.* (g) N actenus (h) ipsos (i) fiducia (j) hiis (k) combuserunt (l) Raymundus (m) *manca* est. (n) hiis (o) comune (p) ymo (q) marcas

(1) Cfr. Marangone, a. 1166 (stile pis.), pp. 253: *Reuertentibus itaque Pisanis, intrauerunt Rodanum per fauces Capre, et incolumes usque ad Albarum sancti Egidii* (il castello di Albaron, poco discosto da Saint-Gilles) *uenere die kal. septembris, in quo est feira magna,* etc.

(2) Raimondo v, conte di Saint-Gilles, o di Tolosa, il quale si trovava allora a Beaucaire. Cfr. Vaissete, VI, 15.

uidelicet (a), quod aut prorsus esset nobiscum, aut non deffenderet (b) illos, aut galeas Pisanorum absque personis illorum Ianuensibus daret, aut dimitteret prelium faciendum inter Ianuenses et Pisanos, neutri partium conferendo auxilium.   et hoc modo Raimundus (c)

5 comes iurauit adimplere, ‖ in loco qui nominatur (d) Belgaire,   c. 71 ᴬ coram Corso Sigismundi aliisque legatis et nobilibus uiris, qui illic iuerat. et cum ueniret propter hec omnia supplenda, abbas sancti Egidii et Pisani cum quibusdam aliis uiris sapientibus fuerunt obuiam comiti, multa eidem comiti obitientes. nostri

10 autem, bonam fidem gerentes et de comitis iuramento facti securiores, prohibere colloquium noluerunt. illis uenientibus tamen ad tentoria nostra comes applicuit. quem consul et suos cum archiferis et balistariis multis honestissime suscepit et ei obuiam fuit. qui siquidem inter Ianuenses et Pisanos, attamen nobis

15 propinquior, castra metatus fuit. et cum multa ibi amicabiliter opponebantur hinc inde, tandem e (e) parte comitis dixerunt quidam: *non oportet* (f) *nos prolixa uerba habere, ne diem de cetero detinere uideamur. ueniant autem Ianuenses, qui securitatem et iusiurandum faciant de soluendis constitutis et promissis marchis.* quo

20 dicto, clamauerunt: *fiat! fiat!* presto quidem erant; sed, propter nimium desiderium, fides dubia erat ne comes ut promiserat suppleret. inceperunt iurare, hii uidelicet quos consul uel comes uocabat; et cum circa . LXXV . iurassent, missis undique ad comi‧ tem uenientibus et uerba auribus immiscentibus, dubiores fuere

25 Ianuenses, quoniam relatione audierant quia nichil erat quod promiserat Ianuensibus comes. nam abbas sancti Egidii alieque religiose persone, sicut ferebatur et credebatur uerum esse, sacramentum, quod comes fecerat Ianuensibus, in animabus suis susceperant.

30   Eo namque die, circa uesperas, separato comite a Ianuensibus, inchoatum (g) fuit prelium inter Ianuenses et Pisanos; sed nocte superueniente, uterque (h) pars a bello se subtraxit. at cum Ianuenses, pura intentione, sperantes comitem R[aimundum] (i) intrare,

(a) *manca* uidelicet   (b) deffenderet   (c) Raymundus   (d) dicitur   (e) ex (f) opportet   (g) incoactum   (h) utraque   (i) Raymondum

nuntiatum [a] est illis, ueridica asserctione, quod comes et Trenca-
uellus et sancti [b] Egidienses, et militum copia, quam locauerant
Pisani cariori precio, si bellum inciperetur, pro posse suo Pisanis auxilio subuenirent.   attamen habuerunt consi‖lium Ianuen-
ses, ne contra tantam uirorum multitudinem, et maxime in   5
eorum districtu, prelium inchoarent [c], sed biduo expectarent, utrum
omnes simul insultum sibi quolibet modo mouerent.   ipsis morantibus, soluerunt pacem [d] militibus et Bausengiis [1] qui Ianuensibus auxilium et consilium amicabiliter prestarunt, que promissa
fuerant illis et ultra, et hoc fuit circa libras . DCCC .   mane facto, 10
galee nostre iter arripuerunt uersus Arelatem [e]; et uidentibus pontem illis diebus nuper factum, habens capita posita unam Arelati
alterum Trencatalie [f] [2], super quem armati uicissitudine occurrebant, miratus est consul, dicens: *mandemus statim missum nostrum*
comiti de Miaude [3], *ut sciamus si pons iste factus sit* [g] *ad iter nobis* 15
prohibendum, an non.   quod utique, si esset contra nos edificatus,
defendat [h] *se, si poterit, comes ad urbem.*   non enim poterat [i] missus
uerba sibi comissa [j] explere, quod comes prenominatus uerba
incepit hoc modo: *ite, nuntiate* [k] *consuli Ianuensium et prudentibus*
uiris galearum: absens eram pro certo quando pons iste factus fuit, 20
et doleo quod consul michi mandat, non ut amico, sed tamquam hosti.
nam sicut patruus meus, felicis memorie R[aimundus] comes Barci-
nonensis eos dilexit, et diligendo illos pre ceteris honorauit, sic meo
posse, uice illius, uolo eis obsecundare, in omnibus et per omnia
amicus, non hostis, existere.   ego ipse statim ascendam pontem et 25
destruam illum, et ciuitas Arelatis ad suum erit seruitium, sicut

c. 71 c

(a) nunciatum   (b) sui   (c) incoarent   (d) *N* pace   (e) *N* Aralaten
(f) Terrecatalie, *err.*   (g) sit factus   (h) deffendat   (i) non poterat   (j) commissa
(k) nunciate

---

(1) Il Pertz ha: *incolis? vox ignota;*
ma si tratta dei signori di Baux. Cfr.
VAISSETE, VI, 16.

(2) Il sobborgo di Trinquetaille, separato dalla città di Arles pel Rodano.
ID., VI, 16, 717.

(3) Cioè Raimondo-Berengario II, il
giovine, conte di Provenza dal 1144
al 1166; il quale prendeva anche il
titolo di conte di *Melgueil*, per cagione
di Beatrice sua madre, già ricordata
a pp. 32, nota 2.

consul uoluerit. et appropinquantibus ibi, manserunt galee ad
Arelatem et Trencataliam circa dies . xx . rogantes comitem ut
iret cum eis super Pisanos, et darent illi secundum suum arbitrium. quibus comes ait: *cum in fidutia* (ᵃ) *amoris constitutus*
5 *sim cum R[aimundo]* (ᵇ) *comite sancti Egidii, non conueniret ut super*
terram suam irem offensurus. tandem exiuerunt de gradu flu-
minis, et applicuerunt ad insulam Ligoris (¹), et ibi inuenerunt
W[ilielmum] (ᶜ) Ventum cum duabus galeis, qui e (ᵈ) Ianua uenerat,
noua proferens galeas Pisanorum non esse super eos uenturas.
10 nam missus Pisanorum in parlamento publice illis diebus iurauerat, galeas Pisanorum in nostras statim fore uenturas.
exultauerunt, uerbis illis auditis; et facto consilio, redierunt ad
Arelatem, et cum non po‖tuerint modum inuenire (ᵉ) quo galeas   c. 71 b
Pisanorum comburere possent, fecerunt pactum cum comite illo
15 quod infra terminum in carta scriptum galeas Pisanorum in suis
terris non reciperet, neque nauim illorum per pelagus; et sic
iurauit comes cum quibusdam, sicut Rodoano de Mauro placuit,
qui missus fuerat ad conuentum inter nos et comitem
terminandum. et habuit inde comes libras . cccc .
20 milgoriensium (²). quo facto remanserunt in Tren-
catalia dies . xvi .

Et dum hec gerebantur, consules, qui Ianue remanserant, mandauerunt galeas . iii . ad Turrim in Sardiniam, et igne combusserunt (ᶠ) domos et turres,
25 quas pisani dudum magnis expensis pulchre edificaue-
rant (ᵍ); et omnibus hedificiis (ʰ) destructis, coram consule pisano W[illielmo] (ⁱ) fratre Contolini (³), redierunt
prefate galee feliciter Ianuam. et eo ipso tempore Pisani man-

(a) fiducia (b) Raymundo (c) Guillermum (d) de (e) inuenire modum
(f) combuserunt (g) pulcre hedificauerant (h) hedificiis (i) Guillermo

(1) Forse qualche isoletta dell'estua-
rio alle foci della Loira, fra Croisic e
Saint-Nazaire.
(2) Cfr. il trattato dell'ottobre 1165.
Iur., I, 219.

(3) Guglielmo, fratello di quel Con-
tulino Sismondi che vedemmo nel 1162
fra gli ambasciatori di Pisa al Barbarossa in Torino. Cfr. pp. 71, nota 1.

dauerunt galeas . xx . ad Portum Veneris , et nichil ibi facere
potuerunt.   denuo galeas . xxv . mandauerunt ad
Leuantum , et burgum igne combusserunt [a].   que
siquidem uenientes ad Portum Veneris, ascenderunt
insulam ; et in ea commissum fuit prelium inter   5
nos et illos [b].   et expulsis inde [c], uenerunt in
partibus fontis qui est in portu [1], in litus [d] maris,
uineas burgensium deuastantes; et remanserunt ibi
mortui quidam ex eis.   et Enricus de Carpena [e]
tunc supra arborem turrim similiter, amore Pisanorum, aliquan-   10
tulum uinee incidit.   quo sciente Morruello filio Opizonis [f]
Malespine et hominibus Vezani [g], qui nuper nobiscum iurauerat,
uenit ad Portum Veneris in subsidium mira apparitione [h] archi-
ferum preparatus.   quo uiso, Pisani recesserunt.   nam Simon [i]
Aurie consul et Filippus [j] Lamberti et Obertus cancellarius, cum   15
quibusdam aliis sapientibus, honestis modis [k] negotia illius [l]
castri tractauerunt.

His peractis, galee nostre, hieme [2] adueniente, uenerunt Massiliam , galeis Pisanorum ibi expectantibus ;
apparuit nauis Pisanorum de Buzea [m] rediens,   20
quam ceperunt, habens pecuniam ualens libras
. mcccc .   et facto pane galearum , ascenderunt insulam Pumachi [3], galeas prestolantes,
quamdiu uianda affuit illis.   iterum redeuntibus Massiliam, cum
uiandam denuo prepararent , ecce quidam Pisanorum amicus ,   25
Massiliensis uir nomine Capdole [4], festinus occurrit obuiam consuli, falsa pro uero nuncians, quod nauis Pisanorum ad portum

(a) combuserunt   (b) ipsos   (c) illis   (d) littus   (e) Carpina   (f) Opizonis
(g) Vezani   (h) apparitione   (i) Symon   (j) Filippus   (k) negocia   (l) hyeme
(m) Boçea

(1) La polla d'acqua dolce, che sca-
turisce nel golfo di Spezia, a poca distanza dal lido, dirimpetto a Marola.

(2) Ben altrimenti era scritto in origine nel Cod. N; ma della lezione

primitiva non si scorge ora che bonas....
Mano posteriore aggiunse: tis modis.

(3) Pomègue, all'ingresso della rada
di Marsiglia.

(4) Capdol, o di Capdol.

Aquile [1] nuper fuerat applicata [a].   quo audito, galee . XII . iter
arripientes, illam non inuenerunt, et statim uersus Telonem tenderunt.   hoc cognito consule cum galeis post illas properauit,
et cum illas redire non posset, Ianuam simul omnes cum gaudio
5 intrauerunt.   at cum Pisani sciuerunt nostras exisse de portu
Massilie, perterriti exiuerunt gradum, et altum pelagus quesierunt.
nam uentus rigidus nimis illis fuit contrarius, in tantum uidelicet-
quod galee illorum . XIII . infra pelagus naufragium passe fuerunt,
et omnes simul absque sepultura mortui fuerunt; et qui euaserunt,
10 dolentes et mesti Pisas [b] redierunt.   nobis autem habentibus
consilium, Pisas [c] mandauimus, quod dolentes eramus de inaudito
infortunio, et ne cogitarent nos proinde elatos esse in superbiam, si placeret [d] eis, nos staremus ad conuentionem factam ad
Ilicem [e] inter nos et ipsos [2]; ad quod nullum responsum fece-
15 runt.   et nos statim galeas preparauimus; et cum cognouimus
illos nullas preparasse, dimisimus [f] et nos preordinare nostras.

Ab hac hora in antea cogitauerunt consules super exitum
suum, et quo melius possent ciuilia bella, licet non tota [g], in
parte extinguere, et impedimenta que creuerant cuique plebium
20 suo posse minuere.

Supra determinatum est, secundum quod potuimus, de rebus
gestis tempore consulatus comunis.   nunc de his superest que
consules causarum peregerunt.   nam inter tot [h] uarietates, que
orte fuerant [i] per uniuersum archiepiscopatum nostrum, hii con-
25 sules ita caute et sapienter omnia tractarunt [j], quod ante eos
quislibet [k] iratus uel pacificus adeo se cauit et custodiuit, quod lis
praua uel iniqua controuersia, premonentibus consulibus, Deo

(a) aplicata   (b) atque messi Pissas   (c) Pissas   (d) ellatos   (e) Ylicem
(f) dimissimus   (g) notata   (h) nos, *err.*   (i) fuerunt   (j) tractauerunt   (k) quilibet

(1) Già Caffaro, pp. 23, lin. 8, avea
rammentata *Aquila* in Provenza; ma le
circostanze, che ora ne accompagnano
il ricordo, inducono a credere che il
porto di quel nome fosse il seno formato
dal promontorio dell'Aigle, fra Marsiglia

e Tolone. Altri invece lo identifica col
porto di Ciotat. Cfr. CAFFARO, 1828,
pp. 231.

(2) Non a Lerici, ma a Portovenere
si era propriamente trattato di questa
convenzione. Cfr. pp. 171 segg.

fauente, incepta non fuit; et quicquid (a) iusticia dictauit, cuique
amice supplerunt.   collecta fuit denariorum . VI . per libram.

Anno . MCLXVI . existentibus sex consulibus in re publica, Ansaldo Tanclei, Symone Aurie, Idone Gontardo, Otone (b) de Caffaro, Nichola Roza (c), Oberto Recalcato; in placitis, in primis com-   5
pagnis, W[illielmo] (d) Galeta, Ionata de Campo, Philippo Bonifacii,
Paschali de Ma‖rino; in aliis uero Enrico (e) Gontardo, W[illielmo]
Suzopilo (f), Bucutio (g) de Mari, Alberto Lercario.

Principio huius consulatus, sicut ignis crescit combustio non (h)
deficiente materia et fit semper ualidior, ita in ciuitate nostra   10
malum augebatur, et ciuilia bella acrius exarserunt (i).   nam cor
ciuium ita erat intentum ad arma consurgere, quia hii qui positi
uidebantur in otio, uelotiori (j) pede miscebantur in prelio.   raro
enim quis ciuium ita pure uoluntatis uidebatur, quod inermis,
id est sine armatura aliqua, per urbem incederet.   nam mens   15
quieta belli inspectione ita acuebatur in malo, quemadmodum
ferrum acuitur ferro.   sepius enim ferebatur, quod quidam de
potentioribus tante perditioni fomentum prestarent; quorum animus in hoc demum exultabat, quo lites et guerram habentes
diuitiis (k) efficerentur minores, quam res publica peritura eorum   20
leuaretur auxilio.   nam hec mortalis ciuium dissensio, qua etiam
uiri . IIII . nobiles obierunt, Rubaldus Baraterius, Sigismundus filius Sigismundi, Iuscellus et Scotus, non utique diu durasset, si
ad tantum dolorem mitigandum et ad malignantium audatiam
comprimendam prudentia nostra, prout debuerat, attentius sine   25
uitio (l) uigilasset.   et quamuis undique tot et tanta intus et extra
occurrerent aduersa, tamen consules, utilitatibus nostris pro posse
intendentes, armauerunt quatuor galeas ad destruendos portus
Prouintie (m), ingressusque et regressus eorundem (n) portuum prohi-
bendos.   equidem custodia quarum Ottonis de Caffaro peruigili   30
cure tradita fuit.   quod a medio mense marcio usque ad mensem
septimum expletum ita partes Prouintie (o) correxit et portuum

(a) quidquid   (b) Ottone   (c) Nicola Roça   (d) Guillermo   (e) Henrico   (f) Guillermo Suçopilo   (g) Bocucio   (h) *manca* non   (i) exarscerunt   (j) ocio, uelociori
(k) diuiciis   (l) uicio   (m) Prouincie   (n) eorum   (o) Prouincie

commoditates adstrinxit (a), quod lignum aliquod exire nec intrare
potuit nisi primitus gratuita (b) prefati consulis licentia precessit. et
cum omnia que illo itinere conueniebant (c) uiriliter et honeste
facta et peracta fuere, Ianuam (d) feliciter rediere (1). et cum sensus
5 predictorum consulum ad diuersa assidue uehebatur, et

pluribus intentus minor est ad singula sensus (2);

attamen predictorum consulum ingenium minime uisum fuit aliqua in parte consulatus diminutum.

‖Nam Obertus Recalcatus (3) consul cum tribus galeis Sardiniam   c. 72 c
10 adiuit, ut Pisana ciuitas iam cognosceret nos maiorem partem
Sardinie eis inuitis possidere, et duo demum iudicata, Aruo-
rense uidelicet et Calarense (e), contra duriciam ipsorum quiete
tenere (4). fuit enim prefatus consul Aruoree; et facta collecta
per liberos, et illorum uoluntate et libero arbitrio tradiderunt
15 prenominato consuli ualens librarum . DCC (f). signum fidelitatis et
dilectionis constantiam exhibentes. quo siquidem iudicato pace
dimisso, abiit statim ad iudicatum Calari. aduentum cuius iudex,
nomine P[etrus] (g), cum peditibus, militibus (h) et multitudine
Sardorum diu tamquam patris et domini desiderans, ipsum
20 honestissime suscepit hospitio (i) secundum morem Sardorum

---

(a) astrinxit   (b) gratuyta   (c) *N* conueniebat   (d) *N* Ianua   (e) *N* Caralense
(f) . DCC . librarum   (g) Petrus   (h) et militibus   (i) hospicio

(1) Per rifarsi della perduta amicizia
di Raimondo v di Saint-Gilles, e per
procacciare nuova protezione al loro
commercio lungo le coste della Provenza, i Genovesi, pure in quest'anno
1166, sotto il 12 di novembre, si al-
learono coll'arcivescovo Pons d'Arsac,
colla viscontessa Ermengarda e col popolo di Narbona; impegnandosi le parti
reciprocamente, finchè durasse la guerra
di Genova con Pisa, a non ricevere
stranieri su le lor navi, eccettuati i
pellegrini, e nè manco questi se fossero di Mompellieri, Saint-Gilles o

d'altri luoghi dal Rodano a Nizza.
Cfr. VAISSETE, VI, 17, e VIII, 263.

(2) Anche questo verso è in ambi
i codici incorporato nel testo

(3) Cod. *N*, postilla: *qui fuit de Gua-
rachii* (corr. *Guarachis*).

(4) Questo certamente facevasi dai
Genovesi, come protesta contro l'investitura della intera isola di Sardegna,
consentita dall'imperatore Federico Barbarossa ai Pisani, con diploma del 17
aprile 1165, che rivocava tutte le con-
cessioni anteriori. Cfr. LUNIG, I, 1055;
TOLA, I, 232.

... et ... ... fictus in palatio [1]
... ... index, nomine
... ... maiorum ...
... ... consule ...
... et ... ... omnes in curia ad- 5
... ... Ianue ... et
... ... Ianue, tamquam ... ...
... et ... Iannine, ... indicatum
... ... pro ... Ianue. et insuper
... ... iudice infra quadrien- 10
... ... libras . x. milia; quibus reso-
... ... libras .c. et archiepiscopo Ianue
... ... egerit ... ; ex tunc in
... Pisani ... ... non recepturam ..., nisi hoc
... licentia consulum comunis Ianue. quo facto, tamquam 15
... prudens ... Pisanos in suo regno potuit inuenire
... et dimissa iudice, ... consule de his factis laudato, Ia-
... rediit. et cum res iudicata nunc temporis satis erat in
... ... consules qualiter posset ad
... ... iurare utramque [d] 20
... ... post ... laborem; sed pranorum
... exuberante [e] ... ... dum bellum grauius cepit
... ... et ... consules, ne Pisani prudentiores
... ... et ne pro guerris intus habitis
consules ... ... auctis [f] prudentia et 25

[a] ... [b] ... [c] Petrus [d] utramque [e] exuberante
[f] N magis

(1) Sotto la figura del giudice: *Iudex Sardinee, scilicet Kextrecimus, qui iuravit fidelitatem.*

(2) Cod. N, postilla: *Non inuenio aliquid de predictis in nostris registris, scilicet de dictis pactis; set quod nes promissimus ei bene inuenio.* Trovasi invece un altro trattato, stipulato con Barisone II giudice di Torres, in questo medesimo anno 1166. Cfr. *Iur.*, I, 225; Toua. I. 233.

(3) Nel Cod. N, in calce al foglio 72 verso, si legge: *Reperitur in actis istius consulatus et . MCLXXIII . et . MCLXIIII ...* Ma delle altre parole, che seguitavano, rimangono solamente poche tracce, essendo risecata l'estremità della pergamena.

audatia, denuo galeas‖. VIIII. armarunt, quas, pro subiuganda   c. 72 D
Sardinia et prorsus Pisanis auferenda et pro conseruando honore
paulo ante acquisito, ibi uiriliter preparatas mandauerunt, quibus
fuerat ordinatus dominus prenominatus consul, qui inde redierat.

5   Hoc facto Pisanis cognito, post nostras . XVII . galeas manda-
uere, que nostras inuenientes in gulfo Doio (1) in fugam uerterunt;
sed cursu uelotiores (a), dimiserunt illas Pisanorum, tamquam ligna
aliquibus mercibus honerata.   quam rem nostri consules cognoscentes, ilico (b) ceperunt armare galeas . XXXII . timentes ne Pisani
10   nostris galeis insidias forsitan oposuissent (c).   sed (d), cum iam fere
essent ad procinctum (e) itineris, Obertus Recalcatus consul, qui
. VIIII . galeis fuerat dominus electus (f), dimissis Pisanis ut supra
expositum est, rediens a Portu Pisano, combussit (g) ibi naues; et
tunc fama Ianue insonuit ex illis, et cum ingenti gaudio Ianuensi
15   portui applicuerunt.   at Pisani audientes nos ad . XXXII . galeas
preparasse, multo magis timuerunt quam timueramus de suis,
quoniam certi et iam multotiens (h) experti sunt nostras suis galeis
esse cursu uelotiores (i).   mandauerunt quidem in nostra ciuitate,
nos deuiare cupientes, uiros spirituales, abbatem uidelicet insule
20   Gorgone et filium Merlonis de Lagneto heremitam, et tercium,
nomen cuius dedimus obliuioni, pro pace humili uoce et uisu
inclinato querenda; qui heremitanis induti uestibus nobis fidem
pacis prestarunt.   quorum uerbis diutius morantibus consulibus
et guida galearum . XXXII . mota, ecce noster consul de Sardinia
25   rediit, et gauisis (j) inde et uerbis concordie morantibus spemque
pacis habentes detinuerunt hostem, et rogatu heremitarum Portum Veneris adierunt, et post multas ambages nichil ibi fecerunt.
nam infra hoc tempus Pisani, secreto quoad potuerunt, duas
galeas in Prouintiam (k) mandauerunt, et ceperunt tunc paruum
30   lignum Saonensium e (l) pelago uenientem, aliaque ligna minuta
in maris profundo miserunt (m).   quo cognito, armauerunt Ianue

(a) nelociores   (b) illico   (c) opposuissent   (d) set   (e) promptum   (f) ellectus
(g) combusit   (h) multociens   (i) nelociores   (j) gauisus   (k) Prouinciam   (l) ex
(m) merserunt

(1) Golfo d'Ogliastra.

consules galeas reptem [?] quibus preerit Ansaldus de Tren-
queria [?] consul et fecerunt uiam insularum, quo predictis tribus
galeis Pisanorum iuuari essent [?] et lenius impedimentum presta-
retur, et inuenerunt ad insulam Caprarie galeas Pisanorum . v . 5
recesserunt ab illis a longe mari, abierunt in fugam et uelo[?] nocte
illa euaserunt et cum nouo uenissent ad insulam Ebe, et mane
Pisanorum galeas querentes, Pisani exeuntes de Plumbino [?] cum
galeis . vi . fuerunt obuiam nostris, et [?] ibi prelium inchoatum [?].
eo durante, apparuerunt tria ligna e terra uenientia. quibus 10
uisis, timuerunt nostres; et duas de nostris galeis Pisani ea
die receperunt, eam uidelicet de Campo et Macagnanam [?].

At post paucos dies miserunt Pisani galeas . v . in Prouinciam. eo cognito, miserunt Ianuenses post illas de suis
galeis . v . [?] . quibus Balduinus [?] Guercius dominus fuerat consti- 15
tutus; et cum non potuerint eas in Prouincia [?] inuenire, iuerunt
Corsicam, et per alias insulas inquirentes, peruenerunt ad insulam Ebe. nam galee iste armate per totam ciuitatem, et
sicut odium erat infra urbem, sic in galeis. et cum essent in
predicta insula, iisque odiumne assidue inter eos uigebat. in- 20
terim [?] galea Portus Mauritii [?] e pelago ueniens incomode armata
se nostris adiunxit; et mouentes inde uenerunt super Vadam.
continuo Pisanorum galee . vii . exierunt obuiam nostris, et fuit
durissimum prelium inceptum inter eos. nam galea Balduini [a]
Guercii et altera galea Willielmi G[alete] [o], qui tunc causarum 25
consul fuerat, uiriliter preliantes, et homines aliarum galearum
illud idem facere sperantes, cum maior pars galearum Pisanorum [p] iam in fugam uersa uidebatur, dimissis odio et inimicicia
Balduino Guertio et Guilielmo [q] Galeta consule, galee illorum
capte et retente fuerunt a Pisanis. maluerunt quidem sotios [r] ab 30
hostibus capi, quam suis auxiliis liberari. nam propter hoc infortunium sepissime galeas armauerunt; sed, sicut Deus statuit,

---

(a) . vii .   (b) Trencherio   (c) N E esset   (d) uello   (e) Pumblino
(f) *manca* et   (g) incoactum   (h) Machagnanam.   (i) sex   (j) Balduynus
(k) Prouincia   (l) interin, *err.*   (m) Mauricii   (n) Balduyni   (o) et altera
Guillermi Galete   (p) Pisanorum galearum   (q) Balduyno Guercio et Guillermo
(r) socios

neminem Pisanorum potuerunt inue ‖ nire. proximo mense oc-   c. 73 ·
tubre [a] ueniente, facta fuit concordia inter Ianuenses et Lucenses,
sicut scripto facto inter eos [1].

 Illo tempore W[illielmus] [b] Montisferrati mar-
5 chio, qui antea non fuerat tante laudis tanteque
magnitudinis, eo quod dominus Fredericus imperator sibi multos honores contulerat, et uillas,
terras et castra ditioni et dominio eius sup-
posuerat, Ianuensibus dampnum et incomoda
10 callide et fraudulenter exquisiuit. nam, Ianuensibus ignorantibus, suo exercitu et W[illielmus] [c] Sarracenus secum et mater,
soror prenominati marchionis, ad obsidendum castrum Palodi,
quod tunc temporis a Ianuensibus tenebatur, uenerunt, non
obstante iuramento Ianuensibus ab eodem mar-
15 chione antea facto. namque hoc noto consulibus,
preparauerunt uiriliter acursum [d] ad Palodum
faciendum; et cum Vultabium aderant, hii, qui
intus erant, marchioni illi castrum reddiderunt.
interea imperator, qui abierat, rediit Lombardiam [e].
20 quo cognito, Ianuensium consules legatos imperatori mandarunt, Lanfrancum [f] Piper et Otonem [g] Bonum, conquerentes de nequitia [h] et periurio prefati marchionis; et nullam
iusticiam in curia imperatoris habere potuerunt. placuit tamen
imperatori, ut iustum precium ex castro Ianuenses acciperent:

palodus

(a) octubri (b) Guillermus (c) Guillermus (d) accursum (e) Lumbardiam
(f) Lamfranchum (g) Ottonem (h) nequicia

(1) Cfr. l'istrumento del 7 ottob. 1166, fatto in Lerici, e contenente le promesse de' Lucchesi ai Genovesi. DELLA TORRE, *Cyrologia*, pp. 68; CAMICI, *Supplemento alle Storie Toscane*, pp. 71; CORDERO, *Cenni intorno al commercio dei Lucchesi coi Genovesi* ecc., negli *Atti della R. Accad. Lucchese di scienze, lettere*, ecc., X, 86. La pergamena originale, che lo stesso Cordero sospet-
tava smarrita, serbasi nell' Archivio genovese di Stato (*Materie Politiche*, mazzo 1), unitamente ad altra nella quale sono descritti, in numero di circa cinquecento, *nomina eorum Lucensium qui iurauerunt pacem et conuentionem factam cum Ianuensibus anno Domini millesimo centesimo sexagesimo sexto, indicione . XIIII . mense octubri, in porta sancti Fridiani.*

imperialem, tum propter quia ueritas ante tantam curiam celari non
potest. ego palam loquor ut orator ueridicus, et deprecor maiestatem (a)
uestre clementie (b), ut principibus et baronibus uestris iubeatis quod (c)
me audiant. ciuitas mea, humilium subleuator, ita (d) ueram fidelem
5 et legalem nouistis, tempore quo uobiscum conuenimus, quod promis-
sistis nobis, et iurare etiam uoluistis, quod cum Pisanis nullam concordiam faceritis sine nostra licentia; et si aliquando in hoc consenti-
remus, uos non faceretis pacem (1) cum eis, nisi primo darent curie
imperiali libras . L . milia(e); et multa quidem ciuitati nostre, que ad
10 ius uel honorem (f) Pisanorum spectabant, dare uolebatis. ipsa enim, ob
uestrum et suum decorem, hec eadem renuens, uicinos et amicos bene
tractare cupiens, numquam aures, sicut bene nostis, ad hec incli-
nauit; sed, suo iure contenta, alienas rationes (g) nullo modo habere
uoluit. isti uero sunt falsi uassalli (h), qui semper nituntur ut curia
15 uestra eos ditiores faciat et potentiores in alienis, et ut curia in hoc
appareat inhonesta, aliena, non sua, dando uassallis (i). ego, uice mee
ciuitatis (j), publice affirmo quod preceptum uestrum non est iuris,
equitatis, uel nullius rationis; et non tenetur ciuitas Ianue tale obseruare preceptum uel mandatum, quoniam Sardinea nostra est et non
20 Pisanorum; et uos iure non potestis nec debetis nos iudicare, quoniam
nos tenemus et possidemus, et in curia uocati uel apellati (k) non sumus
ut iusticiam Pisanis uel uobis faciamus. et quia senten‖tia imperialis   c. 73 D
semper uigorem iuris debet obtinere, dicimus, quod, saluo uestro bonore,
id quod dicitis, contra ius et contra honestatem curie dictum esse, et
25 non tenemur illud obseruare, et nullo modo obseruabimus. si autem
Pisani conqueruntur de nobis (l), uolumus libenter tamquam possessores
coram uobis, tamquam ante dominum nostrum, iustitiam consequi et
facere. si enim pro hac, non sententia, sed uoce tantum imperatoris
[se](m) intromiserint, nos illorum nasos et occulos (n) de capitibus eiciemus,
si in eadem insula inuenerimus illos, nisi primo a curia palam iudicati

---

(a) N maiestatis E maiestate, ambo err.   (b) N clementiam, err.   (c) ut
(d) in   (e) libram . 1 . auri   (f) ad honorem   (g) N rationes, bis   (h) uasalli
(i) dandis uasallis   (j) ciuitatis mee   (k) appellati   (l) de nobis conqueruntur
(m) N E manca se   (n) oculos

(1) Ivi ancora, *pacem* fu da altra
mano interpolata nel testo.

uoce dixerunt: *super prudentia uestra, domine archipresul, uehementer miramur, cur uel quare ita patienter fertis immoderatas
et uanas uoces Ianuensium, qui ineffrenate contra uos et contra
honorem imperii loquuntur. affirmate, si placet, sententiam impe-*
5 *ratoris, quia recte illud facere potestis, quoniam Sardinea* (a) *nostra
erat primo et nunc rectiori iure nostram dicimus esse; et non est
honor imperialis curie quod dona uestra sint per aliquem fraudata,
cassata uel uiciata.* ad quos imperator ait: *cur ista dicatis* (b), *Pisani, nescio.* cui responderunt, dicentes: *Ianuenses, maxime Roma-*
10 *norum princeps, Sardineam, quam nomine uestro tenemus et possidemus, dicimus eam maliciose inuasisse et terram illam diripuisse, et
insuper, quod grauius est, iudicum fidelitates* (c) *suscepisse. iubetote ergo
eis, ante uestram presentiam adstantibus* (d), *ut iam nunc acquiescant,
et de cetero ex ea insula se non intromittant.* quibus Sy-
15 mon Aurie, Obertus Spinula (e), palam Pisanis et sine
mora, non interrogati ab imperatore, responderunt:
*domine imperator, qui semper resistere maluistis superbis,
imperium uestrum de uanis uocibus alicuius, et de his* (f)
maxime quos nouit fouere iniustum, actenus curam non habuit, nec
20 *etiam aures lingue maliciose inclinare consueuit. non enim Sardineam ratione uel titulo aliquo illorum esse dicimus, immo* (g) *falsissimum esse constat quod asserunt, nostramque* (h) *fore Sardineam in
curia uestra palam affirmando probamus. nam antiquitas* (i) *nostra* (1) *primum Calarense iudicatum, quod tunc erat caput tocius
25 Sardinie* (j), *armis subiugauit, et regem Sardinie* (k), *Musaitum nomine,
ciuitati Ianue captum adduxerunt, quem per episcopum* (2), *qui tunc*

(a) Sardinia   (b) dicitis   (c) iudicium fidelitatis, *err.*   (d) astantibus   (e) et
Obertus Spinula   (f) hiis   (g) ymo   (h) nostram   (i) antiquitus   (j) totius
Sardinee   (k) Sardinee

(1) Cod. *N*, postilla: *scilicet anno.* ML. *ut dicitur.*

(2) Ivi altra postilla: *Iohannem · I ·*
Ma qui è sbaglio nel nome; perchè
del 1050 la sede di Genova era occu-
pata da Corrado I. Del resto questo
racconto della prigionia di Museto e
del suo invio ad Enrico III in Ger-

mania, non ha storico fondamento. Cfr.
AMARI, *St. Musulm.*, III, pp. 11; ID., in
Transunti della R. Accad. dei Lincei, a.
1882, pp. 186 segg.; ID., *Altri frammenti arabi relativi alla Storia d' Italia*,
in *Mem. d. R. Accad.* cit., *cl. di scienze
mor. ecc.*, vol. VI, par. I.

putandum quod ciuitas nostra, que antiquitus multis honoribus et deco-
ribus fulget, aliqui debeat consentire quod in parte nostra, id est in
medietate, et plus dicere possemus, qui sepius falsa quam
uera firmatis, Pisani, aliquid capiatis uel aliquo iure ha-
5 *bere debeatis.* ad hec Uguezonus [a] pisanus respondit:
domine imperator, uidetis quia Ianuenses sententiam ue-
stram et dicta uestra uilipendunt. facite inde quod uidetis esse ho-
norem curie. nos quidem tales uassalli [b] sumus, quia fideliores
uobis non inuenietis; et dicimus quod Ianuenses non tam leuiter
10 *uenissent ad concordiam ad pedes uestros, nisi timore et fortitudine*
Pisanorum: et hoc aperta debetis credere ratione [c], quia hoc anno
bis galeis septem [d] per septem ex suis subiugauimus iusticiam ob-
tinentes.

Interea, crescentibus rumoribus, recessit curia. mane autem
15 Pisanis et Ianuensibus, ab eadem curia uocatis, dixit imperator:
uobis dico, Pisani, mee ordinationis est, et uolo et iudico uobis, ut
Ianuenses captos statim reddatis. ad hec Pisani responderunt:
non debemus, domine imperator, illos iure reddere, quia bis pu-
gnando illos ut hostes cepimus. quibus imperator: *nolo uos iniuste*
20 *iudicare; sed curia mea cognoscat si hoc faciendum est, nec ne.*
postmodum iu‖dicauit curia ut omnes capti, honore imperii, libe-
rarentur. altera die fuerunt coram imperatore, predictum sermonem iniquum denuo dicentes. quibus Lanfrancus Piper respondit, ostendens urbem Ianue actenus fidelem imperio cum
25 honestate stetisse, et quod melius posset seruire imperio quam
ulla [e] ciuitas, iniungendo galeam nostram in Portu Veneris [f]
unam Pisanorum ui cepisse, quam, cum nostri erant cum eis in
colloquium pacis, Pisani mandauerant ut incaute et ex inprouisu
nostram in Portu Veneris caperet, que ibi ui fuit tantum ab
30 altera subiugata. ad hec [g] Uguezonus pisanus [h] respondit, dicens:
tu mentiris, et ex hoc faciemus te per bataliam uictum et mortuum
et ut ita dicamus recredentem. cui Obertus Spinula et Grimaldus
contradixerunt: *nos dicimus et probamus uobis, Pisanis, quod uerum*

c. 74 c

(a) Ugueçonus   (b) uasalli   (c) racione   (d) . VII .   (e) nulla   (f) galeam
nostram Portum Veneris   (g) *manca* ad hec   (h) Uguezonus

est quod noster consul affirmat, et ex hoc faciemus uos stare mortuos
et ut uulgo dicitur recredentes.   infra hec archiepiscopus Rainaldus [a]
respondit: *domine imperator, ego consulo uobis ut faciatis bataliam*
inde fieri.   et iussit statim imperator adduci testem [b] euangelium;
et iurauerunt duo Pisani et duo Ianuenses facere bellum ordina-   5
tione imperatoris.   facto hinc inde sacramento, Obertus Spinula
dixit: *domine imperator, hi [c] Pisani magnam indignationem coram*
uobis ostendunt habuisse, eo utique quod consul dixit de illorum
galea a nostra capta ui quondam fuisse.   *sed ego dico quod ab una*
galea usque in . x . due per duas, quinque pro quinque, iam capte   10
sunt a nostris; et si contradicunt [d], aliam pugnam illis inuadio, et
faciam illos mori et recredentes esse.   *uos scitis quod nos et ipsi*
debemus cum exercitu in uestro seruitio [e] esse; nos iurauimus eis quod,
dum ibi erimus, non offendemus illos rebus nec [f] personis infra mensem
redeuntibus nobis; et post exinde non faciemus lamentationem ulli   15
persone de dampno quod nobis fecerint.   *et si hoc idem iurauerint*
coram uobis, nos dabimus uobis mille marchas [g] argenti.   ad hec
Pisani tacuerunt; et nullum responsum inde facientes, clamauerunt
Lombardi [h]: *mortui sunt Pisani.*   mane in curia statutum fuit
ut archiepiscopus Rainaldus [i] Ianuam ueniret, et archiepiscopus   20
Magontinus [j] Pisis; et statuerunt tercia die ut omnes capti redderentur.   iuit quidem prefatus Rainaldus [k] archicancellarius Pisis;
sed, nesci‖tur prece an peccunia fuerit labefactus, uocem non
exaudiuit imperialem.

Nam omnibus predictis, ut supra audistis, peractis, de exitu   25
suo consules ex hinc tractauerunt.   collegerunt per libram denarios . VI . ex quibus credita sibi honeste soluerunt [l].

Nunc sequitur dicendum de his [m] que a consulibus causarum
peracta fuere.   suum consulatum inter tot uariosque scopulos
sine uitio [n] rexerunt, unicuique ius suum tribuentes, remque pu-   30
blicam pro posse augentes, consulibusque in re eminenti auxilio
et consilio subuenientes.   naues laboratum iuerunt.

(a) Raynaldus   (b) teste   (c) hii   (d) *NE* contradic   (e) seruicio   (f) neque
(g) marcas   (h) Lumbardi   (i) Raynaldus   (j) Maguntinus   (k) **Raynaldus**
(l) *N* solueret, *err.*   (m) hiis   (n) uicio

Anno millesimo . CLXVII . [a] existentibus octo consulibus in re-
publica, Enrico Mallone, Rodoano de Mauro, Corso Sigismundi,
Otone [b] Bono de Albericis, Rogerio de Maraboto, Rubaldo
Bisatia [c], Oberto Spinula, Lanfranco Pipere; in causis existen-
5 tibus . IIII . consulibus, Corso de Palazolo [d] , Frendenzone [e]
Gontardo, Oberto Maloaucello, Pascali [f] de Marino.

Istius consulatus introitu [g] res publica, ut fuit expositum, satis
dilaniata et minime in bono augta [h] pro calamitate intrinseca,
iam [i] treuga hinc inde, nequitia clientum, inhoneste obseruata ,
10 timentibus consulibus ne nubilosus aer tenebrosum efficeret annum, treuguam [j] consulatum fecere iurare per suum. et ne
guerra Pisanorum tantis discordiis minus caloris obtineret, armauerunt quatuor [k] galeas, ut qui portus Prouintie [l] contra uelle
Ianuensium [ingredi] [m] uel ex eis exire temptaret , graues eis
15 ilico [n] prestarent impedimentum. in quibus Rodoanus consul
fuit a sociis dominus preelectus [o]; qui non modicis expensis
constans mansit in partibus illis a mense martio usque ad proximum festum sancti Andree uenturum. nam de faucibus exire
uolentibus egressum impediuit, nemini uero ingressum habere per-
20 misit [p], nisi, ut uerum fateatur, gratia consulatus; raro tamen alicui
quandoque fauit. et ne diem longo detineatur sermone, consules
qui pro custodia urbis mansere, multas galeas et sepissime ad
offensionem Pisanorum faciendam mandarunt. quadam uero die
insonuit quod Pisani cum quibusdam galeis, pro offensione nobis
25 et nostris inferenda, Prouintiam intrauerant. ac proinde Obertus
Spinula consul cum . VII . galeis illuc fuit obuiam illis premissus.
qui cum ex hac parte Monachi esset, prope uidelicet montem
|'qui dicitur caput sancti Martini , Victimilienses primo galeas
Pisanorum a capite sancti Ampelii cernentes, mandauerunt unum
30 hominem ex nobilioribus [1] in butio [q], aduentum galearum Pi-

c. 75 a

(a) . MCLXVII . (b) Ottone (c) Bisacia (d) Palaçolo (e) Fredençone (f) Pasquali
(g) introytu (h) aucta (i) treugua (j) treugam (k) . IIII . (l) Prouincie
(m) N E manca ingredi (n) illico (o) preellectus (p) permissit (q) bucio

(1) L'edizione Pertziana ha *nobilioribus ciuitatis*; ma quest'ultima parola
non si trova nei codici N E.

sanorum consuli et sociis prenuntiantem [a]. qui uehementer letati,
ad pugnam se preparantes, expectauerunt quantitatem galearum
cognoscere; et cum sciuerunt illas esse nouem [b], et rumor inter
eos creuerat, quia alii ad pugnam alii ad aliud incitabantur, tandem
inierunt consilium, et uisum eis fuit comodius [c] prelium cum se   5
plurioribus minime foret [d] miscendum.   euntes tamen nostre galee
iuxta terram uersus Niciam, et Pisanorum properantes ad insulam sancti Honorati, post hec infra biduum Rubaldus Bisatia [e]
consul cum galeis . IIII . auditis nouis Pisanorum, uelociori cursu
se ad Obertum Spinulam iunxit.   et simul mouentes, superue-   10
nerunt galeas Pisanorum [f], et super Forum Iuliensem miserunt
eas in fugam; et cum euadere non credebant Pisani, ex aduerso
apparuerunt galee . x . Sarracenorum; et uidentes Sarraceni . xi.
galeas Ianuensium et nouem Pisanorum, omnes separatim pro galeis . xi . fugiebant pro posse; et sic nox diuisit illos, quod, mane   15
facto, nusquam apparuerunt; quo facto, Ianue [g] redierunt.   interim
galee Pisanorum . III . in Prouintiam [h] iuerunt, ad quas consules
mandauerunt galeas . VII . quas Corsus consul duxit ad sanctum
Romulum, illas ibi diu expectans, quoniam ibi, id est in partibus
illis, consueuerant capere terram; et illis nec uisis, nec aliquid ex   20
eis audiens, ascendit insulam Corsice.   et eo modo [i] mane galee
Pisanorum ibidem terram ceperunt, et nostre eo itinere parum
profecerunt.   iterum galee . III . per totum garbum querentes
Pisanos offendere non inuenerunt.   ueniente mense iulio, Pisani
aduocauerunt Ianuenses ad pacem inueniendam et componendam;   25
et post multas oppositiones hinc inde ad inuicem factas, conuenerunt ut discordiam in decem hominibus poneretur: et fuit
posita e [j] parte Ianue in Lanfranco Pipere, Ianue consule, et Guilielmo [k] de Marino et Otone [l] de Caffaro et Philippo Lamberti
et Symone Aurie: et totidem ex altera parte Pisana.   et tamen   30
hec electio [m] nichil utilitatis || fuit.

c. 75 a

(a) prenunciantem   (b) . VIIII .   (c) commodius   (d) fore   (e) Bisacia
(f) Viliensem, *err.*   (g) Ianuam   (h) Prouinciam   (i) *N E* moto, *err.*   (j) ex
(k) Guillermo   (l) Ottone   (m) ellectio

Preterea infra illam estatem imperator F[redericus], cum
magno exercitu Lombardorum (a) et aliarum multarum gentium,
adiuit Anconam obsidendam et diripiendam; et
post multos dies posita obsidione et [cum] (b)

5 imperator intentus ad pugnam uiriliter staret (c),
Rainaldus Coloniensis (d) archiepiscopus et Christianus Magontinus archiepiscopus, unus archicancellarius Italie et alter archicancellarius Teo-
tonice (e), [cum] essent ambo pariter [in] (f) Romanos tamquam

10 hostes imperii pugnaturi, quadam die insidias Romanis posuerunt; et exeuntibus Romanis foras ad pugnam, mixto bello, inter
mortuos et captos fuerunt ex Romanis ea die circa mille . DCC .
adepta uictoria et desuper eis concessa, putantes Romam aut (g)
ui aut concordia cito fore subiugandam, mandauerunt quidem

15 ambo archiepiscopi litteris et missis imperatori, quibus uisis et
perlectis, Ancona dimissa, urbem, id est Romam, accederet cito.
de casu namque Romanorum imperator factus letissimus, studiosius laborauit ut pactum ante Anconitanenses firmaret, quo
adstantes putarent recessionem imperatoris ideo esse, quoniam

20 Ancona ciuitas uelle imperatoris in toto complesset. quo facto,
imperator, uexillis, tubis (h) omnique genere instrumentorum ad
triumphum pertinentium, Rome appropinquauit. et conuocatis Pisanis, qui secum militibus iuerant, illorum consilio mandauit Pisas (i)
et Ianuensibus, ut exercitus, quos conuenerant imperatori, cito ad

25 Romam conducerent. et cum hoc (j) fuerit Pisane ciuitati mani-
festum, statim consul Pisanorum cum quibusdam ad curiam iuit
imperatoris. qui, post aliquantulum temporis, imperatori dixerunt:
*domine imperator, cui totus mundus fauit, Pisana ciuitas semper
uera et fidelis Romano imperatori affuit, que a seruitio (k) uestro deesse*

30 *non potest. nuper audiuimus, domine imperator, quod Ianuenses ad
uestrum uocatis seruitium (l). nolite, si placet, hoc facere, ut simul cum*

(a) Lumbardorum   (b) *N E manca* cum   (c) staret uiriliter   (d) Colloniensis
(e) Theotonice   (f) *N E manca* in   (g) ex   (h) urbis   (i) Pissas   (j) *manca* hoc
(k) seruicio   (l) seruicium

Pisanis exercitum facere debeant, quoniam incomode factum erit quicquid (a) *inimici mortales simul facturi conueniant.   non enim*

c. 75 c *expedit uobis, ut circa Romam* ‖ *diu maneatis obsessam.   sumus enim procincti ad bellum et uobis parati cum exercitu honestum prebere occursum; illi autem minime.   illud* 5 *enim uobis reuera innuimus: si Ianuenses duxeritis, et captos quos de suis habemus, pro quibus pacem ad nostrum libitum habere speramus, eis reddideritis, Pisanus populus de cetero non ueniet uobiscum.   at si nostrum forsan uos grauat consilium, iniungimus et aliud uerbum, quod imperialis maiestas mutare* 10 *non poterit quin uocem et rogatum Pisane ciuitatis exaudiat.   namque, decoris uestri intuitu* (b), *et quia in omnibus uobis desideramus placere, duplicabimus expedicionem* (c) *quam Ianuenses facere promiserunt; et sic in eorum absentia aliquod incomodum non patietur turba uel aties* (d) *uestre.*   et sic imperator, illos uera polliceri existimans, 15 nobis Ianuensibus sponte dimissis, fallacibus uerbis illorum acquieuit.

Interea Ianuenses ad ea que imperator eis mandauerat, litteris ut arbitror eis, responderunt hoc modo: *expedicionem, domine imperator, faciendam promisimus* 20 *uobis, nostris hominibus captis a Pisanis primo a nobis recuperatis, et quos uestra curia palam liberari iudicauit; quod nondum ad effectum perduxit.   at si denuo placeret uobis, quod sententia curie uestre nostrum desiderium adimpleret, licet iure non cogamur, neque aliquo pacto teneamur, quod cum exer-* 25 *citu ad urbem Romam debeamus uenire, tamen, decoris et dominatus uestri intuitu* (e), *uobis occursum pro uiribus faciemus honestum.*   et dum imperator duplicatum Pisanorum exercitum, sicut Pisani ei litteris et missis mandauerant, sollicitus expectaret, Ianuensibus nulla responsione premissa, morbus eximius, aeris puritate tur- 30 bata, militum turbas, agmina ducum, aties (f) principum adeo mirabiliter inuasit, quod pedites et sine numero uiri ex multitudine populi imperatoris perierunt; et sic calliditas Pisanorum impe-

---

(a) quidquid   (b) intuytu   (c) expeditionem   (d) acies   (e) intuytu   (f) acies

ratorem seduxit, et, ut ita uulgari sermone dicamus, hostem
imperatoriam ad nichilum et in infamiam perduxerunt.   nam
eadem infirmitas et dispar motus aeris pari uoto animalia extin-
xit.   ‖interim imperator, casum suorum timescens, magis de   c. 75 ᴅ
reditu quam de obsidione tenenda cogitauit; rediit tamen festinus
in Tusciam, et Pisanam ciuitatem et Lucam uisitauit, nostros
minime ex carcere liberans.   uenit tamen usque ad Pontem
tremulum, ibique Opizonem Malamspinam [a] inuenit, qui imperatori usque Papiam ducatum amicabiliter [b] prestauit.   qui dum
Alamanniam [c] iret, quosdam de obsidibus Lombardorum [d] in
ramis arborum suspendit.

Hec uero omnia his modis peracta, Rodoanus consul, qui in
Prouintiam [e] iuerat ut supra expositum est, cum rege Aragonensi
pacem iniuit.   qua pace conuentum fuit, quod [f] Pisanos de tota
terra sua debebat eicere et de cetero eos non recepturos [1], et
quos in suo regno et res ipsorum inueniret, Ianuensium consulibus daret.   nam medietatem duarum nauium Pisanorum, que
uenerant Barcinonie [g], Rodoano consuli dare et consignare fecit.
nam hec et multa alia ad utilitatem Ianuensium pertinentia in
conuentione [h] scripta sunt, sicut lector poteris in registro scriptum
inuenire [2].   nam in concordia illa fuit expressius dictum, quod
ciuitas nostra quatuor [i] galeis debebat afferre auxilium regi ad
capiendum castrum Albaronis, quod comes sancti Egidii [3] contra
prefati regis honorem optinebat [j].   ideoque Rogerius de Maraboto consul, cum . IIII . galeis pro eodem auxilio prestando armatis, Prouinciam adiuit.   que galee octo [k] simul fuerunt ad
faciendam obsidionem prefato castro.   et cum presentia prefati

---

(a) Opiçonem Malaspinam   (b) admicabiliter   (c) Alamaniam   (d) Lumbardorum
(e) Prouinciam   (f) N quo, err.   (g) Barchinonie   (h) conuencione   (i) . IIIᵒʳ .
(j) obptinebat   (k) . VIII .

(1) Nota il Pertz: « loco recipien-
dos ».
(2) Cfr. il trattato del 7 maggio 1167.
Iur., I, 227.

(3) Cioè Raimondo v di Tolosa.
Cfr. pp. 182, nota 1 e 2.

regis machina aliaque instrumenta uiriliter prepararent ad capiendum castrum nominatum, mortuo Trencauellere [a] proditione
suorum [1], placuit regi dilatare obsidionem.   quo facto, galee Ianue
feliciter rediere.

Preter hec omnia, Corsus consul cum duabus galeis mense 5
octubri iuit Sardiniam [b], et prefuit ibi tamquam dominus in iudicatis, uidelicet Calari et Aruoree [c], usque ad mensem februarii;
et cum rediret, cepit nauim Pisanorum, et plures Pisanos Ianuam
adduxit. et ex tunc cogitauerunt consules de exitu suo, et
fecerunt collectam per libram denariorum . VI . et 10
naues eo anno iuerunt laboratum; et castrum Clauari
edificauerunt.

c. 76 A

Sicut supra diximus de rebus gestis a con‖sulibus
rei publice, sic breuius quo poterimus, de his [d] que
causarum consulibus pertinent, sermonem uobis faciemus expli- 15
catum.   in suo consistorio anni curricula honeste morantes publicisque utilitatibus minime deficientes [e], iura eque tractantes,
cuique ciuium accurate ius suum laudauerunt.

Anno millesimo . CLXVIII . consulibus quinque in re publica 20
existentibus, Idone Gontardo, Nubelone, Nicola de Rodulfo, Lanberto Grillo, Bellamuto; in causis quatuor consulibus existentibus, Guidoto de Nigrone, Guilielmo Cauarunco [f], Pascali [g]
de Marino, Ansaldono.

Superius exposui uobis, euidentiori scriptura qua potui, que 25
cuiusque consulatus tempore diuina maiestas statuit occurrisse.
nunc uero inuitus ea utique conor uobis patefacere, que [h] in
presenti consulatu non minus solito grauiora arbitror contigisse.
nam res publica ad tantam pernitiem [i] noscitur prauorum audatia

(a) Trecauellere   (b) Sardineam   (c) *manca* et Aruoree   (d) hiis   (e) defficientes
(f) Guillermo Cauarruncho   (g) Pasquale   (h) $N E \overline{qm}$, err.   (i) perniciem

(1) Raimondo Trencavello I, visconte
di Carcassona, fu ucciso dai borghesi
di Beziers il 15 ottobre 1167.

peruenisse, quod uix suspicor eam tot imbribus impulsam in se
ipsam regi potuisse [a], nisi multo amplius Dei quam hominis regeretur consilio.   qui consules, nostram utilitatem semper in bono
augere cupientes, treuguam [b] habentibus guerram, et maxime
5 capitibus, iurare fecerunt.   qua iurata, post paucorum dierum
spatium [c], Cendatus ibat cum quibusdam soldariis in aduocatiam,
Ingone Berfolio in partibus illis similiter cum clientibus redeunte.
at cum se uiderint [d], mixto prelio, et hic inde pilotis emissis,
Cendato percusso, continuo occisus fuit.   Ingo tamen
10 Berfolius, ibi uulneratus, minime tunc mortuus fuit; sed
diu infirmitatem passus, isto consulatu obiit.   consules
quidem, suo arbitrio, inde uindictam fecerunt.   preterea,
infra paruum tempus, consules audierunt Pisanos galeas . XI .
pro nostris offendendis in Prouinciam mandauisse.   qui,
15 licet in tot et in tantis ruinis uehebantur, non eo minus
galeas . XIII . armauerunt, quas post eas utili apparatu mandarunt,
Nicola de Rodulfo consule [e] in eis domino constituto.   qui
equidem, tamquam uir prudens uigilans, die noctuque tamdiu
eas inquirens, donec ad gradum Milgoris nimio sudore et labore
20 peruenit.   ibidem audiuit ‖ galeas Pisano-
rum . VII . esse ad gradum Magalone, et
quatuor [f] erant ad Acdem; et remigan-
tibus illis pro posse aduersus illas, statim
a longe uiderunt illas.   nostris tamen ab illis uisis, terga uersi
25 sunt Pisani; quos per totam illam diem nostri fugauerunt
uersus pelagus, et terram minime uidentes preter caput Crucis,
nox separauit eas a nostris.   quibus uero dimissis, ipsa eadem
nocte retro redierunt ad Acdem, ubi erant alie quatuor [g] galee
Pisanorum.   mane uero facto, iuxta lucem prope illos fuerunt;
30 et fugere non ualentes, ui omnes quatuor ceperunt.   namque
Pisani harum galearum antea se multum uoce iactauerant [h]
coram potestatibus illius terre, dicentes illis: *nos utique, uiri*
potentes, dominos maris uidetis; Ianuenses nostros inimicos nusquam

c. 76 a

Galee IIII

(a) *N E* potuisset, *err.*   (b) treugam   (c) spacium   (d) uiderunt   (e) *manca*
consule   (f) . IIII or .   (g) . IIII or .   (h) iactauerunt

... minores. at nunc quidem ... personas altera die Ianua consul cum ... suis et cum illis captis Pisanorum ... peruenit. a quibus quidem honeste receptus(a), et ... unde ... fuit, et ... incentia bonum feliciter retulerunt.

Et iam et ... consilio, ... consul ea que sibi ... ambierat; et consuluerunt ut per cursorem litteris ... munire ... Luce ... patefierent(b); nam eo tempore ... ad inuicem Ianuenses et Lucenses sibi contra Pisanos ... afferre auxilium. nam interis illis precibus et monitis Lucenses exhortati fuerunt, ut ... super Pisanos sicut hostes aggrederentur(d). ... non modice letificatis, ad castrum nomine Annum, quod erat uel ex constructum prope ... Pisarum circa milliaria .XX. cum magno exercitu militum et peditum ierunt. Pisani itaque ad illud suum castrum ... cum militibus aliis qui de Pisana urbe tunc exierant eis ... exierant; et pugna commissa, Pisani terga uersi sunt. ... de nobilioribus militibus Pisarum et ex aliis prudentibus ... seris numero capti, et Luce ciuitati militibus ... in carcere ducti. quam etiam uictoriam Lucenses Ianuensibus ad inuicem litteris et missis intimarunt(e). nam ingenti gaudio Lucensibus inde repletis, habuere consilium ad Lucam dirigere, ut de captis Pisanis et maxime de nobilioribus militibus Lucensibus postularent, et Ianuam tot et tales deducerent, ex deliberatione quorum Ianuenses diu Pisano carcere detentos rehabere possent.

Lucenses quidem, ut uerum fateatur, Nicolam de Rodulfo consulem et Enricum Aurie et Enricum Malumaucellum honeste receperunt; et diu ibi morantibus, fere per spatium(g) septem ebdomadarum, post multas questiones, quasi inuiti, Lucenses demum quos uoluerunt nostri sibi adsignarunt, uidelicet Lambertum Maiorem, Sicherium Gualandrum et Bulgarinum de Capruna et Guirardum Baratulum et Guinicelum et Obertum Sicherium et

---

(a) inimicos nostros   (b) N prosperime   (c) patefieret   (d) agrederentur
(e) N lauddibus   (f) mandauerunt   (g) spacium

Guilinum [a] de Baldezone et Guilinum [b] de Hodierna et Siluanum
et Lanbertum [c] Batibaliam, quos Lucenses cum multis militibus
usque ad turrim de mare [1] duxerunt.   nostri etenim ad Lucam eos
noluerunt recipere [d], ne forte in uia aliqua insidia eis poneretur,
per quam leuius amittere potuissent.   nam cum ad turrim de mare
simul [e] omnes peruenissent, relatum fuit eis quod Pisani mane
cum exercitu illic uenturi essent.   quo audito, se parantes ad
pugnam, posuerunt Pisanos in fundo turris, ubi erat aqua fetens
et uermes.   mane autem galea Portus Veneris proinde ueniente,
ascenderunt eam, et Ianuam cum Pisanis captis feliciter redierunt,
eosque cum aliis quos habuerant in carcere ponentes.   qui namque ibidem non diu morantes, datis obsidibus, iuerunt Pisas,
et qui tandiu laborarunt [f], quod Pisani consules iuramento eis
promiserunt usque ad mensem unum ex Ianuensi carcere quo
ut melius possent extraherent.   uenit mensis, quo cambitus nostrorum et Pisanorum factus fuit.   nam fuerunt Pisani numero
. DCC . Ianuenses uero . CCCXXXIII .   equidem quam plures mortui
fuerant, et alter pro altero cambiati.   interea armauerunt galeas
. XVI . quas Ido Gontardus consul super Pisanos duxit offendendos [g].
et cum iam peruenissent ad insulam Segestri [h], missis et litteris
certi facti sunt quod Pisani cancellarium Frederici imperatoris,
nomine Christianum, cum . VII . galeis usque [i] Massiliam ferebant;
‖ et facto ibi comitorum consilio, iuit prefatus consul [j] post illas   c. 76 D
in Prouinciam cum galeis . VIII . usque ad insulam sancti Hono-
rati.   et morantibus ibi circa dies . VII . et non inuentis Pisanis,
noctu arripuit iter consul et peruenit ad insulam Corsice; et
interim galee Pisanorum ad eandem insulam sancti Honorati
applicuerunt, et audientibus de galeis nostris que paulo ante
inde mouerant, iuerunt cum magno impetu ad portum Agadani,

(a) Guillinum   (b) Guillinum   (c) Lambertum   (d) recipere noluerunt
(e) *manca* simul   (f) N laborarant, *err.*   (g) N E offendendas, *err.*   (h) Sigestri
(i) usque ad   (j) consul prefatus

(1) Con questo nome l' annalista   reggio. Cfr. *Arch. Stor. Ital.*, serie I,
sembra voler indicare il luogo di Via-   vol X, pp. 40.

cognosceret [a] quod absque suis consulibus quod [b] promiserat et dixerat explere non posset, rediuit Pisas, suos consules · in proximo se habiturum promittens.   quibus aliquantis diebus expectatis, Ianuam nostri redierunt, non uenientibus illis.   et transactis aliquantis diebus, facto consilio, consules Idonem Gontardum et Ansaldum Goliam et Paschalem [c] de Marino, causarum consules, et Refutatum iudicem ad Lucam mandarunt, apertius scire uolentes quam uoluntatem Lucenses haberent de pace Pisanorum, an non.   et abeuntibus illis, inuenerunt Vilanum [d] archiepiscopum ad Portum Veneris, qui a Pisis [e] redierat; et nolentes cum illo longos [f] sermones componere, arripuerunt iter suum uersus Lucam [g].   quo facto, archiepiscopus Pisanus misso et litteris insinuauit consulibus nostris ut sine mora Portum Veneris adirent, quia multo amplius sperabat de pace trium ciuitatum componenda, que etiam poni debebat in tribus laicis [h] personis, quisque de sua ciuitate, et duobus archiepiscopis et Luce episcopo [i].   cuius perlectis litteris, iuerunt ad ipsum archiepiscopus et prepositus noster cum pluribus sapientibus uiris; et iunctis Pisanis simul et Lucensibus et Ianuensibus, atque archiepiscopis et Luce electo [l], tractauerunt diu quibus modis pax posset componi.   et interim Ido Gontardus cum sociis suis a Luca rediit, et ex nostra ciuitate alios quam plures [j] consules mandauerunt, cogitantes rem tractatam ad finem esse producendam.   nam post multas questiones tam facti quam iuris, res de qua agebatur et discordes fuerant, fuit posita [k] finienda et concordanda in Otonebone [l] ianuensi et Girardo [m] Bulgarello

(a) cognouerit   (b) *manca* quod   (c) Pasqualem   (d) Vilanum   (e) Pissis
(f) *N* longuos   (g) Lucham   (h) laycis   (i) ellecto   (j) quam plures alios
(k) disposita   (l) Ottobone   (m) Gerardo

(1) Di certo il vescovo scismatico Lando, che l' annalista poco dopo chiama semplicemente *eletto*. Sottentrò a Pievano da Pescia, morto nel 1166; e le sue notizie continuano fino al 1176, non ostante che dal 1170 comparisca altresì il vescovo legittimo Guglielmo. Cfr. contro l'erronea serie dell'Ughelli, I, 820, la *Dissertazione IV* del BARSOCCHINI, in *Mem. e doc. per servire all' istoria di Lucca*, vol. V, par. 1 pp. 476 segg.

pisano et Alcherio de Veio lucense. et cum uerba uidebantur
fere quasi facta et iam in scripto redacta [1], et per abecedarium
diuisa, Goirardos Bulgarellus dixit: nisi Pisas uadam, que concor-
daui solus explere non audeo. iuit, et redeunte mutauit factum;
et sic uerba re mansere, scripto tamen concordie unicuique par- 5
tium manente [2].

      Post hec rex Sardinie [a], Bareson, coram consu-

Rex Sardinee.
libus ueniens, ait: *domini et patres mei, tanto tem-*
pore moratus sum nobiscum, quod uis creditur in
Sardinea quod sim uiuus; et quamdiu sic stetero, 10
lenius terram et honorem meum amittere possum:
qua amissa, quod absit, de absolutione debiti uel
crediti uestri non esset de cetero uerbum. *precor*
igitur probitatem uestram, quod [b] *simul Sardiniam* [c] *ascendamus,*
et dabo uobis ibi coniugem meam una cum filiis, et castra que 15
habeo, et obsides ad libitum uestrum ponam in manibus uestris, et
insuper libras quatuor milia uobis ibi persoluam. et facto consilio,
non placuit ut de communibus rebus factum foret dispendium
itineris. interim uassalli [d] armauerunt galeas . IIII .ᵒʳ quarum
comune armauit unam, et daturus erat proinde libras . IIII . 20
milia. quibus galeis Nubelon consul et Ingo Tornelhus nuper
electus [e] iuerunt, regem illum secum in Sardiniam [f] ducentes.
qui utique castra, uxorem, filios et obsides [habuerunt] [g], et ibi
ordinauerunt ut collecta fieret pro soluendis creditis regis; ad quas
quidem colligendas et castra tenenda et custodienda Alinerium [h] 25
de Porta, uirum utique prudentem, cum soldariis dimiserunt
dominum et custodem [3]. et consules cum eodem rege et predictis personis Ianue [i] feliciter redierunt.

(a) Sardinee	(b) *N* quo, *err.*	(c) Sardineam	(d) uasalli	(e) ellectus
(f) Sardineam	(g) *N E manca* habuerunt	(h) *N E* Almerium, *err.*	(i) Ianuam

(1) Cod. *N*, postilla: *Que sunt in*
uno forario in armario de Pisis.
  (2) Cfr. più avanti, pp. 242, nota 2.
  (3) Cfr. gli atti relativi all' arma-
mento delle quatro galere ed alle altre
particolarità qui narrate, comprese le
ragioni dei singoli creditori, nell' *Iur.*,
I, 241-46, e nel TOLA, I, 236-37.

Post hec ex Sicilia [a] littere aduenerunt, quod rex nostram pacem multum habere desiderabat: et facto proinde consilio, legationem ad eum mandare placuit. iuit igitur Bellamutus consul et Rogeron de Castro et Amicus Grillus, uiri commendabiles [b], cum galea nimiis expensis bene et honeste preparata; qui parum proficientes, absque ulla pace Ianuam redierunt.

Infra hoc ciuitates Lombardie [c], que simul fuerant concordate pro timore imperatoris Alamannie [d], mandauerunt litteras et missos ad nostram ciuitatem, ut consules aut irent aut ad eos mandarent pro concordia inter eos stabilienda, quemadmodum alie ciuitates undique currentes fecerant. et cum grauiter forent tunc impediti, mandauerunt Obertum cancellarium et Ottonem iudicem de Mediolano; et nullam cum eis concordiam inuenerunt. interea consules noue ciuitatis, quam consules ciuitatum construxerant, et quam nomi||ne Alexandriam appellabant, eo utique quod dominus apostolicus Alexander appellabatur et tunc temporis apostolicatum regebat, qui etiam contra imperatorem Fredericum, qui totam fere Italiam dissipauerat, auxilium et consilium amice prestauerat, Ianuam uenientes, exposuerunt se ueros et bonos amicos Ianuensibus de cetero esse, rogantes illos quod [e] auxilium in edificanda [f] urbe prestarent. quorum precibus exauditis, eis solidos mille dederunt, reliquos mille accepturi ab intrantibus consulibus expectarent.

c. 77 c

Interim prefati consules, pro maxima utilitate, Amicum de Murta ad Constantinopolim legatum mandauerunt [1]. quo facto, de exercitu [2] suo et de soluendis debitis et creditis et de electione [g] consulum cogitauerunt. interim fuit prelium inceptum [h] infra

---

(a) Scicilia   (b) *N* comendabiles   (c) Lumbardie   (d) Alamanie   (e) *N* quo
(f) hedificanda   (g) ellectione   (h) inceptum prelium

(1) Cfr. Desimoni, in *Giorn. Lig.*,   (2) Forse è da correggere: *exitu.*
a. 1874, pp. 152 segg.; Heyd, *Hist.*,
I, 205.

urbem , et hinc inde maxima copia armatorum fuit; et grauiter,
bello durante, Iacobus filius Ingonis de Volta fuit uulneratus, ex
quo uulnere isto anno mortuus fuit.   fecerunt quidem collectam
per libram denarios . VI .   naues non minus eo anno ierunt,
quam quod pax in urbe et cum Pisanis fieret.   5

Nunc dicendum est de consulibus causarum , qui utique res
suo consulatui pertinentes miro et pulcro ordine gesserunt in
re publica conseruanda, auxiliis et presidiis consulibus comunis
pro uiribus (a) affuerunt , iusticiam demum cuique laudantes et
iniustum (b) minime fouentes.   10

Anno millesimo . CLXVIII . (c) Anselmo Garrio, Ingone Tornello,
Otone (d) de Caffaro, Rogerio de Maraboto, Nicola Roza (e) in re
publica consulibus existentibus; Philippo de Bonifatio (f), Philippo
de Iusta, Ansaldo Golia (g) (1), Rolando Guaraco (h) in causis con- 15
sulibus existentibus.

Tempore isto res publica, que a sexto consulatu (2), Marte ui-
rente, fuerat omni felicitate intrinsecus destituta, uiris fortunatis
bonis consulibus tradita, feliciter aucta (i) fuit.   quibus intrantibus,
castra queque (j), etiam alia rei publice tamen pertinentia, honestis 20
modis tractarunt.   et quia prefati consules tanta inbecillitate rei
publice ciues multo leuiores solito cognouerant, et eorum auxilio
eam uix posse ad pristinum statum reduci dubitarent, eos demum hostiles manus si forte tempus prestaret in uicinos exhor-
ta||tione consulum minime ponere uelle presumerent, statuerunt ex 25
libero suo arbitrio clientes numero . CC . in urbe quam cito esse
futuros, ex eis maxime qui promtiores (k) actenus cognoscerentur
ad malum peragendum quam ad bonum, et qui omnia postpo-
suissent preter Deum, quem non offendere fas est, leuiter

c. 77 a

(a) iuribus, err.   (b) iniuste   (c) . MCLXVIII .   (d) Ottone   (e) Roça   (f) Bonifacio
(g) Scalia, err.   (h) Guaracho   (i) aucta   (j) quoque   (k) promptiores

(1) Nel Cod. E, la prima sillaba di   (2) Cioè già da sei anni.
Scalia è correzione scritta sopra uno
spazio eraso: forse, in origine, vi era Go.

facienda uel incipienda, dummodo lucrum, et etiam quandoque
paruum, se habituros sperarent.   uenientibus predictis clientibus,
consules fecerunt hospitari quosdam ex eis in domibus Ingonis
de Volta et Amiconis, inuitis dominis et dolentibus; que nam-
5 que domus magnum (a) litibus et discordiis prestabant fomentum.
alios (b) quippe hospitati sunt in uia que uenit a porta desuper ecclesia sancti Laurentii.   eo utique fecerunt, ut introitus (c) ciuitatis
ex ea parte redderetur securior.   quo facto, habuerunt infra se
ipsos consilium, dicentes: *faciamus breue, ad quod omnes ciues*
10 *nobiles et infimi* (1), *quoscumque uocauerimus`, iurent stare in nostra*
ordinatione de pace componenda, et inferenda guerra illis qui contra
nos aliquid facere presumpserint uel contra aliquem` de populo, cui
pro hac causa guerra forsitan appareret. et exponentibus suum
arbitrium consiliariis uiris, placuit omnibus; et supplicabant illis
15 ut hoc magis factis quam dictis ad finem ducere properarent.
primum citauerunt capita guerre, que iurare noluerunt, nisi primitus dampna sibi illata sentirent.   demum iurauerunt stare de
guerra et pace et de omnibus litibus in ordinatione predictorum
consulum.   quibus omnibus iuratis, quesierunt consilium consi-
20 liatoribus, quibus modis potior uideretur procedendum ad tantum
negotium finiendum (d).   qui, post multas uarietates consilii, dicebant iusticiam unicuique sufficere.   alii uero contra sentiebant (e),
dicentes: *ne sit iusticia* (f) *facta inter eos, ne forte ad maius periculum*
res publica forte (g) *ueniret.* tandem, post multas ambages, consules,
25 freti Dei auxilio, elegerunt uiam potiorem.   equius quidem et
comodius (h) uisum fuit illis ostendere quoddam figmentum (i), ut
quicquid (j) rigor equitatis iusticieque (k) dictaret super guerram habentes cito determinarent, eo utique quod quisque ius strictum
timens et expauescens, demum letus‖ ad concordiam leuius per-   c. 78 a
30 uenit (l).   incepta uero lite et iudicibus hinc inde adhibitis,

---

(a) *manca* magnum   (b) alii   (c) introytus   (d) negocium   (e) senciebant
(f) iustitia   (g) *manca* forte   (h) commodius   (i) figmentum   (j) quidquid
(k) iusticie equitatisque   (l) peruenit leuius

(1) Nel Cod. *N* da prima fu scritto
infimos: poi corretto *infimi.*

opposuerunt libellum primitus debere [a] ratione adduci. quibus
consules indignationem exhibentes, ut illos redderent timidiores,
respuerunt libellos non esse rei publice utile modo introducere,
ne forte negotium [b] dilatarent. loco itaque et die determinata qua
causa oportebat [c] disputari, fecerunt consules inter se cautionem, 5
ut de cetero alicui de partibus rem ad placita pertinentem neque
suum sensum nec alicuius illorum patefacerent, et causam quoad
melius et cicius [d] possent ad comune desiderium ciuium [e] termi-
narent. quo facto, causam attentius inceperunt audire; et cum
mortales questiones hinc inde opponerentur, et diutius res age- 10
retur, sententie interlocutorie sepius occurrebant, quas quidem
partes audire desiderabant; et ne aliquid sui lucri in dandis pre-
cognoscerent, maluerunt consules illas silere [f], quam quelibet partium se confortaret, et sibi quasi in subsidium aliquid audiuisse
diceret, non minus tamen sensum suum alter alteri patefaciens. 15
et cum omnia opposita, tamquam uiri comune arbitrium portantes, amice et benigne audiuissent, quod die multis impedi-
mentis non poterant, nocte quieta facere dignum duxerunt.
omnibus inter eos questionibus pari ratione disputatis, et nichil
prorsus omissis, cognouerunt sex bella uel duella campestria 20
inter ciues maiores iure occurrere. quo cognito: *uideamus*,
inquid quidam illorum, *an ista bella sint publica auctoritate eui-*
tanda, an sit comodius [g] *ius strictum tenere. quibus contra, si bella*
minime factura ciuibus ostenderimus, comunem utilitatem nimio ti-
more opressam demonstrabimus; et hoc nobis magis causam impedi- 25
menti, quam facti deliberationem prestant. nam huic questioni
acquiescerunt [h], dicentes: *expediatur cito curia archiepiscopi marmo-*
ribus [1], *ut euidentius appareat nos bella prenominata inter ciues effi-*

(a) *N* deberet   (b) negocium   (c) opportebat   (d) citius   (e) *N* cium, *err.*
(f) scilere   (g) commodius   (h) acquieuerunt

(1) Cioè il cortile di quello fra i due
palazzi dell'arcivescovo, contigui alla
chiesa di S. Lorenzo, che diceasi *nuovo*,
e nel quale i consoli rendeano giustizia.
Cfr. *Atti Soc. Lig.*, II, par. II, pp. 741.

Ivi si teneano di certo in deposito
i marmi che servivano alla fabbrica
della cattedrale, le cui decorazioni il
presente accenno lascia supporre che
nel 1169 non fossero ancora terminate.

cere uelle, et hac exhibitione edita, discordes exterriti, ad concordiam,
Deo duce, leuius poterimus conuocare.   quo facto, affines et parentes uxoresque [a] partium, timentes amicos ad tanta discrimina
perueni‖re, supplicabant secreto consulibus, ne ad ista conduce-   c. 78 a
rent ciues.   nam consules, in his [b] facti letiores, prelia, quasi
uolentes, arguebant factura.

   At cum consules his [c] rerum argumentis desiderium et uoluntatem illorum cognouerint, uiam preelectam [d], id est de non fa-
ciendis preliis, mira assiduitate eligenda [e] sanxerunt.   et quia hec
res tum timore tum ueneratione erat incipienda, consules adiuerunt primo dominum Ugonem archiepiscopum, qui
secretorum suorum ignarus fuerat, omnia sibi sub ta-
citurnitate exponentes.   cui quidem omnia mirifice
placuere.   aiunt quidem: *mandemus igitur, ut religiose*
persone archiepiscopatus ad tam bonum opus perficiendum
cito ueniant, ut, freti eorum consilio, tam laudabilem causam ad
honorem Dei desiderato fini ducere incipiamus.   hec res ita [f]   ✦
peracta, statuerunt parlamentum ante lucem, ignorantibus ciuibus, sonare, ut cito mirantes consurgerent, et uelotiori [g] pede
noctu quam die uenirent; iniungentes ut, media contione, reliquie beati Iohannis Baptiste introducerentur, et cruces ciuitatis
in unaquaque portarum per honestas personas tenerentur [h], om-
nisque clericatus tamquam in festiuis diebus
appareret indutus.   et ciuibus ad colloquium properantibus, ista uidentibus, obstu-
puerunt; qui, licet transactis diebus ineffre-
natim illic stare consueuerant, tamen ea die
quasi obedientiam portantes, Dei instinctu,
apparuerunt.   surrexit quidem primitus dominus Ugo archiepiscopus, et consules post
eundem, mira insinuatione ciues alliciens,
et de pace que instruenda erat, tum uoce

ugo archiepṡ Jan.

tum persone gestu miro ordine componens, et de periculo ciuitatis

(a) *N* uxorisque, *err.*   (b) hiis   (c) hiis   (d) preellectam   (e) elligenda
(f) *manca* ita   (g) uelociori   (h) tenerent

honesta queque et utilia, sicut Deo et populo conuenit, angelica uoce instruens, aures ciuium ampliauit, mentesque quorum (a)
quasi ad inaudita eiusdem pia senectus adduxit.   continuo ap-
pellauerunt Rolandum Aduocatum, ut ad pacem componendam
et iurandam, tum causa Dei, tum honore ciuitatis, tum quia peri- 5
culum ultra urbs nostra non incurreret, festinus ueniret.   quo
audito, scissis uestibus, lacrimando et uoce altissona (b) ‖ mortuos
pro guerra inuocando, renuens uenire, terra adsedit.   nam parentes, qui de pace constituenda consulibus auxilium prestare
iurauerant, in eum surgentes, licet uim ei (c) minime inferrent, 10
tamen, sicut eum decebat, ei supplicabant quo iam nunc consulibus et populo satisfaceret.   at cum consules illum quasi obstu-
pefactum et se mouere nolle cognoscerent, iuerunt cum archiepiscopo et omni clericatu crucibus et teste euangelio (d) coram
ipso, quasi coactum ad librum conduxerunt; et multis predi- 15
cationibus adiurato, tandem in ordinatione consulum pacem
quietus iurauit.   quo facto, ilico Fulconem (e) de Castro appel-
lauerunt; qui equidem non erat tunc in contione (f), sed tamen
humilem et rationabilem responsionem emisit, dicens: *ego, tamquam dominos et mee ciuitatis rectores, consules uolo exaudire; in* 20
hoc tamen, ne grauet illos, non possum, nisi soceri (g) *mei Ingonis de*
Volta primitus data michi licentia precedat.   quo audito, consules
cum omni clericatu domum illius iuerunt, et in contionem (h)
ambos duxerunt.   qui ad iurandam pacem pari ueneratione
uocati et ad lectorium ducti, post multam murmurationem pacem 25
quieti iurauerunt.   et ex hinc parentes omnes qui publice
guerram portauerant, et quos consules utiliores cognouerunt,
pacem in eorum uoluntate iurauerunt, et osculum (i) pacis
quisque ad inuicem alteri tradidit.   quo peracto, tintinna-
bula per urbem sonantia, dominus archiepiscopus incepit *te Deum* 30
laudamus cum omni clericatu uocibus altissonis (j) totam ecclesiam implens.

c. 78 D

(a) eorum   (b) altisona   (c) ei uim   (d) *N* euuangelio   (e) Fulchonem

(f) concione   (g) *N* soceris   (h) contione   (i) obsculum   (j) altisonis

|| Hic multis eximius dignus laudibus extitit dies.   c. 78 D

Ut ciuium quies, impiorum sic par fuit lues.

Nam nostre salutis pars fuit potissima dies.

O quanta pena malis idem [a] tu nosceris, dies.

5   A quantas iste cedes, dampna, pericula distulit dies.

Hostium letantur edes [b], quas iunxit clarissimus dies.

Principium pacis litiumque finis felix fuisti, dies.

Per te pes ibit securus equus [c] et miles.

Nec potuere mille, quod potuit una dies.

10   Annos ter binos inclita notasti, dies,

Lis quibus durauit, quam tu fine beasti, dies.

Te diem dierum Deoque [d] pium cantabimus de cetero, dies.

Tu quidem nobis lux, bonis dux, at malis crux fuisti, dies.

Que passim fuerant sparsa, congregasti tu, pia dies.

15   Annus, mensis, hora ortusque tui clarificetur utinam, dies [1].

Sed [e] quia maiora semper ampliori desiderio audiuntur, ideo   c. 79 A
uobis primo de pace stilum premisimus [f]. sequitur ergo ut iam
nunc incipiamus dicere de his [g] que idem consules pro decore
ciuitatis fecerunt ante quam pax fieret, et que sequuntur [h] loco et
20 tempore suo ordine plana expositione uobis exponemus. namque
multe coniurationes per urbem nostram hinc inde facte fuerant,
non solum per eos qui simul litigabant, uerum etiam per alios
potentes et etiam infimos, animaduertentes esse fortiores et securiores si litem forsan cum guerram habentibus inmiscerent.
25 etenim per plebeia [i] nostra rasse et fautiones [j] semper tempore
litis ciuilis aderant, cogitantes forici in ciues quandoque consurgere, et dominos terrarum iam incipiebant decognoscere; ad uin-
demias nec ad alia facienda quisque dominorum dubius in montanis ne curabat ascendere, malens dampnum incurrere quam ad
ignominiam sui corporis deuenire. nam insultationes, homicidia,

(a) inde   (b) hedes   (c) N equs   (d) ideoque   (e) Set   (f) stillum pre-
missimus   (g) hiis   (h) N secuntur   (i) plebia   (j) rixe et fauciones

(1) Nel Cod. N, la parte rimanente   colonna del foglio 79 furono lasciate
del foglio 78 verso e metà della prima   in bianco.

c. 79 a furta, rapine, incen‖dia per plebeia[a] nostra sepissiem fiebant. merito enim cuiusque corporis membra patiuntur, cum caput pati sentitur. ni mirum igitur si membra ciuitatis cassabantur[b], cum mater omnium et caput, id est ciuitas nostra, ultra eciam[c] quam sit credendum patiebatur. omne enim equum uel iustum 5 iam erat apud nos quasi sopitum; locus iusticie uix poterat inueniri, cum fere omnia ui aut timore agebantur. affines, qui ciuitati nostre obedientiam portare eamque timere consueuerant, iam superbire inceperant et ciuitatis nostre mandata prorsus uilipendebant. si ciues et etiam maiores, re imminenti, quandoque 10 ad locá finitimorum uergebantur, non occulo[d] humilitatis sed leuitatis apud illos uidebantur, et sepe pro minimis uerbis crescebat lis usque sub armis; consulatus plebeiorum[e], quasi eger factus, parum in omnibus proficiebat, nam sententias proferre minime ausus fuerat, etiam inter uilissimas personas, si aliquid grauitatis 15 in se continerent. nam hec omnia superius uobis exposita usque ad hunc consulatum de die in diem acrius uigere; et hoc propter ciuilia et plus quam ciuilia bella dicimus, que multo grauius solito exarsere[f]. etenim prefati consules quasi nauis fluctibus impulsa impellebantur, et inter tot uie et uite uarietates cogitaue- 20 runt predictas fauctiones, id est congregationes in malo, quo pacto uel quibus modis rumpi uel frangi possent. elegerunt tandem ut irent per plebeia[g] cum clientibus, ut forte in domos aliquos de malefactoribus capere possint. iuerunt namque uersus Lauaniam, cum clientibus multis, Anselmus Garrius et Oto[h] de 25 Caffaro; et uersus Pulciferam Nicola Roza[i] et Rogerius de Maraboto, ut omnia predicta male et impie uersata possent in meliori statu reuocare. et factis coram omnibus consulibus hinc inde multis clamoribus, inter multas uindictas, quas nominatim scribere non possumus, fecere[j] quibusdam pedes quibusdam 30 manus truncari. aliis rerum dampna intulerunt, et quosdam in carcerem[k] posuerunt, et peccuniam[l] ultra solidos[m] mille

(a) plebia (b) quassabantur (c) etiam (d) oculo (e) plebiorum (f) exarscere
(g) plebia (h) Otto (i) Roça (j) *N E* facere, *err.* (k) carcere (l) pecuniam
(m) soldos

c. 79 c

adduxerunt in ciuitatem; et hoc tantum terrorem intulit reliquis [a]
malefacientibus, quod isto consulatu omnia diminuta et quasi prorsus
cassata ‖ uidebantur. uiator quidem notus et etiam ignotus ibat
et redibat securus, ciues libere exibant et morabantur incolumes,
5 res publica ad pristinum statum redire incepit, et ex tunc uirere
fuit uisum quod primo fuerat defloratum; omne quod fuerat
destitutum, istorum probitate cognoscitur releuatum. unum
quidem non decet nec etiam oportet nos silere [b], quod [c] dicendo
hos consules ad laudis maiora noscitur prouehere.

10 Nam inter tot mixturas quibus res publica debilissima facta
fuerat, prefati consules admodum guerram Pisanorum fecerunt,
quod nemini uisum fuit, nec etiam illis eisdem Pisanis, quod
infra urbem nostram tot mala totque aduersa uigerent. equidem pretaxati consules, relatione et maxime uiua cursoris uoce,
15 audierunt Pisanos cum quibusdam galeis pro nostris offendendis
in Prouinciam ituros: preordinauerant [d] quidem quatuor galeas
pro portubus Prouincie constringendis [e], quas uelotiori [f] apparatu ordinarunt, e quibus Nicola Roza [g] consul dominus fuit a
sociis preelectus [h]. iuit quidem ille consul, et portus Prouincie
20 ita impediuit et impediendo adstrinxit [i], quod nemo ex portubus illis intrare uel exire [j] ausus fuit, nisi primo consulis prefati licentiam habuerit; et insuper naues Pisanorum combussit [k],
et per spatium [l] duorum mensium illic permansit, cum non
fuerat necessarium ultra mansisse; qui Ianue [m] feliciter rediit,
25 omnibus marinariis illic pace solutis [1]. Pisani autem illic nostras

(a) in reliquis (b) scilere (c) de (d) preordinauerunt (e) *N E* constrin-
gendos, *err.* (f) uelociori (g) Roça (h) preellectus (i) impedimento astrinxit
(j) exire uel intrare (k) combuxit (l) spacium (m) Ianuam

(1) I Pisani aveano inanto guada-
gnato favore nella Provenza, mettendo
a profitto le nimicizie esistenti fra
Genova e Mompellieri. Già la clau-
sola inserta nel trattato del 1166 con
Narbona, circa l'esclusione degli abitanti di Mompellieri dalle navi delle
parti contraenti (cfr. pp. 189 nota 1),
dimostra che fin d'allora i Genovesi
consideravano questa città come nemica.
Essi aveano preso ad esercitare la pi-
rateria in danno di que' cittadini; e
Guglielmo VII, loro signore, si era di
ciò doluto ripetutamente a Genova ed
al papa, il quale, l' 11 ottobre del 1168,
mandava lettere all'arcivescovo Ugone,

galeas esse scientes [a], suas quas preordinauerant tunc mandare
distulerunt.   interea Pisani, magna calliditate, cum hominibus
Versilie, qui antiquitus pacis et amoris uinculo cum Lucensibus
tenebantur, se iurarunt contra Lucam pro posse sibi ad inuicem
auxilium prestaturi.   quo cognito Lucensibus, statim aduenerunt 5
Iannam, auxilium et consilium tamquam a dominis et amicis querentes.   continuo consules nostri fecerunt consilium, et placuit
senatoribus ut quingentos milites eis, amore, non aliquo federis
districtu, Ianua ciuitas prestaret.   nam solummodo tenebamur
ad turrim de mari presidiis Lucensibus subuenire.   putauerunt 10
consules qui [b] illorum aptior aut abilior uideretur, pro omnibus
his pulchriori [c] modo ‖ agendis; et quia res militaris erat et
miles in his operandis conuenientior uidebatur, elegerunt Ro-
gerium de Maraboto iturum.   qui dum cum sotiis [d], uidelicet
Alberico, Oberto Squartaficu, Oberto Treeguisse [e], se per ter- 15
ram ituri aptarent, placuit consuli Luce ut mare [f] usque turrim
secum irent, ut causa uelotior [g] facta foret; et sic proinde galea
quedam fuit statim uiriliter preparata, in qua consul Luce cum
suis et Rogerius cum sociis suis usque turrim de mari incolumes
abierunt.   quam turrim Ianuenses armis, uictualibus, balista- 20
riis [h] . XXII . lignamine omnibusque ibidem necessariis aptauerant [i], et magistros lignaminis illic mandauerant [j] qui turrim
prenominatam cooperuerunt.   qua expensa Ianuenses nullo uinculo iuris uel federis facere tenebantur [k], sed solo intuitu promissi
amoris hoc fecere; et maxime quia Lucenses nequibant comode 25
ad turrim illam uenire, propter Versilienses medio adstantes.

(a) esse scientes galeas   (b) qui   (c) hiis pulcriori   (d) sociis   (e) Squartaficu,
Oberto Treguise   (f) ut per mare   (g) uelocior   (h) balistrariis   (i) aptauerunt
(j) mandauerunt   (k) tenebantur facere

ai consoli ed al popolo genovese. Se
non che gli ammonimenti papali rimasero privi di effetto; anzi le navi di
Genova, oltre al continuare le piraterie
su le coste di Mompellieri, minacciarono
d'assedio la città stessa ed obbligarono
Guglielmo a ricercare l'alleanza dei
Pisani. La convenzione porta la data
del 1169; e leggesi nel Germain, Com-
merce de Montpellier, I, 180. Cfr. VAIS-
SETE, VI, 18; MIGNE, CC, 1191; BOU-
QUET, XV, 947; DESIMONI, Regesti,
pp. 70.

nam si occursus hoc predicto modo [a] non fieret, et turris amissa
foret Pisanorum calliditate, nobisque esset magna infamia. et
quia Lucenses tunc maxime impediebantur non solum turrim
de mari, sed etiam Coruariam et Axanum, que castra Lucenses
5 tenebant, prenominati consules omnibus necessariis aptauerant,
sperantes a Lucensibus, si tempus prestaret, uicem et meritum
habere. et cum Rogerius consul una cum consule Luce et sociis
ad turrim illam uenissent, Versilienses et Grapheiani [1] et Pisani
cum exercitu in Versilia erant, et Lucenses similiter cum magna
10 expeditione in eadem Versilia contra illos. continuo Rogerius
et Albericus et Obertus Treeguisse et Squartaficus [b] et consul
Luce consulibus Luce in exercitu suum aduentum notificauerunt.
qui enimuero admodum fuerunt letificati, tamquam suus exercitus foret duplicatus; et cum simul fuere, consul Rogerius cum
15 sociis agitabantur qualiter milites quos Ianua promiserat habere
possent addendos exercitui Lucensium. continuo cum consul
Lucensis hoc sciuerit, statim cum sotiis [c] nostrum consulem adierunt [d], dicentes: *desiderium uestrum, consul, hic ad optatum ducere
non potestis, quoniam cum hostibus uicini facti sumus ad pugnam* [2]
20 *comitendam* [e]. et tunc gratias debitas consuli agentes, hortati
‖ fuerunt illum quod equos solummodo sibi et sotiis aquireret [f] et
sufficeret. confidebant enim rem suam, Deo [g] duce, ad optimum
reducere statum. quo citissime facto et omnibus hinc inde militibus et peditibus armatis tamquam in procinctu belli, ecce
25 continuo Guido de Mercato, Pisanorum consul, equo ut uir
bonus armatus, ad consulem nostrum locuturus aduenit, humiliter
dicens: *quare iste tam mortalis conflictus hodie erit? michi enim et
omnibus ex parte mea placeret, si uobis similiter uisum esset, ut non
fieret et statim cessaret. nam pax magis uobis optanda esset quam*
30 *guerra, quam* [3] *utique ego pro mea ciuitate omnibus modis exposco* [h].

c. 80 A

(a) modo predicto   (b) Squarçaficus   (c) sociis   (d) adiuerunt   (e) com-
mittendam   (f) sociis acquireret   (g) a Deo   (h) deposco

(1) Gli uomini della Garfagnana.   (3) Cioè *quam pacem.*
(2) Cod. *N*, scritto *pugnum;* poi cor-
retto.

respondet: ergo mittis eius, si placet, ante quam acies[a] bestium mi-
scantur. cui Rogerius consul respondet: cuiusmodi pacem nos
uelle dicitis? inimicus Dei est qui pacem spernit. ego quidem
pacem uestram et sine acie[b] uelem, sed timeo ne calliditas uestra
inuoluat et sine fructu pacem querat. cui ait pisanus consul: 5
Deus scit quod puritate et mundo corde eam peto; tu uideris. si
itaque[c] uis eam pacem ad finem ducere, quam Ottobonus ianuensis et
Guirardus Buigarellus[d] pisanus et Alcherius de Veio[e] lucensis[f] ad
Portum Veneris statuerunt, ego acigue eam uolo. cui Rogerius
consul ait: uesco illam sine fraude factam; et ideo illam non renuo, 10
immo[g] uolo. conuocato Rolando Lucensium consule et sociis,
aperuit consul eis que a Pisano audierat, et complacuit illis.
qua irrata per uocem consulem eiusque ciuitatis, rediit consul
Rogerius cum prenominatis ad Portum Veneris; et inuenit ibi
Otonem[h] de Caffaro consulem cum galeis . vi . que mittebantur 15
cum multis clientibus ad auxiliandam turrim de mare; et audiente Otone[i] pacem irratam, cum galeis illis reuersus fuit
Ianuam cum omnibus iis. et interim Pisani cum illo exercitu
ierunt tunc ad castrum Axanum[k] preliandum; et, ut fertur, non
euasisset, nisi balistarii Ianuensium, qui antea missi fuerant, illud 20
defendissent[j]. quo transacto, Oto[k] et Rogerius fecerunt consilium, omnia que acciderant eis aperientes: quod Rogerius fecerat
placuit; et pro pace illa confirmanda ierunt consules ad Portum
Veneris, uidelicet Anselmus Garrius et Ingo Tornellus et idem
Rogerius, cum pluribus sapientibus uiris, inuentis ibi Pisanis et 25
Lucensibus similiter cum multis uiris prudentibus[l]. et dum
causa pacis diu subtiliter fuerit agitata, tandem tres pronominate
persone ciuitatum concorditer concordarunt eam, et in scripto
per abecedarium illam redigerunt[2]. et quia hec pax non poterat

(a) acies (b) uicio (c) utique (d) Burgarellus (e) N Lucio E Lucio,
ambo err. (f) lucencis (g) ymmo (h) Ottonem (i) Ottone (j) deffendissent
(k) Otto (l) sapientibus uiris

(1) Nel Cod. N, le lettere xa e la
prima asta della n seguente, sono scritte
sopra una raschiatura.

(2) Cfr. il documento che riproduce
gli accordi presi dai delegati dei tre
popoli nel convegno del 1168, e reca

prorsus stabiliri [a], nisi primo lites hominum Versilie et Lucensium terminarentur, fuit ibi constitutum ut duo homines per ciuitatem eas uiderent et diffinirent usque ad tunc proximum uenientem mensem augusti.   elegerunt [b] proinde Baldizonem Usummaris [c] et Nubilonem ianuenses [d], Guidotum [e] et Malumusum lucenses, Topertum [f] filium Dodonis [1] et Guirardum de sancto Cassiano pisanos; qui simul steterunt super illis litibus cognoscendis usque ad dictum terminum, et parum profecerunt.   nam infra hoc tempus Pisani per totam Tusciam nouas amicitias [g] quesierunt, sed nullas contra Lucenses habere quiuerunt.   similiter ad sub- uertendas illas quas Lucenses habuerant laborauerunt.   uidentibus consulibus ianuensibus hoc sub calliditate factum esse, statim armauerunt octo [h] galeas, quibus Anselmus Garrius consul et dominus fuit constitutus; et qui cum perueniret ad Portum Veneris cum illis galeis, cras ueniente uenerunt Baldezon [i] Usus- maris et Nubilon ibi et Topertus [j] et Guirardus de sancto Cas- siano, quibus omnibus res dicidenda missa fuerat.   quibus simul iunctis, dixerunt Pisani nostris: *damus uobis consilium ut consul uester Anselmus nullo modo recedat a Portu Veneris, quoniam causa quam uobiscum diu uentilauimus concordata est.*   qui continuo consuli dixerunt: *si super Pisanos modo offensurus iueritis et pax pro uestro itinere remaneret, maxima uobis esset infamia et incon- ueniens ualde.*   et pro his [k] uerbis distulit consul iter suum; et eo morante ibi [l], insonuit quod quedam galea Pisanorum iuerat [m] Prouinciam.   statim consul Anselmus Garrius ‖ binas galeas misıt   c. 80 c in Corsicam, binas Caprariam, binas Gorgonam, quatenus ob- uiam eidem fierent; et sic per decem dies litteris et nuntiis [n]

(a) *N* stabilire, *err.*   (b) ellegerunt   (c) Baldeçonem Ususmaris   (d) *N E* ianuenses et Nubilonem   (e) *N* Guidotem, *err.*   (f) Torpetum   (g) amicicias   (h) . VIII .   (i) Baldeçon   (j) Torpetus   (k) hiis   (l) ibi morante   (m) iuerat in   (n) nunciis

la data *apud Portumueneris* del maggio 1169 stile comune, e 1170 stile pisano. Leggesi, oltre che nel *Iur.*, I, 244, in una pergamena citata dal Tola, I, 238, che or si conserva nell'archivio geno- vese di Stato (*Materie Polit.*, mazzo 1)

ed è certamente sincrona, ma non quella *paricla* descritta dall'annalista, perchè non ha tracce d'alfabeto inciso.

(1) Nel Marangone, pp. 256 e 265: *Tepertus Dodonis.*

detinuerunt consulem, semper innuendo quod causa pacis erat nunc
ad finem producenda. cognouit [a] demum uerba illorum esse [a]
fraudulenter missa; iuit demum cum duabus galeis, et mane fuit
super Arnum, et ceperunt lignum ueniens et in profundum
maris illud submerserunt; et cum esset super Portum Pisanum,   5
exierunt obuiam due galee Pisanorum, dicentes consuli nostro:
expectate ut simul prelium iniamus et nolite fugere bellum. isti
autem illis dicebant: *eamus uersus pelagus pariter, et ibi prelium
erit inter nos et uos, quia uerendum est in uerbis uestris fallacibus
ne forte insidie nobis posite essent uel in latebris laterent, a quibus*   10
nos oportet cauere. et hi circum inspicientes a longe, apparebant
ligna uenientia; et sic aliquantulum ficte euntes, cum cernerent
se securiores et nullum auxilium eis ante captionem posset uenire [b], uerterunt [c] proram contra illas, signa ensibus et uexillis
sepissime facientes; quibus uisis, Pisani terga uersi sunt. et An-   15
selmo Garrio consule eunte usque Elbam insulam, inuenit galeas
suas quas miserat in die illa et loco quem eis predixerat; et
facta ibi contione, surrexit consul Anselmus Garrius dicens:
uiri prudentes, intelligite, si placet; nam multa tempora transiere
quibus nostra ciuitas infra terram Pisanos non ledit, et quia diuina   20
gratia multis nobis mare triumphis prestitis nos iusticiam fouere
indicat, honorificentius est nobis ut illud ad honorem Dei et nostre
ciuitatis incipiamus. cui responderunt dicentes: *domine, miramur*
multum super sapientiam et prudentiam uestram quare hoc dicatis,
cum scitis et multotiens [d] audiuistis nostras galeas satis plures numero   25
quam nos simus illud eundem uerbum quod dicitis cogitauisse et con-
silium inde habuisse; et uiri prudentes qui eis galeis prefuerant [e],
c. 80 D *cognoscentes fortitudinem loci de quo intenditis, noluerunt* ‖ *prestare*
adsensum. nam aliena uita, domine consul, nobis, si placet, debet
esse magistra. ad aliud igitur mentem uertatis uestram, quia non   30
deerit nobis illud quod Deus preuidit. quibus consul respondit:
uiri omni probitate uestiti, ne turbetur cor uestrum neque formidet,
quoniam apertius cognoscitur quod iustam fouemus causam, quam

---

(a) *manca* esse   (b) euenire   (c) *N* uerserunt   (d) multociens   (e) prefuerunt

(1) Forse volea dire: *cognoscens.*

tunc temporis non cognoscebatur; et ideo, si placet, uerbis et consiliis
meis, sicut uos decet et debetis, acquiescite. et sic uerbis consulis
acquieuerunt. et euntibus illis ad castrum Capalbi, fecerunt
insultum uiriliter, et combusserunt domos et omnia que extra
castrum et murum obtinuerant, et castrum utique prorsus cepissent, nisi de igne retro comburente de reuersione timerent.
multi eadem die uulnerati hinc inde fuerunt. et captis rebus castri et aliis lignis Pisanorum combustis, Ianuam feliciter redierunt, et adduxerunt circa .L. captos Pisanos. quo cognito Pisanis,
ira moti, armauerunt galeas .vi. quas miserunt Prouintiam [a], cupientes ex hoc sibi uindictam sumere. et consules nostri proinde·
statim galeas .vii. preparauerunt et miserunt illas, quibus Oto [b] de
Caffaro, consul, dominus et magister fuit a sociis preelectus [c].
eo itaque tempore nostri negotiatores [d] erant ad mercatum Forum
Iulii, et eo amplius timebatur ne a Pisanis tunc caperentur.
consul itaque Oto [e], tamquam uir prudens et honestus, die noctuque eas inquirens, dubitans ne forte negotiatores [f] qui aderant ad
nundinas Fori Iulii, timore [g] illarum galearum turbarentur, peruenit cito ad mercatum illud. quo uiso, repletis ingenti gaudio
et simul omnibus congregatis, surgens Oto [h] de Caffaro ait:
o uiri nobiles et sapientes, estote memores prudentie et honestatis uestro-
rum predecessorum [i], *qui non solum in Prouintiam* [j] *uerum etiam*
ad Portum Pisanum ualidum exercitum conduxerunt, et expeditionem
Pisanorum illic coram Deo et populo obsederunt, et summa ui et
magna potentia illos uicerunt, et sub nostris signis atque uexillis ad
arbitrium nostrorum pacem fecerunt, et insule Corsice, pro qua lis
fuerat incepta, medietatem integre uobis [k] *inuiti dimiserunt. et quia*
Deus his [l] *diebus preteritis nos oppressit,* ‖ *multo amplius conuenit ut*   c. 81 A
fortiores rebus et animo uos prebeatis, quia quos Deus diligit, corrigit
atque castitgat; et ut uos credatis me ista non dixisse temptando,
neque forma uane glorie, uolo ut hec mea uerba factis concordent.
iuro per sancta Dei euangelia [m], *quod si galeas Pisanorum inuenero,*

(a) Prouinciam miserunt   (b) Otto   (c) preellectus   (d) negociatores   (e) Ott
(f) negociatores   (g) et timore   (h) Otto   (i) predecessorum uestrorum   (j) Prouinciam   (k) nobis   (l) hiis   m) N euuangelia

illas non euitabo, immo[b] *pugnam pro posse meo exquiram; et si forte fugam, ut estimo, petierint, eas similiter pro uiribus tam diu fugabo, donec, Deo annuente, uictoriam consecuti erimus; et hoc bona fide obseruabo.*　quo facto, gens eximia, que ad nundinas fuerat congregata, clamans, dignis laudibus eum exaltarunt; et statim, ut ego arbitror, circa . LX . homines galearum, hortatione[c] illius effecti[d] prudentiores, illud idem quod consul patenter iurauit obseruaturi iurarunt; et inde assiduitate recedentes, inuenerunt galeas Pisanorum ad insulas Arearum; et nostris galeis ab illis a longe uisis, statim alta pelagi petentes, nostre circa miliaria . XX . cursu illis 10 uelotiores[d] fugauerunt; et tandem, misericordia Christi, Pisani pro posse pugnam uitantes capti fuerunt festo beati Laurentii martiris[e] galeis tribus; et nostris galeis redeuntibus ad negotiatores[f] prenominatos, maximam leticiam illis intulerunt; et 15 sic cum magno triumpho reuerse sunt Ianuam feliciter.

Post paucos dies relatum fuit predictis consulibus, Pisanos in Prouintiam[g] galeas mandauisse, pro offendendis nauibus illis que ad nundinas sancti Raphaelis iture[h] erant.　quo audito, consules fecerunt preconari per ciuitatem ut nemo ad nundinas illas sancti 20 Raphaelis iret preter in galeis, ut redeundo et eundo essent securiores; et insuper armauerunt . VI . galeas, pro custodia prestanda negotiatoribus[i] illis et nauibus alta pelagi petentibus, in quibus Ingo Tornellus dominus fuit a sociis constitutus.　iuit quidem in partibus illis pro portubus Prouintie[j] constringendis, quod 25 utique satis honeste peregit; permansit quidem illuc spatio[k] duorum mensium, ‖ et sospes cum galeis Ianue[l] remeauit.

Interim Grimaldus, uir satis conueniens atque modestus, cum quadam galea in qua Setam iuerat, ex Morrocho legatus sospes rediit[1].　　　　30

Iterum prenominati consules, mense decembris, armauerunt

(a) ymo　　(b) ortatione　　(c) *N E* effectu, *err.*　　(d) uelociores　　(e) martyris
(f) negociatores　　(g) Prouinciam　　(h) *N E* ituri, *err.*　　(i) negocia toribus
(j) Prouincie　　(k) illic spacio　　(l) Iannam

(1) Cfr. *Atti Soc. Lig.*, V, 560-61.

binas galeas, quas miserunt in Sardiniam pro iudicibus conso-
landis et Aruorea et castra nomine Arculento et Mamilla prefati regis Baresonis, que [a] in Sardinia tenebamus, in meliori statu
et securiori confirmando, et pacto cum quibusdam maioribus
5 personis illius insule iniendo.   quibus galeis prenominatus Ingo
Tornellus, consul, dominus fuit uocatus et constitutus [1].

Et pretaxati quidem consules multa suo consulatu expenderunt
pro multis et uariis negotiis [b] et utilibus, que eo tempore eis
immutabilia apparuere; et ut collecta quam facturi erant ad mi-
10 norem summam descenderet [c], statuerunt facere collectam in Sao-
nam et Nabolim, eo quod tunc temporis de compagna ciuitatis
Ianue erant sicut scripto continetur in registro [2]; et habuerunt
nomine collecte de Saona libras.... et de Nabolim libras.... [3]
et insuper fecerunt collectam denariorum . vi . per libram, ex-
15 cepto eo [d] quod collegerunt ab euntibus et redeuntibus et ecclesiis
ciuitatis atque plebium.   eodem quidem anno non minus Ianuenses iuerunt laboratum, propter guerram Pisanorum que hostiliter durabat.

Anno millesimo . clxx . existentibus quinque [e] consulibus in
20 re publica, Boiamonte Odonis, Ogerio Vento, Otonebono [f]
Alberico, Grimaldo, Oberto Recalcato; in causis uero existentibus . iiii . consulibus, Philippo Bonifatio [g], Fredenzone [h]
Gontardo, Bonouassallo Usumaris [i], Otone [j] Fornario; clauigeris
Lanfranco Grantio [k], Rubaldo Boleto, Viride et W[illielmo] [l]
25 Caligis de Palio; Lanfranco et Ogerio scribis, Oberto cancellario [m] existentibus.

(a) *N E* quod, *err.*   (b) negociis   (c) descenderent, *err.*   (d) *manca* eo
(e) *manca* quinque   (f) Ottebono, *err.*   (g) Bonifacio   (h) Fredençoni   (i) Bonoua-
sallo Ususmaris   (j) Ottone   (k) Lanfrancho Grancio   (l) Guillermo   (m) cançellario

(1) Due furono i consoli mandati in
Sardegna, seppure l'annalista non ha
errato riferendo il nome di Ingo Tornello scambio di Nuvolone. Cfr. gli
atti di pace de' giudici Barisone d'Arborea e Pietro di Cagliari, e le convenzioni da essi stipulate col citato Nuvolone nel dicembre 1169. *Iur.,* I, 246-48;
Tola, I, 239-40.

(2) Cfr. *Iur.,* I, 166, 186-88, 230.

(3) Spazi lasciati in bianco nei due
codici, della capacità di circa sei lettere.

Prefati consules satis inuenerunt ciuitatem Ianuam in tranquillitate positam, quoniam guerra, que olim intrinsecus fuerat,
tempore preteriti consulatus erat perfecto ‖ ordine solidata. sed
quia nondum erat radicibus fixa, et corda quorumdam hostium
adhuc uidebantur tenebrosa et uelut imbribus plena, primo 5
quam consulatum intrassent, habuerunt secreto in se ipsis
consilium, dicentes: *uideamus*, inquit unus illorum, *inquiramus*
uiam salutis, benignitatis, et modum ut urbem nostram in eo
statu quo saltim nunc est integre conseruemus, et insuper labore
et uigiliis, Deo annuente, pro uiribus augeamus; quoniam ueren- 10
dum est ne audatia prauorum, tamquam canis redit ad uomitum,
ira impetu uel casu quolibet uiciorum uiscera mentisque ciuium
conuocet uel declinet ad odium consuetum. cui alter respondit:
bonum est nos hic esse, dummodo mens nostra ne sit ab opositis [a]
aliena. puto enim mecum [b] *huius pacis nodum esse prefixum, ut* 15
ex parte quondam lites [c] *habentibus commendabiles* [d] *personas eli-*
gamus in medio positas, que diuidant uel secernant equum ab iniusto,
et ponant sibi diem semper [e] *pro lucro, dummodo rem publicam ita*
super his [f] *gubernent in tuto, ut orta uicia eorum cura uel studio*
prorsus exterminentur de medio. quibus tercius consul obpo- 20
nens [g], ait: *cum de querimoniis nobis factis solum inter ciues*
debeamus pronuntiare [h], *et pariter simus fidei iuramento districti,*
qua ratione a nobis [i] *iudicanda dubito aliis posse concedi.* cui
quartus consul beniuolentiam captans ei facere respondit: *nam*
questioni uestre, socii, nequaquam more hostili oppono, addo uero 25
tamen: audiatis quid sentio. fiat nunc, si placet, hec presens
electio [j], *et tantum cogatur ipsorum deuotio, ut quicquid* [k] *egerint*
equo arbitrio, nostro semper laxetur edicto. nam si unius abitus et
unius moris pariter essemus intus atque foris, cum nos parum tangat
uicium erroris, nobis foret forma et causa decoris. consul quintus, 30
ultimus: *ego uestra apposita qui* [l] *mente gero, precipuam quarti sen-*
tentiam fero. huius demum consilio acquiescentibus, elegerunt [m],

(a) opositis   (b) *N* metum, *err.*   (c) *N* littes   (d) comendabiles   (e) semper diem
(f) hiis   (g) opponens   (h) pronunciare   (i) a qua nobis: *manca* ratione
(j) ellectio   (k) quidquid   (l) que   (m) ellegerunt

ex parte Ingonis de Volta, Nicolam Ebriacum et Guilielmum [a] Buronem;|| et ex parte Rolandi Aduocati, Baldizonem Usummaris [b] et Lanfrancum [c] Piper. qui utique lites oriundas inter Fulconem de Castro et Anselmum fratrem eius et Rolandum Aduocatum,

5 aut inter homines omnium eorumdem, infra uiginti dies sequentis consulatus iurarunt ratione uel concordia diffinire. hoc ideo cautum fuit, ut cum consules se esse uacuos uel exhoneratos inspicerent ab his [d] uidelicet quibus impediri possint, maiori et euidentiori cautela [e] in guerra Pisanorum insudarent.

c 81 v

10 Appropiquantibus prenominatis consulibus ad principium sui consulatus, circa uidelicet sex dies, comites Lauanie, Pennellus scilicet et filii Guirardi Scorce, clam noctuque inuaserunt castrum Frascarii [f], et abstulerunt illud hominibus de Paxano, qui pro

15 ciuitate nostra tenuerant illud in feudum circa annos . XL . [1] quo facto, ciuitas Ianue tanto amplius inde turbata et mutata fuit, quanto factis uasallis [2] maiori caritate solito nos diligere nobisque fideliores esse debuerant. unde celebrato inde consilio, iuit ad eos consul, nomine Oto-

20 bonus [g], cum quibusdam, castrum nominatum prefatis comitibus petentes. qui preces consulis et sociorum exaudire nolentes, posuerunt dilationem, asserentes se uelle expectare quosdam suos amicos, quorum consilio consules responderent, dicentes tamen et affirmantes de captione prefati castri communi Ianue

25 nullam iniuriam fecisse; imo [h] ad infamiam et hodium hominum de Paxano hoc solummodo fecisse, aperta uoce profitebantur. quibus consul Otobonus [i], sotiorum [j] consilio, ait: *ego, uice comunis Ianue, appello uos tamquam uassallos [k], ut ueniatis in curiam Ianuensem rationem [l] uel iusticiam inde facturi.*

(a) Guillermum   (b) Baldiçonem Ususmaris   (c) Lanfranchum   (d) hiis
(e) cautella   (f) Frascharii   (g) Ottobonus   (h) ymo   (i) Ottobonus
(j) sociorum   (k) uasallos   (l) racionem

(1) Cfr. l'atto di sommissione dei signori di Passano, del 1132. *Iur.*, I, 40; e BELGRANO, *Tav. gen.*, III, IX, XIII.

(2) Cfr. il giuramento di fedeltà rinnovato dai conti di Lavagna a Genova, il 23 novembre 1163.

qui enimuero tunc facere recusarunt. redeunte uero consule
simul cum sociis, ciuitas nostra multo amplius in comites Lauanie ira et animositate turbata fuit.   sed ne uideretur quod
ultra quam sit equum uel iustum incedere uel incipere aliquid
uellent, uoluntatis consulum fuit ut denuo castrum illud per   5
consulem a predic‖tis raptoribus peteretur.   abiit illuc Grimaldus
consul, secum quosdam ex illorum amicis ducens, uidelicet Bonumuassallum Usummaris [a] et Otonem [b] Fornarium tunc temporis causarum consules, et Arduinum [c] Albericum et Picamilium [d].   redeuntibus autem illis castro non recuperato,   10
ciuitas nostra acriori mente et ualidiori affectu in comites ira
et indignatione comota fuit.   inito statim consilio et facta cum
uelocitate contione, consules coram omni populo iurarunt quod
si comites Lauanie infra decem [e] dies proximos uenientes castrum Frascarium [f] sine omni conditione comuni Ianue non   15
redderent, de cetero nec pax nec finis [g] neque etiam aliqua
concordia fieret inter Ianuenses et prefatos comites, donec Ianuenses castra comitum prorsus diriperent, et ab omnibus pos-
sessionibus suis penitus uacuos efficerent uel constituerent.   qui
etenim uindictam facere cupientes, continuo castra hominum   20
Cucurni et hominum Paxani ceperunt; qui ex tunc iurauerunt
facere guerram simul cum ualuassoribus [h] comitibus ordinatione consulum, et insuper exercitum et collectam per homines
suos, sicut eis prefati consules ordinarent.   quo facto, ciuitas
nostra preparauit se ad faciendum exercitum; nam militibus et   25
peditibus undique citatis et conuocatis, et emptis uel compa-
ratis quam pluribus rebus exercitui necessariis, Oto [i] Fornarius et
Bonusuassallus [j] Ususmaris, tunc causarum consules, simulque [k]
cum eis Arduinus [l], ierunt ad comites absque mandato
consulum comunis Ianue, exponentes comitibus illis iuramen-   30
tum [m] quod in contione uel parlamento factum contra eos fuerat.
quo audito, dolentes, habuerunt consilium; et antequam dictus
terminus decem dierum ueniret, mandauerunt comites consu-

(a) Bonumuasallum Ususmaris   (b) Ottonem   (c) Arduynum   (d) Piccamilium
(e) .x.   (f) Frascharium   (g) neque pax neque finis   (h) ualuasoribus   (i) Otto
(j) Bonusuasallus   (k) simul   (l) Arduynus   (m) N iuramtum

libus ut irent ad recipiendum castrum illud. quare Boiamundus
Odonis, consul comunis, cum Balduino[a] Guercio, Guilielmo[b]
Burone, et Picamilio[c] ad Segestrim[d] euntes, receperunt illud,
custodiam et uigilias cum soldariis in eodem ponentes, treuguam[e] inter illos usque ad dies .... [1] iurare facientes. quo
peracto, post paucos dies comites, cognoscentes se incurrisse in[f]
indignationem ciuitatis, aduenerunt ‖ Ianuam in parlamento, iurare   c. 82 a
uolentes captionem prefati castri ad contumeliam uel iniuriam
ciuitatis minime fecisse. tandem, post multa uerba, iurauerunt
coram consulibus et multis aliis se pacem et guerram de cetero
ubique facturos, et insuper collectas per homines suos facere,
quandocumque consules comunis Ianue eis preceperint.

Interea, relatione cursorum, dictum fuit quod Pisani galeas ordinauerant in Prouintiam[g] missuri, pro offensione illis facienda
qui ciuitati nostre uictualia afferebant. scientibus hoc consulibus
nostris, armauerunt sex[h] galeas, et Rapallini unam, et Saonenses
alteram, et Naulenses terciam, quas miserunt in Prouintiam[i]
ad custodiam nauium euntium uel redeuntium, per spacium
mensis[j] unius mansuras. quibus fuit Obertus Recalcatus, consul,
dominus et guida a sociis constitutus et preelectus[k]; qui etenim,
dum per diuersas partes in predicta custodia honeste et[l] prudenter et caute maneret, aduenerunt quatuor galee Pisanorum,
terram capientes longe a loco quo tunc erat consul fere miliaria . LX . audientibus uero Pisanis noua de nostris galeis que
posite[m] fuerant in insidiis, sine mora pelagus repetentes, parum
dampni tunc nostratibus intulerunt. consul uero prefatus ex
illis audiens, post eos cursum suum cum galeis arripiens, eua-
nuerunt ab occulis[n] suis; et non inuentis Pisanis, transacto ter-
mino mensis, Ianuam feliciter rediit.

Interea legati imperatoris Constantinopolim, nomine Comto-

(a) Balduyno   (b) Guillermo   (c) Piccamilio   (d) Segestrum   (e) treguam
(f) *manca* in   (g) Prouinciam   (h) . vi .   (i) Prouinciam   (j) *N* mensium, *err.*
(k) preellectus   (l) *manca* et   (m) Pisse, *err.*   (n) oculis

(1) Spazio per cinque lettere, in
ambo i codici.

stephanus, Costamunitus et Dorapatri [1], et cum eis Gibertus in-
terpres imperii, missi tunc temporis domino pape Alexandro,
cuius nomine ciuitas Alexandria edificata fuit et hoc nomen illi
impositum, mandauerunt consulibus, rogantes eos quo binas
galeas eis usque Terracinam mandarent, quibus ad nostram ci-   5
uitatem, ad quam delegati ab imperatore Constantinopolim fuerant, possent securiter uenire [a] cum magna peccunia [b], que
promissa fuerat comuni Ianue in pace dudum inter Ianuenses
et imperatoris legatum constituta. ordinauerunt statim consules
ut ex galeis . VIIII .[c] quas supra paulo ante ego Obertus cancel-   10
larius uobis exposui, tres mitterentur ad illos legatos conducendos.
et ideo Boiamons Odonis, consul, cum Rubaldo Bisatia [d] ad galeas nostras iuit, Oberto Recalcato consuli omnia innotescens.
mandauerunt ex illis galeis [e] trinas usque Terracinam, quibus
iuit Guillielmus [f] Buron, Simon [g] Aurie, Nubelonus, Nicola   15
de Rudulfo, Rubaldus Bisatia [h], Obertus Spinula, ut prudentia
tantorum uirorum associati, sine aliquo timore Ianuam possent [i]
letiores uenire. statuerunt prefati consules ut Trepedicinus [j],
qui Pisanus fuerat, cum duabus suis galeis, et homines Portus
Veneris cum totidem, per totam estatem in Portu Veneris   20
morantes, guerram Pisanis assiduitate facerent. qui uiriliter

facientes, ceperunt galeam unam Pisanorum, qua ibant duo consules, unus [k]
anni presentis et alter anni preteriti,
cum quibusdam aliis potentibus et nobilibus Pisanis. ductis   25
uero illis et positis in carceribus cum multis aliis qui diu capti
detinebantur, legati imperatoris, die Veneris mensis iunii, adue-

---

(a) *N uenirent, err.*   (b) pecunia   (c) . IX .   (d) Bisacia   (e) galeis illis
(f) Guillermus   (g) Symon   (h) Bisacia   (i) possent Ianuam   (j) Trepedecinus
(k) unus, err.

(1) Cioè: *Andronicus Comtostephanus,* rammentato spesso da Niceta Coniate (*Manuel Comnenus,* lib. v, c. 4, e *passim*) come duce d'eserciti; *Theodorus Casta-monitus* (da Kastamouni), zio materno di Isacco Angelo, durante l'impero del quale salì a grande potenza, giusta il racconto del medesimo autore (*Isaccius,* lib. IX, c. 5); e *Georgius Disypatus,* chiamato pur da Niceta (*Andron. Comn.,* lib. I, c. 2) *magni templi lector.*

nerunt Ianuam et attulerunt secum perparos . ˙56 . 000 . quos ,
ex gratia imperatoris, comuni nostro [a] cum litteris imperialibus
aureo sigillo impressis dare satagebant [1].   quos ciuitas nostra
recipere noluit, quoniam legatus noster Amicus de Murta nondum
uenerat , et dubitabatur quid promissum uel actum fuerat inter
ipsum et imperatorem. nam tandiu prudentia consulum illos
uerbis detinuit, quod legatus Amicus diues et felix rediit; et
tanta discrepantia facti et uerborum differentia claruit inter ea
que legati imperatoris consulibus dixerant et que scriptis illorum
continere uidebantur, quia honeste non potuit locum concordia
inuenire , cum minime legatos deceat mandati fines excedere
nec iniunctum sua pericia preterire.   igitur maluit comune nostrum milia perparorum predicta respuere [b], quam ad aliquod in-
conueniens incaute uoluissent deuenire.   sed ne in curia imperatoris uel alias putaretur, quod ciuitas nostra aliquid iniuriosum
uel etiam uitiosum [c] sancto imperio scienter contulisset , constat

(a) nostro comuni   (b) respuere predicta   (c) uiciosum

(1) Il progetto di convenzione, con-
cordato fra Manuele Comneno ed il
legato genovese Amico di Murta, por-
tava che da parte dello imperatore
*dabuntur nunc simul ciuitati et comuni
Genue solemnia annorum uiginti et sex
propter imminentes eius sumptus.* Cfr.
CAFFARO, 1828, pp. 141, con la data
erronea del 1157; SAULI, II, 189-90;
Iur., I, 252 segg.; e per la data precisa dell' atto, che è del 1169 e non
del '70, ved. DESIMONI, in *Giorn. Lig.*,
a. 1874, pp. 148. Ora ventisei annualità, a 500 perperi ciascuna, com'era
stabilito nel trattato del 1155 (cfr. pp.
42) e come questo progetto conferma
poco avanti del passo citato, sommano
appena a 13,000 perperi; oppure a
14,569, supponendo che vi si volessero
implicitamente contemplare altrettante
annualità di 60 perperi in favore del-

l' arcivescovo. Il dippiù offerto dagli
ambasciatori imperiali doveva rappre-
sentare adunque una larga indennità
attribuita ai Genovesi, per le perdite da
essi patite in Costantinopoli nel saccheggio del loro fondaco narrato da
Caffaro sotto il 1162. Le quali perdite
vedonsi esimate dall' annalista nella
cifra rotonda di 30,000 perperi, e più
precisamente nei documenti d'officio in
quella di 29, 443. Cfr. DESIMONI, loc.
cit., pp. 159.

Ancora si avverta qui confermata
l'esattezza delle espressioni *ruam et
fundicum* del Cod. *E*, già riferite nella
nota 1, pp. 42, laddove si rende conto
delle convenzioni del 1155; perchè
l'atto del 1169 torna a parlare della
*consueta roga quam de aula imperatoris
solent accipere Latini.*

eundem legatum Amicum de Murta ad sancti imperii prouidentiam fore remissum [a] inuitum, ut ipse, tamquam prudens, coram imperatoria maiestate patenter confirmet que suis uideba‖tur legatis mirabiliter displicere, et fiat sermonum legatorum uarietas ita dilucida, quod possint promissa hinc inde merito remanere intacta [1].

c. 82 D

Preterea prefati consules comunis Ianue, cum studio animositatis, sine mora quatuor [b] armauerunt ga-leas, et Nicenses rogatu ipsorum unam, et Sanctiromulenses alteram; in quibus sex Ogerius Ventus, consul [c], fuit magister et dominus a sociis adsignatus et preelectus [d]. quo recedente, consules post paucos dies audierunt [e] Pisanos cum galeis in numero pluribus in Prouinciam ituros. addiderunt binas galeas Trepedicini in societate prefati consulis; que omnes simul ad eandem custodiam in Prouinciam per spatium unius mensis et dimidii honeste perseuerantes, Ianuam feliciter redierunt. quo transacto, prefati consules, relatione cursoris, sciuerunt quandam galeam Pisanorum Sardiniam ituram cum consulibus et pluribus uiris nobilibus. dixerunt Trepedicino [f], ut cum tribus galeis poneret se in latebris uel insidiis, ingentem uel grandem pecuniam a comune sumpturus si illam capere posset. qui letus factus, cum duabus suis galeis et tercia Rapallinorum [g] prope insulam Elbe ponentes se in cu‧ stodiam, ceperunt illam Pisanorum galeam, qua erant duo con-sules, unus presentis anni et alter anni preteriti, quos cum sociis suis in carcerem posuerunt [a]. iterum galea Riciide Paxano et altera Rapalli [b] ceperunt aliam galeam Pisanorum; et cum illam Ianuam ducerent, ecce stolus regis Sicilie, qui tunc temporis intrauit in Yspaniam, abstulerunt illam nostratibus in partibus

5

10

15

20

25

30

(a) *N E* fere remisisse, *err.*   (b) . IIII.ᵒʳ   (c) *manca* consul   (d) assignatus et preellectus   (e) audiuerunt   (f) Trepedecino   (g) Rapalinorum   (h) Rapalinorum

(1) Cfr. DESIMONI, loc. cit., pp. 147 segg. e 178-81; HEYD, *Hist.*, I, 210 segg.

(2) Cfr. MARANGONE, pp. 259; il quale pone il fatto al 30 di maggio 1171 (stile pisano), e fa i nomi del console Caro di Tommaso del qm. Oberto Sigieri, e dei sapienti Turchiarello e Guidone Barbetta.

insule Zegi [1].   nam galee Portus Veneris bine, et una de Ver-
natia [a] et altera Paxani et quinta Segestri [b], et tres Rapallinorum [c],
hoc anno uiriliter guerram Pisanorum [d] fecerunt, et magnum
dampnum illis intulerunt.   nam consules, cor et animum in
5   guerram uehementer applicantes, denuo armauerunt octo [e] galeas
per compagnas ciuitatis, quas miserunt in Prouinciam ibi per
spatium [f] mensis mansuras, quibus fuit dominus Grimaldus consul
a sociis designatus.   et morantibus ibi, ecce galee Pisanorum
uenientes, fugauerunt illas, unamque ex illis ‖ nimia uelocite ca-   c. 8; A
10   pientes, cum triumpho eximio Ianuam conduxerunt.   quo facto
Trepedicinus [g], qui Pisanus fuerat, iuit in cursum cum sua galea
et altera Portus Veneris; et ceperunt nauim Pisanorum ex Sicilia redeuntem, in qua magnum lucrum [h] fecerunt.   et tunc
Oto [i] de Caffaro, mense octubris, legatus rediit a Murrocho; et
15   Rapallini, qui guerram laudabiliter fecerunt, duas denuo galeas
armarunt, quibus consules et in pluribus aliis, quas ego Obertus
cancellarius in hoc libro non scripsi, multa de comunibus rebus
expenderunt.

Interim Rogerius de Iusta, qui missus fuerat legatus ad Mon-
20   tem Pesulanum cum Petro Capra, rediit ab illa legatione. Interea, mense nouembri, Guidotus Linaiol, ciuis lucensis, uir
sapiens et nobilis, legatus aduenit Ianuam cum litteris sigillo
Luce sigillatis, rogans consules ut consilium facerent, quo expo-
neret quicquid [j] sibi a comuni Luce fuerat iniunctum.   cele-
25   brato statim consilio, attulit litteras suorum consulum, in quibus
continebatur ut faceremus exercitum mari et terra ad succur-
rendum castrum Mutronis, quoniam audierant Lucenses, Pisanos
continuo preparasse magnum exercitum ad turrim predictam
Mutronis uenturum; rogans iterum ut consules facerent con-
30   tionem, id est parlamentum, quo populo eundem sermonem

(a) Vernacia   (b) Sigestri   (c) Rapalinorum   (d) guerram Pisanorum uiriliter
(e) . VIII .   (f) spacium   (g) Trepedecinus   (h) *N* cursum, *err.*   (i) Otto
(j) quidquid

(1) L'isola del Giglio. Cosi in Bar-   *gium;* ed Jacopo D'Oria, sotto il 1291,
tolomeo Scriba, sotto il 1241: *Cum*   ha: *mare de Zigi.* Nell' *Atlante Luxoro:*
essent in aquis Pisanorum supra Çi-   « Zilo ». Cfr. *Atti Soc. Lig.,* V, 58, n. 187.

aperiret.   quo peracto, patenter exposuit quod quidem consulibus nuntiauerat [a].   fuerunt consules nostri cum senatoribus, et super his diutius consilium [habuerunt, et] [b] talem [c] prefato Guidoto responsionem fecerunt: *miramur super prudentiam ciuitatis uestre, cum Pisanis hostibus uestris satis* [1] *sitis affines, et condam* [d] *de illorum calliditatibus laudabiliter semper fuistis solliciti, nunc, ut fertis, tanti exercitus cursore uel quolibet modo nullam ueri habuistis noticiam. et licet iure uel pacto aliquo uobis milicia per terram non debeamus facere succursum; quia tamen innuitis causam eminere* [e] *periculum, faciemus ualidum marique terra sine mora exercitum.*   quibus legatus ait: *uereor, patres moribus approbati, et uix corde cernere* [f] *possum, quid super uestra dulci responsione sit utilius procedendum.*

c. 83 a *puto enim mecum quod si milicia* [g] *uestra propter moram et sump‖tus galearum pro hiemali tempore ne debeat desiderio nostro prodesse, petitio ciuitatis Luce uix aut numquam lucebit in lucem, et insuper sumptus uestre nobilitatis erunt quasi* [h] *notati pro infectis.   ueniat igitur unus uestrum, si dicere audeo, mecum, et sit uterque consulatus in unum quid sit utilius sibi eligere* [i] *profuturum.*   uoluntati cuius consulatus noster satisfacere cupiens, consul Otobonus [j], pro his [k] rebus statuendis, iuit cum prenominato Guidoto ad Portum Veneris, cum sociis Guidoto de Nigrone, Enrico Mallone [l], Petro Vento, Albertone Ricio.   qui repente galeam armantes et ad turrim Mutronis uenientes, ecce due galee Pisanorum uenientes obuiam illis cum tribus butiis [m], et non dimiserunt pro illis quin in terram ponerent Lucenses quosdam et res illorum, eiectis pilotis et sagitis.   Pisanis uero ibi remanentibus, nostra galea iuit ad quandam bretescam [n], quam Lucenses fecerant longe ab illo loco uersus Pisas circa quatuor [o] uel . VI . miliaria; et nocte facta, non inuentis ibi consulibus Luce, ecce galee Pisanorum, facientes illis insultum, non potuerunt nocere eis; et sic nocte

5

10

15

20

25

30

(a) nunciauerat   (b) *N E mancano* habuerunt et   (c) tale, *err.*   (d) quondam
(e) causam innuitis iminere   (f) decernere   (g) militia   (h) quasi   (i) elligere
(j) Ottobonus   (k) hiis   (l) Henrico Malone   (m) buciis   (n) betrecham, *err.*
(o) . V .

(1) Nel Cod. *N*, sotto ciascuna lettera
di *satis* stanno i segni di espunzione.

illa ad Portum Veneris redierunt.　secunda uero die, duabus galeis cum festinatione armatis, uenit consul cum sociis et legatus ad turrim Mutronis; et non inuentis consulibus Luce, dixit consul Otobonus [a] Guidoto legato Luce: *quicquid* [b] *dicturus*
5 *eram consulibus uestris, uobis illorum uice dicere* [c] *et exponere uolo. ite, dicite illis quod ciuitas Ianue pro posse parata est facere expeditionem maris et terre, uidelicet ad sucursum turris* [d] *de Mutrone. at si acies Pisanorum ita procinctas et paratas ad bellum sentiunt, quod Lombardi* [e] *milites propter moram longi itineris et exercitus*
10 *maris propter hiemem ne possint eis optatum prestare succursum, quo milites . 300 .* [f] *nostri nomine capiant, quibus procul dubio promissas soldatas amicabiliter soluemus; et insuper quatuor* [g] *galeas habebimus ad Portum Veneris.*　quibus auditis uerbis, legatus Luce letificatus ait: *queso, dicite michi hunc sermonem coram his* [h] *uestris*
15 *sociis et galee hominibus huius, et date michi manum et osculum, ut et ego confidentius hoc meis consulibus possim pro||mittere, et etiam in animam uestram iurare.*　cui consul Otobonus [i] satisfecit, sicut idem [j] legatus dixerat.　et statim mare turbato, quidam ex fortioribus uiris deposuit illum in terram.　eo eunte, retulit omnia
20 per ordinem consulibus et senatoribus Luce, et iurauit in parlamento quod consul Ianue eo predicto modo omnia exposuerat.

Quo facto, Lucenses consules litteras suo sigillo impressas prefato consuli et sociis ad Portum Veneris mandarunt, quibus continebatur quod electio [k] triumcentum militum sibi pernimium
25 placuisset [l], et ex tunc Ianue [m] ciuitas ab expeditione maris et terre cessaret, eo addito quod ad Portum Veneris octo [n] galeas haberent.　quibus litteris remissis ciuitati Ianue, Otobonus [o] cum sociis, dubitans ne forte ueritas aliter esset, cum tribus galeis statim ad turrim sepe dictam reiterato iuerunt, et inuenerunt
30 ibi Gualtrotum consulem Lucensem cum turba militum; et simul loquentes, dixit consul Lucensis, electionem [p] triumcentum militum comuni Luce quam plurimum placuisse; et tradidit illi alias litteras similes prioribus, quas Oto [q] noster consul sociis

(a) Ottobonus　(b) quidquid　(c) *manca* dicere　(d) succursum　(e) Lumbardi
(f) . II . 00 .　(g) 4 .　(h) hiis　(i) Ottobonus　(j) N isdem, *err.*　(k) electio
(l) placuisse　(m) N Ianu, *err.*　(n) . VIII .　(o) Ottobonus　(p) electionem　(q) Otto

suis consulibus assignauit. quibus hoc modo peractis, Pisani
interim cum magno exercitu militum et peditum, quem etiam
a tribus uel quatuor mensibus latenter et sapienter congregauerant,
turbis Lucensium pedetentim appropinquarunt[a]; et cum pax
a Pisanis sepius per tres dies Lucensibus petita iam esse non
potuit, comiscuerunt[b] se utriusque ciuitatis acies; quorum con-
flictu hinc inde pluribus interfectis atque retentis, Lucensiumque
castris penitus inuasis, et custodes uel deffensores[c] turris uehementer perterriti et uelut exanimes effecti, prefatam turrim
Mutronis reddentes hostibus, multo melius ea die et ipso Marte   10
contigit Pisanis. at cum Ianuenses, fama refferente,
audierint[d] Pisanos ad obsidionem turris insistere,
cum summa uelocitate marchiones, comites et affines milites litteris et missis citauerunt, et a Portu
Veneris usque Niciam uniuersos habitatores pre-   15
monentes, hostem et nimiam caualcatam ad suc-
currendam turrim Mutronis citissime prepararunt.
at cum Pisani[e] huius exercitus rumores per‖sen-
serint[f], ilico destruentes[g], cursu continuo ad lares
proprios remearunt. quo facto, Obertus filius Sofreducii, consul,   20
et Acursus[g] iudex, Ugo filius Angeli et Trufa lucenses aduenerunt Ianuam, inaudita et tristia[2] nunciantes, frontem submissam
uisusque[h] abitudinem quasi[i] sub rubore mixtam non minus ferentes; et qualiter rerum moderatrix omnium fortuna grauiter
illos tetigerat, tam populo quam et senatoribus, more sapientum,   25
lingua facunda intimarunt, adserentes[j] tamen quod moris uel
consuetudinis Luce quondam non fuerat tales infelices pati suc-
cessus. uerum de misericordia Christi et amicicia Ianuensium
quam plurimum confidentes, illud exorabant efficere nobiscum ut
id quod pulsantibus fuerat imbribus defloratum,

c. 83 b   turris
    murro
    nis

(a) appropinquauerunt   (b) commiscuerunt   (c) defensores   (d) audierunt
(e) Pisani cum   (f) persenserunt   (g) Accursus   (h) uisuque, *err.*   (i) quasi
(j) asserentes

(1) Sottinteso: *turrim.*

(2) Nel Cod. *N*, mutato d'altra mano, ed a torto, in *tristicia*, aggiungendo sopra a la sillaba *ci.* E *tristicia* replica diste-samente il Cod. *E.*

Antequam sol intret leonis hospitium [a]
Pristina sit florum copia ornatum,
Tunc candebunt lilia floribus in pratum,
Cum, auspice Deo, erit restitutum
Quod Luce militibus ui fuit ablatum.

Quibus consules respondentes, dixerunt:

Quia preces uestras libenter admittimus,
Id quod mentem latet uobis nostram pandimus.
Antequam mutetur luna septem [b] *uicibus,*
Sit cum sole iuncta signo, uel in gradibus,
Mars atque Saturnus erunt in aspectibus
Trinis, at non quartis potius sextilibus,
Septimique [c] *fuerit dominus retrogradus,*
In octaua domo is erit Mercurius,
Radios undecimi uidet ipse Phebus,
Rutilans in tercio rubicunda Venus,
Iupiter undecimo fuerit direptus,
Tunc aties [d] *nostre erunt cum Lucensibus.*
Sit utinam Deus utrisque propicius.

Interea prenominatus consul Lucensis et W[illielmus] [e] Sardena, nostre urbis consul electus [f], simul cum Balduino [g] Guercio, Nicola Ebriaco, Ansaldo Golia, tunc consule [h] causarum [i], ierunt Lucam ianuario mense, pro his [i] omnibus bono ordine statuendis.   nam prefati consules, rem pubblicam satis honeste tractantes, fecerunt collectam infra urbem nostram denarios . VIII . per libram, exceptis denariis [j] plebium, uindictarum et nauium.

In hoc hanno consules causarum dictis et operibus publica negotia [k] pro uiribus explicarunt ; qui equum et iustum amantes [l], ‖ cuique ius suum patenter et bona fide laudarunt.

c. 84 A

(a) hospicium   (b) . VII .   (c) Septimi   (d) acies   (e) Guillermus   (f) ellectus
(g) Balduyno   (h) *N* consul, *err.*   (i) hiis   (j) *N E* denaris   (k) negocia
(l) donantes

(1) Veramente era console *eletto* anche lui.

censes cicius[a] et commodius[b] possent de tenebroso carcere ad
lucem optatam uenire. quo peracto, Ni‖cola Roza[c] consul comunis Ianue, et Guillielmus de Nigrone [d] consul causarum, euntes
usque Narbonam[e], Ianuenses ad compromissum[f] exercitum,
5 pena etiam illis iniuncta, uix ad urbem Ianuam conduxerunt[1].

Interea Trepedecinus[g], qui Pisanus fuerat, cum
galeis quinque[h] dampnum grande intulit Pisanis. nam denuo, continua commutatione[i]
bis . IIII.ʳ [j] galee separatim immensam lesio-
10 nem eisdem Pisanis fecerunt. qui siquidem
consules octo[k] gatos et totidem galeas imponere et fere explere
fecerunt, pro utilitate futuri exercitus. post
hec nauis Iohannis Toxici[l], que itura erat
Alexandriam, tempestate ualida agitata, in por-
15 tum Aiacii[m] in Corsicam ducta[n], nimia frigidi-
tate uentorum passa fuit naufragium. quo facto,
propter metum Pisanorum, continuo armauerunt galeas quinque[o]
et nauem preparauerunt, quas ad prenominatum portum miserunt, ut res nauis illius ad ciuitatem nostram conducerent;
20 quarum utique tam naue quam et galeis grandem partem uelocitate duxerunt.

Dum enim ista acciderunt, homines de Paxano, qui de calliditate comitum Lauanie castrum Frascarii[p] preterito consulatu
amiserant, inuaserunt castrum Zerli; et ui tenentes illud, comites
25 Lauanie obsederunt illud; et quo obsesso, homines de Paxano
reddiderunt illud consulibus comunis Ianue, quemadmodum et
comites castrum illorum prefatis consulibus reddiderant[q] [2]. quo

c. 84 ª

(a) citius   (b) N comodius   (c) Roça   (d) Guillermus de Negrone   (e) Nerbonam
(f) promissum   (g) Trepedicinus   (h) . v .   (i) N comutatione   (j) quatuor   (k) . VIII .
(l) Tosici   (m) Ayacii   (n) N E ductam, err.   (o) . v .   (p) Frascharii   (q) reddiderunt

(1) Cfr. il trattato di alleanza con
Raimondo v, conte di Tolosa, e duca
di Narbona, del 1.° maggio 1171. Iur.,
I, 256, 258.

Narbona era tuttavia governata dalla
viscontessa Ermengarda, colla quale i

Genovesi aveano stipulato il trattato
del 1167; ma, per la nuova convenzione,
essi riacquistavano ora l'amicizia del
conte. Cfr. pp. 189, nota 1.

(2) Cfr. gli atti del 4 agosto 1171.
Iur., I, 262-65.

...cto, comites Luuanie aduenerunt ...nam de hominibus Pisani grauiter conquererentur; causa quorum diu uentilata, tandem consules castellum Zerli(a) comitibus Luuanie reddiderunt.

Namque in mense madii Willielmus](b) Sardena, 5
consul communis Ianue, cum Lanfranco Pipere, Nubelone(c), Corso, Oberto cancellario(d), adiuit Lucam, uolentes scire si uictualia exercitui necessaria, quem facturi erant per totum proximum mensem iunii, possent apud Lucam sufficienter inuenire, attamen cum proficuo et sine 10 dampno Lucensium, uidelicet hoc modo, ut modius grani et ordei et mensura uini et aliarum rerum exercitui necessariarum de(e) duobus tribus, et non ultra, egentibus uenderentur. quibus siquidem consules Luce se nullo modo facere posse, consulti, responderunt. et quia grauissimum erat et euidens periculum 15 in tanta temporis breuitate tam grande exercitum constituere, et maxime cum mille militibus, clientibus et peditibus multis, cuncta necessaria non apud Lucam sed per totam Tusciam uix labore nimio possent inueniri, et galee et gatti(e) ad terminum illum facti non poterant esse, dilatauerunt exercitum tam maris 20 quam terre, uoluntate consulum Luce, commodius(f) esse faciendum in futura estate. attamen simul sermones habuerunt, dicentes: *Pisani hostes nostri destruxerunt turrim de Mutrone anno preterito; oportet igitur et decet altitudinem nostrarum(g) ciuitatum ut turrim satis Pisanis proximiorem bedificare labore con-* 25 *tinuo incipiamus.* quibus ita dicentibus, placuit hoc consulibus et senatoribus non displicuit, ut tamen, amore Lucensium et maxime odio Pisanorum, equis expensis in littore maris eam edificarent(h), et ut ita dicamus in placia(i) pisana, uicinior Pisanis et proximior quam altera non fuerat. et mandauerunt consules 30 Sismundum Musculam, uirum utique probum et honestum, et

(a) Çerli (b) Guillermus (c) Nubelono (d) cançellario · (e) gati (f) N commodis, err. (g) ciuitatum nostrarum (h) bedificarent (i) plaçia

(1) Non giustamente il Muratori corresse *de* in *denariis*; ed il Pertz riprodusse la correzione. Ma l'autore ha voluto dire i due terzi d'ogni derrata.

cum ipsum Raimundum[a] magistrum, ut eligerent[b] locum in predicto littore ad edificandam[c] turrim aptiorem et forciorem[d]; et est locus talis. quidam mons non multum altus est constitutus super quandam planiciem, quo castrum quoddam edificatum[e] est, quod uocatur mons Grauantus, distans a mare circa duo miliaria, in radice cuius montis oritur fons uiuus et pulcher[f], aquas nimias et serenissimas ducens; facit quidem lacum, ex habundantia cuius tota planicies fere usque ad Serculum flumen impletur; paludes creat ingentes, admodum dempsas et spissas[g], quod a radice montis usque ad litus maris nemo potest transire propter loca acquosa et profunda, nisi per quendam iactum petrarum parum altiorem aqua; et uocatur iactus iste Via regia, ad quam nemo pedes potest adpropinquare[h], nisi forsan paruissimo nauigio. in capite iactus cuius est pulchrum[i] et laudabile edificium[j], quod vocatur turris de Via regia[k]; que siquidem est rotun‖da, et in circuitu pedes . LXVIII . et debet edificari[l] altitudo illius usque in brachia . LXXX. et murus in circuitu ipsius brachia . LX . et alter murus, quod appellabitur barbacana, leuabitur arbitratu boni uiri. et ut uerum fateatur, turrim predictam, quam Ianuenses cum Lucensibus ad Viam regiam hedificarunt, ingredientes Arnum uel faucem Arni clare possunt illam inspicere et sequentibus digito assignare[m].

c. 84 D

τvaτum mu tronis

Interea Rapallini armauerunt duas galeas super Pisanos, quibus dampnum magnum eo tempore fecerunt. nam circa exitum huius consulatus[1] Christianus[n] archiepiscopus Magontinus, archicancellarius[o] et legatus totius Italie[p], missus tunc a domino

---

(a) Raymundum (b) elligerent (c) hedificandam (d) fortiorem (e) hedeficatum
(f) pulcer, err. (g) densas et spisas (h) appropinquare (i) pulcrum (j) hedificium
(k) quod turris de Via regia uocatur (l) hedificare (m) N asignare (n) Cristianus
(o) archicanzellarius (p) Ytalie

(1) Cioè nel gennaio 1172, come abbiamo dagli *Annales Placentini guelfi*; i quali registrano il fatto ancora sotto il 1171, perchè Piacenza contava gli anni *ab incarnatione*, posticipando di tre mesi su l'anno comune. Cfr. PERTZ, *SS.*, XVIII, 413.

Anno millesimo . CLXII . præsentibus sex consulibus in re publica. Simone[a] Auriæ. Corso Sigismundi. Oxoborno[c], Rubaldo

Bisatia[a], Amico Grillo, Oberto Spinula; in causis uero, in . IIII .ᵒʳ compagnis, Philippo Bonifacii, Fredentione[b] Gontardo, W[illielmo][c] Crispino, Rogerio de Iusta; in aliis . IIII .ᵒʳ compagnis Petro de Marino, Sigismundo Muscula, Philippo Baraterio, Rolando Guaraco[d]; clauigeris Ugone Alberico, Martino Tornello et Malerba; Oberto existente cancellario; Guilielmo Caligis de Palio, et Ogerio Pane de comuni, in causis uero Ogerio et Gandulfo Constancii[e] existentibus scribis.

Nam prefati consules comunis honorem nostre ciuitatis augere cupientes, habuerunt in urbe nostra colloquium cum Cristiano Magontino[f] archiepiscopo et Germanie archicancellario[g], qui tunc legationem et uicem imperatoris Frederici gerebat per totam Italiam, dicentes hoc modo: *domine, decet imperatoriam maiestatem, ut qui in tanta temporis uarietate fideles imperio extiterunt ab ipso imperatore et maxime a uobis, qui presentialiter uicem ipsius geritis, meritum et retributionem consequi debeant, et possint aliis esse bonum exemplum, qui fide et operibus et bona maluerint uoluntate forsan participare uobiscum. nos enim Constantinopolitani*[h] *imperatoris dona nobis transmissa, perparorum uidelicet . XXVIII . milia*[i], *maiestatis imperialis intuitu*[i] *spreuimus, et regni Siculi omnia comoda renuimus, quoniam in ipsorum amborum pace uel conuentione uidebatur quodammodo honor imperii decrescere. nam cum Lombardis*[i] *huc usque distulimus asotiare*[k]; *cursoribus et missis imperatoris, per terram nostram transeuntibus, ducatum amice fecimus semper prestare. que omnia Pisani non rogati, immo*[l] *rogantes et supplicantes, contra decorem imperii facere non recusarunt. que ergo dabitur utrisque merces? dic, archipresul, qui multa coerces?* quibus archiepiscopus respondit hoc modo,‖ dicens: *uos honorastis me intuitu*[m] *imperatoris; libenter quidem uolo desideriis uestris satisfacere. nescio uero quid uobis sit optabilius*[n]. *dicite ergo michi, quid corde uestro sedeat*[o] *carius; quia, saluo decore imperii, honorem*

c. 85, 2

(a) Bissacia   (b) Fredençone   (c) Guillermo   (d) Rubaldo, *err.* Guaracho   (e) Constantii   (f) Magontino   (g) archicançellario   (h) *N* Costantinopolitani   (i) intuytu   (j) Lumbardis   (k) associare   (l) ymo   (m) intuytu   (n) *N* obtabilius   (o) *manca* sedeat

(1) Cfr. pp. 235, nota 1.

ciuitatis uestre uolo pro uiribus inquirere et implere.   cui responderunt : *domine , ciues Lucenses tamquam nos ipsos diligimus , ex quibus in carcere Pisanorum sunt quam plures* [a] *forte conclusi, quos ex eo carcere uelut proprios, aut ui, Deo annuente, illos eripere, aut quolibet modo animi sinceritate cupimus eos ex eadem pena liberare.* 5
quibus respondit : *ego in spiritu ueritatis promitto uobis quod pro uiribus laborabo ut eos recuperem, excepto quod guerram non faciam Pisanis neque ponam illos in bannum imperatoris ; quia non sum missus pro guerra , sed pro pace in Tuscia* [b] *uel in Italia componenda.*   et ut prefatus archicancellarius [c] cum puritate cordis ad 10
deliberationem Lucensium laboraret , consules Ianue, Lucensibus etiam [d] ignorantibus, iurauerunt se proinde daturos archiepiscopo libras . $\overline{\text{II}}$. ccc [1].   quo recedente, iuit in Tusciam; et aput Senensem ciuitatem couuocatis comitibus, marchionibus, consulibus ciuitatum a Roma usque Lucam, et innumeris personis, celebrauit 15
ingentem curiam, ad quam consules Otobonus [e], Obertus Spinula, cum quam pluribus uiris nobilibus, Sigismundo consule causarum, Enrico Aurie , Ogerio Vento, Lanfranco Alberico, litteris appellati, iuerunt.   quibus honestissime receptis , post multa uerba, archicancellarius [f], curia laudabiliter plena aperuit os suum; gene- 20
raliter omnes salutauit ex parte imperatoris Frederici, beneuolentiam ab his [g] sapienter captauit ; cartam imperatoris exibuit qua potestatem uniuersalem ab eodem sibi concessam ostendit. deinde Ianuensibus, Pisanis et Lucensibus dixit: *o uiri potentes, princeps romanus imperator uester, dominus Fredericus, dolet de guerra* 25
quam simul habetis, pro qua etiam habitantes a Roma usque Prouinciam ad inuicem facti sunt inimici ; et non potest de cetero pati uel ferre ‖ *quin pacem et concordiam inter uos omnes componat.*   *uos itaque deprecamur , et iubemus uobis ex parte ipsius , ut pro pace inienda uos prorsus ponatis in curia nostra. uolumus enim et opta-* 30
mus ut Ianuenses sua probitate nobis primo respondeant.   quibus

c. 85 c

(a) quam plures sunt   (b) N Tussia   (c) archicançellarius   (d) etiam Lucensibus
(e) Ottobonus   (f) archicanzellarius   (g) hiis

(1) Atto del 6 marzo 1172. Cfr.
ToLA, I, 242; *Atti Soc. Lig.*, I, 345, 346.

consultis cum Lucensibus, annuerunt precibus imperatoris. Pi-.
sani dubitantes et archicancellarium [a] suspectum habentes, eo
quod transierat per ciuitatem Ianue, induciam quesierunt. qua
impetrata, antequam a curia recederent, palam iurauit archi-
5 cancellarius [b], episcopus Magontinus, quod pro pace componenda seruicium ullum sibi factum nec facturum erat, et bona
fide pacem trium ciuitatum, saluo honore illarum, inquireret.
interim consules Ianue secretum habuerunt colloquium simul
cum archicancellario [c], et post multa uerba dixerunt: *domine, si*
10 *Pisani uobis minime satisfecerint, iussa imperatoris obseruare nolentes,*
deceret uos ut guerram eis de cetero faceretis, et eos tamquam hostes
imperii [d] *in bandum domini imperatoris ponatis.* quibus respondit:
ego non exiui nec [e] *missus fui pro guerra Pisanis facienda; et multa*
expendi et multis indigeo rebus, et multo amplius indigerem si expe-
15 *ditionem facerem et proinde gentes simul coniungere deberem. uerum*
pro offensis quas domino imperatori Pisanos fecisse cognosco, et meis
iussionibus non fauerunt, si uultis conuenire mecum, illis guerram [f]
faciam bona fide uobiscum, si Lucenses ex parte Portus Pisani erunt
in exercitu pro posse mecum, et uos in mare cum galeis ad Portum
20 *prefatum.* cui Lucenses responderunt hoc: *domine archipresul,*
si placet, esse non potest. nam si castellum de Via regia et ciui-
tatem nostram solam dimitteremus, nimis esset uerendum propter
affinitatem Pisanorum. estote uos cum exercitu ex ea parte quam
dicitis, et nos erimus prope ciuitatem illorum ex parte montis Pisani,
25 *et Ianuenses ad Portum prenominatum galeis* [1]. et tunc non potuerunt se concordare, et redierunt Lucenses et Ianuenses [g] ad
Lucam. et uolentibus nostris consulibus ad urbem nostram
uenire, Lucenses supplicauerunt nostris ut moram adhuc facerent, quousque ad curiam irent et redirent. quibus euntibus
30 ‖ et redeuntibus, supplicabant nostris consulibus de exercitu in　　c. 85 D

(a) archicançellarium　　(b) archicanzellarius　　(c) archicançellario　　(d) tamquam
homines imperii hostes　　(e) neque　　(f) guerram illis　　(g) Ianuenses et Lucenses

(1) Il Pertz stampò *cum galeis*, pre-
ferendo la lezione del Cod. Britannico.

Pisanos constituendo.   quibus consules responderunt : *super pru-*
dentiam uestram , uiri strenuitate fulgentes , satis miramur , quod
hortamini (a) *nos ad tantas expensas faciendas.   scitis enim, quia hac*
futura estate iuramento uobis tenemur exercitum mille militum in
partibus uestris habere, et ducere super terras Pisanorum.   et si   5
uerbis domini archiepiscopi et uestris adquiesceremus (b), *et postea nos*
cogeritis expeditionem mille militum (c) *facere*, *nimis durum et grauis-*
simum et etiam importabile uideretur.   quibus Lucenses responderunt :   *nolumus enim ut* (d) *aliquod dampnum feratis, quoniam bonam*
fidem in omnibus uos uidemus habere ; et ideo dicimus uobis : lo-   10
quamur denuo cum archicancellario (e); *et si iuraueritis ei dare peccu-*
niam (f) *et per mare facere exercitum, statim sitis de expeditione mille*
militum et de peccunia (g) *danda in acquisitis* (h) *uel acquirendis militibus*
in Tuscia (i) *absoluti.*   quo dicto, redierunt pariter ad
archicancellarium (j), et hoc modo sese cum eo con-   15
cordauerunt.   iurauit quidem archicancellarius (k), in
presentia nostrorum, et Lucensium et procerum
curie, quod denuo conuocaret Pisanos, Ianuenses
et Lucenses in plena curia, ut pro pace componenda
inter eos in eius curia se prorsus ponerent ; et si   20
Pisani hoc facerent, captos Lucenses primo de carcere Pisanorum
liberaret ; deinde habitis hinc inde sufficienter sacramentis, daret
sententiam de pace sicut scripta fuit ad Portum Veneris per
Otobonum (l) et Alcherium lucensem [et Gerardum] pisanum (1),

(a) ortamini   (b) aquiesceremus   (c) millitum   (d) *manca* ut   (e) archicançellario   (f) pecuniam   (g) pecunia   (h) aquisitis   (i) in Tuscia militibus
(j) archicanzellarium   (k) archicançellarius   (l) Ottobonum

(1) Nel Cod. *E*, dal brano che comincia *quibus Lucenses responderunt*
sino a questo punto, occorrono molte
lettere e parole sbiadite, e ricalcate da
mano posteriore. In ambi i codd. però
è una lacuna della capacità di otto o
nove lettere ; ma non può esser dubbio
che dovea riempirsi col nome del console pisano Gerardo, preceduto dalla
particella *et*. Basta consultare l' atto
già citato, del 6 marzo, nel quale Cristiano promette : *pacem ... faciam ...*
iurare ... sicut scripta et diuisa per a b c
fuit in Portu Veneris, per Ottobonum
de Albericis ianuensem et Alcherium Vec-
chii lucensem et Gerardum Bulgarelli pi-
sanum. Cfr. pp. 248, nota 1.

concordarunt; at si Pisani renuerent se ponere in curia prefati cancellarii (ᵃ), deberet illos publice in bannum imperatoris
mittere, et frangere omnia priuilegia illorum, et maxime ea que
ex Sardinea habuerant; et monetam pisanam faceret infamem
5   et irritam; et insuper facere exercitum pro posse, et uenire
super Pisanos ex parte Portus Pisani, et offendere illos tamquam hostes imperii; et Lucenses tunc expeditione ex parte
montis pisani, et Ianuenses per mare cum galeis (ᵇ) in partibus illis.
et propter hoc iurauerunt consules Ianue dare illi libras 1000,
10   si hoc totum adimpleret.   quo‖ facto, Pisani ad terminum constitutum redierunt; et post multas dilationes eis concessas, Cristianus archicancellarius (ᶜ) imperatoris celebrauit curiam magnam,
in qua publice posuit Pisanos in bandum (ᵈ) imperatoris, sicut
continetur in litteris quas comuni Ianue mandauit.   et hoc est
15   exemplum illarum litterarum:

     C[hristianus], *Dei gratia Magontine sedis archiepiscopus, et ar-
chicancellarius* (ᵉ) *Germanie et totius Italie legatus, carissimis amicis
suis consulibus Ianue et toti populo, salutem et optimam* (ᶠ) *uoluntatem.*   *perpetue mentis nostre memorie figentes honestissima bonitatis*
20   *uestre seruitia* (ᵍ), *que persone nostre toto mentis affectu et corporis
assiduitate nuper, cum apud uos essemus, exibuistis, ita nos uobis
reddunt obnoxios, ut pre omnibus uestris Italie consortibus uos diligere specialiter debeamus, et ciuitatem uestram honorare teneamur et
exaltare.*   *ea propter, notum facimus uniuersitati uestre quod proxima*
25   *tercia feria post Letare Ierusalem* (1), *congregata apud Senas celeber-
rima curia, in platea* (ʰ) *ciuitatis consedimus, in conspectu prefecti* (ⁱ)
urbis Romanorum, et coram marchionibus anconitanis (ʲ), *Conrado
marchione de Monteferrato, comite Guidone, comite Aldebrandino,
et quam pluribus aliis comitibus, capitaneis, ualuassoribus, consu-*
30   *libus ciuitatum Tuscie, Marchie et uallis* (ᵏ) *Spolitane et superioris
atque inferioris Romanie, et Infinita populi multitudine, contumatiam*

(a) cançellarii   (b) cum galeis per mare   (c) archicançellarius   (d) bannum
(e) archicançellarius   (f) *N* obtimam   (g) seruicia   (h) plateis   (i) *N E* prefati, *err.*   (j) aconitanis, *err.*   (k) ualis

(1) Cioè il 28 di marzo.

et superbiam Pisanorum ostendimus, humilitatem atque insticiam uestram omnibus notam fecimus, et deinde causidicorum imperii indicio
et assensu principum, episcoporum multorum uidelicet et superius enu-
meratorum [a], et ad fauorem omnis populi [b], omnia priuilegia Pisanorum quecumque a serenissimo domino nostro Frederico [1] imperatore   5
Romanorum inuictissimo, et ab omnibus predecessoribus suis obtinue-
runt, cassauimus, et nominatim ea que de Sardinea et de ripa maris,
et de libertate ac fodro ciuitatis sue ac terre, et de comitatu comitis
Uguelini et comitisse Matilde, et insuper de moneta, quam irritam
fecimus et dari siue recipi sub pena rerum atque [c] personarum pro-   10
hibuimus; et preterea quicquid [d] de honore atque utilitate ipsorum
potuimus excogitare, eis [e] imperiali auctoritate ‖ abstulimus.   deinde
ciuitatem ipsorum et burgum, atque personas et peccuniam [f] in ba-
num domini imperatoris, auctoritate imperiali et nostra, et misimus
et publicauimus.   multo etiam his [g] plura addidimus in confu-   15
sionem eorum, que uobis nequaquam promiseramus, sicut ab amicis
uestris Lucensibus luce clarius cognoscetis.   amonemus igitur atten-
tissime discretionem uestram, ut, omni occasione postposita, usque ad
proximum pasca, siue octauas ipsius pasce . ι . galeas habeatis preparatas . xx . Ianue et . xx . ad Portum Veneris, et . x . que uersus   20
Romam ducantur.   egimus enim cum prefecto [h] urbis, ut apud
Ciuitam uetulam et per districtum suum et per terram comitis Alde-
brandini libere et secure possitis eas [i] ducere: et insuper exercitum
uestrum cotidie preparetis.   idcirco autem sciatis, quod nullum
prorsus uobis terminum de peccunia [j] nobis soluenda dare possimus   25
nec uolumus.   multis enim ad presens, propter id ipsum, tenemur
debitis, et damus militibus et precipue illis de sancto Miniato.   inde
est quod sapientiam uestram, quam intime rogamus et sub sacramento
quod nobis fecistis comonefacimus, ut debitam nobis peccuniam [k]
determinato tempore statim persoluatis, et sicut in simplicitate et fide   30
atque ueritate uobiscum ambulamus, sic et ipsi nobiscum ambulate,

(a) enueratorum   (b) et affuerunt omnes populi   (c) ac   (d) quidquid   (e) eis ex
(f) pecuniam   (g) hiis   (h) prefeto, err.   (i) eos   (j) pecunia   (k) pecuniam

(1) Cod. N, sopra il nome di Federico: I.

et uirtutem sacramenti et necessitatem tanti negotii obseruate sapienter [1].

Interim Rapallini armauerunt galeas . II . et homines Segestri . II . et Portus Veneris . I . et dapnum grande fecerunt Pisanis.   et
5 tunc Corsus, consul comunis, cum duobus consulibus causarum, Rogerio de Iusta [a], Philippo Baraterio, iuerunt in Tusciam et

---

(a) et

(1) Il bando contro i Pisani fu pronunciato da Cristiano nel febbraio del 1172. Ma essi vennero poi reintegrati in ogni loro privilegio dal medesimo arcicancelliere il 27 di giugno ; *et... Pisanorum consules precepta eius de pace tenenda iurauerunt.* Cfr. MARANGONE, pp. 262, 263. Inoltre Cristiano avea pochi giorni avanti, standosi in Ponte Flesso, oggi Montuolo, circa tre miglia lontano da Lucca, rilasciato ai Genovesi questa dichiarazione, che io ricavo da pergamena inedita (Arch. di Stato in Genova: *Materie-Politiche,* mazzo I).

† Si ego Christianus, Dei gratia Maguntine sedis archiepiscopus, Germanie archicancellarius et Ytalie legatus, ordinauero uel elegero, uel ordinare uel eligere fecero, duas personas de ciuitate Ianue et duas de ciuitate Lucensi et duas de ciuitate Pisana et duas de ciuitate Florentie, ad inueniendam et inuestigandam pacis concordiam inter predictas ciuitates, nichilominus tamen ob hoc tenebor de illis omnibus obseruandis et adimplendis que scripta et contenta sunt in carta quam feci Ianuensium et Lucensium consulibus, scilicet Ottonibono et Oberto Spinule et Alcherio et Lamberto et Turchio atque Antelminello atque Guascono, recipientibus pro comuni suarum ciuitatum, que

scripta fuit per manum Bartholomei notarii. et hec omnia dicimus et intelligimus, saluis per omnia uniuersis capitulis eiusdem scripture et conuentionis. item promitto et iuro uobis Ianuensium et Lucensium consulibus, Simoni Corso, Amico Grillo, et Lamberto Sclate et Turco, recipientibus pro comuni uestrarum ciuitatum, quod ego pacem quam inter uos et Pisanos ordinauero, uel ordinari fecero, meo priuilegio et sigillo meo sigillabo et confirmabo, et similiter priuilegio domini nostri imperatoris confirmari faciam. si uero Pisani pacem fregerint, ego meum consilium et auxilium eis subtraham sine fraude, donec ad pacem peruenerint, et firmiter Florentinis sub debito iuramenti precipiam, nec id postea reuocabo, uel discomandabo quod interim nullum inde consilium uel auxilium prestent Pisanis. et hec omnia conuenio et promitto et ad sancta Dei euangelia iuro sine fraude et malicia obseruare et complere uobis consulibus Ianue, scilicet Amico Grillo et Uberto Spinule, et uobis consulibus Lucensium, scilicet Lamberto et Turcio et Alcherio et Antelminello atque Guascono, ad uestrum purum intellectum. actum jn pontili plebis de Pontefessii . MCLXXII . indictione quarta. decimo die iunii.

Lucam, locuturi cum Cristiano archicancellario (ᵃ), et portauerunt
ei libras . 500 (ᵇ). prefati consules armauerunt (ᶜ) galeas . vi .
in quibus Simon (ᵈ) Aurie, consul comunis, fuit preelectus et
dominus assignatus. qui infra mensem rediit, quoniam a
consulibus Pisanorum sibi dictum fuerat quod pax facta erat   5
inter nos et Pisanos. pro qua pace componenda iuit Lucam
Obertus Spinula, Amicus Grillus, consules, cum quibusdam
:. 86 c sapientibus uiris. et interim ‖ consules ordinauerant (ᵉ) galeas
. viii . in quibus Corsus consul erat iturus ; et steterunt pro
spe tunc (ᶠ) future pacis. quo facto, Otobonus (ᵍ) consul et   10
Sismundus Muscula, Lanfrancus (ʰ) Albericus et Obertus cancellarius (ⁱ) iuerunt Lucam, pro eadem pace componenda ; pro
securitate cuius pacis iurauerunt mille Pisani et totidem Flo-
rentini, et mille Lucenses et totidem Ianuenses. euacuata
quidem spe pacis, propter proditionem quam Pisani et Flo-   15
rentini facere proposuerant de castro sancti Meniati, quod dominus imperator Fredericus in Tuscia tenebat (ʲ) et possidebat,
et quod ei conabantur auferre (ᵏ), armauerunt prefati consules
galeas septem (ˡ), in quibus Corsus consul dominus fuit (ᵐ) assignatus, que magnum dampnum Pisanis fecerunt ; et in faucem   20
Arni usque ad sanctam Crucem et desuper ascenderunt, et
ceperunt turres insule Planusie (ⁿ) et destruxerunt eas et quidquid erat in predicta insula edificatum (ᵒ); et hoc factum fuit ad
oprobrium (ᵖ) Pisanorum. quo peracto, consulibus Simone (q)
Aurie et Oberto Spinula ab archicancellario (ʳ) domini impera-   25
toris F[rederici] uocatis uel apellatis (ˢ), redierunt Lucam, ut
cognoscerent quid cancellarius (ᵗ) de illa predicta pace (ᵘ) esset
facturus. et cum ipsa pax tunc esse non potuit, prefati consules Otobonus et Simon (ᵛ) Aurie simul cum consulibus Luce
adiuerunt archicancellarium (ˣ) domini F[rederici] imperatoris, qui   30

(a) archicançellario   (b) . 1000 .   (c) et armauerunt   (d) Symon   (e) ordinauerunt   (f) et steterunt tunc pro spe   (g) Ottobonus   (h) Lanfranchus
(i) cançellarius   (j) tenebat in Tuscia   (k) aufferre   (l) . vii .   (m) fuit dominus   (n) Planuse   (o) hedificatu   (p) obprobrium   (q) Symone
(r) archicanzellario   (s) appellatis   (t) cançellarius   (u) pace predicta   (v) Symon
(x) canzellarium

ibi aderat, rogantes ipsum ut Pisanum consulem nomine . . . [1]
et socios, et consulem Florentinorum et socios, quos tenuerat
pro seditione quam facturi erant [2] de castro sancti Meniati [a],
daret illos sibi retinendos [b] in prexione Luce.   nam, post

5   multa uerba, iurauit Cristianus archicancellarius [c] Magontine
sedis, qui tunc uicem imperatoris in Tusciam tenebat, se guerram
pro posse Pisanis [d] facturum ordinatione consulum nostrorum
et Lucensium.   et tradidit Pisanum consulem nomine . . . [3] et
et sotios [e] Ianuensium consulibus et Lucensium, quos in car-

10   cerem Luce cum aliis Pisanis posuerunt; et iurauit quod mitteret
Florentinos in bannum imperatoris, et cassaret et destrueret
omnia dona et priuilegia facta utrisque,‖ uidelicet Pisanis et Florentinis [f]; et pro his [g] omnibus recepit a Ianuensibus libras mille [h]
monete Luce, et a Lucensibus habuit libras mille . D . [i]   quo per-

15   acto, armauerunt consules galeas . VI . in quibus Rubaldus Bisatia [j],
consul comunis, guida et dominus fuit a sotiis [k] assignatus.   qui
audiens tres [l] galeas Pisanorum ad insulam sancti Petri iuisse,
iuit post illas quousque inuenit eas, que ceperant nauim [m] nostram
que de Buzea [n] uenerat, et quam secum habebant; et sicut Deo

20   placuit, easdem tres galeas Pisanorum in Sardinea [o] nocte ceperunt, et in ciuitate nostra cum magna leticia duxerunt.
    Namque mense decembris, uidelicet in ebdomada sancti Thome,
Opizo [p] Malaspina, qui tunc temporis uassallus [q] archiepiscopi
erat [4], et Moruel filius eius uassallus comunis, qui a tribus men-

25   sibus coniurationem fecerant cum hominibus Lunisiane et hominibus Paxani et illis de Lauania, et qui proditionem nostrorum

(a) Miniati   (b) remanendos   (c) archicanzellarius   (d) Pisanis pro posse
(e) socios   (f) Florentinis et Pisanis   (g) *manca* his   (h) . M .   (i) . MD .
(j) Bisacia   (k) sociis   (l) . III .   (m) nauem   (n) Buçea   (o) Sardinia
(p) Opiço   (q) uasallus

(1) In ambi i codd. spazio bianco,
capace di circa sei lettere. Forse:
Gualfr[edum], che è nome del primo
fra i consoli registrati a questo proposito dal Marangone; il quale segna il
fatto al 4 di agosto (pp. 263).

(2) Mancano nell' edizione del Pertz
le parole: *pro seditione quam facturi
erant*. Stanno però nei due codici.

(3) Spazio bianco, nel solo Cod. *N*.

(4) Cfr. *Atti Soc. Lig.*, II, par. II,
pp. 26, 269; *Iur.*, I, 232.

c. 86 D

castrorum [a] tractauerant, aduenerunt hostiliter, et nescientibus [b] Ianuensibus, intrauerunt Opizo [c] Malaspina burgum Clauari, et obsedit castrum, et Moruel [d] fins eius fuit ad insulam Segestri [e], et alii eorum societatis ad castrum Rinarolii, ubique uririliter preliantes, et fuerunt milites .CCL. et pedites ultra tria milia [f]. scientibus hoc nostris consulibus et ciuitas multis comota [g] rumoribus, fecerunt parlamentum, et sine mora Rapallum [h] mari et terra iuerunt [1], conuocantes amicos milites et omnes affines marchiones et archiferos et clientes multos [2]. antea quidem quam exercitus foret simul congregatus, homines, qui in castrum Clauari fuerant, pacti sunt cum Opizone [i] Malaspina, se daturi libras denariorum .CCC. si recederet burgo non combusto; pro quibus etiam Nicola Roza [j], qui castrum intrauerat [k], se ipsum Opizoni [l] predicto obsidem dedit; quod utique factum consulibus et omni populo uehementer displicuit. et tunc exercitus Ianue mari et terra contra marchionem et suos iter arripuit. qui siquidem marchio rumores huius exercitus percipiens, secessit sine mora, mortuis et uulneratis quam pluribus; et retentis .IIII.or militibus Placentie, ad Riuarolium [m] castra||metatus [n] fuit in plano Segestri [o]. ueniens autem noster exercitus contra periuros et proditores homines Cucurni, ascenderunt montem armis et ceperunt Cucurnum, et munierunt illud armis et uiris; et inde uersus insulam iter suum mari et terra arripientes, marchio Malaspina montanas partes quesiuit, uidelicet ad Petram tinctam. altera die nostri euntes ad

c. 87 a

Castrū Cucurni.

(a) castrorum nostrorum   (b) N nescientesbus, err.   (c) Opiço   (d) Moruel
(e) Sigestri   (f) .III.ª   (g) commota   (h) Rapalum   (i) Opiçone   (j) Roça
(k) interuenit   (l) Opiçoni   (m) Riuarolum   (n) castramentatus   (o) Sigestri

(1) Cod. N, *iuerunt* fu aggiunto nell'interlineo dalla stessa mano che scrisse l'ultimo paragrafo degli annali di Oberto, cioè quello riguardante l'anno 1173. Cfr. Tav. XIII.

(2) Cfr. le convenzioni coi signori di Lagneto, del 5 novembre 1172. *Iur.*, I, 272-73.

ipsum capiendum, cum fuerint super Muneliam, frigus [1] et gelus inauditum fuit, et nix et uentus contrarius nimis, et sol iam declinabat ad occasum; et sic reuersi fuerunt ad insulam, et maxime quia fides quorumdam marchionum qui nobiscum ue-
5 nerant deficiebat, et maliciose contra nos actibus et consiliis machinabantur. tandem, uerbis pacis [a] et conuentionis intermixtis, treuga [b] ad Segestrim [c] facta fuit usque ad proximum pascha, et sic Ianuam exercitus sospes cum uictoria rediit. pace quidem et liberaliter soluerunt consules marchioni Montisferrati scausi-
10 mentum, et cuique militum illius libras [a], et totidem Enrico Guercio, et marchionibus de Gaui et de Bosco [d] et de Ponzano [e], et cuique peditum solidos [f] . x . [g] et uictum.

Nam prefati consules suum consulatum honeste et uiriliter tractarunt [h]. in fine tamen laborem eximium cum illis, qui
15 electi [i] fuerant, uiriliter sustulerunt. qui utique collectam fecerant per libram denariorum . vii . preter collectam plebium et nauium. sicut enim prefati consules rem publicam prudenter et sapienter [i] tractarunt, ita consules causarum ea que ad officium suum fuerant comissa [k] sollicita mente et tamquam uiri sapientes dispo-
20 suerunt, cuique ius suum comode [l] secundum uarietates temporum tribuentes.

Anno millesimo centesimo . lxxiii . [m] existentibus sex [n] consulibus [o] in re publica [p], Ansaldus de Trencleo, Ingone de Flexa, Lanfranco Alberico, Nichola [q] de Rodulfo, W[illi]elmo [r] de Ni-
25 grone, Bellamuto; in causis uero W[illi]elmo Malone [s], Ugone Alberico, Guidoto [t] Zurlo, Anselmo de Caphara [u]; in aliis

---

(a) *manca* pacis   (b) treugua   (c) Sigestrim   (d) Boscho   (e) Ponçano
(f) *manca* solidos   (g) . xx .   (h) tractauerunt   (i) ellecti   (j) sapienter et
prudenter   (k) commissa   (l) *manca* comode   (m) . mclxxiii .   (n) . vi .
(o) *N* cunsulibus   (p) *N* pubrica   (q) Nicola   (r) Guillermo   (s) Guillermo
Mallone   (t) Guideto   (u) Caffara

(1) Nel Cod. *E, grigus*; corretto poi dalla mano citata dell' a. 1173, espunta la prima *g* e al di sopra, nell' interlineo, notata la lettera *f*.

(2) Nota il Pertz: « Legendum videtur *libram* lacuna nulla ».

c. 87 a.

quatuor (a) compagnis (b) Pascali (c) de Marino, Ansaldono, Oberto
Maloaucello, Alberto Grillo; clauigeris ‖ Curado (d) Malfuastro,
W[illi]elmo (e) Zerbino, Rubaldo Lercario, Oberto existente cancellario (f); scribis W[illi]elmo Caligis de Pallio (g), Oglerio Pane
in comuni, Oglerio et Gandulfo Constantii (h) in causis.   5

Istius consulatus principium multis fuit negotiis (i) diuersis in-
peditum.   nam Opizo (j) Malaspina et Muruel (k) eius filius, qui
tunc temporis uasalli comunis nostri fuerant (l), accepto (l) feudo
mille solidorum illius (m) anni, addeo uerbis pollicitis (n) omnique
hostili calliditate corda sollicitauit proditorum, uidelicet abitantium 10
ab· Airana (o) (2) usque Rapallum, quod fere omnes maligna (p) cogitatione conuenerunt in unum, insidiantes et pro uiribus laborantes
contra nostrum ius publicum, uidelicet clam exercitum congregando,
cogitantes prodicionem (q) nostrorum castrorum sibi futuram, sicut
in fine preteriti consulatus (r) breuiori sermone qua potuimus 15
uobis per seriem exposuimus.   qui etenim rei publice consules
ultra tria milia librarum mutuo sumpserunt (s), quando noster
exercitus contra predictos marchiones exierat (t), ex quibus libris
cuique militum clientum infra unius mensis spacium indifferenter
exsoluerunt quicquid (u) illis fuerat (v) promissum; et insuper castra, 20
additis in his (x) clientibus, ut uiri (y) prudentes munierunt.   habentes (z) conscilium (a) secum hoc modo dicentes: *ciuitas nostra
uiris, diuiciis (b) omnique rerum amenitate inter ceteras urbes affines,
propitia (c) deitate, prefulget.   si igitur laudem, nobilitatem uel demum
quietem uolumus conseruare (d), ac uicinos hostes (e) funditus inten-* 25
*damus (f) de medio exstirpare, sanum et perutile esset ut milites
natiuos in urbe nostra incipiamus creare.*   hac quidem ratione
partem (g) omnes concordes extiterunt, in urbe Ianue militiam

(a) IIII.or   (b) N cumpagnis   (c) Paschale   (d) Conrado   (e) Guillermo
(f) cançellario   (g) Palio   (h) Constancii   (i) negociis   (j) Opiço   (k) Moruel
(l) N accepta   (m) N illi   (n) N pollititis   (o) Ayrana   (p) N maligni
(q) proditionem   (r) N cunsulatus   (s) sumpserunt mutuo   (t) N exierant
(u) quidquid   (v) N fuerant   (x) hiis   (y) N uimi, *err.*   (z) N E abentes
(a) N cunscilium   (b) diuitiis   (c) propicia   (d) N cunseruare   (e) N E hostis
(f) intendimus   (g) racione partim

(1) Cfr. pp. 255, nota 4.   (2) Ariana, in Valdinievole.

Curado malfuaftro. Welmo zerbino.
Rubaldo lercario. Oberto exiftente cãcllõ.
Scbis Welmo caligis depallio. Oglerio
pane meomum. Oglerio 7 Gandulfo con
ftantiu incaufis. Iftius confulatus pn-
cipui. multis fuit negotiis diuerfis im-
peditu. Nam opizo malaspina 7 mur-
ruel eius fili qui tc tpris uafalli cõis
nri fuerant accepta feudo mille foli
doz illi anni addeo uerbis pollititis
omiq hoftali calliditate corda follici
tauit pditoz. uidelicet abitantium
abairana ufq rapallu. qd fere omnes
maligni cogitatione conueneriit munu.
infidiantes et puribus laborantes cõ
nrm ius publicu uidelicet clam exercitu congregando cogitantes pdicione
nroz caftroz fibi futura ficut infine
pterita cu fulatus breuiori fermone
qua potuimus. uobis pferiem expofium.

ut sepius adcliscerent otio. quo posset
leuius pficeret bello. Q̅ui 7 e̅ni post
paruu tp̅r̅is spatiu̅ me̅se iunio adpartos
muneia solu̅ cu̅ clientib; exeuntes exist̅a̅-
te capite milru̅ consule Ingone deflexa.'
edificauer̅t castru̅ quod uocatur uilla franca.
i̅p̅sentia uidelicet marchionis malaspine
rsuo̅r̅ adiutor̅z . (Et ut neuideret q̅. p̅p̅t
discordia̅ dicto̅r̅z p̅dicto̅r̅z affecius minor fieret inagenda guerra pisano̅r̅z . Armauerunt
i̅n̅se a̅p̅li galeas. uiii. adinfugandas respien-
dos pisanos 7 ut iudices sardinee qui quod̅a̅ modo infide p̅missa uidebat̅ deficeret cu̅sul n̅r̅
Lanfrancus albicus qui d̅n̅s galearu̅ fuerat
co̅stitutus illos adfidem tenendam r̅seruan-
da̅ confirmaret (p̅pt̅e̅a audientib; consulib;
fama curso̅r̅z refferente quod due galee pisa
no̅r̅z inerant p̅uincia̅ armauerunt quattuor
galeas quas insert̅ post illas inquib; Oco de
caphara d̅n̅s r̅guida fuit aconsulib; co̅struc̅t.

uel milites esse statuentes. et facto proinde conscilio[a], suen-
tiarii[b], qui rem p[ublicam] annue nituntur augere, ad creandam
miliciam, Deo auspice, profuturam, letiores solito auctoritatem
ylari[c] mente prestarunt. qua habita, consules infra urbem
5 et extra ultra . c . milites, spreto labore sumptuque[d] nimio,
continuo creauerunt[e]; et illos siquidem docentes more paterno,
‖ut sepius addiscerent otio[f], quo possent leuius perficere[g]
bello. qui etenim, post parui temporis spatium[h], mense
iunio ad partes[i] Muneia solum cum clientibus exeuntes, exi-
10 stente capite militum consule Ingone de Flexa, edificauerunt
castrum quod uocatur Villafranca[j], in pre-
sentia uidelicet marchionis Malaspine et
suorum adiutorum. et ut ne uideretur
quod propter discordiam dictorum pro-
15 ditorum[k] affectus minor fieret in agenda
guerra Pisanorum, armauerunt mense aprili
galeas . viii . ad infugandos[l] et capiendos
Pisanos, et ut iudices Sardinee[m], qui quodammodo in fide promissa uidebantur deficere[n], consul[o] noster Lanfrancus Albericus,
20 qui dominus galearum fuerat constitutus, illos ad fidem tenendam
et seruandam confirmaret.

Propterea audientibus consulibus, fama cursorum refferente,
quod due galee Pisanorum iuerant[p] Prouinciam, armauerunt
quattuor[q] galeas quas miserunt post illas, in quibus Oto de
25 Caphara[r] dominus et guida fuit a consulibus constitutus. post
hec intrauerunt Prouinciam quinque[s] galee Pisanorum, ad quas
quidem capiendas uel infugandas mandauerunt consules . vii . galeas, in quibus Ingo de Flexa fuit guida et dominus preelectus[t].
interea, mense octubris intrante, Opizo[u] Malaspina, congregato
30 exercitu quoad potuit, ingressus terram nostram, et statim

c. 87 c

Caftrú ville frãche

(a) conscilio (b) N silentiani, err. E sic lentiani, err. (c) illari (d) N sump-
tumque, err. (e) armauerunt (f) adiscerent ocio (g) N perficeret, err.
(h) spacium (i) N partos, err. (j) hedificauerunt castrum quod uocatur Villa
franca, existente capite militum consule Ingone de Flexa (k) proditorum dictorum
(l) N infligandas, err. (m) Sardinie (n) N deficeret, err. (o) N cunsul
(p) N inerant, err. (q) . iii.⁰ᵉ (r) Otto de Caffara (s) . v . (t) preellectus
(u) Opiço

montem Leonem obsedit. mox Ianua militibus suis et alias undique conuocatis [a] numero ultra . CCCLX . et peditibus archiferis mille quingentis [b], sine mora in [c] sucursu [d] montis Leonis iuerunt. rumore siquidem nostrorum audito [e], nostrisque uisis [f] militibus, Malaspina [g] cum suis noctu ante lucem fugam petiit. 5 consules [h] siquidem nostri cum predicto marchione [i] nullam concordiam ibi facere uoluerunt, ne forte diceretur nos sub suo uexillo [j] confederationem ullam [k] secum fecisse; disponentes tamen interim longius ire, ne forte dispendium factum uideretur quasi sepultum, et ne ciuium iudicium [l] exinde forsan [m] 10 minus uideretur acutum [n]. armata ergo manu contra perfidos Paxanos perrexerunt [o], qui, transacto anno, Malespine [p] importuna suasione, facti fuerant rebelles, maximo quidem conamine castrum Paxani coram eisdem [q] Malaspina et Muruello et suisque militibus obsidentes; et licet uictualia et ‖ queque [r] ne 15 cessaria mari, et dum illud ineptum aderat, terra magno labore uehebantur, et terras et domos, castrum cetera [s] queque comburentes, infra dies octo, muris undique ruptis miroque ictu lapidum fractis, castrum Paxani ceperunt. ad quam siquidem captionem Ingo de Flexa cum galeis . VII . uenerat, uiriliter pu 20 gnantes quousque rei finis optatam [t] peruenit [1].

Nam prefati consules [u] rei publice collectam grandem in urbe et extra fecerunt; nam consulatum intrantes nummos [v] tres [x] per libram, et ex eo exeuntes nummos [y] nouem collegerunt, quos pro nimiis expensis factis [z] [de]derunt [2]. consules uero 25

c. 87 v.

(a) N ciuitati, err. (b) . MD . (c) N et, err. E manca in (d) succursu (e) N audita, err. (f) N iussit, err. (g) Opiço Malaspina (h) N consulis, err. (i) N machione, err. (j) N noxillo, err. (k) N uillam, err. (l) N ininicium, err. E inicium, err. (m) N forsam (n) N accutum (o) N perexerunt (p) Malaspine (q) N eidem, err. (r) N suique, err. (s) N ceteri, err. (t) ad rei finem optatum (u) N consulis, err. (v) N numos (x) . III . (y) N numos (z) factis hoc fecerunt

(1) Per altri provvedimenti e nuove leghe contro i ribelli feudatari, cfr. Iur., I, 274, 277, 280, 281.
(2) Dopo factis, nel Cod. N è una raditura della pergamena, la cui superficie è capace di quattro lettere; e segue: derunt. Forse v'era scritto: inde (solitamente abbreviato iñ) dederunt.

causarum, auxilio illis et consilio [a] amice subuenientes, consulatum [b] suum modis decentibus rexerunt, cuique ciuium ius
suum [c] amicabiliter dantes [1].

(a) *N cunsilio*   (b) *N cunsulatum*   (c) *N iussuum*

(1) Succede uno spazio bianco per
due terzi della colonna D; in calce
alla quale si legge, della stessa mano
che già notammo al foglio 16 *verso*
(pp. 153, n. 1): *Vade ante ubi est C.*
Il che è manifestamente un rinvio al
foglio 105 *recto*, dove principiano gli
Annali di Ottobono Scriba, ancorchè
quella lettera non si trovi più ripetuta
qui, per la soverchia smarginatura di
esso foglio.

CORREZIONI

P. 16, r. 5. quatuor   P. 116, 21. miliaria
» 137, 21. de Ridaforte nomine, qui   » 137, 24. Botronum (6)

P. 117. L'ordine delle note 4 e 5 fu invertito.
» 138, 32. Raimondo III
» 147, 19. Sibilla morì nel 1190, e Guido passò nel 1192 dal regno
» 164, r. 33. nel '69

CONTENUTO DEL VOLUME

Finito di stampare oggi 31 maggio 1890
nella tipografia Sordo-muti
in Genova.
Edizione di cinquecento esemplari.

ISTITUTO STORICO ITALIANO

BULLETTINO DELL' ISTITUTO.

Lightning Source UK Ltd.
Milton Keynes UK
UKHW030637190121
377315UK00008B/735

9 781246 044102